SV

Paul Mason

KLARE, LICHTE ZUKUNFT

Eine radikale Verteidigung des Humanismus

Aus dem Englischen von Stephan Gebauer

Suhrkamp

Die englische Originalausgabe erschien 2019 unter dem Titel *Clear Bright Future. A Radical Defence of the Human Being* bei Allen Lane (London).

Bibliografische Information der Deutschen Nationalbibliothek
Die Deutsche Nationalbibliothek verzeichnet diese Publikation
in der Deutschen Nationalbibliografie;
detaillierte bibliografische Daten sind im Internet
über http://dnb.d-nb.de abrufbar.

Erste Auflage 2019
© der deutschen Ausgabe Suhrkamp Verlag Berlin 2019
© Paul Mason, 2019
Satz: Satz-Offizin Hümmer GmbH, Waldbüttelbrunn
Druck: CPI-Ebner & Spiegel, Ulm
Printed in Germany
ISBN 978-3-518-42860-3

Inhalt

Meine Lebenserfahrungen haben meinen Glauben an die klare, lichte Zukunft der Menschheit nicht zerstört, sondern im Gegenteil gefestigt.

Leo Trotzki[1]

Einleitung

Wenn Sie dieses Buch gelesen haben, werde ich Sie auffordern, sich zu entscheiden: Wollen Sie die Kontrolle des Menschen durch die Maschine akzeptieren oder sich ihr widersetzen? Wenn Ihre Antwort ist, dass Sie sich widersetzen wollen, stellt sich eine weitere Frage: Mit welcher Begründung wollen Sie die Rechte des Menschen gegen die Logik der Maschine verteidigen?

Im 21. Jahrhundert sieht sich die Menschheit mit einem neuartigen Problem konfrontiert. Dank der rasanten Entwicklung der Informationstechnologie ist das Wissen sehr asymmetrisch verteilt, und das hat zu einer sehr asymmetrischen Machtverteilung geführt. Sowohl Unternehmen als auch Staaten lernen rasch, wie sie uns mittels der auf unseren intelligenten Geräten laufenden Algorithmen steuern können: Sie wissen, was wir tun und denken, und können unsere nächsten Schritte vorhersehen und unser Verhalten beeinflussen. Auf der anderen Seite haben wir nicht einmal das Recht, zu erfahren, welche Daten sie über uns sammeln und was sie damit tun.

Und das ist lediglich der Albtraum der Gegenwart. Angesichts der zu erwartenden Entwicklung der künstlichen Intelligenz (KI) kann es durchaus sein, dass wir die Kontrolle über die intelligenten Maschinen in der Zukunft vollkommen verlieren werden.

Ein Algorithmus ist einfach eine von Menschen entwickelte Abfolge von Anweisungen zur Lösung eines Problems. Ein Beispiel: Wenn ich am Flughafen meinen Pass vorlege, wissen die Sicherheitsbeamten, dass sie mich durchlassen können, wenn meine Fingerabdrücke den im System gespeicherten entsprechen. Gibt es eine Abweichung, so werden sie mich zur weiteren Befragung festhalten.

Ein Computerprogramm ist ein Algorithmus, der ohne menschliche Eingriffe funktioniert. In gewissem Sinn ist es einfach die jüngste Stufe in einem langen Prozess der fortschreitenden Automatisierung. Eine der erfolgreichsten Strategien der vergangenen zwei Jahrhunderte bestand darin, die menschlichen Arbeitskräfte aus industriellen Prozessen »herauszunehmen« und sie zu Beobachtern von Maschinen zu machen. So haben die Maschinen zeitweilige und begrenzte Autonomie erlangt. Das, was wir mit Computern und Informationsnetzen tun, ist lediglich eine Erweiterung dessen, was wir mit der Windmühle, der Baumwollspinnmaschine und dem Verbrennungsmotor taten.

Aber sobald sich die Maschinen selbst Anweisungen geben können, besteht die Gefahr, dass der Mensch dauerhaft aus dem Prozess »herausgenommen« wird und die Kontrolle abgibt.

Millionen Menschen sind sich der Gefahren der algorithmischen Kontrolle bewusst. Aber sie nehmen an, dies sei ein Problem für Ethikkomitees, Technologiekonferenzen und wissenschaftliche Fachzeitschriften – oder es könne ohnehin erst von der nächsten Generation gelöst werden. In Wahrheit hängt es direkt mit der wirtschaftlichen, politischen und moralischen Krise zusammen, die wir gerade durchleben.

Ich will erklären, warum das so ist.

Nehmen wir an, ich sage Ihnen, dass es eine Maschine gibt, welche die Geschicke Ihres Landes besser lenken kann als die Regierung, eine Maschine, die logischer als jeder Mensch denken und autonom laufen kann. Nehmen wir an, ich fordere Sie auf, von nun an alle wichtigen Entscheidungen in Ihrem Leben dieser Maschine zu überlassen. Nehmen wir an, Sie können ein glücklicheres Leben führen, wenn Sie Ihr Verhalten ändern, um die Entscheidungen der Maschine vorwegzunehmen. Ich hoffe, dass Sie diese Vorstellung ablehnen.

Versuchen Sie jetzt, die Maschine durch »den Markt« zu ersetzen. Seit dreißig Jahren erlauben Millionen Menschen den Marktkräften, ihr Leben zu lenken, ihr Verhalten zu prägen und ihre demokratischen Rechte außer Kraft zu setzen. Es gibt sogar eine Religion zur Anbetung der Macht und Kontrolle dieser Maschine. Diese Religion ist die Disziplin der Wirtschaftswissenschaften.

Indem wir den Markt in den vergangenen dreißig Jahren zu einem autonomen, übermenschlichen Weltgeist erhoben haben, haben wir die Grundlage dafür geschaffen, dass wir uns irgendwann im kommenden Jahrhundert damit abfinden werden, den Maschinen die Kontrolle zu überlassen.

In der Ära der freien Marktwirtschaft lernten wir, die Unterwerfung des Menschen unter die Marktkräfte zu akzeptieren. Wir behandelten Begriffe wie Bürgerrechte, Moral und »Handlungsmacht« so, als wären sie irrelevant in einer von Konsumentscheidungen und kreativer Finanztechnik beherrschten Welt.

Doch das System des freien Marktes ist implodiert. Das von Selbstsucht, Hierarchie und Konsumismus beherrschte Denken funktioniert nicht mehr. Die Folge ist, dass die Religion des Marktes wieder der Verehrung älterer Götter weicht: Viele Menschen wenden sich dem Rassismus, dem Nationalismus, der Frauenfeindlichkeit und dem Kult um mächtige Diebe zu.

Auf dem Weg ins dritte Jahrzehnt des 21. Jahrhunderts zertrümmert ein Bündnis ethnischer Nationalisten, Frauenhasser und autoritärer Politiker die Weltordnung. Gemeinsam sind ihnen die Geringschätzung für die universellen Menschenrechte und die Furcht vor der Freiheit. Sie lieben die Vorstellung von der Maschinenkontrolle, und wenn wir sie lassen, werden sie intelligente Maschinen einsetzen, um ihren Reichtum und ihre Macht zu sichern und zu verhindern, dass jemand sie zur Rechenschaft zieht.

Es ist noch nicht zu spät, dem Chaos entgegenzuwirken, die Versuche zur Einführung neuer biologischer Hierarchien auf der Grundlage von Rasse, Geschlecht und Nationalität zu unterbinden und die Übernahme der Kontrolle durch die Maschinen zu verhindern. Aber wir hören überall Argumente dafür, dass wir uns den Maschinen unterwerfen sollten.

Die Vorstellung, die Menschheit sei »bereits überwunden«, ist tief im modernen Denken verwurzelt und beherrscht die Vorstellungen der Alt-Right ebenso wie die Theorien der akademischen Linken. Sosehr Sie sich persönlich bemühen mögen, Ihr Leben an »menschlichen Werten« auszurichten: Die Vordenker des Silicon Valley und der Kommunistischen Partei Chinas sind sich darin einig, dass die menschlichen Werte unbegründet sind, dass es so etwas wie eine menschliche Natur ebenso wenig gibt wie eine logische Grundlage für eine Vormachtstellung des Menschen gegenüber der Maschine und dass es keine Begründung für die Notwendigkeit universeller Menschenrechte gibt.

Rückblickend gewinnen wir den Eindruck, dass die Ideologie des freien Marktes die Einstiegsdroge zu einem umfassenderen Antihumanismus war. Und wir werden bald herausfinden, welche Schäden diese härtere Droge anrichten kann.

»Konkurriere und eigne dir an«, lautete das erste Gebot der Religion des freien Marktes. In der Ära der Deglobalisierung und des rechten Nationalismus wird das erste Gebot lauten: »Konkurriere, eigne dir an, lüge, kontrolliere und töte.« Wenn wir die neue Technologie der intelligenten Maschinen nicht der menschlichen Kontrolle unterwerfen und diese Maschinen mit menschlichen Werten programmieren, werden die Werte Wladimir Putins, Donald Trumps und Xi Jinpings die Grundlage für ihre Funktionsweise sein.

Daher habe ich mein Buch aus einem Akt des Widerstands heraus geschrieben. Meine Hoffnung ist, dass auch Sie sich auflehnen werden, wenn Sie es gelesen haben. Das kann alles vom Kampf gegen Diktatoren über die Einrichtung menschenbezogener Projekte in Ihrer Nachbarschaft bis zur Auflehnung gegen die Maschinenlogik im Alltagsleben umfassen.

Um wirksamen Widerstand leisten zu können, brauchen wir eine Theorie der menschlichen Natur, die sich im Kampf mit der freien Marktwirtschaft, der Anbetung der Maschinen und dem Antihumanismus der akademischen Linken behaupten kann.

Wir brauchen eine radikale Verteidigung des menschlichen Wesens.

TEIL I

DIE GESCHEHNISSE

Was der Mob wollte und was Goebbels so schlagkräftig zum Ausdruck brachte,
war der Zugang und Eingang in die Geschichte überhaupt,
selbst um den Preis der eigenen Vernichtung.

Hannah Arendt[1]

I

Der Tag null

Ross kommt angerannt, seine Kamera läuft. Er tippt mich an die Schulter und öffnet den Mund, aber ich zeige auf die an meinem Helm montierte GoPro und forme leise die Lippen zu dem Wort »live« – womit ich ihm zu verstehen gebe, dass er nichts sagen soll, was später gegen uns verwendet werden könnte. Vor Kurzem haben wir gemeinsam die Unruhen in Istanbul gefilmt. Das hier ist etwas anderes.

Augenblicke später begegne ich Brandon, der sich ebenfalls ins Getümmel gestürzt hat. Wie ich berichtet er seit 2011 über eine Serie von Protestkundgebungen und Unruhen: Kairo, Athen, Istanbul. Jetzt klatschen wir uns im Vorbeilaufen kurz ab, während irgendwo Fensterscheiben bersten. Ein Geländewagen steht in Flammen. Blendgranaten blitzen auf, Tränengasschwaden hängen über der Straße.

Etwa tausend ganz in Schwarz gekleidete und maskierte junge Leute sind im Stadtzentrum ausgeschwärmt und liefern sich Verfolgungsjagden mit der Bereitschaftspolizei. Und der Zufall will es, dass wir drei einander inmitten dieses Getümmels auf wenigen Quadratmetern des städtischen Schlachtfelds begegnen: Ross, Brandon und ich sind Veteranen der Berichterstattung über Länder, die den Bach runtergehen.

Es ist der 20. Januar 2017. Der Ort ist Washington, D.C. Der soziale Krieg, der seit geraumer Zeit an den Rändern des globalen Systems tobt, hat jetzt auch sein Zentrum erreicht. Wir sind nur zwei Straßenzüge vom Weißen Haus entfernt. Donald Trump ist seit wenigen Minuten Präsident.

Die Polizisten stehen dem wachsenden Aufruhr ratlos gegenüber: Sie sind für Situationen ausgebildet, in denen die Leute entweder ihren Anweisungen gehorchen oder erschossen werden. Heute können sie keinen Gehorsam erwarten, und sie dürfen nicht schießen. Also hetzen die vom militarisierten Nichtstun geschwächten und unter dem Gewicht sinnloser

Ausrüstung stöhnenden Uniformierten atemlos den Demonstranten hinter-her. Als eine junge Frau, die ein Fahrrad schiebt, ins Stolpern gerät und im Fallen drei Polizisten mit sich reißt, eilen einige Kollegen herbei, um die Fahrerin und ihr Rad niederzuknüppeln, während andere versuchen, ihr aufzuhelfen. Der Soundtrack ist klassische Krawallmusik: Sirenen, aus Funk-geräten knisternde Befehle, das Bersten einer eingeschlagenen Fensterschei-be in einer Starbucks-Filiale, und junge Amerikaner, die »No facist USA!« skandieren.

Schließlich greift die Polizei geschlossen an. Aus zwei Zentimeter dicken Schläuchen spritzt mit Tränengas versetztes Wasser. Einige Jugendliche in schwarzen Sturmhauben weigern sich, den Rückzug anzutreten. Sie bilden einen Keil, spannen schwarze Regenschirme auf, um sich zu schützen, und greifen die Polizeiphalanx an. Ein nicht maskierter Demonstrant liegt bäuchlings auf der Straße, als ein Polizist einen Taser auf ihn richtet. Der etwa zwanzigjährige Mann hat einen blonden Lockenkopf, und in seinem Gesicht ist keine Andeutung von Furcht zu sehen. Er schaut den Polizisten an und sagt ruhig in die auf ihn gerichteten Kameras: »Fuck Donald Trump. Fuck Donald Trump.«

Als sich die Aufrührer zerstreuen, beginnt die Polizei, kleine Gruppen von Demonstranten durch die Stadt zu jagen. Die Intensität nimmt zu: Wir laufen vorbei an der American Development Bank, an Joe's Stone Crab, an den seelenlosen Bürogebäuden, in denen die Lobbyisten zuhause sind. Wir hetzen durch die zersplitterte Landschaft der Normalität, und wäh-rend dieser panischen Flucht vor einem langsamen, roboterhaften Feind fühle ich mich in eine Filmszene versetzt. Aber ich kann mich nicht erin-nern, welche Szene es ist.

Am Abend vor Trumps Vereidigung treffe ich einen 72-jährigen Farmer aus Tennessee. »Was halten Sie davon?«, fragt er, wobei er mit dem Kopf eine Geste in Richtung der Worte »Fuck Trump« macht, die jemand am Frank-lin Square mit Kreide auf den Boden gemalt hat. Er trägt ein dickes rotes Cowboyhemd und macht ein gequältes Gesicht. Er sieht wieder zu den De-monstranten hinüber, die sich um eine Thrash-Metal-Band gesammelt ha-ben, und murmelt: »Die wollen nicht arbeiten. Die sind krank.« Das klingt sonderbar, denn die meisten dieser Demonstranten sind offensichtlich Mit-telschichtkinder mit Hochschulabschlüssen und Jobs.

»Wissen Sie, was deren Klamotten kosten?«, fährt er fort. »Fünfzig Dollar für eine Baseballkappe, hundertfünfzig für ein Paar Turnschuhe.« Auch diese Bemerkung klingt eigenartig, denn die meisten Demonstranten – die überwiegend Anarchisten sind – tragen weder Baseballkappen noch Markenschuhe. »Sie wollen nur Geld«, sagt er in angewidertem Ton und streckt mir eine Hand wie ein Bettler entgegen. Er macht ein Gesicht, als hätte er Hundescheiße gerochen.

Erst jetzt wird mir klar, dass er in Wahrheit nicht die Demonstranten meint, sondern ihr Bild im Geiste mit dem der Menschen verschmilzt, an die sie ihn erinnern: arme Schwarze in Tennessee. Die Wut lässt seine Augen hervortreten: »Die kommen aus dem Supermarkt in T-Shirts für zwanzig Dollar und Turnschuhen für hundertfünfzig ...« Der Mann kennt sich gut aus mit den Preisen der bevorzugten Kleidung junger Afroamerikaner.

Als ich etwas zu entgegnen versuche, wechselt er das Thema und kommt auf den Klimawandel zu sprechen – den es seiner Meinung nach nicht gibt. »Weil meine Kühe furzen, soll ich jetzt eine Methansteuer zahlen?« Er erklärt mir, dass sich dort, wo heute die Antarktis ist, einst ein Regenwald befand und dass dort fossilierte Knochen von Kamelen in der Erde liegen, was beweist, dass der Klimawandel vorübergehend ist: »Es ist ein ewiger Kreislauf.«

Während sich die Stadt für den Amtsantritt des neuen Präsidenten rüstet, begegne ich an jeder Straßenecke Leuten wie diesem Farmer. Trump hat ihnen eine Stimme gegeben, und die amerikanischen Medien haben ihnen die Erlaubnis erteilt, ihrem stärksten Gefühl freien Lauf zu lassen: dem Hass. Ein von Selbstmitleid erfüllter Rassist nach dem anderen erzählt mir seine Geschichte, und mir wird klar, womit ich es hier zu tun habe: mit Menschen, die ihre Fähigkeit zum logischen Denken verloren haben und alle Ungerechtigkeiten und Widrigkeiten in ihrem Leben mit einer eingebildeten Bedrohung durch Schwarze, Homosexuelle und befreite Frauen erklären.

Progressive Kommentatoren raten uns, wir sollten uns bemühen, die Motive dieser Leute zu verstehen: Sie seien wirtschaftlich abgehängt worden und vom gesellschaftlichen Wandel überfordert. Man sagt uns, wir sollten Verständnis für sie zeigen, weil diese Menschen im Mittleren Westen ein enttäuschendes Leben führen, während jene, die ein erfülltes Leben genießen, diese Regionen nur im Flugzeug überqueren oder dort bestenfalls einmal auf der Durchreise in einem Motel am Straßenrand haltmachen.

17

Ich bevorzuge eine harschere Form des Verständnisses, beruhend auf Vernunft, Logik und Wissenschaft.

Wenn ich aufgefordert werde, die Probleme der »weißen Arbeiterklasse« zu verstehen, antworte ich mit der Überzeugung eines Mannes, der als weißer Angehöriger der Arbeiterklasse in einer rauen englischen Bergbaustadt aufwuchs, dass es so etwas wie eine weiße Arbeiterklasse nicht gibt: Dies ist eine Identität, die von den Reichen erfunden wurde, um die Armen zu unterdrücken, so wie die Identitäten des »Kuli« und des »Wilden« in der Kolonialzeit von Siedlern erfunden wurden, die eine Rechtfertigung brauchten, um ihre Opfer wie minderwertige Menschen behandeln zu können.

Stellen wir uns dem Problem: Wenn wir uns Frieden, Freiheit und soziale Gerechtigkeit wünschen, müssen wir Leute wie den Farmer, der von Kamelen in der Antarktis erzählt, als Feinde betrachten. Diese Leute haben im mächtigsten Land der Welt einen Mann an die Macht gebracht, der sich seiner sexuellen Übergriffe rühmt, einen Rassisten, Steuerbetrüger und Gauner. Damit haben diese Leute wissentlich dafür gestimmt, das als Globalisierung bezeichnete multilaterale System zu zerstören, die im vergangenen halben Jahrhundert erzielten Fortschritte im Kampf für Minderheiten- und Frauenrechte ungeschehen zu machen und den Rechtsstaat durch die Herrschaft einer kleptokratischen Dynastie zu ersetzen.

Und solche Leute sind in aller Welt auf dem Vormarsch. Da sind die Patriot-Prayer-Demonstranten in Portland, die dazu aufrufen, Einwanderer »mit dem Kopf gegen den Beton zu schmettern«. Da sind die Trolle der türkischen Regierungspartei AKP, die Journalistinnen mit koordinierten Vergewaltigungsdrohungen einschüchtern. Da sind die Pöbelhaufen, die in Russland Homosexuellenmärsche attackieren. Da sind die Neonazis, die im deutschen Bundestag vom Rednerpult islamfeindliche Tiraden loslassen. In Indien lynchen »Kuh-Hüter« Muslime, während sich Premierminister Narendra Modi – der indische Trump – weigert, die Übergriffe zu verurteilen. In Brasilien marschieren die Fußsoldaten des Ende 2018 zum Präsidenten gewählten Faschisten Jair Bolsonaro auf, der einst vor laufender Kamera zu einer linken Abgeordneten sagte, sie sei es nicht wert, vergewaltigt zu werden, und die Nachfahren entflohener Sklaven sollten sich nicht vermehren.

Der geistige Abfall, den diese Leute produzieren, verseucht das Denken und die Timelines rationaler Menschen in aller Welt.

Meinungsforscher bezeichnen die Geisteshaltung dieser Leute als »autoritären Populismus«.[1] Kennzeichnend dafür sind die Ablehnung a) der Menschenrechte, in denen sie die Rechte anderer sehen, b) der Zuwanderung, die sie als Verschmutzung »ihrer« Kultur betrachten, und c) aller Formen des Multilateralismus in Politik und Wirtschaft, der den Handlungsspielraum eines in ihren Augen mit gutem Recht repressiven Staates einschränkt. Wäre ihr Weltbild damit vollständig, so könnten wir uns mit der Erklärung trösten, es handle sich lediglich um ein Aufleben der reaktionären Neigungen, die stets in Gesellschaften schlummern, die rasante Veränderungen bewältigen müssen.

Aber wir haben es mit einer tiefer verwurzelten Feindseligkeit gegenüber der Wissenschaft, der Logik und der Rationalität zu tun, gegenüber jenen Dingen, die in den vergangenen fünfhundert Jahren die Grundlage der auf der Marktwirtschaft beruhenden Gesellschaften gewesen sind. Wie wir sehen werden, wurde dieser Angriff auf die Vernunft von einem Teil der krisengeschüttelten Elite theoretisch vorbereitet – ob das den Aktivisten der neuen Rechten nun vollkommen bewusst ist oder nicht.

Der Vormarsch der gelernten Dummheit in der Weltpolitik ist umso erschreckender, als er in eine Zeit fällt, in der Informationen freier zugänglich sind als je zuvor in der Geschichte. Wir müssen diese Situation verstehen und – sofern es möglich ist – Wege finden, um möglichst viele konservativ denkende Personen dazu zu bewegen, sich für Rationalität, Mäßigung und die Normen des demokratischen Verhaltens zu entscheiden.

Wenn sie nicht überzeugt werden können, müssen wir Widerstand gegen sie leisten. Sie haben einer auf Tatsachen beruhenden Politik, dem wissenschaftlichen Denken und einem auf Regeln statt auf Gewaltanwendung beruhenden globalen System den Krieg erklärt. Jene, die diese Werte verteidigen wollen, müssen sich zur Wehr setzen.

Um das tun zu können, brauchen wir mehr als nur Fakten. Wie der Intellektuelle Tzvetan Todorov in seiner Auseinandersetzung mit dem Kampf gegen den Totalitarismus im 20. Jahrhundert schrieb, brauchen wir dafür sowohl Erinnerung als auch Hoffnung. Aber woran sollen wir uns erinnern, und worauf können wir hoffen?

Vor nicht allzu langer Zeit, in den frühen neunziger Jahren, glaubten vollkommen rationale Personen, das »Ende der Geschichte« sei gekommen: Die freiheitliche Demokratie und der marktwirtschaftliche Kapitalismus stellten in ihren Augen die perfekte Ordnung dar, weshalb ihnen zukünftige Umwälzungen unmöglich schienen.

Im Jahr 2008 wurde die Welt aus dieser Illusion gerissen. Die durch den Zusammenbruch der Investmentbank Lehman Brothers ausgelöste Finanzkrise hat sich zu einer Legitimitätskrise des marktwirtschaftlichen Systems ausgeweitet, und die Zweifel an diesem System liefern nun Argumente für einen Angriff auf Demokratie und Menschenrechte und beschwören neue Gefahren für die geopolitische Ordnung herauf.

In den Vereinigten Staaten herrscht Trump. Mit dem Brexit hat der Zerfall der Europäischen Union begonnen. In den sozialen Medien breiten sich Antisemitismus, Islamfeindlichkeit, der Glaube an eine Überlegenheit der weißen Rasse und eine Opferrolle des männlichen Geschlechts aus. In der Türkei sitzen Hunderte Journalisten im Gefängnis. Auf den Philippinen jubelt der Präsident über das von den Todesschwadronen angerichtete Blutbad. Im syrischen Bürgerkrieg, der ausbrach, weil Jugendliche Losungen gegen den Diktator Baschar al-Assad auf Hausmauern schmierten, sind mittlerweile 470 000 Menschen getötet und 10 Millionen vertrieben worden.[2] Das chinesische Regime schickt sich an, seine 1,4 Milliarden Bürger im kommenden Jahrhundert einer lückenlosen digitalen Überwachung zu unterwerfen.[3] Dies ist keine fantastische dystopische Darstellung aus einem Science-Fiction-Roman: Es ist die Wirklichkeit, in der wir leben.

Früher beneidete ich meine jüngeren Journalistenkollegen, die in einer Welt zuversichtlicher Gewissheit lebten und an den Eliteuniversitäten gelernt hatten, dass die Ära der systemischen Krisen der Vergangenheit angehörte. Ich hingegen hatte mit Anfang zwanzig in Thatchers Großbritannien gelebt und war Zeuge einer Zeit der Konflikte, der Rezession und des sozialen Zerfalls geworden. Meine jungen Kollegen, so schien es, würden nur coolen, gleichmäßigen, technokratischen Fortschritt kennenlernen.

Mittlerweile habe *ich* Mitleid mit *ihnen*. Sie müssen jeden Morgen in ihren Newsfeeds mit ansehen, wie dramatische, bis vor Kurzem undenkbare, mit keiner Theorie erklärbare Ereignisse die Welt erschüttern: Trump fliegt nach Moskau, um mit Putin gemeinsame Sache gegen das FBI zu machen. Die altehrwürdige Österreichische Volkspartei kündigt über Nacht das Bündnis mit den Sozialisten auf und schließt sich mit den Neofaschisten zusammen. In China bricht Parteichef Xi Jinping nach drei Jahrzehnten mit der Konsensregierung und schwingt sich zum Alleinherrscher auf. Private Nachrichtendienste, von deren Existenz wir nie gehört hatten, manipulieren Wahlen im Auftrag des Meistbietenden.

Da wir die Entfaltung dieser neuen Weltunordnung in Echtzeit auf unseren mobilen Geräten verfolgen können, löst sie ein bipolares Verhalten aus: Wir reagieren extrem empfindlich auf das Chaos, verharren jedoch in Resignation, wenn wir vor der Frage stehen, was wir dagegen unternehmen können.

Auch der Liberalismus, die ehemals dominierende Ideologie der westlichen Welt, ist mittlerweile bipolar. Viele gebildete Personen reagieren mit Begeisterung auf die technologische Entwicklung und sind zugleich verzweifelt über die geopolitischen Vorgänge: Dunkle Vorahnungen bezüglich dessen, was nach Trump kommen dürfte, mischen sich mit unternehmerischen Vorhaben, die nur in einer umweltfreundlichen, von Hochtechnologie und Automation geprägten Zukunft verwirklicht werden können. Versucht man dieser bipolaren Einstellung auf den Grund zu gehen, so stößt man auf die Annahme, trotz allem stehe uns eine »vierte industrielle Revolution« bevor, die alles wieder ins Lot bringen werde.

In diesem Buch erkläre ich, warum ich überzeugt bin, dass es nicht so sein wird. Um das Potenzial neuer Technologien zur Förderung des menschlichen Wohlergehens nutzen zu können, muss es etwas Menschliches geben, das verteidigt werden kann. Aber sämtliche gegenwärtigen Krisen – seien sie wirtschaftlicher, geopolitischer oder technologischer Natur – haben ihren Ursprung in der Tatsache, dass die Bedeutung des Menschseins ausgehöhlt wird.

Seit den achtziger Jahren zieht die Ideologie des freien Marktes unser Recht in Zweifel, eine Identität zu besitzen, die mehr ist als ein Komplex wirtschaftlicher Bedürfnisse. Jetzt, da die Globalisierung unter Druck gerät, wird selbst die Vorstellung von universellen und unveräußerlichen Rechten angefochten. Gleichzeitig beginnt die Technologie unsere Fähigkeit zu autonomem Handeln frei von digitaler Kontrolle und Überwachung zu untergraben: Wir werden einer algorithmischen Kontrolle unterworfen, die wir nicht sehen, geschweige denn verstehen dürfen.

Nichts von alledem geschieht zufällig: Wie ich in diesem Buch zeigen werde, haben die offen antihumanistischen Theorien heute größeren Einfluss als zu irgendeinem anderen Zeitpunkt in den vergangenen zweihundert Jahren.

Ich glaube, dass wir trotz einer von Furcht und Grausamkeit beherrschten Gegenwart immer noch erreichen können, was der russische Revolutionär Leo Trotzki einmal als »lichte Zukunft« der Menschheit bezeichnete. Aber wir müssen nicht nur die Ursachen der Wirtschaftskrise entmystifizieren und unser Verständnis von Demokratie vertiefen, sondern auch das Konzept der Menschlichkeit verteidigen und neue praktische Schlüsse daraus ableiten.

Nachdem wir am Tag von Trumps Amtsantritt der Polizei entkommen waren, fiel mir ein, woran mich jene Szene erinnert hatte: an einen Zombiefilm.

Der erste derartige Film kam bereits im Jahr 1932 in die Kinos, aber das Genre blieb bis in die sechziger Jahre eine Randerscheinung.[4] In den meisten frühen Zombiefilmen war das Ungeheuer ein auferstandener Schwarzer karibischer Herkunft, der weiße Frauen vergewaltigen wollte. Es liegt auf der Hand, mit welchen Ängsten diese Filme spielten.

Erst in *Die Nacht der lebenden Toten* aus dem Jahr 1968 lernten wir den modernen Untoten kennen: Er war eine zum Leben erweckte Leiche, die darauf programmiert war, Menschen zu töten und zu verspeisen. Dieses Ungeheuer war einfach unser gewöhnlicher weißer Nachbar, der verrückt geworden war. Mit ihm begann ein weltweiter Siegeszug des Zombiegenres. Allein im Jahr 2010 wurden 27 Zombiefilme produziert, von *Big Tits Zombie* (Japan) bis zu *Santa Claus vs. the Zombies* (USA). Aus Videospielen ist der Zombie mittlerweile nicht mehr wegzudenken – er ist der vorhersehbare, hirnlose Gegner, der sich umso schneller vermehrt, je mehr von seinen Artgenossen man tötet. Es gibt Zombiefestivals und Zombieaufmärsche, bei denen blutverschmierte Teilnehmer Geld für wohltätige Zwecke sammeln. Der Zombie ist ein Tropus, eine allgemein anerkannte semantische Figur, die Regeln und Konventionen unterworfen ist, die es uns erlauben, sie mit zahlreichen anderen Vorstellungen zu verknüpfen: So erhalten wir Filme wie *Kung Fu Zombie, Biker Zombies from Detroit, La Cage aux Zombies* und *World War Z*.

Warum wenden wir kollektiv derart viel Konzentration, Emotion und geistige Energie für die Auseinandersetzung mit dem Zombie auf? Was wollen wir uns damit sagen, und was wollen wir damit *über uns* sagen?

Die menschlichen Kulturen kennen seit jeher Mythen und Legenden über Untote oder halbmenschliche Wesen, und diese Figuren sind norma-lerweise Metaphern für ein tief empfundenes menschliches Bedürfnis. Aber der Zombie ist einzigartig. Er ist kein Vampir: Die Beziehung zwischen dem Vampir und seinem Opfer ist eine Metapher für unzulässige sexuelle Anziehung, und der Vampir ist im Gegensatz zum Zombie ein vernunftbe-gabtes Wesen. Zombies sind auch keine Geister: Der Geist ist eine Meta-pher für Trauer, und ein Geist kann uns nicht töten. Genauso wenig sind Zombies Werwölfe, denn diese stehen metaphorisch für Geisteskrankheit oder soziopathische Gewalttätigkeit – und zum Werwolf wird ein Mensch nur vorübergehend, während ein Zombie immer ein Zombie bleibt.

Der Zombie besitzt eine übermenschliche Fähigkeit, die ihn von den herkömmlichen Ungeheuern der westlichen Folklore unterscheidet: Er ver-mehrt sich automatisch. Ein einzelner Werwolf kann die Bevölkerung Lon-dons nicht dezimieren, und ein einsamer Vampir wird Transsylvanien nicht entvölkern. Hingegen genügt ein Zombie, um in einem Prozess der expo-nentiell steigenden Opferzahlen oder Infektionen eine ganze Gesellschaft auszulöschen.

Worin besteht also die tief empfundene Angst, aus der sich die Metapher des Zombies speist? Die wahrscheinlichste Antwort lautet: Es ist die Angst, das einzubüßen, was uns menschlich macht, das heißt unsere Vernunft, un-sere Fähigkeit, Wahrheit und Lüge voneinander zu unterscheiden, unsere Fähigkeit, in anderen menschlichen Wesen Mitglieder unserer eigenen Spe-zies zu erkennen, die folglich dieselben Rechte haben wie wir. Die Angst, unsere Handlungsmacht und unsere Freiheit zu verlieren.

Diese Befürchtungen sind rational. Wir sind mit dem gefährlichsten Angriff auf den Humanismus konfrontiert, seit dieser in den Tagen Shake-speares und Galileis entwickelt wurde. Der Humanismus ist seit mehr als vierhundert Jahren die Grundlage der abendländischen Vorstellung von der Zivilisation und der Ausgangspunkt des wissenschaftlichen Denkens und des Konzepts des gesellschaftlichen Fortschritts. Aber seit dem späten 20. Jahrhundert regt sich in verschiedenen Gesellschaftssektoren Wider-stand gegen den Humanismus.

Die strategische Bedrohung geht von der Technologie aus. Es ist durch-aus möglich, dass die künstliche Intelligenz noch in diesem Jahrhundert so ausgereift sein wird, dass sie die Fähigkeiten der menschlichen Gehirne in ihrer Gesamtheit übersteigen wird. Gleichzeitig sind dank der rasanten Fortschritte im Bioengineering mittlerweile Modifikationen an menschlichen Individuen möglich, und sollten die entsprechenden Tabus aufgehoben werden, stehen uns unumkehrbare Eingriffe in den Genpool der Menschheit bevor. Diese Möglichkeiten wecken bei Menschen, die über die Zukunft nachdenken, einen ausgeprägten Antihumanismus: Sie eignen sich eine defätistische Haltung gegenüber dem Wert der menschlichen Individualität an und beginnen zu glauben, der Homo sapiens sei eine Spezies, die von der Evolution überflüssig gemacht werde.

Zweitens bestärken die Entwicklungen in Neurowissenschaften und Informationstheorie viele Menschen in der Überzeugung, dass unser Verhalten unausweichlich vorbestimmt ist, dass unser Gehirn lediglich eine biologische Maschine ist, deren Bewegungen und Reaktionen vom »Betriebsprogramm« der DNA gesteuert werden, die nur durch die physische Umgebung modifiziert wird und Teil eines Universums ist, das ebenfalls mehr und mehr wie das Produkt eines gewaltigen »Computers« wirkt. Obwohl beide Vorstellungen in der Wissenschaft umstritten sind, sind die Regale der Flughafenbuchhandlungen rund um den Erdball mit Bestsellern gefüllt, die den Nuancen keine Bedeutung beimessen und eine klare Botschaft enthalten: Wir sind bereits Automaten, die nicht zur Freiheit fähig sind.

Drittens müssen wir uns der demografischen Tatsache stellen, dass mittlerweile die Mehrheit der Weltbevölkerung in Ländern lebt, in denen die kulturellen Fundamente des Humanismus nicht solide sind. Als im Jahr 1948 die Allgemeine Erklärung der Menschenrechte verabschiedet wurde, gab es 2,4 Milliarden Menschen auf unserem Planeten. Ein Viertel der Weltbevölkerung lebte in entwickelten, demokratischen Ländern, deren gesellschaftliche Eliten mit der Tradition der Aufklärung aufgewachsen waren. Mittlerweile ist die Zahl der Erdenbürger auf 7,5 Milliarden angeschwollen – und die Mehrheit dieser Menschen lebt nicht in stabilen demokratischen Gesellschaften, sondern in Systemen, die ihren Bürgern grundlegende Menschenrechte vorenthalten. Noch schlimmer ist, dass die offiziellen Ideologien dieser Staaten zutiefst antihumanistisch sind, darunter die Mischung von Konfuzianismus und Rechnungswesen, die vom chinesischen Regime als »Marxismus« propagiert wird, der hinduistische Chauvinismus des Modi-Regimes in Indien und der großrussische Nationalismus des Putin-Regimes.

Und dann ist da der Feldzug gegen den Humanismus, der in den vergangenen vier Jahrzehnten im Namen der freien Marktwirtschaft geführt wurde. Indem uns das als Neoliberalismus bezeichnete Wirtschaftsmodell neue Routineabläufe, Einstellungen und Werte aufgezwungen und zur Voraussetzung für das Überleben gemacht hat, indem es uns auf zweidimensionale ökonomische Geschöpfe reduziert hat, hat es unsere verhaltensmäßigen und intellektuellen Verteidigungsmechanismen gegen verschiedene antihumanistische Eingriffe geschwächt.

Der Wendepunkt, an dem all diese Gefahren deutlich zutage traten und verstärkt wurden, war Trumps Wahlsieg, der einer globalen Welle des rechten Populismus zusätzlichen Auftrieb verschaffte.

Trump warf sich wie eine Abrissbirne gegen die multilateralen Institutionen, auf denen der globalisierte freie Markt beruht: Er attackierte den UN-Menschenrechtsrat, die Welthandelsorganisation, die Europäische Union und das nordamerikanische Freihandelsabkommen Nafta. Indem er die Berichterstattung der Medien als »Fake News« verleumdete und die Suche nach Konsenslösungen in Diplomatie und Innenpolitik durch große Gesten und Unberechenbarkeit ersetzte, versuchte Trump nicht nur, die nach 1989 errichtete Weltordnung zu zerstören: Er tat alles, um Chaos heraufzubeschwören.

Trumps Reaktion auf den Gewaltausbruch in Charlottesville im Jahr 2017 war ein Freibrief für die Verfechter einer neuen Form von Faschismus in den USA. Die Alt-Right lehnt die Vorstellung von universellen Menschenrechten rundweg ab, sät unablässig Zweifel an der Gültigkeit wissenschaftlicher Erkenntnisse und attackiert Einrichtungen wie die Universitäten oder die öffentlichen Medien, die versuchen, die objektive Wahrheit zu bestimmen.

In seinem Krieg gegen die liberalen und demokratischen Werte setzte Trump Maschinen ein, deren Zweck darin besteht, die menschliche Entscheidungsfreiheit und Vernunft zu untergraben: Dank der Daten, die Facebook Cambridge Analytica zur Verfügung stellte, gelang es Trump und seinen russischen Verbündeten, die Meinungen und das Wahlverhalten vieler Amerikaner zu manipulieren.

Sollte sich dieses neue Bündnis von autoritären Politikern und technologisch beschlagenen Faschisten durchsetzen, so werden viele Menschen jenem Farmer aus Tennessee ähnlich werden: Sie werden zu Wesen mit leerem Blick, gedankenlos gehorsam, ohne jede Handlungsmacht, das Verhalten von Facebook-Algorithmen gesteuert, die politischen Vorstellungen nicht mehr als eine Wiederholung der Abendnachrichten auf Fox News. Sie werden zu politischen Zombies.

Das wichtigste Angriffsziel der autoritären Rechten ist die Möglichkeit, dass die Wahrheit existiert. Trump und seine Nachahmer wollen die Menschen davon überzeugen, dass nichts wahr ist, dass alle Presseberichte manipuliert sind, dass alle Bilder von Krieg und Folter mit Photoshop bearbeitet wurden, dass alle Terroranschläge »unter falscher Flagge« durchgeführte Operationen von Geheimdiensten sind, dass alle Opfer von Krieg und Folter nur »Krisenschauspieler« sind.

Sie wollen uns glauben machen, dass die Rechtsstaatlichkeit tatsächlich ein Angriff des »tiefen Staats« auf den Volkswillen ist, dass die professionellen Medien »Volksfeinde« und die Oppositionsparteien »Saboteure« sind. Autokraten wie Wladimir Putin und Narendra Modi gehen schon seit Längerem nach diesem Drehbuch vor und müssen weniger Rücksicht auf demokratische Prinzipien nehmen als Trump. Aber Trump hat diese Methode auch in den Demokratien salonfähig gemacht. Sein Erfolg in den ersten zwei Jahren seiner Amtszeit hat ähnlichen Bestrebungen in Brasilien, Ungarn, Italien und anderen Ländern Auftrieb verschafft.

Wir haben immer noch nicht begriffen, was für eine Katastrophe sich um uns herum abspielt. Dies ist keine vorübergehende zyklische Entwicklung in der Politik, sondern eine globale Attacke auf die erkenntnistheoretischen Methoden, auf das wissenschaftliche Denken und auf eine an den Fakten orientierte politische Entscheidungsfindung – auf die moderne Denkweise, die ihren Ursprung im frühen 17. Jahrhundert hat.

Obendrein sind wir mit einer Krise des Denkens bei der Linken konfrontiert. Wenn wir uns die obszönen Behauptungen der Internettrolle ansehen – der jüngste Terroranschlag des »Islamischen Staates« wurde angeblich von der CIA inszeniert, ein verstümmeltes syrisches Kind wird als »Krisenschauspieler« diffamiert –, müssen wir uns vor Augen halten, dass die Grundlagen für diesen Angriff auf die Rationalität von jener linken akademischen Strömung gelegt wurden, die als Postmodernismus bezeichnet wird.

Der Physiker Hermann Weyl beschrieb eine Theorie als Sammlung von Ideen, die es uns erlauben, »über den eigenen Schatten zu springen« und anhand von Worten und Zahlen darzustellen, was physisch nicht sichtbar ist.[5]

Die Postmodernisten erwiderten: »Wie kann man über seinen Schatten springen, wenn man keinen mehr hat?«[6] Jean Baudrillard, der diese Worte im Jahr 1994 schrieb, war überzeugt, unsere Bereitschaft, das vom Kapitalismus vorgegebene Leben im Rhythmus von Geld und Eigennutz zu führen, habe unsere Menschlichkeit ausgehöhlt. Wir seien nur noch Manifestationen der wirtschaftlichen Kräfte, unfähig, einen Schatten auf die Welt zu werfen, außerstande, über die von den Massenmedien inszenierte Realität hinauszublicken.

Die akademische Linke hatte die menschliche Hilflosigkeit theoretisch abgehandelt, lange bevor die Rechte sie in ein Projekt verwandelte. Eine Theorie, die in den fünfziger Jahren entwickelt wurde, um die Passivität der Arbeiterklasse zu erklären, hat eine wachsende akademische und philosophische Bewegung ins Leben gerufen, die als Posthumanismus bezeichnet wird. Er ist eine Begründung für unsere Unterwerfung unter die Maschinen und in der extremsten Ausprägung für unsere freiwillige Selbstauslöschung als Spezies. Eines der Ziele dieses Buches ist es, der posthumanistischen Industrie die Geschäftsgrundlage zu entziehen.

Um die Vernunft zu verteidigen, müssen wir verteidigen, worauf sie beruht: Erfahrung und sorgfältige Beobachtung können in unserem Verstand eine überprüfbare Wahrheit erzeugen.

Wenn Sie Ihr Leben einem Flugzeug anvertrauen, das Sie 12 000 Meter über dem Boden befördert, so tun Sie das, weil Sie glauben, dass es unabhängig von Ihren Sinneswahrnehmungen eine reale Welt gibt, in der physikalische Gesetze gelten, welche die Flugzeugingenieure verstanden haben. So komplex diese Welt auch sein mag, so zufällig vieles darin sein mag: es wäre ein Rückschritt, würden wir den Glauben an die vierhundert Jahre alte wissenschaftliche Methode aufgeben, die der Luftfahrtingenieur anwendet.

Um die neuen Religionen des Irrationalismus und Fatalismus zu entzaubern, müssen wir uns auf eine Denkweise besinnen, die aus der Mode gekommen ist. Wir müssen den Menschen wieder in den Mittelpunkt unserer Weltsicht rücken – nicht die Maschine, nicht die Natur und nicht irgendwelche Untergruppen der Menschheit, die besondere Privilegien genießen, sondern unsere gesamte Spezies.

Nach dem Holocaust und dem Zweiten Weltkrieg war der Humanismus der Rettungsring, an den sich die Überlebenden klammerten. Nach Trumps schockierendem Wahlsieg wandte sich eine neue Generation einmal mehr den großen humanistischen Autoren der antifaschistischen Ära zu, darunter George Orwell, Primo Levi und Hannah Arendt. Aber sobald wir über die Ähnlichkeiten und die tröstenden Zitate hinausgehen, wird klar, dass ihr Weltbild den Annahmen des modernen progressiven Denkens widerspricht.

Der Humanismus kam aus der Mode, weil er das Produkt einer weißen, eurozentrischen Kultur war, welche die koloniale Unterdrückung und die männliche Vormachtstellung rechtfertigte. In den sechziger Jahren des vergangenen Jahrhunderts rief der schwarze Psychiater und Schriftsteller Frantz Fanon zur Entwicklung eines »neuen Humanismus« auf, der nicht durch den Rassismus der kolonialen Vergangenheit belastet sein würde. Aber dazu kam es nicht. Stattdessen gaben Politiker, die sich als Humanisten bezeichneten, den Befehl zu verheerenden Attacken auf Menschenleben, von Vietnam bis zum Irak. Der Anthropologe Claude Lévi-Strauss fasste die wachsende Abneigung der gelehrten Welt gegen das humanistische Denken zusammen, als er im Jahr 1979 erklärte, nicht nur der Kolonialismus, sondern auch der Faschismus und seine Vernichtungslager seien die »natürliche Fortsetzung« des jahrhundertelang praktizierten Humanismus gewesen.[7]

Gegen Ende des 20. Jahrhunderts weckten neue Erkenntnisse in Neurowissenschaften, Genetik und Anthropologie Zweifel an den herkömmlichen wissenschaftlichen Theorien zur Einzigartigkeit des menschlichen Wesens. Fundamentalistische Umweltschützer gelangten zu dem Schluss, es wäre besser für den Planeten, wenn unsere Spezies überhaupt nicht existierte, und radikale Tierschützer fügten hinzu, je früher die Menschheit ausgerottet werde, desto besser.[8]

Die Verteidigung von Vernunft und Wissenschaft kann nur gelingen, wenn wir zu einem Humanismus zurückkehren, der sich von jenem unterscheidet, den Arendt, Levi und ihre Generation verfochten. Eine alternative, radikalere Form des Humanismus in der Tradition von Vernunft und Aufklärung zielt auf die völlige Befreiung des Menschen einschließlich der Befreiung von den Identitäten, die uns von Armut, Rassismus und Sexismus aufgezwungen werden.

Es gibt nur einen humanistischen Denker, der den *Realismus* – die Vorstellung, dass die Welt auch unabhängig von unseren Sinnen existiert – mit einer Definition der menschlichen Natur verknüpft, die auch angesichts der modernen Erkenntnisse auf den Gebieten der Kognitionsforschung und der künstlichen Intelligenz Bestand hat. Dieser Denker ist Karl Marx. Trotz aller Mängel seiner Theorien und aller in seinem Namen begangenen Verbrechen war Marx der einzige große Philosoph, der, würde er heute leben, maskiert an Kundgebungen wie der in Washington teilnähme. Er würde verstehen, was dieser Protest bedeutet: Wir befinden uns in der Stunde null im Kampf um neue Hoffnung.

2

Eine allgemeine Theorie von Trump

»Die Globalisierung ist tot. Die amerikanische Supermacht wird sterben.«[1] Diese Worte schrieb ich, zwei Stunden nachdem Donald Trumps Wahlsieg feststand, in einer Kolumne für die Zeitung *The Guardian*. Trump hatte meiner Meinung nach triumphiert, »weil Millionen gebildeter Angehöriger der amerikanischen Mittelschicht ihre Seele erforscht und dort, nachdem alle Schichten der Selbsttäuschung abgeschält waren, einen Menschen gefunden haben, der an die Überlegenheit der weißen Rasse glaubt. Dazu kommt ein unerschlossenes Reservoir der Frauenfeindlichkeit.«

Möglicherweise war das eine extreme These zu einem Zeitpunkt, als die Mainstream-Kommentatoren erklärten, Trumps Sieg sei ein Unfall gewesen, das Ergebnis von Hillary Clintons Fehlern im Wahlkampf in vier Swing States. Die Experten glaubten, Trump werde rasch von der gewaltigen föderalen Bürokratie in die Schranken gewiesen und vom Rechtsstaat an die Kette gelegt werden.

Aber Trumps Wahlsieg war Teil eines Musters. Es war der dritte Tsunami, der innerhalb von anderthalb Jahren über die liberale politische Mitte hinwegraste. Im Juni 2015 hatten sich die Griechen an den Urnen dafür entschieden, die EU herauszufordern, obwohl das Land nach dem Zusammenbruch des nationalen Bankensystems eine Geisel der Finanzmärkte war. Im Juni 2016 hatte sich eine Mehrheit der britischen Wähler für das Ausscheiden des Landes aus der EU entschieden. Und nun hatten die Amerikaner Trump zum Präsidenten gewählt.

Ich hatte seit der Finanzkrise von 2008 gewarnt, dass ein großes Land aus dem auf Regeln und gemeinsamen Normen beruhenden multilateralen System ausscheiden würde, wenn wir die freie Marktwirtschaft nicht überwinden würden. Ein Ende des multilateralen Systems würde der Globalisierung den Garaus machen. Die *Financial Times* bezeichnete diese Warnungen als »irritierend schrill«.[2] Wie sich herausstellen sollte, waren sie nicht schrill genug.

Trumps Wahlsieg war nicht nur ein bedeutsames Ereignis in der politischen und Wirtschaftsgeschichte der Welt, sondern er öffnete einen Riss im intellektuellen Fundament, auf dem die Weltordnung beruht. Die meisten Leute können diesen Riss noch immer nicht sehen.

Selbst wenn Trump angeklagt oder seines Amtes enthoben wird oder einfach einer Überdosis Cheeseburger zum Opfer fallen sollte: Sein Wahlsieg hat die Welt unumkehrbar verändert. Er hat dem auf Regeln beruhenden globalen System den Kampf angesagt, einen Handelskrieg mit China angezettelt, die Vereinigten Staaten aus dem Pariser Klimaschutzabkommen zurückgezogen, das Atomabkommen mit dem Iran zunichtegemacht, rechtsextreme Gewalt gerechtfertigt, zur Gewalt gegen die Medien aufgerufen und das systematische Lügen zum Grundsatz von Politik und Diplomatie gemacht.

Seine »America First«-Strategie soll nicht nur in den Vereinigten Staaten Arbeitsplätze schaffen und das Wirtschaftswachstum auf Kosten Chinas und Mexikos ankurbeln, sondern auch die bestehende globale Machtstruktur erschüttern und zum Vorteil der USA und Putin-Russlands umbauen. Zu seinen taktischen Manövern gehört es, Nordkorea einen atomaren Präventivschlag anzudrohen und Kleinkinder von ihren illegal eingewanderten Eltern zu trennen. Und bisher hat er Erfolg gehabt.

Um die angestrebte neue Ordnung Wirklichkeit werden zu lassen, richtet Trump Chaos an: Auf empörende Äußerungen folgen Dementis, Verlautbarungen werden mit Tweets widerrufen, bei internationalen Verhandlungen wird auf Diplomaten, Berater, schriftliche Aufzeichnungen und professionelle Vorbereitung verzichtet.

Um uns in diesem Chaos zurechtzufinden, brauchen wir eine Theorie, die erklärt, wie sich der neue rechte Autoritarismus entwickelt hat, wer davon profitiert und welches seine Ziele sind. Eine solche Theorie fehlte den meisten progressiv gesinnten Menschen am Abend von Trumps Wahlsieg. Sie begriffen, dass diese Monstrosität möglicherweise das Ende der progressiven Politik und des geordneten globalen Systems bedeutete, aber sie verstanden nicht, dass es die liberale Ordnung war, die Trump und die Aktivisten, die ihn zum Präsidenten machten, hervorgebracht hatte.

Selbst wenn wir die Ursachen des Phänomens Trump kennen, verfügen wir lediglich über eine Theorie der Abrissbirne. Um wirklich zu verstehen, was vor sich geht, müssen wir die fragilen Strukturen untersuchen, die unter den Schlägen der Abrissbirne erbeben. Diese Strukturen umfassen nicht nur die globale Wirtschaftsarchitektur, sondern auch die Ideologien des Liberalismus, des Globalismus und der universellen Menschenrechte.

Der Grund für die Schwächung dieser Ideen ist, dass sie einer untauglichen Wirtschaftsstruktur aufgepfropft wurden. In den drei Jahrzehnten des Aufstiegs und Niedergangs des als Neoliberalismus bezeichneten Systems bestand ein großer Teil seiner intellektuellen Architektur in Abläufen und Ritualen, die keine innere Überzeugung erforderten. So wie in den Jahren vor dem Zusammenbruch der Sowjetunion taten die Leute auch im neoliberalen System nur noch so als ob, während sie im Grunde ihres Herzens wussten, dass dieses System gescheitert war.

Um die Ordnung und Vorhersehbarkeit der Welt wiederherzustellen, müssen wir das Wesen wiederfinden, das in der neoliberalen Ära verloren gegangen ist: das dreidimensionale menschliche Wesen, das an Mäßigung, Freundlichkeit, wechselseitige Verpflichtung und Demokratie glaubt, jenes menschliche Wesen, das eigenständig denken kann und meint, was es sagt. Es liegt auf der Hand, dass dies keine leichte Aufgabe ist.

Donald Trump gab seine Präsidentschaftskandidatur am 16. Juni 2015 im Trump Tower in New York bekannt. In einer wirren und anscheinend aus dem Stegreif vorgetragenen Rede erläuterte er die wesentlichen Bestandteile seines politischen Programms. Er attackierte die mexikanischen Einwanderer: »Sie bringen Drogen, sie bringen Kriminalität, sie sind Vergewaltiger, und einige, nehme ich an, sind auch gute Leute.«[3] Er versprach, die Vereinigten Staaten wieder groß zu machen. Um das zu erreichen, werde er die amerikanischen Unternehmen zwingen, Arbeitsplätze ins Land zurückzuholen, und China und Mexiko mit harten Handelssanktionen belegen. Er werde die amerikanische Außenpolitik im Nahen Osten neu ausrichten, den Iran isolieren und die Position Saudi-Arabiens festigen. Er werde die unter Obama erlassene Gesetzgebung zur Krankenversicherung, mit der zwanzig Millionen arme US-Amerikaner in das Gesundheitssystem geholt worden waren, rückgängig machen, Milliarden in die Wiederherstellung der verfallenden Infrastruktur des Landes investieren und gleichzeitig (auf wundersame Art) die Staatsschulden verringern.

Die etablierten Kräfte konnten über dieses Programm nur lachen. Wie nicht anders zu erwarten, gingen Antirassisten mit gutem Recht gegen diesen Kandidaten auf die Barrikaden. Die Meinungsforscher stellten fest, dass nur 6,5 Prozent der als Republikaner registrierten Wähler Trump ihre Stimme geben wollten. Aber nur sechs Wochen später kam Trump in den Umfragen auf zwanzig Prozent, doppelt so viel wie sein engster Rivale Jeb Bush, und ließ gleich eine ganze Schar bleichgesichtiger christlich-fundamentalistischer Mitbewerber hinter sich.[4] Zu jenem Zeitpunkt war es kaum jemandem bewusst, aber mit seiner rassistischen, misogynen, wirtschaftsnationalistischen und elitenfeindlichen Rhetorik hatte Trump eine wirkungsvollere populistische Botschaft formuliert als alle anderen Populisten. Die Kandidaten des Establishments hatten dem nur wenig entgegenzusetzen.

Rückblickend hätten wir damals, als Trumps Anhängerschaft wuchs, folgende Frage stellen sollen: Welche Fraktion der Reichen und Mächtigen wird sich auf seine Seite schlagen? Aber zu jener Zeit schien diese Frage sinnlos. Der Grund dafür war, dass die freie Marktwirtschaft in den USA eine politische Monokultur hervorgebracht hatte, in der die Vorstellung, verschiedene Sektoren der Elite könnten die Parteipolitik nutzen, um einander zu bekämpfen, anachronistisch wirkte. Die liberale Wirtschaftselite widmete sich seit dreißig Jahren den Finanzen, den globalen Konzernen, der Extraktion fossiler Brennstoffe und den Technologiemonopolen. Diese Elite bevorzugte eine Mitte-rechts-Regierung, aber die parteipolitischen Unterschiede spielten letzten Endes keine Rolle. Die meisten Großunternehmen spendeten Kandidaten beider Parteien Geld.

Zwar hatten sich im Jahr 2015 Zehntausende ruinierte Kleinunternehmer und entlassene Arbeiter der rechten Tea-Party-Bewegung angeschlossen und riefen nach einem Ende der Globalisierung, der Menschenrechte und der Einwanderung. Aber diese Forderungen widersprachen den Interessen der Wirtschaftselite so vollkommen, dass sie nur bei schrulligen Figuren wie Charles und David Koch Unterstützung fanden, die bereit waren, für ein aussichtloses libertäres Projekt 400 Millionen Dollar aus dem Fenster zu werfen.

Diese Tatsachen prägten die Konsenseinschätzung der Meinungsforschung. Im April 2016 nahm ich an einer Sitzung mit dem Clinton gewogenen politischen Berater Stan Greenberg teil, der den Korrespondenten des *Guardian* versicherte, bei der kommenden Präsidentenwahl zeichne sich ein »Erdrutschsieg« Clintons ab, der die Republikaner zerstören werde. Greenberg begründete diese Prognose mit der Entstehung einer »neuen amerikanischen Mehrheit«, die Afroamerikaner, Hispanics, Millennials und alleinstehende Frauen umfasse; diese Gruppen stellten 54 Prozent des Wahlvolks und ihr Anteil wachse weiter. Daher sei es unmöglich, dass die Republikaner mit einem gesellschaftlich konservativen Programm bei der Wahl die Oberhand behielten. Die Aktivisten am rechten Rand der Republikaner versuchten nicht einmal, die Wahl zu gewinnen, erklärte uns Greenberg: Sie wollten lediglich den Kern der Partei dafür bestrafen, dass sie Obama nicht habe stoppen können.[5]

Trump sicherte sich die Nominierung der Republikaner, indem er eine neuartige konservative populistische Bewegung aufbaute. Das Wachstum dieser Bewegung spaltete die herrschende Klasse, die sich entscheiden musste, wo ihre geopolitischen und wirtschaftlichen Interessen lagen. Und diese beiden Entwicklungen ermöglichten es Trump, ein zeitweiliges Bündnis zwischen dem Mob und der Elite zu schmieden, wie es Hannah Arendt beschrieben hatte. Dieses Bündnis wollte die wirtschaftliche und politische Ordnung zerstören, die in den Augen ihrer Anhänger vollkommen und dauerhaft war.

Im Jahr 2012 besuchte ich eine Versammlung der Tea Party in Phoenix im US-Bundesstaat Arizona. Die Teilnehmer waren eine Schar angenehmer Spinner, die in der analogen Ära stecken geblieben waren. Vor Beginn der Versammlung hatte ich die Kollegen, die mich begleiteten, aufgefordert, die Ansichten dieser Leute zu respektieren. Am Ende des Treffens standen die Leute Schlange, um mir Akten und CDs, um die sie Zettel mit handschriftlichen Notizen gewickelt hatten, zu übergeben. Darunter war eine dicke Akte über die Kontroverse um Obamas Geburt, eine sorgfältig recherchierte Zeitreihe zu der Katastrophe in der amerikanischen Botschaft in Bengasi, wo kurz zuvor vier amerikanische Angestellte getötet worden waren, sowie die üblichen wirren Theorien, welche die Existenz des Klimawandels leugneten. Nachher nahm ich die CDs, Akten und Broschüren, in denen all ihre verrückten Obsessionen beschrieben waren, und ließ mich von meinem Kameramann dabei filmen, wie ich sie in einen Mülleimer warf. Ich möchte erklären, warum ich das tat.

Anfangs hatte ich die Tea Party ernst genommen. Im Jahr 2008 berichtete ich über die Massenmobilisierung rechter Wähler, die den Kongress dazu bewog, Präsident Bushs Vorhaben eines 780-Milliarden-Dollar-Rettungspakets für die Banken zu Fall zu bringen. Andere Kommentatoren taten die Tea Party als *astroturf* (Kunstrasen) ab, als fingierte Graswurzelbewegung. Aber in meinen Augen war sie authentisch: Sie wurde durch berechtigte Wut auf die Wall Street motiviert, die dafür sorgte, dass die Normalbürger für die Finanzkrise bezahlen mussten. Mit wachsender Faszination verfolgte ich, wie die Tea Party den Parteiapparat der Republikaner von unten eroberte. Ich besuchte die Kundgebungen dieser Leute und ertrug ihre mürrischen Blicke, weil mir klar war, dass die bestehende Ordnung nicht überleben würde. Ich wollte herausfinden, was danach kommen würde.

Im Jahr 2012 hatte es allerdings den Anschein, als hätte sich die Tea Party in eine Sackgasse manövriert – diesen Eindruck teilten auch viele Teilnehmer an jener Versammlung in Phoenix. Da die Republikaner den gemäßigten Mitt Romney zu ihrem Präsidentschaftskandidaten gekürt hatten, wollten die meisten der Anwesenden nicht zur Wahl gehen. Zwar hatte Paul Ryan, der an Romneys Seite für das Amt des Vizepräsidenten kandidierte, ein alternatives Budget vorgelegt, das Steuersenkungen, Kürzungen der Gesundheits- und Sozialprogramme und eine Verringerung der staatlichen Bürokratie vorsah. Aber der Tea Party ging es nie nur um wirtschaftliche Fragen. Diese Bewegung war auch eine Revolte evangelikaler Christen gegen das moderne Leben, eine Revolte misogyner Männer gegen die Befreiung der Frau, eine Revolte gegen Einwanderung, Homosexuellenrechte und Diversität und vor allem eine Revolte gegen Präsident Obama, denn vielen dieser Leute passte seine Hautfarbe nicht.

Von Romneys Niederlage im November 2012 bis zu dem Augenblick im Juni 2015, als Trump in seinem Tower eine goldene Rolltreppe hinunterfuhr, war die Tea Party in dem politischen Ghetto gefangen, das ich in Phoenix besucht hatte, denn neben dem heiligen Amerika gibt es seit jeher ein profanes Amerika. In einigen Staaten sieht man entlang den schier endlosen Autobahnen nichts anderes als die Neonschilder von Pornokinos und Spirituosenläden sowie die Flagge der Konföderierten. In diesen Regionen würden die Jesus-Eiferer nie breiten Zuspruch erhalten. Ihre moralischen Grundsätze erlaubten es den Evangelikalen nicht, sich unter die Leute zu mischen, die in Trumps Casinos gebannt vor den einarmigen Banditen hockten oder in einer Filiale der Fast-Food-Kette Hooters den Kellnerinnen auf die Brüste starrten.

Die Evangelikalen waren unbeirrbar nette Menschen – selbst wenn sie vor Abtreibungskliniken verängstigten Frauen Plastikfötusse vor die Nase hielten. Sie hatten moralische Grenzen. Trump löste dieses Problem für die amerikanische Rechte: Er sprach die nicht netten Leute an, die amoralischen Figuren und die »Shitposter«, wie sich die im Internet aktiven Rechten selbst nennen.

Jeder Hollywoodfilm hat einen Text und einen Subtext. Der Subtext, der nie zu hören ist, weckt bei den Zuschauern den Wunsch, beim Verlassen des Kinos in den Krieg zu ziehen, den Planeten zu retten oder sich scheiden zu lassen. Donald Trump besitzt wie alle Demagogen ein angeborenes Talent dafür, Text und Subtext durcheinanderzubringen.

Der »Text« des Trump-Wahlkampfs war das Leben dieses Mannes: ein Aufstieg vom Tellerwäscher zum Millionär – begleitet von Vorwürfen der Vergewaltigung und häuslicher Gewalt, von Trump selbst eingestandenen sexuellen Übergriffen und einem 25-Millionen-Dollar-Betrug auf Kosten von Collegestudenten. Zum Millionär wurde er durch Immobilienspekulation und enge geschäftliche Verflechtungen mit russischen Oligarchen und Ölscheichs. Indem die Republikanische Partei Trump zu ihrem Präsidentschaftskandidaten kürte, schrieb sie einen schockierenden neuen Subtext: Die Reichen müssen nicht einmal mehr den Anschein einer weißen Weste wahren, um Machtpositionen einnehmen zu dürfen.

Sobald der Wahlkampf begonnen hatte, führte Trump einen zweiten, nicht weniger schockierenden Subtext in das öffentliche Leben ein: die Botschaft, dass Fakten keinerlei Bedeutung haben. Im Juli 2015 beleidigte er Senator John McCain, der aus seiner Abneigung gegenüber dem neuen Präsidenten keinen Hehl machte, mit folgender Behauptung: »Er ist kein Kriegsheld. Er ist ein Kriegsheld, weil er in Gefangenschaft geriet. Ich mag Leute, die sich nicht gefangen nehmen ließen.«[6]

Die Bemerkung löste große Empörung aus. Daraufhin leugnete Trump einfach, diese Worte gesagt zu haben. Die Beleidigung, ihre virale Verbreitung über die sozialen Medien und das anschließende Dementi erzählten zwischen den Zeilen eine Geschichte, die sich von da an oft wiederholen sollte: Nichts von dem, was Trump von sich gibt, ist buchstäblich gemeint oder sollte ernst genommen werden. Keine seiner Äußerungen sollte an normalen Maßstäben für Wahrhaftigkeit oder Anstand gemessen werden. Mit seiner Bereitschaft zur unverhohlenen Lüge hob sich Trump von allen seinen Amtsvorgängern im Weißen Haus ab und fand Aufnahme in die Gruppe der herausragenden Kleptokraten des 21. Jahrhunderts: Putin, Erdoğan, Orbán und Netanjahu.

Bei Trumps Wahlkampfauftritten wurde eine dritte Schicht von Subtexten eingeführt. In der Tea Party wurde (zumindest vor laufender Kamera) normalerweise versucht, unverhohlenen Fanatismus zu vermeiden. Trump machte Schluss mit derartigen Freundlichkeiten und gab Rassisten, Sexisten und Islamfeinden grünes Licht: Von nun an durften sie ihrem aufgestauten Hass freien Lauf lassen. Bei seinen Wahlkampfauftritten versammelten sich wiedergeborene Christen, Amoralisten aus der Alt-Right-Bewegung und pornosüchtige rechtsextreme Fanatiker. Es herrschte eine Atmosphäre, in der das Publikum jedes Mal »Fotze!« schreien durfte, wenn Trump den Namen Hillary Clinton erwähnte.

Trump ist kein Faschist, und dasselbe gilt für die meisten Leute, die an seinen Wahlkampfveranstaltungen teilnahmen. Aber er nutzte eine Dynamik zwischen Redner und Publikum, die Erich Fromm während Hitlers Aufstieg theoretisch ergründete: Im Jahr 1941 schrieb Fromm, psychologisch sei die Bereitschaft, sich dem Naziregime zu unterwerfen, »vor allem die Folge einer inneren Ermüdung und Resignation«, eines Zustands, der »selbst in demokratischen Ländern für das Individuum sehr bezeichnend ist«.[7] Woher im reichsten Land der Welt und in einer Gesellschaft von überschäumender kultureller Kreativität eine solche »innere Ermüdung und Resignation« rührt, ist eine der grundlegenden Fragen, die wir beantworten müssen, wenn wir erfolgreich Widerstand gegen diese neue Rechte leisten wollen.

Menschen, das verstand Trump, die die Nase voll haben, wollen keine vernünftigen Argumente und keine Prinzipien hören. Auch brauchen sie die Art von Freiheit nicht, welche die libertäre Rechte anbietet. Im Gegenteil: Sie fürchten die Freiheit. Sie wollen einen Führer, der sich über die Logik und die Wahrheit erhebt und ihnen sagt, dass alle ihre Vorurteile berechtigt sind. Es ist kein Geheimnis, warum die Leute, die zu Trumps Wahlkampfveranstaltungen strömten, sein Angebot annahmen. Aber warum nahm es auch ein Teil der Elite an? Was erhoffte sich dieser Teil der Gesellschaft von Trump?

Als der Wahlkampf um die Nominierung für den Präsidentschaftskandidaten der Republikanischen Partei anlief, investierten die Milliardäre, die Trump schließlich ins Weiße Haus bringen würden, ihr Geld zunächst noch in den Rechtsaußen Ted Cruz. Der Hedgefonds-Chef Robert Mercer, der später Trumps großzügigster Geldgeber werden sollte, spendete Cruz elf Millionen Dollar, und vier Mitglieder der Fracking-Dynastie Wilks gaben dem Senator aus Texas insgesamt fünfzehn Millionen Dollar. An der Spitze von Cruz' Lobbygruppe Keep the Promise (einem sogenannten Super-PAC, einem Political Action Committee) stand Kellyanne Conway, die später als Beraterin des Präsidenten Trump ins Weiße Haus wechselte.

Aber Cruz ging die Luft aus, während Trump in Schwung kam. Als Cruz im Mai 2016 aus dem Rennen um die Präsidentschaftskandidatur ausstieg, übernahm Mercers Gruppe kurzerhand die Wahlkampforganisation von Trump. Im August setzte die Gruppe Steve Bannon – in dessen rechtspopulistische Nachrichtenwebsite Breitbart News Mercer bereits zehn Millionen Dollar gesteckt hatte – als Chefstratege ein und machte Conway zur Wahlkampfmanagerin.

Nun schloss sich auch eine Nischengruppe von Wirtschaftsbossen mit eher traditionellen konservativen Vorstellungen Trumps Lager an, darunter der Casino-Magnat Sheldon Adelson, der Unternehmensplünderer Carl Icahn und Wilbur Ross, ein weiterer Unternehmensplünderer, der in den achtziger Jahren so wie Icahn an der Rettung von Trumps Casino-Unternehmen beteiligt gewesen war. Diese Männer sind aus demselben Holz geschnitzt wie Trump. Zu ihnen gesellten sich ein paar libertäre Technologiemilliardäre wie der PayPal-Gründer Peter Thiel, der im Jahr 2009 erklärt hatte: »Ich glaube mittlerweile nicht mehr, dass Demokratie und Freiheit miteinander vereinbar sind.«[8]

Die Koch-Brüder, die prominentesten Vertreter der Wirtschaftselite in der Tea Party, blieben aus ideologischen Gründen auf Distanz zu Trump. Aber sie überhäuften Republikanische Kandidaten mit Millionen, mobilisierten eine Armee von Stimmenwerbern und schleusten Schlüsselpersonen in Trumps Team ein, darunter den Gouverneur Mike Pence aus dem US-Bundesstaat Indiana. Die Kochs hatten das Experiment finanziert, mit dem Pence Indiana in ein Laboratorium für einen grausamen freien Markt verwandelt hatte, und nun machten sie ihn zum Vizepräsidenten.

Doch obwohl Trumps Rückhalt in der Elite wuchs, floss der Großteil der Spenden von amerikanischen Milliardären weiterhin in die Wahlkampf-kasse von Hillary Clinton. Trump hatte das Glücksspiel, die Ölindustrie und die Tabakkonzerne auf seiner Seite. Aber Clinton genoss die Unterstüt-zung fast des gesamten Silicon Valley, von Hollywood, des Großteils der Wall Street und der großen Mehrheit der S&P-500-Unternehmen. Sogar die Erbin des Walmart-Imperiums, das die Gewerkschaften in die Knie ge-zwungen hatte, hatte sich dem Clinton-Lager angeschlossen.

Nach Trumps Wahlsieg beeilten sich natürlich die meisten Wirtschafts-führer, einen Kniefall vor ihm zu machen, sich einen Platz in seinen Be-ratungsgremien zu sichern und sich einen Anteil an den Deregulierungsge-winnen zu sichern, die der neue Präsident der Wirtschaft versprach. Aber jene, die direkte Macht erhielten, stammten weiterhin aus dem kleinen rechtskonservativen Kreis, der das Projekt vorangetrieben hatte. Der Schul-privatisiererin Betsy DeVos wurde das Bildungsministerium anvertraut. Wilbur Ross wurde im Alter von 79 Jahren zum Handelsminister ernannt. Rex Tillerson, der an der Spitze von Exxon Mobil Forscher finanziert hatte, die den Klimawandel leugneten, bekam das Außenministerium. Robert Mercers Tochter Rebekah wurde in Trumps Übergangsteam berufen, und Jared Kushner, der Schwiegersohn des Präsidenten, wurde Chefberater und vertritt Trumps Geschäftsinteressen im Weißen Haus.

Es ist eine übertriebene Vereinfachung, von einer »Übernahme der US-Politik durch die Großkonzerne« zu sprechen, wie es die linke Autorin Naomi Klein tut.[9] Vielmehr war es eine Übernahme durch eine Minder-heitsfraktion der Wirtschaftselite, deren Angehörige aus Privatunternehmen stammten, die nicht von der Börsenaufsicht überwacht wurden und sich da-her der öffentlichen Kontrolle entzogen und einander überlappende Ziele verfolgten: eine umfassende Deregulierung, einen Handelskrieg zur Stär-kung heimischer Industrien und einen radikal verkleinerten Staat. Diese Leute – von Adelson bis zum Uber-Gründer Travis Kalanick – waren ent-schlossen, den Staat zu kapern, um ihren Unternehmen Gefälligkeiten, Ver-träge und privatisierte Vermögenswerte zu sichern. Sie mussten sich nicht den Spielregeln unterwerfen, die für börsennotierte Unternehmen galten, die sich unter für alle Konkurrenten gleichen Bedingungen auf dem Markt behaupten mussten.

Seit den frühen neunziger Jahren hatten diese Spielregeln etwas her-vorgebracht, das Ähnlichkeit mit dem hatte, was Karl Marx einst als »kapi-

2 EINE ALLGEMEINE THEORIE VON TRUMP

talistischen Kommunismus« bezeichnet hatte.[10] Das Spiel funktioniert so: Da börsennotierte Unternehmen regelmäßig über ihre Finanzen Auskunft geben müssen, wird die durchschnittliche Gewinnmarge in einem Wirtschaftssektor vorhersehbar, insbesondere, wenn es sich um einen reifen Sektor handelt. Das Finanzsystem beginnt, wie ein Beteiligungsmechanismus zu funktionieren; jeder, der über Kapital verfügt, kann an den Gewinnen teilhaben. In der Zeit, als die Vereinigten Staaten eine industrielle Supermacht waren, machten Gewinne aus Finanzgeschäften nur 15 Prozent der gesamten US-Unternehmensgewinne aus. Bis Mitte des ersten Jahrzehnts des 21. Jahrhunderts hatte sich dieser Anteil auf 40 Prozent erhöht.[11] Solange sich jedermann ein Stückchen vom Kuchen sichern konnte und der Staat jene bestrafte, die sich nahmen, was ihnen nicht zustand – wie im Fall der Bilanzfälschungen beim Energiekonzern Enron oder im Analystenskandal, als 2002 herauskam, dass gleich mehrere Wall-Street-Banken betrügerische Aktienanalysen vorgelegt hatten –, hatten nur wenige Reiche etwas gegen die Vormachtstellung des Finanzkapitals einzuwenden.

Gleichzeitig war den Unternehmen bewusst, dass es in ihrem gemeinsamen Interesse war, dass der amerikanische Staat sie weltweit vertrat. Seit 1979 drängte die US-Regierung unermüdlich weniger mächtigen Ländern Deregulierung und Freihandel auf und borgte sich unablässig zu für die Vereinigten Staaten vorteilhaften Bedingungen Geld bei diesen Ländern. Die Globalisierung diente den Interessen der amerikanischen Wirtschaft, und die US-Regierung setzte ihre Macht ein, um sie der Welt aufzuzwingen, selbst wenn das zu einer Verarmung der traditionellen amerikanischen Industrieregionen führte. Das war die Abmachung.

Dann kam die Finanzkrise. Als klar wurde, welches der langfristige Preis für die Stabilisierung des Finanzsektors war – ständige staatliche Eingriffe, Bankenregulierung und eine gewaltige Staatsverschuldung –, entzogen die Reichen Amerikas sowohl der Globalisierung als auch der vom Finanzsystem gewährleisteten Chancengleichheit für die Unternehmen auf dem amerikanischen Markt ihre politische Unterstützung. Angesichts der wirtschaftlichen Stagnation, der neuen Belastungen, die der Klimaschutz den rohstoffintensiven Industrien aufbürdete, und der durch strengere Vorschriften geschmälerten Gewinne des Bankensektors kündigte ein Teil des amerikanischen Kapitals den politischen Konsens auf.

Statt der Globalisierung forderte dieser Sektor nun einen »nationalen

Neoliberalismus«: Die freie Marktwirtschaft sollte nicht länger eine gutartige globale Strategie zum Wohl aller Reichen in der Welt sein, sondern
nur noch der Bereicherung der amerikanischen Elite dienen, wenn nötig
auf Kosten der Reichen im Ausland. Was den Finanzkuchen anbelangte,
so beanspruchte diese Gruppe das Recht, sich als erste ihr Stück herauszu-
schneiden und sich auf Kosten aller anderen weitere Stücke zu nehmen.
Trump war nicht der Kandidat, den sich diese Leute ausgesucht hatten:
Das war Cruz. Aber Cruz erwies sich als Blindgänger.

Trumps atemberaubende Inkompetenz und seine verbale Brutalität beherrschen den politischen Alltag so vollkommen, dass viele Leute glauben,
er *sei* die Krise. Aber in gewisser Weise ist er einfach nur das zufällige Gesicht der Krise.

Im Februar 2016 fand das letzte Superbowl-Finale der liberalen Ära statt.
In den Werbepausen bekamen die Zuschauer die vertraute Mischung von
ausländischen Autos und amerikanischen Kohlenhydraten zu sehen. In der
Halbzeitpause trat Beyoncé auf, begleitet von einer Tanztruppe, deren Kos-
tüme an die Outfits der Black Panthers im Jahr 1968 erinnerten. Die Anspielung auf die Black-Lives-Matter-Bewegung war unmissverständlich: Beyoncé
stellte den Gegensatz zwischen der schlechten alten Zeit und der Gegenwart
dar. Die Vereinigten Staaten waren nun eine multiethnische Demokratie, deren Wirtschaft sich erholte und die reif genug war, die Polizei davon abzuhalten, nach ihrem Gutdünken auf schwarze Bürger zu schießen. Das war der
Subtext.

Dank der wirtschaftlichen Erholung, die im Frühjahr 2009 begonnen
hatte, waren mittlerweile 17 Millionen neue Arbeitsplätze entstanden.[12]
Der Dow-Jones-Index, der im März 2009 unter die Marke von 7000 Punkten gefallen war, hatte sich wieder auf 17000 Punkte erholt und stieg weiter.
Das Bruttoinlandsprodukt war auf 18 Billionen Dollar gestiegen und hatte
sich damit seit Beginn des Aufschwungs um vier Billionen Dollar erhöht.
Obendrein standen die Vereinigten Staaten kurz davor, wichtige Handelsabkommen zu unterzeichnen: Die Transpazifische Partnerschaft (TPP) und
die Transatlantische Handels- und Investitionspartnerschaft (TTIP) waren
geeignet, den Markt für amerikanische Güter und Dienstleistungen weiter
zu vergrößern.

Warum sollte ein Teil der Elite all das im Namen des Wirtschaftsnationalismus aufs Spiel setzen? Warum kämpften die Unternehmen, die ein vitales Interesse an der Fortsetzung der Globalisierung und der parteiübergreifenden Wirtschaftspolitik hatten, nicht für eine klare Alternative? Um die erste Frage beantworten zu können, müssen wir uns die Koalition ansehen, die sehr unterschiedliche Unterstützer Trumps zusammengebracht hatte: Robert Mercer, die Koch-Brüder und Stephen Bannon.

Mercer hält keine öffentlichen Reden. Aber aus Gerichtsakten und Aussagen ehemaliger Mitarbeiter können wir auf seine Vorstellungen schließen: Er glaubt, die Gefahr von Atomwaffen werde überschätzt, die Verstrahlung Hiroshimas habe die Überlebenden gesünder gemacht, Afroamerikanern sei es besser gegangen, als sie noch keine umfassenden Bürgerrechte genossen, und der Klimawandel werde die Lebensbedingungen auf der Erde verbessern. Kollegen berichten, Mercer habe ihnen gegenüber erklärt, der Staat mache »die Starken schwach, indem er ihnen durch Steuern ihr Geld wegnimmt«.[13]

Mercer, ein Experte für Computerlinguistik, nutzte seine Kenntnisse auf dem Gebiet der Datenanalyse, um einen Hedgefonds namens Medallion Fund aufzubauen, der bisher 55 Milliarden Dollar Gewinn abgeworfen hat. Die einzigen Investoren sind die Mitarbeiter des Fonds, ein paar hundert Quantitative Analysts, die als »Quants« bezeichnet werden. Sie zahlen kaum Steuern, da ihre Gewinne in einen Rentenfonds eingezahlt werden. Grundlage für die Gewinne ist die Mathematik, aber niemand weiß, welche Berechnungen Mercers Unternehmen anstellt: Finanzexperten bezeichnen das Unternehmen Renaissance Technologies (RenTec), zu dem der Medallion Fund gehört, als »Black Box«, als eine Maschine, die ohne Erklärung arbeitet.

RenTec hat sich darauf spezialisiert, auf dem Finanzmarkt Muster in den Zahlen zu erkennen, und diese Zahlen entsprechen Billionen Transaktionen in der realen Welt. Beispielsweise fanden die Analysten von RenTec heraus, dass sich die globalen Märkte an sonnigen Tagen besser entwickeln, und entwarfen ein Modell, um diese Gesetzmäßigkeit zu nutzen. In einem guten Jahr wie 2008 erzielte Mercers Medallion Fund eine Rendite von 98 Prozent, und selbst in den folgenden Krisenjahren sank die Rendite nie unter 28 Prozent.[14]

Alle Unternehmen verfolgen begrenzte Interessen, die sie mit den allgemeinen Erfordernissen des kapitalistischen Systems in Einklang bringen müssen. Worin besteht RenTecs Interesse? Nun, wenn die Wall Street ein Bauernhof ist, auf dem die Kühe normale Unternehmen sind, ist RenTec ein Bauernhof, auf dem die Kühe die Wall Street und alle anderen Finanzmärkte der Welt sind. Mercers Unternehmen kann andere Unternehmen und Investmentbanken »melken«, weil es eine Maschine besitzt, die schneller denkt als alle anderen Marktteilnehmer.

Solange es einen Markt gibt, dessen Entwicklung unvorhersehbar ist, und solange es Kapital zu investieren gibt, spielen Steuersätze, die amerikanische Handelspolitik, die Qualität des öffentlichen Gesundheitssystems und andere Bestandteile der realen Welt für ein Unternehmen wie dieses einfach keine Rolle. Technisch betrachtet, hat es keinerlei gesellschaftliche Verpflichtungen oder Interessen. RenTecs eigentliches Interesse besteht darin, mehr als alle anderen Marktteilnehmer zu wissen, und es ist auf ein ausreichendes Maß an Unvorhersehbarkeit angewiesen. Die idealen Bedingungen findet ein solches Unternehmen daher im Chaos vor.

Koch Industries ist ebenfalls ein antisoziales Unternehmensimperium, das sich jedoch traditioneller Methoden bedient. Seine Eigentümer, die Brüder Charles und David Koch, bauten ihr Vermögen auf Erdölraffinerien und der chemischen Industrie auf und bewahrten es auf die übliche Art, das heißt durch Steuervermeidung.[15] Ihr wesentliches Interesse ist herkömmlicher Natur: Sie wollen Hindernisse für die Rentabilität beseitigen, Hindernisse wie den Mindestlohn, Unternehmenssteuern, den öffentlichen Grundbesitz, Umweltschutzbestimmungen und Grenzwerte für die CO_2-Emissionen, das öffentliche Gesundheitswesen und ein mit Steuern finanziertes Rentensystem. Wenn es nach ihnen geht, wird all das abgeschafft.

Es wäre jedoch falsch, die Kochs lediglich als Vorreiter einer Bewegung zu betrachten, die eine wirtschaftliche Deregulierung anstrebt: Ihr Ziel ist eine weniger traditionelle Form des von staatlichen Fesseln befreiten Kapitalismus. Als sich David Koch im Jahr 1980 als Kandidat der Libertarian Party um das Amt des Vizepräsidenten bewarb, forderte er eine Abschaffung der Bundesbehörden, welche die Luftfahrt, das Wahlrecht, den Umweltschutz, die Lebensmittelsicherheit und die Stromversorgung beaufsichtigen, sowie die Beseitigung von öffentlicher Bildung, Krankenversicherung und Rentenversicherung.

Das hat wenig mit dem traditionellen konservativen Projekt für einen »kleinen Staat« zu tun, sondern zielt auf einen Kapitalismus ohne Staat, in dem die Mächtigsten ungehindert Reichtümer und Macht anhäufen, Stimmen kaufen, die Wasserläufe verschmutzen und die Alten, Kranken und Armen ausbeuten dürfen, für die es keinerlei Auffangnetz mehr geben soll. Konservative Kritiker der Kochs bezeichneten dieses Vorhaben seinerzeit als »Anarcho-Totalitarismus«. Ein ebenso treffendes Wort dafür wäre »Chaos«.

Wenn Sie sich fragen, wie die libertären Vorstellungen der Kochs zum technologischen Mystizismus Mercers und zum habgierigen Egoismus Donald Trumps passen, so sollten Sie sich Steve Bannon ansehen, der das Bindeglied zwischen ihnen darstellt. Dieser ehemalige Manager der Investmentbank Goldman Sachs und zeitweilige Chef von Breitbart ist ein Wirtschaftsnationalist. Im Dienst des amerikanischen Nationalismus hat er über Breitbart eine bunte Mischung rassistisches und islamfeindliches Gedankengut sowie Vorstellungen weißer Vorherrschaft verbreitet; eine ganze Sparte von Breitbart-Meldungen wurde unter der Überschrift »Schwarze Verbrechen« veröffentlicht.

Doch Bannons Projekt geht weit über die Verbreitung plumper Vorurteile hinaus. Er ist Anhänger einer Geschichtstheorie, die als »Fourth-Turning«-Theorie bezeichnet wird. Diese von den Autoren Neil Howe und William Strauss entwickelte Generationentheorie besagt, dass sich politische Systeme normalerweise in vier Phasen entwickeln und wieder auflösen: Charakteristisch für die erste Phase sind Begeisterung und eine tief empfundene Identifikation mit der politischen Ordnung. In einer Phase des »Erwachens« beginnen sich die Bürger mit den tieferen Prinzipien zu beschäftigen. In der dritten Phase gerät das System aus den Fugen, und die Loyalität gegenüber den staatlichen Institutionen schwindet. Schließlich bricht in der »vierten Umwälzung« eine Systemkrise aus, und es kommt zu einer durch eine existenzielle Bedrohung ausgelösten Revolution. Wenn man den Aufschwung nach dem Zweiten Weltkrieg als Phase der Identifikation, die Proteste der 68er-Generation als Phase des Erwachens und die unruhige Zeit nach Nixons Sturz als Phase der Unordnung betrachtet, kann man zu dem Schluss gelangen, dass wir seit sehr langer Zeit auf die vierte Phase warten. Aber um es mit Howes Worten zu sagen: »Wenn die Geschichte keine unmittelbare Bedrohung hervorbringt, werden die politischen Führer in der vierten Umwälzung zweifellos eine finden – und sie vielleicht sogar *erfin*den –, um die Bürger zum kollektiven Handeln zu bewegen.«[16]

Seit Beginn des Jahrtausends ist Bannon auf der Suche nach solchen unmittelbaren Bedrohungen. Gefunden hat er den islamistischen Terror, China (mit dem es laut seiner Vorhersage Krieg geben wird), die Einwanderung aus Mexiko, das »schwarze Verbrechen« und die amerikanischen Staatsschulden. Aber da keine dieser Bedrohungen genügte, um Massen von Amerikanern zu einer Revolution zu bewegen, musste er die von Howe angedeutete Option wählen, eine Gefahr zu erfinden. Und das gelang Bannon mit dem Chaos der Trump-Präsidentschaft. Als dieses Chaos einmal ausgebrochen war, musste Bannon nicht mehr viel dazutun: Er provozierte seinen Rauswurf aus dem Weißen Haus und machte sich daran, Trumps Chaosstrategie in der westlichen Welt zu verbreiten. Zu diesem Zweck schloss er ein Bündnis mit Ethnonationalisten verschiedener Couleur, die es darauf abgesehen haben, die Europäische Union zu zerstören.

In den Augen Bannons und seiner Anhänger in der Alt-Right-Bewegung steuern wir auf ein Ereignis zu, das den Entwicklungen im Vorfeld des amerikanischen Bürgerkriegs (1861-1865) vergleichbar sein wird – nur dass die Konsequenzen diesmal global sein werden. In diesem Szenario verwandelt sich der seit Langem schwelende Kulturkampf in den Vereinigten Staaten in einen begrenzten bewaffneten Konflikt, der Parallelen zur »Bleeding Kansas«-Krise Mitte des 19. Jahrhunderts aufweisen wird (damals löste der Streit über die Einführung der Sklaverei im Kansas-Territorium – dem Vorläufer des heutigen Bundesstaates – gewaltsame Auseinandersetzungen aus). Gleichzeitig wird unter Hinweis auf äußere Bedrohungen die Rechtsstaatlichkeit teilweise aufgehoben. Schließlich bricht Trump oder sein Nachfolger einen großen konventionellen Krieg vom Zaun. Die folgende Zerstörung der nach dem Zweiten Weltkrieg errichteten Weltordnung ändert die psychologische Grundverfassung der amerikanischen Gesellschaft und legitimiert die Herrschaft einer neuen autoritären und nationalistischen Elite.

Das Bindeglied zwischen Trumps Unterstützern, deren Projekte auf drei unterschiedlichen Grundlagen beruhten – auf einer Hedgefonds-Strategie, auf dem Ultralibertarismus und auf einer Geschichtstheorie, die an Flughafenkiosken verbreitet wird –, war also die Strategie des Chaos.

Mercer, Bannon und die Koch-Brüder stellten allesamt wichtige Bestandteile der Maschinerie bereit, die Trump an die Macht brachte. Die Kochs steuerten eine alternative Partei bei: ein undurchsichtiges Netz von Denkfabriken, Stimmenwerbern, Petitionen und Projekten zur Wählerunterdrückung. Bannons Maschine – Breitbart – verbreitete Falschmeldungen oder manipulierte Nachrichten, die oft auf der Produktion von Websites beruhten, die von Neonazis und weißen Suprematisten betrieben wurden und von Fox News aufgegriffen, vom Präsidenten verwendet und von seinen Anhängern kritiklos übernommen wurden.

Mercers Maschine war Cambridge Analytica (CA), eine Datenanalysefirma, die aus den digitalen Aufzeichnungen über sämtliche amerikanische Bürger für jeden von ihnen 5000 Datenpunkte gewonnen hatte, anhand deren das Wahlverhalten nach Angabe der Firma zuverlässiger prognostiziert werden konnte als mit jedem anderen Modell. Cambridge Analytica stellte 13 Mitarbeiter für Trumps Wahlkampfteam ab, um dabei zu helfen, die Wahlwerbung in Radio, Fernsehen und Internet nicht nur auf Bundesstaaten, Orte oder Bevölkerungsgruppen, sondern auch auf Individuen zuzuschneiden. Wenn die in den sozialen Medien gesammelten Daten von CA zeigten, dass die Bürger in einem umkämpften Staat intensiv über die Einwanderung diskutierten, konnte Trump, gestützt auf die Ergebnisse der Informationsauswertung, augenblicklich eine Rede über dieses Thema halten.

Gemeinsam bildeten diese drei Maschinen eine effiziente Fertigungsstraße für gezielte Lügen.[17]

Was bewog Millionen Wähler dazu, ihre Stimme einem Mann zu geben, der versprochen hatte, den Staat zu zerschlagen und die Weltordnung zu sprengen? Unmittelbar nach Trumps Wahlsieg verbreiteten die Medien wie seinerzeit nach dem Brexit große Mengen an Unfug über die »weiße Arbeiterklasse« und ihren wirtschaftlichen Niedergang. Man versuchte uns weiszumachen, dass die Leute, die Trump gewählt hatten, vorwiegend einkommensschwachen Gruppen angehörten, die ihrer Wut über stagnierende Löhne, Ungleichheit und andere Auswirkungen der Globalisierung Luft gemacht hätten. Die Fakten zeigen, dass es nicht so war.[18]

Eine Studie des Public Religion Research Institute belegt, dass die Ablehnung der Einwanderung und kulturelle Ängste »unter weißen Arbeitern größeren Einfluss auf das Wahlverhalten hatten als wirtschaftliche Sorgen«. Ein weiteres Ergebnis der Studie war, dass Angehörige der Arbeiterklasse, die in wirtschaftliche Not geraten waren, eher Clinton als Trump ihre Stimme gegeben hatten. Kennzeichnend für Wähler, die sich für Trump entschieden, war nicht wirtschaftliche Not, sondern wirtschaftlicher Fatalismus –

diese Befragten betrachteten das Bemühen um einen Hochschulabschluss nicht als kluge Karriereentscheidung, sondern als »Glücksspiel«.[19]

Das Meinungsforschungsinstitut Gallup wertete Daten von 125 000 Wählern aus und gelangte zu dem Ergebnis, dass Haushalte, die Trump unterstützten, im Durchschnitt ein um fast 5000 Dollar höheres Jahreseinkommen hatten als Haushalte, die Clinton den Vorzug gaben. Die wirtschaftlichen Faktoren, die mit der Unterstützung für Trump korrelierten, waren eine überdurchschnittliche Häufung von Behinderungen und geringer Lebenserwartung oder ein Wohnort, der durch eine geringe intergenerationelle Aufwärtsmobilität gekennzeichnet war. Im Grunde waren das Wähler aus abgehängten Kleinstädten, die von der globalen Wirtschaft abgeschnitten waren. Umgekehrt stellten die Gallup-Forscher fest, dass die Unterstützung für Donald Trump in einer Region umso geringer war, je höher dort die Zahl der Industriearbeitsplätze war.

Es war auch nicht die Präsenz von Migranten oder Schwarzen, die die Wähler an einem Ort in Trumps Arme getrieben hatte: »Eine ausgeprägte rassische und ethnische Isolation von Weißen in einem Postleitzahlbezirk korreliert eng mit einer hohen Zahl von Trump-Wählern«, erklärte Gallup. Ein fehlender Kontakt zur modernen Welt erhöhte also die Wahrscheinlichkeit, dass die Bürger mit Trump sympathisierten, so wie er in Großbritannien die Wahrscheinlichkeit erhöhte, dass die Bürger für den Austritt aus der EU stimmten.[20]

Forscher der University of Massachusetts bestätigten diese Ergebnisse. Sie stellten fest, dass bei der Wahl eine Spaltung zwischen gebildeten und ungebildeten Weißen zutage getreten sei, aber »diese Spaltung scheint im Wesentlichen das Resultat von Rassismus und Sexismus unter den Wählern zu sein«.[21] Aufschlussreich ist, dass diese Studie auch zeigte, dass bei Männern eine offene Frauenfeindlichkeit (im Gegensatz zu einfacher Geringschätzung gegenüber dem weiblichen Geschlecht) ebenso eng mit einer Präferenz für Trump korrelierte wie offener Rassismus. Armut war kein annähernd so zuverlässiger Hinweis darauf, dass sich ein Wähler für Trump entschieden hatte.

Stagnierende Einkommen und schwindende Realvermögen waren durchaus ein Faktor, aber Trumps Wähler führten in erster Linie keinen Klassenkrieg, sondern einen Rassen- und Geschlechterkrieg. Mit anderen Worten, Trump siegte, weil zahlreiche Amerikaner verborgenen Rassismus, Grausamkeit und Frauenfeindlichkeit empfanden. Und wenn wir verstehen, dass Rassismus und Misogynie die wichtigsten Beweggründe der Wähler waren, die sich für Trump entschieden, wird uns klar, was die Ziele dieser Wähler mit den Bestrebungen Bannons, Mercers und der Koch-Brüder verband.

Um Hannah Arendts Terminologie zu verwenden: Sowohl die Elite als auch der Mob waren Anhänger von Theorien, die nicht länger geeignet waren, die Welt zu erklären. Also mussten sie die Welt neu ordnen, um sie ihren Vorstellungen anzupassen.

Für die Sektoren der Elite, die Trump unterstützten, war die grundlegende Theorie der selbstregulierenden Märkte und des kleinen Staates im Jahr 2008 gescheitert. Das Problem der Rassisten war, dass die aus den Tagen der Sklaverei stammende und hinter vorgehaltener Hand vorgebrachte Theorie von einer Überlegenheit der weißen Rasse seit Langem durch den wirtschaftlichen Fortschritt von Schwarzen, Hispanics und anderen Einwanderergruppen widerlegt worden war. Und die letzte Annahme, an die sich die Rassisten geklammert hatten – jene, dass gute Arbeitsplätze, Anerkennung und kulturelle Überlegenheit stets den Weißen vorbehalten bleiben würden –, wurde nach 2008 durch die Wirtschaftskrise und die Präsidentschaft Obamas erschüttert. In mehreren Umfragen hat sich gezeigt, dass diese Leute durch das Gefühl einer »weißen Verwundbarkeit« und das rassische Ressentiment dazu bewogen werden, Trump zu unterstützen: Die rassische Verunsicherung ist die Ursache der wirtschaftlichen Verunsicherung, nicht umgekehrt.[22]

Die Frauenfeindlichkeit ist noch tiefer verwurzelt: Die Unterdrückung der Frau ist in den 40 000 Jahren der überlieferten Menschheitsgeschichte dokumentiert. Doch in dem halben Jahrhundert seit Einführung der Antibabypille haben die Gesellschaften in der entwickelten Welt einen »durch die Reproduktionstechnologie verursachten Schock« erlitten, wie es Fed-Chefin Janet Yellen ausgedrückt hat.[23] Die Befreiung der Frau ist noch weit entfernt, aber ein besserer Zugang zum Arbeitsmarkt, größere sexuelle Freiheit und eine rechtliche Besserstellung haben das Leben der amerikanischen Frauen in nur zwei Generationen grundlegend verändert. Das Fundament der Geringschätzung gegenüber dem weiblichen Geschlecht – die Vorstellung, die Natur habe die Frau zu einer Funktion als Gebärmaschine und unbezahlte Hausangestellte bestimmt – ist gesprengt worden.

Diese Erkenntnisse erlauben uns, Trumps Wahlsieg historisch einzuordnen. Die beschriebenen Ideologien – der nationalistische Neoliberalismus Trumps, der weiße Suprematismus und die Misogynie seiner Anhänger – beruhen allesamt auf biologistischen Behauptungen über die menschliche Natur: Weißhäutige Menschen sind schwarzhäutigen Menschen überlegen, Frauen sind dazu da, den Männern zu dienen und Nachkommen auszutragen, und alle Menschen sind genetisch dafür programmiert, sich im Wettbewerb zu behaupten, ihren persönlichen Wohlstand zu mehren und ihren Konkurrenten ein Messer in den Rücken zu rammen.

Aber die Formen des Kapitalismus, auf denen diese Vorstellungen beruhen, existieren nicht mehr. Die Ära der Rassensegregation und der weiblichen Unterwerfung endete in den sechziger Jahren, und im Jahr 2008 wurde klar, dass es das marktfundamentalistische Paradies nicht geben konnte. Der rechte Sektor der Elite und seine Gefolgsleute in der Arbeiterklasse haben das gemeinsame Bedürfnis, eine »natürliche« Gesellschaftsordnung wiederherzustellen. Und dafür brauchen sie, was Hannah Arendt als »Zugang in die Geschichte« bezeichnete: Die Möglichkeit, die Realität zu verändern, um sie wieder mit ihrem Glauben an eine biologisch angelegte Ungleichheit zwischen den Menschen in Einklang zu bringen.

Natürlich gibt es konservative Vorstellungen von der menschlichen Natur seit Jahrhunderten. Seit Mitte der sechziger Jahre des vergangenen Jahrhunderts hatte es den Anschein, als könnten der soziale Liberalismus und der wissenschaftliche Rationalismus diese Vorstellungen überwinden. Doch nach der Krise von 2008 ist das Gegenteil geschehen.

Politische Inkompetenz ist keine ausreichende Erklärung dafür, dass die liberale »Ostküstenmehrheit« der amerikanischen Elite die Gefahr nicht erkannte und das alte Unternehmensmodell nicht energischer verteidigte. Die Lähmung von Institutionen wie der *New York Times* angesichts von Trumps Vormarsch und die Selbstgefälligkeit des Clinton-Wahlkampfs deuten auf strukturelle Mängel des Modells hin, das sich im Jahr 2008 als untauglich erwiesen hatte.

In diesem Modell, das vorsieht, dass eine vom Finanzsektor beherrschte Volkswirtschaft von einem stabilen politischen System mit zwei Parteien reguliert wird, wandten sich die Wirtschaftsführer von der Politik ab. In der Ära der Globalisierung bekamen wir oft die Klage zu hören, die Nationalstaaten gehorchten dem »Diktat« der Konzerne. Aber wenn es so war, so beschränkte sich die Wirtschaft auf technokratische Methoden: auf Wahlkampfspenden, Lobbying, zahme Denkfabriken und Logen in der Oper. Die Manager gingen davon aus, es mit einem – von ihnen geschaffenen – technokratischen Staat, mit einer Regeln und Gesetzen unterworfenen öffentlichen Hand, angemessen fairen Wettbewerbsbedingungen und einer meritokratischen Führung zu tun zu haben. Die Spitzenmanager von Boeing, Nissan, General Electric oder Google mussten sich nicht als liberale »Fraktion« des amerikanischen Kapitals darstellen, denn ihr Projekt beruhte darauf, dass es keine oppositionelle Fraktion gab und dass der Staat der Wirtschaft diente.

Wenn sich ein Teil der Wirtschaftselite jetzt in einen Ausstellungshund und der andere in einen Kampfhund verwandelt hat, so haben wir es mit einer Auseinandersetzung zu tun, in der nur einer der beiden Hunde kämpfen will. Wer erwartet, dass sich die Technokraten an der Spitze der globalen Konzerne in »Schutzhunde« verwandeln und Demokratie und Menschenrechte verteidigen werden, wird enttäuscht werden.

Trump steht also für einen Prozess, der nicht einfach als Übernahme der amerikanischen Regierung durch eine an Protektionismus und einem kleinen Staat interessierte Fraktion des Kapitals betrachtet werden darf. Er steht für den Triumph einer reaktionären Theorie der menschlichen Natur, der zufolge die von ethnischer Zugehörigkeit, Geschlecht und wirtschaftlichem Status abhängige Ungleichheit genetisch angelegt ist. Wie wir sehen werden, ist dies das Problem, das am schwierigsten zu lösen sein wird, weil es seit dreißig Jahren tief in der wirtschaftlichen Praxis verwurzelt ist.

Nach Hillary Clintons schockierender Niederlage flüchteten sich ihre progressiven Anhänger in die tröstliche Illusion, Trump verdanke seinen Wahlsieg der russischen Einmischung. Zwar häufen sich tatsächlich die Beweise dafür, dass der russische Staat große Anstrengungen unternommen hatte, um Trump an die Macht zu bringen, bei den Wählern jenen Fanatismus zu fördern, der Trump zugutekam, seinem Wahlkampfstab bei Hackerangriffen erbeutete Informationen zuzuspielen und systematisch Agenten in sein Team einzuschleusen. Aber dabei nutzte der Kreml Schwächen des kapitalistischen Systems der USA aus.

Die erste dieser Schwächen war der sanfte Isolationismus, den Barack Obama betrieben hatte. Indem er nicht entschlossen auf die russische Intervention in Syrien, auf den Chemiewaffenangriff auf Aleppo oder auf die russische Annexion der Krim reagierte, gab Obama grünes Licht für eine gefährliche Entwicklung der Weltpolitik: Putin durfte davon ausgehen, dass der Westen kurzfristig Sanktionen verhängen, langfristig jedoch einen Ausgleich mit Russland anstreben würde. So viele Regeln der Kreml auch brechen mochte, der Westen würde auch in Zukunft gerne das Geld russischer Oligarchen aufnehmen und ein leichtes Ziel für das organisierte Verbrechen aus Russland sein.

Unter diesen Bedingungen entwickelte sich ein Klima, das es Trumps Mitarbeiter Paul Manafort erlaubte, in den USA ein Unternehmen zu betreiben, das die Interessen der russischen Marionettenregierung in Kiew vertrat.[24] In diesem Klima konnte Russia Today, der Propagandasender des Kreml, dem ehemaligen General Mike Flynn 34000 Dollar bezahlen, und Flynn konnte die Offenlegung dieser Einnahmen unterlassen, obwohl er sich anschickte, Trumps nationaler Sicherheitsberater zu werden.[25] In diesem Klima konnte Trumps Mitarbeiter George Papadopoulos verdeckte Kontakte mit russischen Agenten pflegen, die »Schmutz« über Hillary Clinton anzubieten hatten. Und Trumps Schwiegersohn Jared Kushner konnte ein Treffen im Trump Tower organisieren, bei dem eine Abgesandte des Kreml mit Manafort und Donald Trump Jr. über dasselbe Vorhaben diskutierte.[26]

Die Sicherheitsexperten warnten seit mindestens einem Jahrzehnt davor, dass der Kreml an einer Strategie für einen »Hybridkrieg« arbeitete, die neben traditionellen Methoden der Kriegführung eine Mischung aus Bestechung, Propaganda und organisiertem Verbrechen beinhaltete, um den Westen zu destabilisieren.[27] Die bisher vorliegenden Beweise deuten darauf hin, dass der russische Geheimdienst auf den Zug aufsprang, als Trumps Chancen auf einen Wahlsieg stiegen, und zahlreiche Leute in der amerikanischen Rechten fand, die bereit waren, den Kandidaten im Sinne des Kreml zu beeinflussen.

Eine zweite Schwäche, die der Kreml auszunutzen verstand, waren die finanziellen Geheimhaltungsstrategien, die im Westen angewandt werden, um die Vermögen der Elite vor den Steuerbehörden zu verstecken und dem globalen Finanzkapital bei der Umgehung der Vorschriften zu helfen. Mit derartigen Strategien konnten die Personen, die zwischen Trump und Putin vermittelten, ihre Aktivitäten bis nach dem Wahlsieg vertuschen.

Dieselbe Kultur der Geheimhaltung ermöglichte es großen Technologieunternehmen, den Russen die Werkzeuge in die Hand zu geben, die sie brauchten, um sich im Jahr 2016 in den amerikanischen Präsidentschaftswahlkampf einzumischen. Facebook, Twitter und Google lieferten die Plattform für falsche Konten, Bots und vom russischen Geheimdienst manipulierte Werbung, die den lächerlichen Betrag von 100 000 Dollar kostete. Insbesondere Facebook, dessen Algorithmen dafür gemacht sind, die Vorurteile seiner zwei Milliarden Nutzer zu vertiefen, wurde so in eine Maschine zur Verbreitung russischer Lügen verwandelt.

2700 falsche Facebook-Accounts, die der russische Geheimdienst eingerichtet hatte, verbreiteten 80 000 Posts, die bis zu 126 Millionen Menschen erreichten.[28] Zudem gaben die Russen mehrere zehntausend Dollar für Werbung aus, die »Misstrauen gegenüber den politischen Institutionen« wecken und »Verwirrung stiften« sollte. Facebook hatte nicht gezögert, die Seiten syrischer Menschenrechtsaktivisten zu sperren, aber es ließ sich vom russischen Geheimdienst missbrauchen.[29]

Lassen Sie uns ein Gedankenexperiment machen: Stellen Sie sich vor, Sie wären ein hochrangiger russischer Geheimdienstoffizier: Wie schätzen Sie die strategischen Schwächen der amerikanischen Demokratie ein? Der Ursprung allen Übels ist das Problem, das im Jahr 2008 den Zusammenbruch des Bankensystems provozierte: Deregulierung und Geheimhaltung. Das amerikanische Volk ist in Fraktionen gespalten, die einander in einem Kulturkrieg gegenüberstehen. Dazu kommt, dass Teile der Elite tatsächlich ein materielles Interesse daran haben, Chaos zu verursachen. Mit Cambridge Analytica, Facebook und anderen Werkzeugen ist es ihnen gelungen, Algorithmen zur Steuerung der öffentlichen Meinung zu erzeugen, mit denen jeder, der genug Geld hat, die Demokratie manipulieren kann. Offiziell sind die Vereinigten Staaten eine auf der Einhaltung von Regeln beruhende Demokratie, aber nach Jahrzehnten der freien Marktwirtschaft hat sich diese Demokratie in ein System verwandelt, in dem sich jene, die genug technologische oder finanzielle Macht besitzen, nicht mehr an die Regeln halten müssen. Das kann der Kreml für sich ausnutzen.

Donald Trumps Wahlsieg war eine dreifache Katastrophe: ein Triumph von Rassismus und Wirtschaftsnationalismus, ein geopolitischer Freibrief für Wladimir Putin, was die auf Regeln beruhende Weltordnung aushöhlte, und ein erster Nachweis dafür, dass Technologieplattformen eingesetzt werden, um das Verhalten eines reifen demokratischen Wahlvolks zu steuern.

All das gilt trotz der Anklagen, Rücktritte, Untersuchungen und Konflikte, die Trumps erste zwei Jahre im Amt geprägt haben. Selbst wenn er angeklagt wird oder kein zweites Mandat erhält, wird keines dieser Probleme von allein verschwinden.

Gleichzeitig verschärfte Trumps Wahlsieg eine tiefere Krise, die alle hochentwickelten Demokratien erfasst hat. Selbst ein kräftiges Wirtschaftswachstum genügt mittlerweile nicht mehr, um den Normalbürgern jenes Maß an Wohlstand und Sicherheit zu garantieren, das erforderlich ist, um ihre Zustimmung zum politischen System zu gewährleisten. Die Unterstützung für die Demokratie und die Menschenrechte schwindet. Gleichzeitig haben sich die geheimnistuerischen Algorithmen der Technologiegiganten in eine Waffe verwandelt, die ebenjene progressiven Werte zerstören kann, die diese Unternehmen angeblich verkörpern.

Fänden die mit dieser Bedrohung konfrontierten Bevölkerungen Rückhalt bei robusten Organisationen und wären sie sich ihrer sozialen Macht bewusst, so hätten es Leute wie Putin, Erdoğan, Salvini und Trump schwerer. Ihre Vorgänger in den dreißiger Jahren griffen auf den Faschismus zurück, weil sie eine organisierte, politisierte Arbeiterklasse, die sich an ihre demokratischen Rechte klammerte, unterdrücken und den Widerstand einer liberalen Mittelschicht brechen wollten, welche die moralischen Werte des Christentums verteidigte. Der Faschismus militarisierte einen Unterschichtpöbel, der die organisierte Arbeiterklasse mit Gewalt unterwarf, eroberte den Staat, verschmolz ihn mit den faschistischen Milizen und errichtete eine Terrorherrschaft im Dienst der Großunternehmen.

Diesmal brauchen sie den Faschismus wahrscheinlich nicht. Die Solidarität ist atomisiert, unser Glaube an das Kollektiv ist erschüttert, unsere Identität und damit die moralische Grundlage für den Liberalismus wurden durch das vom Markt bestimmte Verhalten ausgehöhlt. Dies ist der geeignete Augenblick für einen Angriff auf die Demokratie, begleitet von einer zunehmenden Kontrolle der Maschinen über das menschliche Verhalten.

Keine der Kräfte, die Trump an die Macht gebracht haben, ist unüberwindlich. Die Geschichte lehrt uns, dass sogar Milliardäre im Gefängnis landen und dass russische Despoten gestürzt werden können. Was den bewaffneten plebejischen Rassismus in den Vereinigten Staaten anbelangt, so wurde er im Jahr 1865 besiegt, wenn auch erst in einem fünfjährigen Bürgerkrieg.

Das Problem ist, dass Trump das Produkt eines funktionsuntüchtigen Wirtschaftssystems und einer geopolitischen Instabilität ist, die weiter zunehmen wird. Selbst wenn er das Weiße Haus wieder räumen muss, leben wir mittlerweile in einer Welt, in der alle vier Jahre eine noch verrücktere und bösartigere Version von Trump möglich ist. Die Alt-Right-Bewegung wird ihre Fackelzüge nicht plötzlich einstellen, und die Ideologie der gewalttätigen Misogynie kann von einer Generation frustrierter Männer an die nächste weitergegeben werden.

Um uns auf die kommende Eskalation vorzubereiten, müssen wir besser verstehen, was in den vergangenen dreißig Jahren geschehen ist – nicht nur mit der Wirtschaft, sondern auch mit unserer kollektiven menschlichen Psyche, unserer Handlungsmacht und unserem Glauben an die Vernunft. Im Jahr 2008 sahen wir, welchen Schaden der Neoliberalismus der Wirtschaft zugefügt hat, aber erst im Jahr 2016 begannen wir zu begreifen, welchen Schaden er der Menschheit zugefügt hat.

TEIL II

DAS SELBST

Wenn eine Weltordnung zusammenbricht, beginnt das Nachdenken darüber.

Ulrich Beck[1]

3

DAS NEOLIBERALE SELBST

Eine meiner frühesten Erinnerungen stammt aus den sechziger Jahren. Ich war etwa fünf Jahre alt und ging mit meinem Vater zur Miners' Gala in meiner Heimatstadt Leigh. Eine große Menschenmenge drängte sich auf einem Feld um einen Boxring, in dem sich jedermann mit einem Schläger aus der Gegend messen konnte. Ich sah einen der Herausforderer mit blutüberströmtem Gesicht aus dem Ring steigen, ein anderer grinste benommen. Die meisten waren betrunken und vom Kampf zerschunden. Ich erinnere mich vor allem daran, dass mein Vater mir mit einer Hand die Augen zuhielt.

Zu jener Zeit erlebte die englische Wirtschaft den Höhepunkt einer langen Nachkriegsblüte. Die meisten Besucher des Volksfests durften sich seit Jahren über steigende Reallöhne freuen. Der Großteil der Männer arbeitete für den Staat, denn sie waren Bergleute in Staatsbetrieben. Ihre Kinder erhielten in staatlichen Schulen eine kostenlose Bildung, Arztbesuche mussten sie ebenfalls nicht bezahlen, das Leitungswasser, der Strom und oft auch die Wohnung wurden zu geringen Kosten vom Staat bereitgestellt.

Das Leben dieser Menschen beruhte auf einer klaren Abmachung zwischen Kapital und Arbeit. Heute wirkt sie wie eine versunkene Zivilisation, aber überall in der industrialisierten Welt gab es eine Version dieser Ordnung. Wenn man verstehen will, warum sich heute so viele über sechzigjährige Wähler nach jener Welt zurücksehnen und warum der Rechtspopulismus in ihren Ruinen von Nordfrankreich bis Westaustralien so viele Anhänger findet, muss man wissen, warum diese Abmachung einzigartig war, was sie hervorbrachte und welche Art von Menschen sie schuf.

Als der Erste Weltkrieg ausbrach, war mein Großvater vierzehn Jahre alt und arbeitete in der Zeche Astley Green. Mein Vater begann mit achtzehn Jahren in derselben Kohlegrube zu arbeiten, als sich der Zweite Weltkrieg

seinem Ende zuneigte. Soweit ich meinen Familienstammbaum zurück-
verfolgen kann, sieht er so aus: Hutmacher, Hutmacher, Bergmann, Bergmann, Bergmann, Wirtschaftsredakteur. Das Wirtschaftssystem der Nachkriegszeit leistete sehr viel mehr, als Armut und Arbeitslosigkeit zu beenden
und der Arbeit ein wenig Würde zu verleihen. Es brachte der Arbeiterklasse
innerhalb einer Generation eine spektakuläre soziale Aufwärtsmobilität.

Es wurde durch ein System ersetzt, das eine soziale Katastrophe auslöste.

Als ich bei der Parlamentswahl im Jahr 2017 in Leigh für die Labour
Party in den Wahlkampf zog, fiel mir auf, wie viele behinderte und alte
Leute unter den wenigen Aktivisten waren, die sich auf dem Hauptplatz
der Kleinstadt versammelt hatten. Viele von ihnen litten unter Berufskrank-
heiten oder psychischen Störungen. Die meisten schienen zehn bis fünfzehn Jahre älter als ich zu sein, aber als ich mir diese gebrechliche, graue
Truppe näher ansah, wurde mir klar, dass die Leute meine Altersgenossen
waren.

In den sechziger Jahren war an der viktorianischen Hauptstraße von Leigh
ein neues Bürogebäude aus Glas und Beton errichtet worden, das von der
Ankunft von Angestellten und einer technokratischen Kultur zeugte. Jetzt
war es eine Ruine. Als wir die zerbrochenen, mit einer Staubkruste überzo-
genen Fenster betrachteten, flüsterte mir einer der Stadträte zu: »Wir haben
jedes Jahr 10000 Fälle von häuslicher Gewalt.« Leigh hat etwa 50000 Einwohner.

»Man spürt die Verzweiflung«, berichtete mir ein sechzigjähriger Arbeiter aus dem Energiesektor. »Da ist dieser völlige Mangel an Hoffnung und
Ambition. Sie wurden einfach zerstört.« Ein Jugendfreund, der sein Arbeits-
leben in einer Zeche verbracht hatte, erzählte mir: »In meiner alten Schule
steht bei Schulschluss die Polizei vor dem Tor, um Verdächtige abzupassen.
Wir haben hier organisiertes Verbrechen: Drogenhandel und bewaffnete
Raubüberfälle. Es ist eine Industrie; auf den Straßen sind so viele Fußsoldaten unterwegs, die Drogen verkaufen. Wenn du deine Kinder zum Einkaufen schickst, werden sie von Dealern angesprochen.«

Diese Bergarbeiterstadt war seit 1921 fest in der Hand der Labour Party;
nur etwa ein Fünftel der Wähler – Facharbeiter, Manager und Gewerbetrei-
bende – unterstützten die Konservativen. Beim Brexit-Referendum im
Jahr 2016 stimmten zwei Drittel der Wähler für den Austritt aus der Europäischen Union, und in Meinungsumfragen kam die fremdenfeindliche na-

tionalistische UK Independence Party (UKIP) auf einen Stimmenanteil von zwanzig Prozent.

Das Unglück, das dieser Kleinstadt und Tausenden ähnlichen Ortschaften und Vororten in aller Welt widerfuhr, hat einen Namen: Neoliberalismus. Die Elite will nicht darüber sprechen. Sie erzählt uns, so etwas wie der Neoliberalismus existiere überhaupt nicht oder das Wort sei lediglich ein linkes Schlagwort. Wenn es nach der Elite geht, braucht die brutale wirtschaftliche Realität, die Orten wie Leigh in den achtziger Jahren aufgezwungen wurde, keinen Namen: Diese Zerstörung »geschah einfach«.

Aber wir müssen über den Neoliberalismus sprechen, denn indem er die wirtschaftliche Abmachung zwischen Kapital und Arbeit kündigte, zwang er Millionen Menschen, ein neues Selbstverständnis zu entwickeln. Sie mussten sich ein Denken und Verhaltensweisen aneignen, die den Besuchern der Miners' Gala abwegig erschienen wären, in den vergangenen dreißig Jahren jedoch zur Normalität geworden sind.

Und jetzt, da der Neoliberalismus in der Krise steckt, sind auch diese sorgfältig eingebrannten Verhaltensweisen, Reflexe, Gedankenmuster und Selbstbilder in die Krise geraten. Was im Jahr 2008 mit dem Zusammenbruch des neoliberalen Wirtschaftssystems begann, hat zum Zusammenbruch der neoliberalen Identität geführt.

Der Neoliberalismus ist ein bestimmtes globales Modell des Kapitalismus, das sich im Jahr 1979 zu entwickeln begann und mittlerweile Auflösungserscheinungen zeigt. Einige Länder führten die freie Marktwirtschaft bereitwillig ein, andere übernahmen sie eher widerwillig, aber mir geht es um die Entwicklung in ihrer Gesamtheit: darum, wie die verschiedenen Teile des globalen Systems zusammenarbeiteten – und plötzlich aufhörten zu funktionieren.

Die Anhänger des Neoliberalismus fordern seine Kritiker oft auf, klar zu definieren, was sie überhaupt unter dem Begriff verstehen. Ich könnte zahlreiche Definitionen liefern, wobei die klarste die folgende wäre: Der Staat zwingt der Gesellschaft in sämtlichen Lebensbereichen den Wettbewerb auf.[1] Aber die Forderung nach Definitionen ist eine Falle.

Um komplexe, sich wandelnde und ungewisse Phänomene wie Wirtschaftssysteme zu verstehen, müssen wir unseren Verstand darin schulen, (a) das Phänomen in seiner Gesamtheit zu betrachten und (b) seine inneren

Widersprüche aufzudecken. Wir müssen uns darauf einstellen, dass das Erscheinungsbild eines Phänomens von dem abweichen kann, was wirklich unter der Oberfläche geschieht – so wie im Fall der Banken im Vorfeld der Finanzkrise von 2008. Wir müssen annehmen, dass Wirtschaftssysteme nie von Dauer sind und dass die Gründe für ihren Erfolg in vielen Fällen zugleich die Ursachen ihres Scheiterns sind. Es liegt auf der Hand, dass diese Denkweise für die Elite unangenehm ist.

Statt einer Definition möchte ich ein Gefüge von Beziehungen beschreiben, in dem die Mutationen, Schocks und Improvisationen des neoliberalen Systems stattfinden. Jede kapitalistische Wirtschaft besteht aus drei Bestandteilen – Boden, Arbeit und Kapital –, die Geld in Form von wirtschaftlichen Renten, Löhnen und Gewinnen erzeugen. Zunächst müssen wir verstehen, wie der Neoliberalismus die Beziehung zwischen diesen Bestandteilen verändert hat.

In der Ära des Staatskapitalismus (1945-79) war der Markt dem Staat untergeordnet. Arbeit und Kapital gingen eine Partnerschaft ein. Die Abschöpfung wirtschaftlicher Renten wurde bekämpft. Wenn die Ökonomen von »wirtschaftlichen Renten« sprechen, meinen sie nicht nur die Erträge von Grund- oder Immobilieneigentum, sondern jegliche Kapitalextraktion, die durch die Kontrolle über das Angebot an Gütern ermöglicht wird – sei es über Kobaltvorkommen, Fischereirechte in einem Gewässer oder auch die Fähigkeit zur Kapitalbeschaffung an sich. Wirtschaftliche Renten schaffen keinen Wohlstand. Sie verteilen ihn lediglich um, genauer gesagt: Sie leiten ihn von denen, die ihn erzeugen, zu denen, die extrahierbare Ressourcen kontrollieren, das heißt zu den »Rentiers«. Als John Maynard Keynes das Modell des Staatskapitalismus entwickelte, sprach er sich für einen »sanften Tod des Rentiers« aus, das heißt für Maßnahmen, um die auf das Rent-Seeking spezialisierten Akteure aus dem System hinauszudrängen.[2]

In der neoliberalen Ära wurde der Staat dem Markt unterworfen. Mehr noch: Die Neoliberalen sahen den Zweck des Staates darin, sämtliche Hindernisse für die freie Entfaltung der Marktkräfte zu beseitigen und alle nichtkommerziellen Aspekte des Lebens von der Trinkwasserversorgung bis zur Partnersuche den Marktkräften zu unterwerfen. Das Kapital attackierte die Arbeit, wodurch sich der Anteil der Gewinne am Bruttoinlandsprodukt erhöhte, während der Anteil des Outputs, der in die Löhne floss, sank. Und die »Rentierstätigkeit« wurde wieder zu einer Lebensart. Ein stetig wachsender Teil der Gewinne floss denen zu, die in der Lage waren, Monopole zu errichten und die Preise künstlich hoch zu halten – seien es nun Software-riesen wie Microsoft, Social-Media-Giganten wie Facebook, Investment-banken wie Lehman Brothers oder auch die Kredithaie in englischen Klein-städten, die Jahreszinsen von tausend Prozent verlangen.

In seiner Endphase hat der Neoliberalismus – der als Kampf für die freie Marktwirtschaft begann – einen unfreien Markt hervorgebracht, dessen Be-wegungen zugunsten von Monopolisten und Spekulanten verschoben sind; dieser Markt schützt die Vermögenszuwächse jener, die bereits vermögend sind, und bringt ein hohes Maß an Ungleichheit hervor. Aufrechterhalten werden diese Bedingungen durch die Kontrolle der Elite über den Staat.

Aber der Neoliberalismus ist mehr als nur das neueste Modell des Indus-triekapitalismus. Er weist drei grundlegende Unterschiede zu allen vorher-gehenden Modellen auf.

Er ist das erste Modell, das auf die Zerstörung der organisierten Arbeiter-schaft angewiesen ist, anstatt eine paternalistische Vereinbarung mit ihr zu schließen. Das gilt in Schanghai genauso wie in Virginia. Die Folge ist, dass der Neoliberalismus die physischen, sozialen und institutionellen Bedingun-gen, unter denen mehrere Generationen von Menschen lebten, Stück für Stück beseitigt.

Zudem ist er transnational. Er erzeugt einen globalen Markt und global verteilte Industrien sowie Kontrollmechanismen, die denen der National-staaten übergeordnet sind. Die Folge ist, dass die Nationalstaaten zum ers-ten Mal in der Neuzeit umgebaut werden, um den Interessen einer supra-nationalen Elite zu dienen, die in erster Linie Finanzvermögen besitzt.

Die Entfaltung des Neoliberalismus ging mit dem Aufstieg der Infor-mationstechnologie einher, und die Informationstechnologie beeinträchtig-te Mechanismen, die 250 Jahre lang zentrale Bestandteile des Kapitalismus waren: die Fähigkeit, die Preise deutlich über den Produktionskosten zu hal-ten, und die Fähigkeit, neue Arbeitsplätze für Menschen zu schaffen, deren Arbeit von Maschinen übernommen wurde.[3]

An dieser Stelle sollten wir innehalten, um uns die Bedeutung der vom Neoliberalismus bewirkten Veränderungen vor Augen zu führen. Diese Ver-änderungen haben das Machtgleichgewicht zulasten derer, die arbeiten, zu-lasten der nationalen Demokratien und zulasten all jener verschoben, die keine Anteile an Technologieunternehmen besitzen. Diese Machtverschiebung macht eine neue Katastrophe möglich. Indem man Autos erfindet, erfindet man auch Verkehrsstaus. Indem man eine Form des Kapitalismus erfindet, in der die Macht plötzlich auf eine nicht rechenschaftspflichtige und technologisch bewaffnete Elite mit einem Hang zur Klassenkonfrontation übergeht, erfindet man auch eine Methode zur Zerstörung des liberalen, demokratischen und universalistischen Ethos, den die meisten Menschen in den westlichen Gesellschaften für unsterblich hielten.

Die Entwicklung des Neoliberalismus kann in vier Phasen unterteilt werden: Auf den Aufschwung in den Jahren 1979 bis 1989, als sich das System politisch durchsetzte, folgten eine Blütezeit zwischen 1989 und 2001, als das anscheinend automatisch funktionierende System die Welt eroberte, und eine Phase der Wirren zwischen dem Platzen der Internetblase und dem Zusammenbruch von Lehman Brothers und schließlich der Niedergang in den Jahren 2008 bis 2016, als die Kosten für die Erhaltung des marktwirtschaftlichen Modells die geopolitische Ordnung zu untergraben begannen.

In jeder dieser Phasen können wir die Stabilisierung von wirtschaftlichen Beziehungen, Annahmen, Verhaltensweisen und Ideologien beobachten, die in den Köpfen von Millionen Menschen ein neues Selbstbild erzeugten.

In der ersten Phase wurde die Veränderung von Großbritannien und den USA vorangetrieben. In beiden Ländern ergriffen die Regierungen wirtschaftspolitische Maßnahmen, welche die Rezession der Jahre 1979-82 verschärften: Es wurden Arbeitsplätze zerstört, die Löhne sanken, die öffentlichen Dienste wurden ausgehöhlt und die Macht der Gewerkschaften wurde gebrochen. Anschließend nutzten diese beiden Länder den Internationalen Währungsfonds (IWF), die Verhandlungen im Rahmen der Uruguay-Runde, direkten politischen Druck und mittels der deregulierten Finanzmärkte indirekte Zwangsmaßnahmen, um andere Länder zur Übernahme dieser Politik zu nötigen.

Die neue Denkweise wurde den Gesellschaften mit Strafmaßnahmen aufgezwungen, so wie ein Kampfhundtrainer Gewalt einsetzt, um ein Tier aggressiv zu machen. Jeder Peitschenhieb sollte Millionen Menschen eine Lektion erteilen; sie sollten nicht durch Zeitungsartikel oder Vorträge aufgeklärt werden, sondern die Resultate sehen.

Der erste Peitschenhieb erfolgte in Form geldpolitischer Eingriffe. Margaret Thatcher und Ronald Reagan konzentrierten sich in ihrer Wirtschaftspolitik nicht auf die gesellschaftlichen Ergebnisse – etwa auf Arbeitsplätze oder die Armutsbekämpfung –, sondern auf abstrakte mathematische Ziele wie Geldmenge oder Inflationsrate. Das Resultat war eine rasche und umfassende Zerstörung ganzer Industriesektoren. Das war die erste Lektion: In der Wirtschaftspolitik *geht es nicht mehr um den Menschen.*

Um zu verstehen, warum die Elite in den achtziger Jahren freiwillig ganze Industriestädte und Fabriken zerstörte, müssen wir begreifen, welche gesellschaftliche Macht jene Gruppe besaß, deren Angehöriger ich als Kind bei der Miners' Gala sah. Indem die Arbeiterklasse eine eigene Bewegung gegründet hatte, die sich mehr als hundert Jahre lang behaupten konnte, hatte sie in den Industrieländern eine permanente Gegenmacht zu Kapital und Staat errichtet. Als mich mein Vater in die Menschenmenge führte, die sich um den Boxring drängte, um mir dann die Augen zuzuhalten, erzählte er mir eine Geschichte mit einer Moral: Wir mussten uns mit der Brutalität des industriellen Lebensstils arrangieren, Teil davon sein, seine Rhythmen, Gerüche und Klänge lieben lernen – und gleichzeitig mussten wir uns den Glauben an eine bessere Welt bewahren.

Bis in die achtziger Jahre war die organisierte Arbeiterklasse die wichtigste humanisierende Kraft im Kapitalismus, denn ihre materiellen Errungenschaften überstiegen jene von Philanthropie und Religion deutlich. Sie sicherte uns das Wochenende, den Achtstundentag, das Wahlrecht für Besitzlose, die gesetzliche Festschreibung des gleichen Lohns für gleiche Arbeit – und die Arbeiterbewegung spielte gegen Ende des Zweiten Weltkriegs, etwa in Italien, auch für den Sieg gegen den Faschismus eine Rolle.[4]

Das Ziel der neoliberalen Politik Anfang der achtziger Jahre war, der Arbeiterklasse einen vernichtenden Schlag zu versetzen und die Verhandlungsstärke der Gewerkschaften, die Kultur, in der sie verwurzelt waren, die von ihnen verfochtene Solidarität, die sozialistischen Ideale und die Fabriken, in denen sie ihre Machtbasis hatten, zu zerstören. Um den Widerstandsgeist von Millionen qualifizierten Arbeitern in der Generation meines Vaters zu brechen, wurden sie dem Albtraum ausgesetzt, der sie seit ihrer Kindheit verfolgte: demütigender Armut und Langzeitarbeitslosigkeit.

Aber selbst das war noch nicht genug: Die Elite wollte auch den Glauben der Menschen an die Möglichkeit einer besseren Welt zerstören. Dazu musste die Art, wie sie dachten, geändert werden.

Der nächste Peitschenhieb traf Frankreich, wo im Jahr 1981 eine von François Mitterrand geführte Koalitionsregierung von Sozialisten und Kommunisten an die Macht gekommen war. Mitterrand versprach, sich dem Neoliberalismus zu widersetzen: Seine Regierung stellte 200 000 zusätzliche Staatsdiener ein, hob den Mindestlohn um 39 Prozent an und verstaatlichte zwölf Industriekonglomerate sowie 36 Banken.[5] Die Folge war eine massive Kapitalflucht: Innerhalb von drei Monaten wurden Gelder in Höhe von zwei Prozent des Bruttoinlandsprodukts aus Frankreich abgezogen. Es folgten drei massive Abwertungen des Franc gegenüber der D-Mark, und die letzte Abwertungsrunde im März 1983 zwang Mitterrand, die staatliche Steuerung des Wachstums aufzugeben und sich der Austeritätspolitik zuzuwenden.

Mitterrands Regierung wurde de facto gezwungen, stellvertretend für eine äußere Macht – die globalen Finanzmärkte – ihr eigenes Land zu besetzen.[6] Obwohl Thatcher diejenige war, die erklärte: »Es gibt keine Alternative«, schärfte uns das französische Drama der Jahre 1981-83 die zweite Lektion ein: *Linke Alternativen zum Neoliberalismus werden unweigerlich scheitern, weil die Finanzmärkte sie stets sabotieren werden.*

Die dritte Lektion bestand in massiven Privatisierungsprogrammen, die entweder freiwillig durchgeführt oder wie im Fall Lateinamerikas vom Internationalen Währungsfonds erzwungen wurden. Zum Beispiel verkaufte oder verschenkte Spanien Mitte der achtziger Jahre 34 Staatsbetriebe, zumeist an ausländische Unternehmen. Um Volkswagen zur Übernahme von Seat zu bewegen, machte die spanische Regierung 1,5 Milliarden Dollar locker und bezahlte die Schulden des Automobilunternehmens; weitere 3,2 Milliarden Dollar an öffentlichen Mitteln wurden aufgewandt, um Seats Verluste über die nächsten Jahre auszugleichen und staatliche Zuschüsse zu gewähren.[7] Im privatisierten Unternehmen wurde die Belegschaft um ein Drittel verringert.[8]

Die Privatisierungen brachten eine neue Gruppe hervor, die ein Interesse am Erfolg des neoliberalen Projekts hatte: Personen, die Aktien hielten oder diese bei der Privatisierung billig erwarben. Diese Gruppe eignete sich eine andere Denkweise an: Du, der Seat-Arbeiter, musst deinen Arbeitsplatz räumen oder flexibler arbeiten, damit ich, der Aktionär, eine Rendite erzielen kann. Aus diesen Vorgängen zogen wir die dritte Lehre: *Die Privatisierung ist gut für alle, selbst wenn sie unsere Welt zerstört.*

Die vierte Aufgabe bestand darin, der restlichen Welt die neoliberale Logik aufzuzwingen. In der staatskapitalistischen Ära hatten Währungsfonds, Weltbank und das Allgemeine Zoll- und Handelsabkommen (der Vorgänger der Welthandelsorganisation) eine Nebenrolle gespielt, aber jetzt erwachte der IWF zum Leben und zwang hochverschuldeten Ländern in Lateinamerika, Afrika und Asien im Gegenzug für Rettungspakete Privatisierungsprogramme auf.[9]

Als Versuchskaninchen musste Mexiko herhalten. Im August 1982 stand das Land am Abgrund: Der mexikanische Staat hatte Schulden von achtzig Milliarden Dollar angehäuft, die er nicht mehr bedienen konnte. Ein Zahlungsausfall drohte. Der Währungsfonds räumt in seiner eigenen Darstellung der Episode ein: »Das System war in Gefahr. Erstmals waren die großen amerikanischen und japanischen Banken bedroht, und die europäischen Banken sahen sich mit beträchtlichen neuen Risiken konfrontiert.«[10] Also entschloss sich der Währungsfonds, ein Rettungspaket im Umfang von vier Milliarden Dollar zu schnüren; Mexiko verpflichtete sich im Gegenzug, eine Version des Thatcherismus in die Tat umzusetzen: Neben Zinserhöhungen und Kürzungen an den öffentlichen Ausgaben wurde ein Privatisierungsprogramm eingeleitet, in dessen Verlauf fast achtzig Prozent der Staatsbetriebe verkauft oder geschlossen wurden.[11] Im Jahr 1986 stieg die Arbeitslosenquote auf fünfzehn Prozent, die Auslandsschulden schwollen auf hundert Milliarden Dollar an. Die Reallöhne sanken innerhalb von drei Jahren um mindestens vierzig Prozent.[12]

Nachdem Mexiko im 20. Jahrhundert mehrfach um seine wirtschaftliche Unabhängigkeit von den Vereinigten Staaten gekämpft hatte, war es nun wieder eine wirtschaftliche Kolonie des großen Nachbarn im Norden. In einer Vielzahl von Fabriken entlang der Grenze erzeugten billige Arbeitskräfte Güter für den US-Markt. In Mexiko erteilte uns der IWF die vierte Lektion: *Wirtschaftliche Unabhängigkeit ist unmöglich.*

Die letzte große Aufgabe bestand darin, die Kontrolle des Neoliberalismus über Europa zu festigen. Im Jahr 1985 vollzog Margaret Thatcher, die sich stets gegen eine weitere Integration in die Europäische Gemeinschaft gewehrt hatte, einen Kurswechsel: Europa, erklärte sie nun, könne sein Parlament, seine gemeinsame Souveränität und seine Flagge haben, aber nur unter der Bedingung, dass es in seinem grundlegenden Vertrag, der Einheitlichen Europäischen Akte von 1986, den Neoliberalismus festschrieb.

Frankreich war, so Mitterrand, »hin- und hergerissen zwischen zwei Bestrebungen: der europäischen Einheit und sozialer Gerechtigkeit«.[13] Es gelang Thatcher, ihre Lösung dem gesamten Kontinent aufzuzwingen. Ab Mitte der achtziger Jahre hatte sich die Europäische Gemeinschaft trotz aller theoretischen Bekenntnisse zu Wohlfahrt und Vollbeschäftigung in der Praxis auf den Neoliberalismus verpflichtet. Zu seinen entschiedensten Befürwortern zählte neben Thatchers Großbritannien Deutschland, dessen Elite seit Langem die Vorstellung akzeptierte, die beste Lösung sei »so viel Markt und so wenig Staat wie möglich«. Die fünfte Lektion lautete: *Selbst Länder, die sich zum Wohlfahrtsstaat bekennen, werden neoliberale Methoden anwenden müssen, um ihn zu verwirklichen.* Wenn man eine soziale Marktwirtschaft will, muss man Privatisierungen, Outsourcing und erzwungenen Wettbewerb akzeptieren und ein Auge zudrücken, wenn Großunternehmen ihren steuerlichen Pflichten nicht nachkommen.

In weniger als zehn Jahren hatte das neoliberale Projekt das Gesicht der Weltwirtschaft verändert. Aber die größte Leistung des Neoliberalismus bestand darin, dass er das Denken und das Verhalten der Menschen änderte.

»Die Gemeinde war arm«, schreibt die Stadtforscherin Janice Perlman, »aber die Leute engagierten sich und forderten bessere urbane Dienste, sie arbeiteten hart, vergnügten sich und hatten Hoffnung. Sie kümmerten sich um einander, und der Alltag folgte einem ruhigen, geselligen Rhythmus.« Dies war die Beschreibung des Lebens in einer brasilianischen Favela in den sechziger Jahren, aber ganz ähnlich sahen die meisten Arbeitergemeinden der Welt zu jener Zeit aus.

Als Perlman im Jahr 1999 nach Rio de Janeiro zurückkehrte, um die Auswirkungen der neoliberalen Transformation zu studieren, fand sie eine andere Welt vor: »Wo Hoffnung gewesen war, herrschten jetzt Furcht und Ungewissheit. Die Menschen hatten Angst, in einem Drogenkrieg im Kreuzfeuer zwischen rivalisierenden Banden getötet zu werden. [...] Sie fühlten sich weiter an den Rand gedrängt als je zuvor.«[14]

Ab Ende der siebziger Jahre erfand der Neoliberalismus das Elendsviertel neu und zwang eine Milliarde Menschen, das heißt ein Siebtel der Weltbevölkerung –, sich in Slums häuslich einzurichten.[15] Der Zusammenbruch der landwirtschaftlichen Erzeugerpreise beschleunigte die Landflucht. Da die Staatskassen leer waren, konnte niemand verhindern, dass die Neuankömmlinge zwischen Wasserstraßen und Mülldeponien ihre Hütten errichteten. Die Programme zur Auflösung von Slums funktionierten nicht mehr, denn sie beruhten auf der Annahme, dass Elendsviertel ein Überbleibsel vergangener Zeiten seien. Jetzt stellte sich heraus, dass sie die Zukunft der Städte waren.

In ihrer Darstellung der Entwicklung einer Favela namens Nova Brasília erzählt Perlman die Geschichte im Detail. Nach 1985 schlossen die großen Fabriken, die Arbeitslosigkeit stieg deutlich, die Polizei zog sich zurück und die Drogenbanden nahmen ihren Platz ein: Anfang der neunziger Jahre kontrollierten sie nicht nur die Straßen, sondern auch die Vereinigung der Anwohner, nachdem sie den letzten nicht korrupten Vorsitzenden hingerichtet hatten.[16] Von da an waren die Banden praktisch der Staat.

Was für Menschen gedeihen in einer von Drogen, Gewalt, Armut, Arbeitslosigkeit und Unsicherheit zerstörten Gemeinschaft? Die Antwort: Menschen, die sich dem Gesetz des Dschungels anpassen können. Menschen, die ständige Unsicherheit nicht als Fehlentwicklung, sondern als Normalität akzeptieren können. Menschen, die bereit sind, »in der Gegenwart zu leben«, und sich vor allem um sich selbst kümmern, keinerlei Verpflichtung gegenüber der Gemeinschaft empfinden, Gesetzlosigkeit hinnehmen und dazu beitragen.

Solche Menschen waren in der Ära des Staatskapitalismus selbst in einem armen Land wie Brasilien selten. Aber der Neoliberalismus brachte einen neuen sozialen Archetypus hervor: das entwurzelte, selbstbezogene Individuum, das kein Interesse am kollektiven Kampf oder an einer aktiven Beteiligung am Gemeinwesen hat, sondern sich auf den Kampf ums persönliche Überleben konzentriert. Die Lebenserwartung eines Drogenkuriers in einer Favela in Rio mag bei weniger als dreißig Jahren liegen, aber er kann in einer Woche so viel verdienen wie in mehreren Monaten Fabrikarbeit, für die er den Mindestlohn erhält. Hat er einmal eine Pistole erstanden, seiner Familie Geld gebracht und den Sex bezahlt, gibt es keine sinnvolleren Möglichkeiten, sein Geld auszugeben, als neue Markenturnschuhe und billigen Schmuck zu kaufen.

Als die alten Industrien zusammenbrachen, breitete sich dieser in den Elendsvierteln der südlichen Hemisphäre entstandene Lebensstil rasch unter den jungen Leuten in den verwüsteten Städten der entwickelten Welt aus. Die Rap-Musik trug die neuen Ideale von Bandenzugehörigkeit, drogeninduzierter Euphorie und sexueller Gewalt in die verarmten Gemeinden der Schwarzen und Hispanics in den USA, aber diese Bling-Bling-Kultur entwickelte sich in vielen Ländern mit unterschiedlichen musikalischen Traditionen und verwandelte sich in so etwas wie einen internationalen neoliberalen Stil. Ende der achtziger Jahre konnte man auch bei den enttäuschten Jugendlichen in meiner Heimatstadt die Moral, die Wertvorstellungen und die Verhaltensweisen der »Gangsta« beobachten.

Ende der achtziger Jahre gab es zwei Arten der Subjektivität: Eine Gruppe verbitterter Überlebender des alten Systems existierte neben begeisterten Anhängern von Selbstsucht, Individualismus und Konformität. Aber in einer von Chaos und Armut beherrschten Welt hielt sich die Erinnerung an die gute alte Zeit unter dem Staatskapitalismus hartnäckig, was in den Arbeitergemeinden Niedergeschlagenheit und Unsicherheit verursachte. Die negativen Lektionen waren gelernt worden, und die organisierte Arbeiterschaft hatte sich mit ihrer Niederlage abgefunden. Doch es gab noch kein belastbares, positives, universelles Weltbild, das die Leute übernehmen konnten.

Um ein solches Weltbild zu entwickeln, musste der Neoliberalismus beginnen, automatisch und ohne große soziale Konflikte zu funktionieren und das Leben der Menschen zu verbessern.

Der Drogenhändler in der Favela in Rio brauchte Kokain, um reich zu werden, das heißt ein global handelbares Konsumgut, dessen Preis sogar in einer Rezession hoch bleibt. Für die restliche Welt war die Droge der Wahl nicht das Kokain, sondern der Kredit. Um die Menschheit mit dieser Droge versorgen zu können, musste der Neoliberalismus wirklich global werden.

Am 4. Juni 1989 gewann die aus einer Gewerkschaft hervorgegangene polnische Oppositionspartei Solidarność die erste freie Parlamentswahl im Ostblock. Am selben Tag schickte die Führung der Kommunistischen Partei Chinas Panzer auf den Tian'anmen-Platz, um Tausende Demonstranten zu töten, die demokratische Reformen forderten. Diese beiden Ereignisse signalisierten den Beginn der zweiten Phase der neoliberalen Expansion: Die Weltwirtschaft wurde globalisiert, die ehemals kommunistischen Länder übernahmen die Marktwirtschaft, und Hunderte Millionen Menschen in aller Welt eigneten sich das Weltbild der Favela-Bewohner an.

Im November 1989 fiel die Berliner Mauer, im Dezember 1991 brach die

Sowjetunion zusammen. Die Volkswirtschaften Russlands, Chinas und Osteuropas hatten insgesamt lediglich einen Anteil von 15 Prozent an der globalen Produktion,[17] aber ihr Eintritt in den Weltmarkt verdoppelte das globale Arbeitskräfteangebot innerhalb von 15 Jahren von 1,5 Milliarden auf 3 Milliarden Menschen. Grob gesagt, konnte dieselbe Menge an Kapital jetzt die doppelte Menge an Arbeitskräften ausbeuten, was die Verhandlungsposition der globalen Arbeiterklasse erheblich schwächte.

Der Ökonom Richard Freeman, der diesen Prozess als »große Verdopplung« bezeichnete, warnte, wenn die USA keine Rücksicht auf die geschwächte soziale Macht ihrer Arbeiterklasse nehme, werde sich die wirtschaftliche Spaltung der Vereinigten Staaten in den kommenden Jahrzehnten verschärfen, was einen Großteil des Landes gegen die Globalisierung aufbringen könne.[18] Genau das geschah, nur dass sich anfangs niemand Gedanken darüber machte, weil die bedeutsamste Wirkung der Globalisierung nicht wirtschaftlicher, sondern ideologischer Natur war. Der Zusammenbruch der Sowjetunion und die marktwirtschaftliche Öffnung Chinas hatten dem im 20. Jahrhundert entwickelten Projekt der Linken den Garaus gemacht.

Im Januar 1992, drei Wochen nach der Auflösung der Sowjetunion, traf ich in Moskau ein, wo ich linken Dissidenten, die in der Gorbatschow-Ära aktiv waren, beim Aufbau einer antistalinistischen Arbeiterbewegung helfen wollte. Es war ein Selbstmordkommando. Die Wirtschaft des Landes war dem völligen Zusammenbruch nahe. Die Preise waren innerhalb eines einzigen Monats um 245 Prozent gestiegen, und im Laufe des Jahres kletterte die Inflation auf 2500 Prozent.[19] Die Leute standen am Straßenrand im Schnee und versuchten, ihre letzten Habseligkeiten zu verkaufen: einen einzelnen Stiefel, eine Pfanne, ihre Armeeuniform. Im Foyer jedes Hotels begegnete man Frauen, die sexuelle Dienste anboten.

Wir veranstalteten ein Seminar in der politikwissenschaftlichen Abteilung der Universität Moskau. Die Professoren waren geflohen und hatten Leninbüsten, stapelweise Statistiken und die Werke verschiedener Parteiführer zurückgelassen – die unsere anarchistischen Freunde mit Vergnügen mitgehen ließen oder zerstörten. Leider waren die Kräfte, welche die Macht im postsowjetischen Russland übernahmen, mit einer anderen, sehr viel zerstörerischen Form der Plünderung beschäftigt: Sie eigneten sich die Ressourcen der untergegangenen Supermacht an.

Ende der achtziger Jahre war eine Klasse von Selfmade-Milliardären entstanden, als sich das Land für den internationalen Handel geöffnet hatte. Viele dieser Unternehmer waren in der Computerbranche oder der Erdölindustrie tätig. Einige von ihnen stiegen zu »Oligarchen« auf. Sie manipulierten Privatisierungsverfahren, um Industriebetriebe zu lächerlich niedrigen Preisen zu erwerben. Sie brachten den Export von Erdöl, Erdgas und anderen Rohstoffen unter ihre Kontrolle, kauften zu russischen Preisen ein und verkauften zu Weltmarktpreisen. Um sich Unternehmen anzueignen, genügte es manchmal, »zuhause auf dem Drucker falsche Nachweise über ihre Eigentumsrechte an einem Unternehmen zu fabrizieren und bei den Behörden registrieren zu lassen«.[20]

Die Kriminalitätsrate in Russland stieg innerhalb von zwei Jahren um fünfzig Prozent. Im Jahr 1990 registrierte die russische Polizei 2800 nicht identifizierte Leichen; drei Jahre später hatte sich die Zahl auf 18 000 Opfer erhöht.[21] Die einst ruhigen Hinterhöfe Moskaus verwandelten sich in Orte, die man besser mied. Ich wurde Zeuge von Verkehrsunfällen, die mit Messerstechereien oder Säureattacken endeten. Eine Weile wohnte ich in einem halbleeren Studentenwohnheim, dessen Tür meine Freunde einfach eingetreten hatten.

Rund um mich sah ich, wie der neue Mensch entstand. In den brasilianischen Favelas war sein Aufstieg vom Kokain begleitet worden, in Russland genügte die Ankunft des Geldes. Im sowjetischen System hatte das Geld seine Funktion kaum erfüllt: Für die Versorgung mit Konsumgütern war man auf informelle Netzwerke von Arbeitskollegen, Verwandten, Nachbarn und Freunden angewiesen. Von diesen »Küchentisch«-Netzen hingen die soziale Unterstützung, das wirtschaftliche Überleben und die Durchsetzung moralischer Werte ab. Der plötzliche Zufluss von Geld zerriss diese Netze.[22]

Der Schriftsteller Viktor Pelewin hat die Erfahrungen von Millionen Menschen während des Gewaltmarschs zur Selbstsucht beschrieben. Der Held seines Romans *Generation P* muss einen Übergang »von der Ewigkeit zur Gegenwart« bewältigen. Ein vorgeblich für die Ewigkeit bestimmtes und unveränderliches System wird durch willkürliche Vorgänge ersetzt, in denen sich die Regeln unablässig ändern. Der Held nimmt eine Arbeit als Werbetexter an, und sein Mentor in der Werbeagentur erklärt ihm die neoliberalen Spielregeln: Du leihst dir Geld und kaufst dir einen Jeep, ein Faxgerät und eine Kiste Wodka. Wenn deine Firma pleitegeht, wirst du von der

Mafia getötet, oder der Kredit wird einer Staatsbank aufgehalst. Im Verlauf des Prozesses läuft im Kopf des Mannes, der das Durcheinander angerichtet hat, eine bestimmte chemische Reaktion ab: »In ihm erwacht ein unermeßlicher Größenwahn, und er bestellt einen Werbespot. Wobei der Spot unbedingt geiler sein muß als alles, was die anderen Idioten zu bieten haben, das ist Bedingung.«[23]

Diese Passage veranschaulicht, was der Neoliberalismus während der Transition für die Normalbürger bedeutete: Gauner häuften mit kriminellen Aktivitäten oder durch Ausplünderung des Staates Geld an und wuschen dieses schmutzige Geld im Kreditsystem, wodurch legitime Wirtschaftszweige wie die Werbung entstanden. Der Prozess brachte einen neuen Menschen hervor, der an die natürliche Auslese gewöhnt war und das Recht des Stärkeren akzeptierte. Wie in der Favela sind die Hauptmerkmale dieses Menschen seine Bereitschaft, Kriminalität zu akzeptieren, sowie seine Fähigkeit, sich im Chaos zu behaupten und die Chancen zu nutzen, die sich infolge des Zusammenbruchs der normalen Gesellschaft eröffnen.

Soziologen bezeichnen diesen neuen Menschen als »neoliberales Subjekt«, denn der Terminus »Subjekt« wird in der Philosophie zur Beschreibung des denkenden menschlichen Wesens verwendet (das »Objekt« ist die Umwelt des Menschen). Wir können diese Person auch als »neoliberales Selbst« bezeichnen.

Michel Foucault erkannte in der Frühphase des Neoliberalismus, dass sich der Mensch in einer privatisierten, vom Wettbewerb beherrschten und verarmten Gesellschaft in einen »Unternehmer seiner selbst« verwandeln musste. Indem nicht nur Industrien, sondern auch die Absicherung gegen bisher von der Gesellschaft gemeinsam bewältigte Risiken – Impfungen, chronische Krankheit, Arbeitslosigkeit, Arbeitsunfälle – privatisiert wurden, zwang das neue System jedermann, der Kalkulation von Risiken Priorität einzuräumen – etwas, das der Generation meiner Eltern fremd gewesen war.

Wenn man gezwungen ist, einer Aufgabe über einen längeren Zeitraum hinweg Priorität einzuräumen, wird man ein Experte darin. In der Generation meines Vaters waren die Menschen Experten darin, kooperative soziale Beziehungen zu pflegen und sich in Traditionen und Hierarchien einzufügen. Die neoliberale Identität macht uns zu Experten dafür, mit all diesen Gegebenheiten zu brechen.

Für das neoliberale Selbst ist der Konsum – der ununterbrochene Konsum von allem um des Konsums willen – eine Form der Selbstverwirklichung. Wenn der Held von *Generation P* unter Druck gerät, konsumiert er entweder Kokain oder kauft willkürlich etwas, was er sich nicht leisten kann – die psychologische Wirkung ist dieselbe. Aber das Einkaufen eignet sich nur als Kommunikationsakt, wenn alle anderen den Wert dessen sehen können, was man gekauft hat: Daher die große Bedeutung der globalen Mode-, Alkohol- und Kosmetikmarken. Vor dem Neoliberalismus war modische Kleidung gleichbedeutend mit Kleidung, die sich von der aller anderen unterschied. Heute muss man Kleidung tragen, deren genauen Wert jedermann kennt, selbst wenn das bedeutet, dass man das Wort »Moschino« in fünfzehn Zentimeter großen Buchstaben quer über die Brust gedruckt tragen muss.

Das neoliberale Subjekt hat Sicherheit gegen Autonomie eingetauscht und sich für den Individualismus entschieden, um das Scheitern des kollektiven Handelns auszugleichen. Und das geschah, *bevor* die Massen Zugang zum Internet, ganzu zu schweigen von Smartphones und 4G erhielten. Ende der neunziger Jahre bestätigten zahlreiche soziologische Studien die Existenz dieser neuen Einstellung und zeigten, wie die Managementtheorie eingesetzt wurde, um sie am Arbeitsplatz zu vermitteln. Luc Boltanski und Ève Chiapello haben den Aufstieg einer neuen Ideologie beschrieben, die in der Beschwörung von Flexibilität am Arbeitsplatz mit »flachen Hierarchien« und von Leistungszielen statt Arbeitszeit zum Ausdruck kommt.[24] An vorderster Front stehen nach Einschätzung von Richard Sennett die Technologieunternehmen: In der lockeren, vernetzten, informellen und antihierarchischen Kultur der Softwarebranche und des digitalen kreativen Sektors wurde die neue, archetypische neoliberale Arbeitskraft geformt.[25]

Aber die Entwicklung von systematischem Eigennutz, Risikoberechnung und konformistischem Konsum erzählt nur die halbe Geschichte. Das neoliberale Selbst musste noch eine weitere Lektion lernen: Es ist gut, sich Geld zu leihen, und egal wie schlimm die Finanzmärkte abstürzen, wird nie etwas Schlimmes geschehen.

Wir können uns die Weltwirtschaft als Pokerspiel vorstellen, in dem die Einsätze der globalen Produktion und die Spielschulden der Teilnehmer den

Gesamtschulden aller Länder, privaten Haushalte und Unternehmen in der Welt entsprechen.

Wenn wir diese Analogie heranziehen, so stellen wir fest, dass die Schulden der Spieler im Jahr 1991 ihren Einsätzen entsprachen. Doch bis zum Jahr 2008 waren die Spielschulden um das Sechsfache gestiegen, während sich die Einsätze lediglich verdoppelt hatten.[26] Etwas stimmt nicht. Es spielt keine Rolle, welcher Spieler sich am meisten Geld leiht, denn die gesamte Pokerrunde hat ein Problem: Die meisten Teilnehmer spielen mit Geld, das ihnen nicht gehört.[27] Finden Sie das nicht beunruhigend?

In der Zwischenzeit haben sich Zuschauer um den Tisch versammelt und beginnen, Nebenwetten auf das Ergebnis der Pokerpartie abzuschließen. Das ist unsere Analogie für den Derivatemarkt, der im Jahr 1991 praktisch nicht existierte, bis 2008 jedoch gewaltige Ausmaße annahm. In unserem Pokerspiel haben die Zuschauer Wetten abgeschlossen, deren Wert den des Geldes auf dem Tisch um das *Zehnfache* übersteigt, und der Großteil dieser Wetten wird ebenfalls mit geborgtem Geld abgeschlossen.[28] Sind Sie immer noch nicht beunruhigt?

Stellen wir uns nun das Casino vor, das im realen Leben dem Banken- und Finanzsektor entspricht. Im Jahr 1991 beansprucht das Casino rund 15 Cent von jedem am Spieltisch eingesetzten Dollar für sich. Bis zum Ende der Dekade steigt der Anteil des Casinos auf 46 Cent pro Dollar.[29] Irgendjemand unterschätzt hier die Risiken. Wenn Sie sich immer noch keine Sorgen machen, so nur deshalb, weil Sie annehmen, dass der Casino-Betreiber im Fall eines allgemeinen Kollapses unbegrenzt neue Chips ausgeben kann, um alle Verluste und Schulden zu begleichen.

Als sich der Neoliberalismus entfaltete, befrachtete er die Weltwirtschaft mit finanziellen Risiken, ohne dass sich jemand fragte, welche Gefahren das heraufbeschwor. Die Ökonomen erklärten uns, das gemessen am Wirtschaftswachstum überproportionale Wachstum von Geldmenge, Krediten und spekulativen Verträgen sei kein Gefahrensignal, sondern ein Beleg für zunehmende Perfektion. Während der Staat mit religiösem Eifer zurechtgestutzt wurde, häufte der Privatsektor einen Berg unbezahlbarer Schulden an, für die schließlich der Staat geradestehen musste.

Millionen Menschen übernahmen diese Annahme bereitwillig: Es schien ihnen ungefährlich, mit geliehenem Geld im Casino zu spielen, denn wann immer etwas schiefzugehen drohte, stattete das Casino sie einfach mit

neuen Chips aus. Wiederkehrende Zyklen von Aufschwüngen und Finanz-
krisen schienen diese Einschätzung zu bestätigen.

Es begann in Japan, wo sich die Immobilienpreise in den fünf Jahren
vor 1990 verdreifachten und der Wert der im Nikkei-Index repräsentier-
ten Unternehmen an der Tokioter Börse um fast das Vierfache stieg. Im
Jahr 1990 begann eine Krise, die achtzig Prozent des Börsenwerts der
Nikkei-Unternehmen vernichtete und das japanische Wirtschaftswachstum
für die kommenden zwei Jahrzehnte zum Stillstand brachte, was zur Folge
hatte, dass auch die Reallöhne kaum stiegen.

Aber ist Japan heute ein wirtschaftliches Ödland? Nein. Der Staat rettete
die Banken, die Aktionäre der Unternehmen erlitten Verluste, die Immobilienpreise und Löhne stagnierten fast dreißig Jahre lang – aber niemand störte
sich daran. Der Grund dafür war, dass das Casino im entscheidenden Augenblick genau das tat, was die Spieler von ihm erwarteten: Es gab neue
Chips aus, damit das Spiel weitergehen konnte. Das heißt, der japanische
Staat lieh sich Geld und druckte neues. Aus der Krise in Japan zog die
Welt eine sublime Lehre: Ein ganzes Land kann seine Kreditkarte hoff-
nungslos überziehen, pleitegehen und wirtschaftlich zum Stillstand kommen, ohne dass das irgendwelche Folgen haben wird.

Dann kam die Asienkrise im Jahr 1997. Im Juli stürzte die thailändische
Währung gegenüber dem Dollar ab, und in der folgenden Panik zogen die
ausländischen Investoren ihr Geld aus Indonesien, Südkorea, Singapur,
Malaysia und Taiwan ab. Der finanzielle Zusammenbruch zog eine tiefe
Rezession in der Realwirtschaft der asiatischen »Tigerstaaten« nach sich:
Die Wirtschaftsleistung Indonesiens schrumpfte innerhalb eines Jahres um
vierzehn Prozent, die Thailands um zehn Prozent. Doch auch diesmal blieb
eine globale Wirtschaftskrise aus.

Als Nächstes implodierte die russische Wirtschaft. Im Jahr 1997 wurde
Russland für ausländisches Kapital geöffnet, das die Börse überschwemmte
und in einjährige Anleihen des russischen Staates floss. Das Problem war,
dass die Wirtschaft schrumpfte, während die Verschuldung ausuferte. In
einem anklagenden Bericht der Weltbank hieß es: »Die Kreditsumme stieg,
während die wirtschaftlichen Fundamentaldaten schlechter wurden.«[30] Im
August 1998 verlor der Rubel zwei Drittel seines Werts, die Börse stürzte
um neunzig Prozent ab, und das Bankensystem ging in die Knie. Der russische Staat konnte die Schulden bei seiner eigenen Bevölkerung nicht zu-

rückzahlen, und die meisten Leute, die Ersparnisse auf der Bank hatten, verloren Geld. Die Wirtschaft schrumpfte innerhalb eines Jahres um fünf Prozent, was selbst gemessen an den Maßstäben der neoliberalen Schocktherapie eine außergewöhnliche Leistung war.

Die Russlandkrise brachte auch den erfolgreichsten amerikanischen Hedgefonds Long-Term Capital Management (LTCM) zu Fall. LTCM hatte sich mit einem Kapital von fünf Milliarden Dollar 125 Milliarden Dollar geliehen, um damit auf winzige Anomalien im globalen Finanzsystem zu wetten. Und während sich LTCM bei den Investmentbanken an der Wall Street das Zwanzigfache seines eigenen Werts geliehen hatte, überstiegen die derivativen Positionen seinen Wert um das Zweihundertfache. Bei bestimmten Derivaten beliefen sich die Positionen von LTCM auf fünf Prozent des weltweiten Handels. In unserer Casino-Analogie wäre LTCM eine der Personen, die Nebenwetten annehmen: Wenn dieser Spieler pleitegeht, reißt er alle anderen Spieler mit sich in den Abgrund. Auf Initiative der US-Notenbank wurde schließlich ein Rettungspaket im Umfang von 3,65 Milliarden Dollar geschnürt.[31]

In der Überzeugung, dass eine Finanzkrise keine schlimmen Folgen haben würde, bliesen die Investoren im Westen die Internetblase auf (1999-2001), und bald nachdem diese geplatzt war, floss das Geld in den neuen Markt für hypothekenbesicherte Wertpapiere, der im Jahr 2008 zusammenbrach und die Welt in die Finanzkrise stürzte.

Bevor wir uns dieser manischen Phase des Neoliberalismus – einer von künstlich hochgepuschten Milliardären und bizarren Betrügern geprägten Ära – zuwenden, sollten wir uns für einen Augenblick uns selbst zuwenden. Was hatte die Finanzwirtschaft in den ersten zwei Jahrzehnten der neoliberalen Ära mit den wesentlichen Merkmalen des menschlichen Wesens gemacht?

Als Mark Ravenhills erstes Theaterstück im Jahr 1996 uraufgeführt wurde, war sein Titel zu anstößig, um ihn auf den Werbetafeln auszuschreiben: Viele Leute waren empört über *Shopping and Fucking* (dt.: *Shoppen und Ficken*). In dem Stück beschreibt Ravenhill das moralisch leere Leben junger Menschen in einer konsumorientierten Gesellschaft. Beliebiger Sex ist das Einzige, was diese Leere ausfüllen kann, obwohl er oft ebenfalls auf eine Ware reduziert wird. Manche Beobachter sehen in dem Stück eine Verherrlichung der zeitgenössischen Realität. Aber Ravenhills Meisterwerk ist eine dramatisierte Analyse des grundlegenden Defekts des Neoliberalismus.

Wenn wir uns in unserem Leben ausschließlich an den Werten des Markts orientieren, büßen wir einen Teil unserer Menschlichkeit ein. Wir werden ichfixiert, und diese Ichfixierung ist nicht auf den von rechten Ökonomen propagierten konsumistischen Lebensstil beschränkt, sondern wirkt sich auch auf einer tiefen psychologischen Ebene aus. Ravenhills Figuren sind unentwegt mit dem »Design« ihrer Persönlichkeit beschäftigt und versuchen, ihre vorgebliche Einzigartigkeit mit Marken und den Werkzeugen der Popkultur zur Schau zu stellen. Aber das funktioniert nicht: Die meisten Leute leben auf Kredit, der bereits im Jahr 1996 auch für Angehörige des Prekariats zugänglich war.

Besonders schockierend für jene, die das Stück verstanden, war die Tatsache, dass diese neue Denkweise jegliches Streben nach positiven Veränderungen vollkommen unterdrückte. Wie eine der Figuren in Ravenhills Stück erklärt:

> [V]or langer Zeit gab es große Geschichten. Geschichten, die so groß waren, daß man sein ganzes Leben in ihnen verbringen konnte. Die Allmacht der Götter und des Schicksals. Der Weg in die Aufklärung. Der Vormarsch des Sozialismus. Aber sie sind alle gestorben, oder die Welt ist erwachsen geworden oder vergreist oder hat sie vergessen, also erfinden wir jetzt alle unsere eigenen Geschichten. Kleine Geschichten.[32]

Viele Leute sind der Meinung, der Glaube an den Sozialismus sei in den neunziger Jahren verloren gegangen, weil der Fall der Berliner Mauer den Schrecken und die Unhaltbarkeit der staatlichen Planwirtschaft offenbart habe. Tatsächlich gab es unter denen, die sich dem Neoliberalismus widersetzten, nur wenige erklärte Anhänger der alten stalinistischen Regimes. Der Hauptgrund für den Untergang des Narrativs der alten Linken war, dass die Globalisierung der Finanzwirtschaft selbst einen gemäßigten Sozialismus unmöglich machte, wie der Fall Mitterrands zeigte. Und auf einer tieferen Ebene wurde den Menschen bewusst, dass die von der Generation meines Vaters praktizierte Art des Widerstands am Arbeitsplatz in der neuen kapitalistischen Dynamik wirkungslos war.

Im alten System arbeitete man für einen Lohn, während der Arbeitgeber einen Gewinn erzielte und Steuern bezahlte, mit denen der Wohlfahrtsstaat finanziert wurde. Auf die Bank ging man nicht, um sich Geld zu leihen, sondern um es auf ein Sparbuch zu legen. Wenn man protestieren wollte, bestand das letzte Mittel darin, die Produktion zu unterbrechen. Selbst indem man sich auf »Dienst nach Vorschrift« beschränkte, konnte man sich eine Lohnerhöhung sichern, denn vor der Digitalisierung funktionierte die Produktion nicht ohne in die Abläufe eingeweihte Arbeitskräfte.

Doch im neoliberalen System konnten die Banken die Arbeiter direkt ausbeuten, indem sie ihnen Geld liehen. In dem Jahr, als Ravenhills Stück erstmals aufgeführt wurde, lag die durchschnittliche Profitrate britischer Unternehmen bei 13 Prozent, während die durchschnittlichen Kreditkartenzinsen bei 15 Prozent lagen und Supermarktketten ihren Kunden für ihre Karten zwischen 18 und 30 Prozent an Gebühren in Rechnung stellten.[33] Ein wachsender Teil der Einkommen floss in die Abzahlung kurzfristiger Kredite, und die Leute begannen, weniger zu sparen. Sparten die britischen Haushalte Anfang der neunziger Jahre noch durchschnittlich 13 Prozent ihres Einkommens, so sank der Anteil bis zum Jahr 1999 auf 7 Prozent.[34] Und gegen eine Kreditkartenfirma kann man nicht in Streik treten wie gegen einen Fabrikbesitzer.

Als ich Einwohner meiner Heimatstadt fragte, was die Einstellung der Arbeiterklasse in den vergangenen dreißig Jahren am nachhaltigsten verändert habe, erhielt ich fast immer dieselbe Antwort: der Kredit. Der Kredit zerstörte die Bindung dieser Menschen an das Einzige, was ihre Gemeinschaften in den vorangegangenen zweihundert Jahren zusammengehalten hatte: die Arbeit.

Ab Mitte der neunziger Jahre war die Arbeit in einer armen Gemeinde das, was man tat, um die Kreditkartenschulden begleichen, die Hypothek bezahlen und das Guthaben für das Mobiltelefon aufladen zu können – sie hatte nicht länger einen Wert an sich. In allen früheren Formen des Kapitalismus hatte es als Dummheit gegolten, dass sich arme Leute viel Geld liehen. In der Blütezeit des Neoliberalismus galt es als dumm, sich als Armer keine hohen Geldbeträge zu leihen.

»Dank der Finanzialisierung«, so der Ökonom Costas Lapavitsas, »konnte die Ethik, Moral und Denkweise des Finanzsektors das gesellschaftliche und individuelle Leben durchdringen.«[35] Eine Figur in Ravenhills Stück drückt es noch deutlicher aus: »Das Geld zuerst. [...] Wir haben noch keine Perfektion erreicht. Aber näher sind wir dem Sinn des Lebens auch noch nicht gekommen. Zivilisation ist Geld. Geld ist Zivilisation.«[36]

Die Informationsrevolution war real. Im Jahr 1995 war jedem, der die Geschehnisse aufmerksam verfolgte, bewusst, dass die neuen Technologieunternehmen in der Lage sein würden, sehr viel Geld zu verdienen und sich beherrschende Marktpositionen zu sichern. Nur wusste niemand, *welche* Unternehmen triumphieren würden.

Beim Börsengang von Netscape im Jahr 1995 wurden die Aktien dieses Unternehmens, das keinerlei Gewinn erzielte, zum Preis von 28 Dollar angeboten; bis zum Abend des ersten Handelstags stieg der Kurs auf 58 Dollar. Am Ende des Jahres hatte Netscape einen Börsenwert von 175 Milliarden Dollar. Der Technologie-Index Nasdaq, der zum Zeitpunkt von Netscapes Börsengang bei 1600 Punkten stand, kletterte im Frühjahr 2000 auf über 6700 Punkte. Wer zum richtigen Zeitpunkt gekauft und verkauft hatte, hatte geschenktes Geld eingestrichen. Für jene, die den richtigen Zeitpunkt verpassten und vom Absturz des Nasdaq in den Jahren 2000/01 erwischt wurden, war es eine aufregende Art, ihre Ersparnisse zu verlieren. Allerdings hatten viele Investoren überhaupt keine Ersparnisse, sondern investierten Geld, das sie sich auf ihre Kreditkarte liehen.

Woher kam das Geld, mit dem diese Spekulationsblase gefüllt wurde? Vom Staat. Einen Monat vor Netscapes Börsengang senkte die US-Notenbank den Leitzins, und während die Internetblase anschwoll, folgten weitere Zinssenkungen. Die amerikanische Zentralbank pumpte nicht nur Geld ins System, sondern lieferte den Investoren die Rechtfertigung für ihre irrationalen Entscheidungen.

Fed-Chef Alan Greenspan versicherte den Investoren, dass die weltweiten Börsennotierungen trotz der rasanten Kursrally in Wahrheit zu niedrig seien. Jene Leute, die sich ohne Sinn und Verstand Geld liehen, um es in Unternehmen zu investieren, die keinerlei Gewinne erzielten, handelten tatsächlich rationaler als die Zentralbank: »Im Grunde sagt uns die Börse, dass sich das Produktivitätswachstum beschleunigt hat«, erklärte Greenspan.[37]

Als die Börsen im März 2000 abstürzten und viele Internetunternehmen pleitegingen, nahm das Ansehen des neoliberalen Wirtschaftsmodells Schaden. Später mussten zehn Investmentbanken an der Wall Street 1,4 Milliarden Dollar an Bußgeldern zahlen, weil sie ihre Kunden mit falschen Analysen dazu verleitet hatten, Unternehmen zu finanzieren, die kein Geld verdienten.[38] Mittlerweile waren Enron, Worldcom, Tyco, Parmalat, Vivendi und weitere Großunternehmen zusammengebrochen oder der Bilanzfälschung überführt worden, darunter der britische Versicherungskonzern Equitable Life und die Wirtschaftsprüfungsfirma Arthur Andersen. Die Wirtschaftsprüfer hatten sich an der irreführenden Darstellung der Rentabilität von Unternehmen beteiligt. Banken und Unternehmensführungen hatten ihre Investoren ebenso rücksichtslos ausgenutzt, wie die Figuren in *Shoppen und Ficken* einander ausbeuten. Die Legitimität des gesamten Systems stand auf dem Spiel.

Irgendwie musste sein Ansehen wiederhergestellt werden. Dies war der Hintergrund für die Aneinanderreihung globaler Wirtschaftsaufschwünge und -krisen, die Greenspan und andere Zentralbankchefs in den Jahren 2002 bis 2008 herbeiführten. Sie senkten die Leitzinsen, überfluteten die Finanzmärkte mit billigem Geld und deregulierten das Bankwesen. Die Logik des *too big to fail* wurde nun auf den gesamten Kapitalismus angewandt.

Während sie den Aufschwung ankurbelte, krönte die amerikanische Elite die neoliberale Ideologie mit der Illusion von absoluter geopolitischer Macht. Um zu verstehen, warum das neoliberale Selbst zerbrach, müssen wir uns ansehen, wie sie mit dem Glauben der Elite an ihre Unverwüstlichkeit verknüpft war.

4

DIE ILLUSION DER HANDLUNGSMACHT

Wenn Sie einmal Berlin besuchen, empfehle ich Ihnen, in der Prachtstraße Unter den Linden auf Höhe der Staatsoper ein Panoramafoto mit Ihrem Smartphone zu schießen. Nun haben Sie ein schönes Bild davon, wie vollkommen falsch historische Theorien sein können.

An diesem Ort in Berlin sind Sie von weißen Säulen und Marmorstatuen umgeben. Die Fassaden der Staatsoper, der Neuen Wache, der Humboldt-Universität und der St.-Hedwigs-Kathedrale sind allesamt Kopien des Parthenons in Athen. Der Subtext ist nicht schwer zu verstehen: Die preußische Aristokratie, die diese Gebäude vor 250 Jahren bauen ließ, wollte das antike Griechenland wiedererrichten, nur größer und besser. Aber was bedeutete das für die Preußen? Am 22. Oktober 1818 ging der Philosoph Georg Wilhelm Friedrich Hegel zwischen diesen weißen Säulen hindurch zur Universität, um dort seine Antrittsvorlesung zu halten. Er schritt ans Rednerpult und erklärte, was es bedeutete: das Ende der Geschichte.[1]

Die Geschichte, verkündete Hegel, sei ein Marsch von der Sklaverei zur Freiheit. Von einem »Weltgeist« geleitet, strebe die Menschheit in klar abgegrenzten Stadien dem Zustand der Vollkommenheit zu: Die östlichen Religionen hätten entdeckt, dass sich der Mensch von der Natur unterscheide. Im alten Athen habe die Menschheit einen Zustand erreicht, der dem der Perfektion sehr nahe gekommen sei – eine »frei[e] und heiter[e] Sittlichkeit«, wie Hegel in seiner *Rechtsphilosophie* schrieb[2] –, wenn dieses auch nur den freien Bürgern, nicht hingegen den Sklaven zugestanden worden sei. In einer vollkommenen Gesellschaft, erklärte Hegel, müsse jedermann frei sein.

In seiner Antrittsvorlesung beurteilte Hegel die Dinge indes anders, als er es früher getan hatte. Ursprünglich war er ein Bewunderer der Französischen Revolution gewesen, und seine Begeisterung ging so weit, dass er im

Jahr 1806 am Tag des französischen Einmarschs in Jena, wo Hegel zu jener Zeit unterrichtete, Napoleon als Verkörperung des »Weltgeistes« pries: »[E]s ist in der Tat eine wunderbare Empfindung, ein solches Individuum zu sehen, das hier auf einen Punkt konzentriert, auf einem Pferde sitzend, über die Welt übergreift und sie beherrscht.«[3]

Aber im Jahr 1818 war Napoleon besiegt; alle von der Französischen Revolution inspirierten europäischen Republiken waren zerschlagen worden; es gab keine Pressefreiheit mehr. Nach drei Jahrzehnten des revolutionären Kampfs waren die meisten Leute, die an die Freiheit glaubten, überzeugt, dass man sie erlangte, indem man *Widerstand* gegen den autokratischen Staat leistete. Nicht so Hegel. Er erklärte, frei könne man nur als gehorsamer Untertan eines allmächtigen, aufgeklärten Staates sein.

»[E]s ist der Gang Gottes in der Welt, daß der Staat ist«, erklärte er.[4] Und mit der aufgeklärten preußischen Monarchie habe dieser Gang im Jahr 1818 seinen Bestimmungsort erreicht. »Die Weltgeschichte geht von Osten nach Westen, denn Europa ist schlechthin das Ende der Weltgeschichte, Asien der Anfang.«[5] Zwischen den Marmorsäulen in Berlin hatte die Menschheit unter einem aufgeklärten Monarchen den Höhepunkt ihrer Entwicklung erreicht.

Wie wir mittlerweile wissen, kam es anders. Die preußische Aristokratie wurde so verhasst wie die globale Elite heute. Ihre absolute Macht währte nur dreißig Jahre lang. Im Jahr 1848 errichteten einige von Hegels herausragenden Schülern zwischen diesen Marmorsäulen Barrikaden und kämpften für die Demokratie.

Woran lag es, dass alles vollkommen schiefging? Die Antwort: Politik und Wirtschaft passten nicht zusammen. Auf dem Wiener Kongress von 1815, der nach dem Sieg über Napoleon Europa neu ordnete, verwandelte sich Preußen in den Dreh- und Angelpunkt einer neuen geopolitischen Ordnung. Große Teile Polens und der westdeutschen Länder wurden seiner Herrschaft unterworfen, wobei es versprach, sich an »liberalen Prinzipien« zu orientieren.[6]

Aber die preußische Aristokratie übersah ein wesentliches Detail: Während sie damit beschäftigt war, in Berlin Kopien des Parthenon zu errichten, bauten in England, Frankreich und den Vereinigten Staaten reiche Männer Fabriken. Um Fabriken zu betreiben, braucht man Gruppen, die unter Freiheit etwas anderes verstehen als Gehorsam gegenüber einem aristokratischen Staat: das liberale Bürgertum und die Arbeiterklasse. Im Laufe des folgenden Jahrhunderts zerstörten Konflikte zwischen Arbeitern, Kapitalisten und Aristokraten – sowie zwischen tatsächlichen Nationen und den im Jahr 1815 ins Leben gerufenen künstlichen Staaten – die in Wien errichtete Ordnung.

Was auch immer wir von Hegel lernen können, wir sollten mittlerweile wissen, dass es normalerweise ein Fehler ist, das Ende der Geschichte zu verkünden. Doch nach 1989 beging die neoliberale Elite erneut denselben Fehler. Francis Fukuyama ist für seinen Essay »The End of History?« mit – teilweise unbegründeter – Schadenfreude überhäuft worden, aber es lohnt sich, erneut einen Blick auf diese Arbeit zu werfen. Im Jahr 1989 schrieb Fukuyama, der unter den Präsidenten Reagan und Bush im Außenministerium gearbeitet hatte:

> Möglicherweise sind wir nicht nur Zeugen des Endes des Kalten Kriegs oder einer bestimmten Phase der Nachkriegsgeschichte, sondern des Endes der Geschichte als solcher. Möglicherweise haben wir den Endpunkt der ideologischen Evolution der Menschheit und der universellen Ausbreitung der westlichen liberalen Demokratie erreicht, welche die endgültige Regierungsform darstellt.[7]

Fukuyama berief sich auf Hegel und bezeichnete die Kombination von liberaler Demokratie und freiem Markt als nicht verbesserungsfähigen Idealzustand. Sämtliche Alternativen seien diskreditiert, und es gebe keine Probleme im menschlichen Leben, die nicht durch den Markt und die Demokratie gelöst werden könnten. Faschismus und Kommunismus seien überwunden, Nationalismus und religiöser Fundamentalismus seien auf dem Rückzug. Fukuyama behauptete nicht, der marktwirtschaftliche Kapitalismus sei die *Ursache* für den Triumph der freiheitlichen Demokratie. Aber die gemeinsame Ankunft der beiden hatte große Ähnlichkeit mit der Ankunft von Hegels »Weltgeist«: »Der Bewusstseinszustand, der das Wachstum des Liberalismus ermöglicht, scheint sich auf eine Art und Weise zu stabilisieren, die man am Ende der Geschichte erwarten würde, wenn er mit dem Überfluss einer modernen freien Marktwirtschaft einhergeht.«[8]

Als sich die Vorstellung vom »Ende der Geschichte« in Bars und Radiotalkshows ausbreitete, verwandelte sie sich in die simplifizierte These, der marktwirtschaftliche Kapitalismus stelle einen natürlichen und vollkommenen Zustand dar und weitere Fortschritte seien unwahrscheinlich.

Zu Hegels Zeit beging die Elite den Fehler, eine geopolitische Ordnung zu errichten, dabei jedoch anzunehmen, dass sich die passende Wirtschaftsordnung von allein entwickeln werde. Die Neoliberalen begingen den umgekehrten Fehler: Sie entwarfen ein Wirtschaftssystem, weigerten sich jedoch, ein geopolitisches System zu gestalten, in dem diese Wirtschaftsordnung gedeihen konnte. Ihre Ideologie besagte de facto, die Wirtschaft werde die globale Ordnung von allein formen und regulieren.

Mittlerweile liegt die von ihnen entworfene Weltordnung in Trümmern. Aber da Millionen Menschen die These vom »Ende der Geschichte« übernommen haben, hat es gewaltige psychologische Auswirkungen, dass sie sich als falsch erwiesen hat. Neben Selbstbelohnung und der Illusion, dass »nie etwas Schlimmes passieren wird«, bildete die vorgebliche Dauerhaftigkeit von Neoliberalismus und Globalisierung die dritte Säule der Ideologie, die das System stützte.

Fukuyama hatte gewarnt, das Ende der Geschichte könne langweilig werden. Er erwartete eine »sehr traurige Zeit«, denn »der weltweite ideologische Kampf, in dem man Wagemut, Fantasie und Idealismus braucht, wird durch wirtschaftliche Berechnung, die mühselige Suche nach Lösungen für technische Probleme, die Sorge um die Umwelt und die Befriedigung der Bedürfnisse anspruchsvoller Konsumenten ersetzt werden«.[9]

Und Millionen Menschen machten genau diese Erfahrung. Wir verwandelten uns in »Humankapital«, lernten, unseren finanziellen Wert zu berechnen, bastelten uns unter Einsatz globaler Marken eine Identität, gestalteten unseren Körper im Fitnessstudio und unser Gesicht im Schönheitssalon, verbesserten unser Gehirn mit Sudoku oder Meditation. Die Helden und Heldinnen in unseren Filmen wurden Schritt für Schritt eindimensional, emotionslos und nichtssagend. »Wagemut, Fantasie und Idealismus« sind Eigenschaften, die wir heute nur noch von den Bösewichten in Hollywoodfilmen erwarten. Die von Fukuyama angekündigte nichtssagende und langweilige Zukunft war nur erträglich, weil sie Wohlstand brachte. Jetzt sind der Wohlstand und mit ihm die globale Ordnung zerstört, womit die Annahmen, auf denen die neoliberale Identität beruht, ihre Gültigkeit verloren haben.

Nach dem Zusammenbruch der Sowjetunion lebten die Vereinigten Staaten Anfang der neunziger Jahre in einem durchaus gerechtfertigten Gefühl der Überlegenheit. Die neue Weltordnung war »unipolar«, wie es der Journalist Charles Krauthammer ausdrückte: Die USA waren die unangefochtene Supermacht und genossen verglichen mit allen potenziellen Rivalen ein in der Geschichte beispielloses Maß an militärischer, diplomatischer und kultureller Macht.[10]

Zwar herrschten weiterhin chaotische Zustände in Randzonen des globalen Systems: Auf dem Balkan tobten nach dem Zerfall Jugoslawiens von 1991 bis 1999 Bürgerkriege; in Ruanda fielen bis zu eine Million Menschen dem ersten Völkermord seit dem Zweiten Weltkrieg zum Opfer, und der Bürgerkrieg in Afghanistan ebbte erst 1996 ab. Aber dieses Chaos schien eher ein »Vermächtnis« der früheren Ordnung zu sein. Nationalismus und religiöser Fundamentalismus wirkten wie Nachwehen alter Konflikte, nicht wie Kräfte, welche die Zukunft prägen würden. Die neue Realität hatte große Ähnlichkeit mit der von Fukuyama beschriebenen.

Aber schon in der zweiten Hälfte der neunziger Jahre – in historischem Maßstab nach kürzester Zeit – wurde klar, dass der Versuch, ein globales System ohne formalen politischen Rahmen zu betreiben, gravierende Auswirkungen haben würde. Im Jahr 1996 nahmen die Taliban Kabul ein; sie errichteten jedoch keine freiheitliche Demokratie, sondern eine religiöse Despotie. Als im Jahr darauf die Asienkrise das globale Wirtschaftssystem erschütterte, forderten die Regierungen Malaysias und Thailands den Internationalen Währungsfonds heraus. Im Jahr 1998 entschloss sich die russische Elite nach dem Zusammenbruch des Bankensystems, gestützt auf die Geheim- und Sicherheitsdienste die liberalen Oligarchen zu Fall zu bringen, womit jener Machtkampf begann, dem Wladimir Putin seinen Aufstieg verdankt.

Und überall in der entwickelten Welt fand eine Bewegung Zulauf, die zum massenhaften symbolischen Kampf gegen die neoliberale Wirtschaft aufrief. Anarchisten und Umweltschützer, die Ende der neunziger Jahre Straßenbauprojekte und Ölkonzerne bekämpft hatten, setzten sich an die Spitze der Protestbewegungen, die versuchten, die Versammlungen der globalen Wirtschaftselite zu stören. In Seattle (1999), Prag (2000) und schließlich bei den gewalttätigen Unruhen in Genua (2001) erschütterte eine neue und radikale antikapitalistische Bewegung das Selbstvertrauen der neoliberalen Elite.

Drei Ereignisse im Jahr 2001 hätten die Illusion vom »Ende der Geschichte« endgültig zerstören sollen: die Terrorangriffe am 11. September, die von ebenjenen Kräften organisiert worden waren, denen die USA die Kontrolle über Afghanistan überlassen hatten; die Enron-Pleite, die ein systemisches Versagen der Ordnungspolitik und umfassende Korruption in der amerikanischen Unternehmenswelt zutage förderte; und schließlich der von Unruhen begleitete Staatsbankrott Argentiniens im Dezember.

Rückblickend ist klar, warum das Chaos am Rand des Systems, über das ich im Jahr 2001 für die BBC berichtete, zu jener Zeit wie ein Hintergrundgeräusch behandelt wurde. Es hatte den Anschein, als könne der Neoliberalismus die Rückkehr des geopolitischen Chaos überleben. Sofern Krieg und Terror auf die Peripherie beschränkt blieben, konnte die Illusion aufrechterhalten werden: Wenn es uns gelingt, die Ursachen des Chaos entschlossen zu bekämpfen, bleibt es dabei, dass die Geschichte vorüber ist und nie wieder etwas Schlimmes passieren wird.

Doch die traumatischen Geschehnisse des Jahres 2001 bewog die konservative Elite der Vereinigten Staaten dazu, wirtschaftlich und geopolitisch umzudenken. Fed-Chef Alan Greenspan gab den Versuch auf, die Finanzmärkte an die Kandare zu nehmen, und signalisierte der Welt stattdessen die dauerhafte Verfügbarkeit billigen Geldes, mit dem die Immobilienblase der Jahre 2003 bis 2008 befeuert wurde. Greenspan betrachtete die wirtschaftliche Erholung nach dem Schock am 11. September 2001 auch als Beweis für einen geistigen Wendepunkt und sah sich in seiner Einschätzung bestätigt, dass die Informationstechnologie eine Welt hervorgebracht hatte, die gegen finanzielle Gefahren gefeit war: »Wenn ich noch eine Bestätigung gebraucht hätte, dann wusste ich nach dem 11. September mit Gewissheit, dass wir in einer neuen Welt leben: der Welt einer weltumspannenden kapitalistischen Wirtschaft, die flexibler, widerstandsfähiger, offener, selbstorganisierter und wandlungsfähiger ist als noch vor einem Vierteljahrhundert.«[11]

In der amerikanischen Außenpolitik hatten mittlerweile Falken aus der Reagan-Zeit das Sagen. Sie erhielten grünes Licht für einen »Krieg gegen den Terror«, in dem keine Regeln mehr gelten sollten. Diesen Krieg weiteten sie aus, um zwei seit Langem verfolgte Ziele zu erreichen: Sie wollten Folter und Inhaftierung ohne Gerichtsverfahren gemäß der amerikanischen Verfassung normalisieren und den Irak erobern, um in den Besitz seiner Erdölvorkommen zu gelangen und den Nahen Osten zu »stabilisieren«. Um ihre Vorhaben durchzusetzen, logen sie nach Strich und Faden, aber sie belogen nicht nur die Welt, sondern auch sich selbst.

Im Denken Greenspans, Rumsfelds und anderer Figuren aus ihrem Milieu fand nach dem 11. September eine subtile, aber entscheidende Veränderung statt. In dem Augenblick, als die Zerbrechlichkeit der globalen Ordnung offenkundig wurde – sei es auf den Märkten, in der Unternehmensführung oder in der Geopolitik –, entschlossen sie sich in dem Irrglauben, sie könnten die Realität nach ihrem Willen gestalten, verrückte strategische Risiken einzugehen.

Den Irrglauben brachte ein hochrangiger Bush-Mitarbeiter im Jahr 2002 im Gespräch mit einem Journalisten zum Ausdruck: »Wir sind jetzt ein Imperium, und wenn wir handeln, erschaffen wir unsere eigene Realität. Und während Sie diese Realität studieren [...], handeln wir erneut und erzeugen weitere neue Realitäten, die Sie ebenfalls studieren können. Und so entsteht eine Ordnung. Wir sind die historischen Akteure [...], und Sie, Sie alle, können lediglich studieren, was wir tun.«[12] Dies war eine Theorie der absoluten Suprematie, der unbegrenzten Handlungsmacht.

Der Irrglaube wurde Millionen Menschen vermittelt, vor allem durch die Bestseller des *New York Times*-Autors Thomas Friedman. Er erklärte die wahren Beweggründe für den Angriff auf den Irak: »Amerika musste jemandem in der arabisch-muslimischen Welt einen Schlag versetzen«,[13] schrieb er. »Es wäre auch in Ordnung gewesen, einen Schlag gegen Saudi-Arabien oder Syrien zu führen. Dass wir Saddam angriffen, hatte einen einfachen Grund: Wir konnten es tun.«[14] Die Invasion im Irak bewies, dass die Vereinigten Staaten willkürlich handeln und ungestraft den Tod Hunderttausender Menschen verursachen konnten.

Jeder, der sich schon einmal mit Logik befasst hat, sollte imstande sein, das Problem zu erkennen, mit dem der Neoliberalismus nach 2001 konfrontiert war. Seine Elite vermischte Fakten mit Wunschdenken (und zwar oft absichtlich, wie der Kommentar des Bush-Mitarbeiters zeigt) und *verkleidete eine Vorstellung davon, »wie es sein sollte«, als Behauptung darüber, »wie es ist«.*

Bis 2001 wurde die Globalisierung von Handel und Finanzen als unaufhaltsamer, unumkehrbarer historischer Prozess gefeiert. Um Neoliberale vor den Kopf zu stoßen, genügte es zu sagen, die Globalisierung sei lediglich eine Politik und könne rückgängig gemacht werden. Aber ab 2001 passte die

Welt nicht länger zur neoliberalen Theorie – also musste sie gezwungen werden, sich der Theorie anzupassen.

Ab 2001 nahm das Denken der Elite in dem Bemühen, die Realität an die Theorie anzupassen, einen zwanghaften Charakter an. Es verband die geopolitische Rücksichtslosigkeit Bushs und Blairs in der Auseinandersetzung mit dem Irak mit der Politik des billigen Geldes der US-Notenbank zwischen 2002 und 2008. Beide Strategien dienten dazu, die Illusion vom »Ende der Geschichte« aufrechtzuerhalten. Beide Strategien beruhten auf systematischen Lügen. Beide führten in die Katastrophe.

Der Irakkrieg löste eine Kettenreaktion aus, die schließlich die unipolare Ordnung zerstörte. Aus diesem Konflikt lernten sowohl Moskau als auch Peking, dass jedes unipolare System einer offen neokolonialen Führung unterworfen sein würde, wobei die »unsichtbare Faust« der Air-Force-Bomber nicht länger der unsichtbaren Hand der Marktkräfte, sondern in erster Linie den Interessen amerikanischer Monopolisten wie Halliburton und Exxon Mobil diente. In einem Jahrhundert, in dem die Rohstoffe knapp werden, hat die Welt gelernt, dass die Vereinigten Staaten bereit sind, in den Krieg zu ziehen, um sich Ressourcen zu sichern. Autoritäre Regime in aller Welt haben gelernt, dass die »humanitären Interventionen« des Westens nur ein Vorwand sind. Und jene Kräfte in Peking und Moskau, die eine konventionelle Aufrüstung fordern, erhalten Rückenwind: China und Russland verdoppelten in der folgenden Dekade ihre Verteidigungsausgaben.[15]

Alle wichtigen geopolitischen Akteure, darunter die EU und Japan, haben begriffen, dass die unipolare Macht der USA schwindet. So ist es nachvollziehbar, dass sie alle beginnen, über eine eigene Strategie für eine aktive Geopolitik nachzudenken, um das von den Vereinigten Staaten hinterlassene Machtvakuum zu füllen. Und Wladimir Putin macht sich nicht nur Gedanken darüber: Er ist besessen davon.

Anstatt zu enden, hat sich die Geschichte beschleunigt. Aber Fukuyamas Generation sieht sich einem sehr viel größeren Problem gegenüber als die Hegels. Die im Jahr 1815 errichtete geopolitische Ordnung fiel dem Wirtschaftswachstum, der technologischen Innovation und der Expansion der Demokratie zum Opfer, das heißt dem Fortschritt. Die im Jahr 1989 entstandene globale Wirtschaftsordnung wird durch Stagnation und durch wissenschafts- und demokratiefeindliche Kräfte zerrissen. Das ist das Gegenteil von Fortschritt.

Im Rückblick besonders verblüffend an der finanziellen Raserei vor 2008 ist, dass sie ideologisch motiviert war: Sie spiegelte die Tatsache wider, dass der Neoliberalismus vom »So ist es« zum »So sollte es sein« überging.

Die Politiker begründeten den finanziellen Wahnsinn damit, dass man den Armen Zugang zu Krediten für wertlose Häuser gewähren *sollte*, um sie finanziell ins System zu integrieren. Da die Psychologie der Jugend auf Marken und Konsum ausgerichtet war, *sollte* der Zugang zu Krediten trotz stagnierender Löhne aufrechterhalten werden. Die Immobilienpreise *sollten* steigen, damit die Angehörigen der geburtenstarken Jahrgänge ihren Wohlstand an die verarmten Millennials weitergeben konnten. Die Börsenkurse *sollten* steigen, damit sich die Hippie-Generation Bio-Lebensmittel und Urlaubsreisen nach Costa Rica leisten konnte. Nachdem den Leuten mit schmerzhaften Lektionen eingeschärft worden war, dass der freie Markt funktionierte, musste dafür gesorgt werden, dass er es tatsächlich tat. Dazu musste man ihn mit Geld vollpumpen.

Das Resultat war ein gewaltiges globales Ungleichgewicht zwischen jenen Ländern, die exportierten und Kredit gewährten, und jenen, die importierten und Kredit aufnahmen. Bis 2006 stieg dieses Ungleichgewicht, das an sämtlichen Missverhältnissen zwischen den Leistungsbilanzen gemessen wird, über fünf Prozent des Bruttoweltprodukts.[16] Die meisten Ökonomen erklärten: Keine Sorge, das sind lediglich die Wachstumsschmerzen der Globalisierung. Aber das Geld strömte unkontrolliert durch das globale Leitungsnetz des Finanzsystems, was zwangsläufig zu Verstopfungen und Rohrbrüchen führte. Es gab niemanden, der den Druck hätte regulieren können. Die Ökonomen Anton Brender und Florence Pisani fassen prägnant zusammen, warum das Fehlen einer globalen Ordnungspolitik den Zusammenbruch im Jahr 2008 unvermeidlich machte: »Die Konsequenzen waren furchtbar: Die einzige Kraft, die stark genug war, die stetige Zunahme der globalen Ungleichgewichte zu bremsen, war der Zusammenbruch des globalisierten Finanzsystems.«[17]

Vielen kam es gelegen, dass das Finanzsystem nicht reguliert war und dass die Weltordnung auf einer willkürlichen Machtausübung der USA beruhte. Beides war untrennbar mit dem neoliberalen Projekt verbunden, beides half dabei, es zu zerstören.

Es gab genug Hinweise auf drohende Gefahren, aber die Elite ignorierte sie, denn mittlerweile hatten sich die neoliberalen Postulate in eine Theorie der menschlichen Natur verwandelt.

Den Begriff »Homo oeconomicus« führte John Stuart Mill in einem Gedankenexperiment ein. Auf der Suche nach einheitlichen Mustern in unserem wirtschaftlichen Verhalten stellten sich Mill und die Ökonomen, die sich an seiner Arbeit orientierten, einen Menschen vor, der außer den wirtschaftlichen keinerlei Merkmale aufwies. Der Homo oeconomicus wurde als eigennütziges Individuum definiert, das maximalen Nutzen für sich selbst anstrebe und mit vollkommener Kenntnis der Bedingungen handle. Aber niemand behauptete, dass ein solcher zweidimensionaler Mensch tatsächlich existiere: Der Homo oeconomicus war eine Abstraktion.

Mill und seine Generation teilten eine liberale Vorstellung von der menschlichen Natur: Sie glaubten, der Mensch sei von Natur aus kompetitiv – wobei sie jedoch verstanden, dass wirkliche Menschen von Religion, Ethik und dem Bedürfnis nach Luxus und Freizeit beeinflusst wurden.

Der Neoliberalismus machte aus den Gedankenexperimenten des 19. Jahrhunderts Behauptungen über die Realität. Zuerst tat er das in der wissenschaftlichen Theorie. Die neoliberalen Theoretiker betrachteten sämtliche Bestandteile der menschlichen Natur als im Grunde wirtschaftlich und sahen den wesentlichen Zweck einer Marktwirtschaft nicht im Austausch von Gütern, sondern im Wettbewerb. Die Arbeitskraft betrachteten sie als »Humankapital«. Gary Becker, der Held der akademischen Neoliberalen, behauptete, jede rational gefällte Entscheidung könne als wirtschaftliche Entscheidung dargestellt werden, egal ob es um Verbrechen, Sex oder Wahlverhalten gehe. Er entwickelte sogar eine mathematische Formel, um zu berechnen, wie das optimale Maß an Kriminalität erreicht werden konnte, indem man dafür sorgte, dass die Risiken gesetzwidrigen Verhaltens die Belohnungen überstiegen.[18]

Drei Jahrzehnte lang stützte sich die Elite auf die von Becker und seinen Anhängern entwickelten Theorien, um realen Menschen ökonomische Imperative aufzuerlegen und alle kooperativen, solidarischen und altruistischen Impulse zu bekämpfen. Dazu wurden Gesetze, Managementtechniken, finanzielle Anreize, Propaganda und sogar Gewalt eingesetzt. Das ehrgeizigste Vorhaben bestand – und besteht mit Unternehmen wie Uber und Airbnb noch immer – darin, Unternehmen, Staaten und Organisationen durch beliebige Ansammlungen individueller »ökonomischer Menschen« zu ersetzen.

Aber als die politische Elite erst einmal neue Routineabläufe eingeführt hatte, um unser Denken zu verändern, fand auf der Mikroebene des menschlichen Lebens eine Veränderung statt. Wie sich herausstellte, war ein guter Homo oeconomicus ein sehr ineffizienter Bürger. Während der Homo oeconomicus, den sich die Liberalen des 19. Jahrhunderts vorgestellt hatten, eine Person war, die vom Staat nicht behelligt wurde und frei entscheiden konnte, verwandelte er sich im Neoliberalismus in eine Person, die gesteuert wurde, wie Michel Foucault beobachtete: Er war jetzt ein Wesen, das »in eminenter Weise regierbar ist«.[19]

Die schleichende Kommerzialisierung von Kultur, Sex und Freizeit ist stets Teil der kapitalistischen Logik gewesen. Aber in der neoliberalen Ära erfolgte sie nicht länger schrittweise. Der typische Mensch und seine Denkweise haben in den vergangenen dreißig Jahren eine beispiellose Wandlung durchgemacht, die ihren Höhepunkt im Spekulationsrausch vor 2008 erreichte.

Die Kritiker des Kapitalismus verstehen unter einer Ideologie ein System von Vorstellungen, welche die Realität verschleiern. Ideologie wird von dem hervorgebracht, was wir sehen und fühlen, und durch die Tatsache gefestigt, dass die Elite den Informationsfluss kontrolliert. Beispielsweise erzählte das Regime in der Sowjetunion den Leuten (und die Leute erzählten einander), dass sie im »real existierenden Sozialismus« lebten, obwohl sie in Wahrheit unter einer Diktatur in Armut, Elend und Ungleichheit lebten.

Eine Ideologie wird typischerweise von klaren Alternativen abgegrenzt. Da sie eine tiefere, verborgene Wahrheit verschleiert, haben gebildete und nachdenkliche Menschen die Möglichkeit, sich ihr zu entziehen – vor allem, wenn es eine organisierte Gegenmacht wie die Arbeiterbewegung gibt, die erklärt: Gehe davon aus, dass alles, was dir dein Chef sagt, Blödsinn ist.

Der Neoliberalismus unterscheidet sich insofern von anderen Ideologien, als er dieses Hindernis überwunden hat: Er hat eine Realität geschaffen, in der es unmöglich ist, sich Alternativen vorzustellen. Auch gebildeten und nachdenklichen Menschen fällt es immer schwerer, sich eine andere Möglichkeit vorzustellen.

Als in meiner Heimatstadt die erste McDonald's-Filiale eröffnet wurde, kam es zu peinlichen Begegnungen. In allen anderen Läden, Cafés und

Kaufhäusern plauderten die Kunden mit dem Personal: Sie kannten die Angestellten, erkundigten sich nach ihren Familien oder unterhielten sich über die Pläne fürs Wochenende. Bei McDonald's sah die Routine anders aus: Die Mitarbeiter befolgten Anweisungen aus einem Drehbuch. Das fiel ihnen leichter, wenn sie die Tatsache ignorierten, dass sie mit ihren Kunden zur Schule gegangen waren. Sie konnten nicht einfach plaudern. Anfangs rebellierten ein paar Leute auf beiden Seiten der Theke, aber im Lauf der Zeit wurde klar, dass die Abläufe am besten funktionierten, wenn sich Angestellter und Kunde an diese neuen, unpersönlichen Betriebsabläufe hielten. Der Hamburger wurde schneller geliefert, und niemand wurde gefeuert. Je strikter man sich an die Routineabläufe hielt, desto besser fühlte man sich.

In diesem langwierigen globalen Prozess verwandelte sich der Neoliberalismus im Laufe von Milliarden alltäglichen Transaktionen und Routineabläufen in etwas, das mehr war als eine Ideologie. Er wurde zu dem, was die Politikwissenschaftlerin Wendy Brown als »Ordnung normativer Vernunft« bezeichnet hat, das heißt zu etwas, das größere Ähnlichkeit mit einer Religion oder einer Excel-Tabellenkalkulation hatte, deren Logik unanfechtbar war.[20]

In der Sowjetunion und im maoistischen China war die herrschende Ideologie leicht zu entlarven: Den Menschen wurde erzählt, ihre Gesellschaft sei die wohlhabendste auf Erden, aber es genügte, sich einen Hollywoodfilm anzusehen oder als Mitglied einer Handelsdelegation nach Los Angeles zu fliegen, um zu sehen, dass das eine Lüge war. Das ist der Grund dafür, dass Gesellschaften mit fragilen Ideologien versuchen, Kontakte zur Außenwelt zu unterbinden: Sobald die Sowjetbürger die kommunistische Ideologie mit der westlichen Realität vergleichen konnten, erwies sich die Ideologie als unhaltbar.

Im Gegensatz dazu war der Neoliberalismus so tief verwurzelt, dass der Vergleich mit der Realität diese Ideologie lediglich bestätigte. Die Rückkoppelungsschleifen zwischen erzwungenem Wettbewerbsverhalten, Kreditabhängigkeit und kurzfristigem Wohlstand verstärkten den Glauben daran. Die einzige Bedingung für das Funktionieren des Neoliberalismus war, dass wir unsere Emotionen, Ideale und jeden Rest an Ethik von unserem Leben im Kapitalismus trennten – sie durften die für das Funktionieren des Systems erforderlichen Aktivitäten von Arbeit, Handel und Wettbewerb nicht stören.

Doch diese Trennung ist nicht immer möglich. Das Gegenstück zur Reise des Sowjetbürgers nach Los Angeles ist im Neoliberalismus eine Besichtigung unseres 360-Grad-Selbst, jenes ethischen und sozialen Wesens, das unsere Mütter zur Welt gebracht haben. Das neoliberale Gegenstück zum sowjetischen Reiseverbot ist die fortgesetzte Belohnung des Verhaltens eines zweidimensionalen Homo oeconomicus, während Verhalten, das gegen die wirtschaftliche Logik verstößt, aber menschlichen Werten entspricht, bestraft wird. Deshalb erklärten die Sicherheitsapparate der westlichen Welt in den neunziger Jahren den Umweltschutzbewegungen und ihren Erben in den antikapitalistischen Bewegungen den Krieg.

Das neoliberale Projekt war in der Praxis ein Angriff auf den Humanismus. Es erzwang die Reduzierung der menschlichen Natur auf den wirtschaftlichen Wettbewerb und unterdrückte alle Versuche, mit Alternativen zu experimentieren. Als der Neoliberalismus im Jahr 2008 seine Dynamik einbüßte, brach die »Ordnung normativer Vernunft« zusammen. Das ist die Erklärung dafür, dass so viele Menschen so schnell zu ethnischem Nationalismus, Misogynie und Wissenschaftsfeindlichkeit zurückkehrten: Ihre geistigen Abwehrmechanismen gegen diese Ideologien funktionierten nicht mehr.

Der Prozess, der im Jahr 2008 begann, ist nicht einfach eine globale Wirtschaftskrise, sondern eine Krise des neoliberalen Subjekts. Die in mehr als drei Jahrzehnten entwickelten Illusionen, auf denen Millionen Menschen ihr Leben aufgebaut hatten, haben sich in Luft aufgelöst.

Der Glaube, komplexe Finanzsysteme stabilisierten die Realwirtschaft? Hat sich als Illusion erwiesen. Die Annahme, es werde nie etwas Schlimmes passieren, wenn eine Spekulationsblase platzt? Widerlegt. Die Vorstellung, Politik bestehe darin, dass technokratische Parteien bis in alle Ewigkeit über geringfügige Details streiten? Tot. Die Religion des billigen Kredits? Daran glaubt niemand mehr. Das Dogma, der Wohlstand werde immer weiter wachsen, solange jeder Mensch mit allen anderen konkurriere? Widerlegt, und zwar in jedem Fürsorgeamt, bei jeder Tafel, in jedem Hauseingang, in dem sich ein Mensch in einen Schlafsack eingerollt hat.

Aber die zerstörten Illusionen sind nur ein Teil des Problems. Indem der Neoliberalismus das gesamte Leben auf die Wirtschaft reduzierte und systematische Lügen von der Art erlaubte, die Lehman Brothers zu Fall brachten und das Irak-Debakel heraufbeschworen, ermöglichte er einer ganzen Generation, sich moralischen Urteilen zu entziehen. Solange ein Mensch die Rituale des Neoliberalismus befolgte – am Arbeitsplatz, im Fitnessstudio, in der Weinbar –, spielte seine ethische Haltung keine Rolle für das System.

Der Neoliberalismus wurde ein Performationssystem, ein Theater, in dem Rituale inszeniert wurden. Performatives Verhalten kann leicht standardisiert und an den Maßstäben des Marktes gemessen werden. Hat meine Abteilung die Kriterien für beispielhafte Praktiken bei der Einstellung von Frauen und Angehörigen von Minderheiten erfüllt? Dann kann ich das abhaken. Wen interessiert es, ob ich insgeheim glaube, Weiße seien Schwarzen biologisch überlegen und Männer seien mehr wert als Frauen? Die liberale Annahme lautet, die reaktionären Vorurteile eines Teils der Bevölkerung werden verschwinden, wenn Wirtschaftswachstum und technologischer Fortschritt das Leben aller Bürger verbessern. Und selbst wenn es nicht so ist, ist das zweitrangig, solange ihre Vorurteile die wirtschaftlich rationale Entscheidungsfindung nicht beeinträchtigen.

In Gesellschaften, die auf performativen Ritualen beruhen, ist es jedoch möglich, dass zahlreiche Menschen diesen Ritualen widersprechende Vorstellungen entwickeln, was oft im Geheimen geschieht. Wenn die Rituale keinen Wohlstand mehr gewährleisten und die herrschende Ideologie ihren Sinn verliert, machen sich die Leute auf die Suche nach neuen Ideologien, die ihrer Erfahrung entsprechen. Man muss nur eine halbe Stunde lang Twitter-Nachrichten lesen, um zu sehen, wie diese Erfahrung Menschen dazu bewogen hat, rassistische, frauenfeindliche, antisemitische oder islamfeindliche Schlüsse zu ziehen.

Wenn die Soziologen das neoliberale Selbst beschreiben, listen sie oft verschiedene Verhaltensweisen und Einstellungen auf, die uns vom Markt aufgezwungen werden: Respekt vor Geld, die Neigung, Freiheit als eine Form von Konsumentscheidung zu definieren, die Bereitschaft, das Selbst als »Humankapital« zu betrachten, die Besessenheit von Berühmtheiten und Marken. Aber die neoliberale Identität ist stets mehr als das gewesen: Sie wurzelt in der Vorstellung der geopolitischen Dauerhaftigkeit und in dem Glauben, es gebe keine wirtschaftlichen Alternativen.

Um die akute Identitätskrise zu verstehen, in die Millionen Menschen geraten sind, müssen wir den Prozess untersuchen, der gleichzeitig zum Zerfall des geopolitischen und des Wirtschaftssystems geführt hat.

5

DER ZUSAMMENBRUCH

Vor 2008 versprach der Neoliberalismus: Das Leben wird in alle Ewigkeit so sein wie heute, nur besser. Seit 2008 lautet das Versprechen: Das Leben wird immer so sein, nur schlimmer.

Angesichts der Gefahr einer Wirtschaftskrise, die schlimmer zu werden drohte als jene der dreißiger Jahre, schritten die Mächtigen zur Tat, um den Niedergang aufzuhalten. Aber ihre Maßnahmen widersprachen der Geschichte, die sie den Menschen seit dreißig Jahren erzählten. Deshalb hat sich diese Geschichte in ihre Bestandteile aufgelöst. Innerhalb eines Jahrzehnts ist das Habitat des neoliberalen Selbst, das mit so großer Mühe konstruiert wurde, ähnlich brutal zerstört worden wie der Lebensraum des Sumatra-Tigers.

Die Geschichte der Reise vom Lehman-Kollaps über den Brexit bis zu Trumps Wahlsieg handelt nicht in erster Linie von wirtschaftlichen Entbehrungen. Sie handelt von der Weigerung der Elite, die richtigen Lehren aus ihrem Versagen zu ziehen, als sich die von ihr erzählte Geschichte als Lügenmärchen erwies. Sie handelt von der Entscheidung der Elite, Zwang und Propaganda durch Manipulation und offene Gewalt gegen jene zu ersetzen, die das System verändern wollten. Und sie handelt von der Unfähigkeit der Linken, eine klare Alternative anzubieten.

Die rechtspopulistischen Bewegungen werden beschuldigt, die Vergangenheit wiederholen zu wollen, aber das neoliberale Projekt selbst ist seit 2008 eine Art von Nostalgiebewegung, welche die Aufbruchstimmung der neunziger Jahre beschwört. Die radikale Linke hat bisher versagt, weil es ihr ebenfalls nicht gelungen ist, ihr Projekt ausreichend von der Vergangenheit abzugrenzen. Daher kam es in der neoliberalen Phase der Jahre 2008 bis 2016 zu einem Wettbewerb zwischen drei Arten von Nostalgie.

Im Oktober 2008 gab die britische Regierung 500 Milliarden Pfund an Steuergeldern aus, um die Banken des Landes zu retten. Im Rahmen des Troubled Asset Relief Program wurden in den USA 700 Milliarden Dollar für die Bankenrettung bereitgestellt. Der französische Staat pumpte 360 Milliarden Euro in den Sektor, und die irische Regierung schnürte ein derart großes Rettungspaket, dass der Staat in eine nicht erklärte Pleite schlitterte. Rechnet man Versicherungen und staatliche Garantien hinzu, so hatten die USA, Großbritannien und die Eurozone bis November 2009 knapp 10 Billionen Dollar in die Bankenrettung gesteckt.[1]

Bei dieser Rettungsaktion wurde sehr viel mehr als Geld übertragen. Es wurden sämtliche Risiken des Banken- und Finanzsektors auf den Staat übertragen, während Investoren und Bankmanager die Erträge privatisieren durften. Das entkräftete die grundlegenden Postulate der Ideologie, die der Gesellschaft eingebläut worden war: Staatliche Eingriffe schaden mehr, als sie nutzen, und der Markt korrigiert seine Fehler stets selbst.

Gleichzeitig untergrub die Geschwindigkeit des Systemversagens eine zentrale Annahme der Wirtschaftswissenschaften, nämlich jene, dass Komplexität gleichbedeutend mit Sicherheit sei, dass man die Belastungen auf die gesamte Welt verteilen und damit erträglich machen könne, indem man die Risiken auf die verschiedenen Sektoren, Zeitzonen und Vermögenskategorien verteile.

Andy Haldane, der Chefvolkswirt der Bank of England, nahm kein Blatt vor den Mund: Die mathematischen Modelle hatten auf eine stabilisierende Wirkung der Komplexität hingedeutet – doch wie sich herausgestellt hatte, konnte sich das System »weder selbst regulieren noch selbst reparieren. Wie die Regenwälder gerät das Finanzsystem bei einem großen Schock in Gefahr, seine Regenerationsfähigkeit einzubüßen.«[2]

Wenn uns ein Zentralbanker sagt, dass der Kapitalismus wie die Regenwälder von der Zerstörung bedroht ist, sollten wir hellhörig werden. Und jene, die zuhörten, verstanden die Botschaft: Das gesamte System war auf Lügen errichtet worden. Und als die zentrale Lüge aufgeflogen war, löste sich die übrige Geschichte in nichts auf.

Staatshilfen für Privatunternehmen waren in der EU seit den frühen neunziger Jahren praktisch verboten.[3] In den USA hatten sowohl Ronald Reagan als auch George H. W. Bush versucht, die »Industriepolitik zu beseitigen, wo immer sie ihr begegneten«.[4] Die Vorstellung, Stahlwerke oder

Autofabriken zu unterstützen, um Arbeitsplätze und Fachkenntnisse zu erhalten und ein angemessenes Angebot zu gewährleisten, wirkte nur noch lächerlich. Nach 2008 sprangen die Staaten im großen Stil Privatunternehmen zur Seite. Nicht nur Banken und Versicherungsgesellschaften, sondern auch Automobilkonzerne und Maschinenbauer, deren Finanzunternehmen und sogar Firmen wie der französische Spielzeughersteller Meccano wurden mit Steuergeldern am Leben erhalten.[5]

Angesichts des Rückgangs von Industrieproduktion, Handel und Beschäftigung in der entwickelten Welt sahen sich die Staaten gezwungen, die Steuern zu senken und gleichzeitig die Ausgaben zu erhöhen. Dieser »fiskalische Stimulus« stammte aus dem Lehrbuch der staatskapitalistischen Ära: In einer Krise, hatte Keynes erklärt, müsse man Kredit aufnehmen und die Wirtschaft mit erhöhten Ausgaben anregen. Aber die meisten verantwortlichen Politiker und Ökonomen hatten ihre Karriere auf der Behauptung aufgebaut, die von Keynes vorgeschlagenen Rezepte seien falsch. Obendrein waren die Staaten, die jetzt ihre Kreditaufnahme erhöhen mussten, bereits überschuldet, was zur Folge hatte, dass ihre Schulden gemessen am Bruttoinlandsprodukt über das Maß stiegen, das gemäß ihren Haushaltsregeln und Wirtschaftsdoktrinen und im Fall der EU gemäß den Gemeinschaftsregeln zulässig war.

Als die eigentliche Finanzkrise im Jahr 2010 vorüber war, wurde angesichts der hohen Staatsschulden die Forderung nach harten Sparmaßnahmen laut. Wer forderte das? Die vom Staat geretteten Banken, die jetzt drohten, dem Staat kein Geld mehr zu leihen, wenn er nicht bereit war, seine eigene Bevölkerung anzugreifen. Regierungen von Irland bis Griechenland wurden gezwungen, die Ausgaben für Renten, Gehälter und öffentliche Dienstleistungen zu kürzen, und das Wachstum kam erneut zum Stillstand. Die Folge war die europäische Staatsschuldenkrise. Nun konnte die ganze Welt sehen, welche menschlichen Kosten der Neoliberalismus für Länder wie Griechenland hatte: steigende Selbstmordraten, Niedergang von Gesundheitswesen und Fürsorge, wirtschaftlicher Stillstand. Auch in Großbritannien setzte die Koalitionsregierung von Konservativen und Liberalen brutale Kürzungen um, so dass der Aufschwung ausblieb.

Dass die Weltwirtschaft nicht vollkommen zusammenbrach, war nur der expansiven Geldpolitik der Zentralbanken zu verdanken: Sie griffen zum Mittel der »quantitativen Lockerung«, gingen zu einer Nullzinspolitik über und schöpften neues Geld aus dem Nichts. Bis 2018 gelang es den Zentralbanken auf diese Art, den Märkten zwanzig Billionen Dollar zuzuführen, um neue Nachfrage zu erzeugen. Der Ideologie des freien Marktes gehorchend, stellten die Zentralbanker das neu gedruckte Geld niemals für die Förderung, den Bau oder den Kauf realer Dinge wie Infrastrukturen, Gesundheitswesen oder Universitätsbildung zur Verfügung. Stattdessen versuchten sie, die Volkswirtschaft indirekt anzukurbeln. Indem sie derart große Mengen an sicheren Anleihen kauften, dass diese schließlich knapp wurden, zwangen sie die Investoren, ihr Geld in weniger sichere Anlagen zu stecken, das heißt in Aktien, Immobilien, Rohstoffe, Gold und Bitcoin. Der Preis dieser Vermögenswerte stieg, und die Gewinne flossen schließlich der Realwirtschaft zu: Neue Einkaufszentren und Bürogebäude entstanden, neue Unternehmen wurden gegründet, neue Millionäre brauchten die neueste Schweizer Luxusarmbanduhr.

Aber auf die Armen und die untere Mittelschicht wirkte sich die expansive Geldpolitik nachteilig aus: Erstens verringerte sie die Einkommen von Menschen, die von privaten Renten lebten, denn die Staatsanleihen, die ein wichtiger Bestandteil der Portfolios von Rentenfonds sind, warfen nur noch eine verschwindend geringe Rendite ab. Zweitens führte die geldpolitische Lockerung dazu, dass eine weitere massive Vermögenspreisblase anschwoll: Immobilienpreise, Mieten, Aktienkurse und Rohstoffpreise schossen in die Höhe. Ähnliches geschah mit den Preisen von Wertspeichern, deren Menge begrenzt ist, darunter Gold in den Jahren 2009 bis 2012 und Bitcoin ab 2012. Das war erfreulich, wenn man ein Immobilienspekulant, der Eigentümer eines Bergwerks in Angola oder ein russischer Oligarch war, aber es war schlecht, wenn man von einer Erwerbstätigkeit leben musste, denn die Arbeitseinkommen stiegen praktisch nicht.

Zwischen 2007 und 2015 sanken die Reallöhne in Griechenland, Italien, Portugal und Großbritannien. In Japan, Spanien, Frankreich und den USA stiegen die Löhne in den acht Jahren nach der Finanzkrise um weniger als 1 Prozent im Jahr.[6] In keinem Industrieland hielt die Lohnentwicklung mit dem Wachstum des Bruttoinlandsprodukts Schritt: Der langjährige Rückgang des »Lohnanteils« gemessen an den Gewinnen beschleunigte sich in den entwickelten Volkswirtschaften.

Stagnierende Arbeitseinkommen, verfallende Infrastrukturen, schlechtere öffentliche Dienste und die Verteuerung aller möglichen Dinge von Studiengebühren bis zu Mieten: Dies war die Erfahrung der Menschen in den Ländern, die sich dank einer auf die Spitze getriebenen neoliberalen Politik »erholten«. Nimmt man den spektakulären Preisanstieg von Aktien und Luxuswohnungen hinzu, so zwang diese Erholung die Menschen, all jene Lektionen zu vergessen, die ihnen der Neoliberalismus während seines Siegeszugs eingebläut hatte: Die Alltagserfahrung lehrte sie, dass der Neoliberalismus nur für die Reichen funktionierte.

Mit den staatlichen Rettungspaketen hatte der Neoliberalismus seine Existenzberechtigung eingebüßt, wie der Ökonom und politische Kommentator William Davies schreibt. Er verwandelte sich in ein »Ritual, das wiederholt wird, anstatt ein Urteil zu sein, an das man glauben kann«.[7] Eine ganze Generation, der eingeschärft worden war, der Staat müsse verkleinert und seine Aktivität auf ein Mindestmaß reduziert werden, sah jetzt, wie er schnell, massiv und willkürlich handelte, ohne auch nur zu versuchen, theoretische Erklärungen zu geben.

Daraus konnte man vernünftigerweise nur einen von zwei Schlüssen ziehen: Man gab das neoliberale Modell auf oder gestaltete es neu, und in dem neuen Modell mussten die Staaten um ihr Stück eines kleineren Kuchens kämpfen – diese Option bezeichne ich als »nationalen Neoliberalismus«. Trump und der Brexit sind klare Beispiele für die zweite Option, und dasselbe galt für die Entscheidung der deutschen Regierung, im Jahr 2015 die griechische Demokratie in die Knie zu zwingen. Es läuft alles darauf hinaus, die Kosten der Krise auf andere abzuwälzen, damit die eigene Version des Neoliberalismus überleben kann.

So ist der wirtschaftliche Nationalismus zurückgekehrt, wenn auch nicht wie erwartet in seiner staatskapitalistischen Form. Ausdruck des neuen Wirtschaftsnationalismus ist die Forderung nach der Kündigung von Handelsabkommen, nach einer Schwächung der globalen Institutionen und der grenzübergreifenden Ordnungspolitik. Wenn wir verstehen wollen, warum es für Teile der Elite vorteilhaft ist, diese neue Form des nationalen Neoliberalismus durchzusetzen, müssen wir uns die langfristigen Quellen des Wachstums ansehen, und zwar jene in der Vergangenheit als auch jene, mit denen wir es voraussichtlich in der Zukunft zu tun haben werden.

Im Jahr 2015 versuchten Volkswirte der Bank of England zu zeigen, dass das Wachstum der Weltwirtschaft seit dreißig Jahren auf einer Dynamik beruht, die in Zukunft nicht aufrechtzuerhalten sein wird. Zwischen 1980 und 2000 wurde das globale Wachstum nur von zwei Faktoren angetrieben: von einem wachsenden Arbeitskräfteangebot und von der Verschiebung der »Produktivitätsgrenze«, die nicht einfach durch technologische Innovation, sondern durch eine Ausweitung des Kredits und eine Erhöhung des Bildungsniveaus erreicht wurde. In dieser Zeit – als die armen Länder gezwungen wurden, sich den Vorgaben des IWF zu unterwerfen – bremste der Globale Süden tatsächlich das weltweite Wirtschaftswachstum.

Ab der Jahrtausendwende, erklären die Volkswirte der britischen Zentralbank, änderte sich die Lage. Das rasante Wachstum der Industrieproduktion und der Innovationsschub in China sowie die Weigerung asiatischer und lateinamerikanischer Länder, die vom Währungsfonds vorgeschriebene Sparpolitik umzusetzen, trieben nach einer bis dahin negativen Entwicklung zwischen 2000 und 2010 ein spektakuläres »Nachholwachstum« im Globalen Süden an. Das Nachholwachstum führt dazu, dass Kroatien Italien ähnlicher wird, dass die Türkei Kroatien ähnlicher wird usw. Es erfordert, dass Infrastrukturen errichtet werden und dass das Bildungsniveau der Arbeitskräfte erhöht wird. Aber mit fortschreitender Entwicklung büßt es an Dynamik ein.

Im selben Zeitraum – zwischen 2000 und 2010 – verringerte sich der Beitrag des wachsenden Arbeitskräfteangebots zum Wachstum. Die Produktivität wuchs langsamer. In der gesamten neoliberalen Ära erhöhte die technologische Innovation für sich genommen das globale Wachstum nach Einschätzung der Zentralbankvolkswirte um genau minus 0,2 Prozent, das heißt um weniger als nichts.

Das hat erhebliche Auswirkungen auf die zukünftige Beziehung zwischen Menschen, Märkten und Maschinen. Für den Augenblick können wir die Ursache für die Krise von 2008 mit so wenigen Worten beschreiben, dass sie in einen Tweet passen würden: Das von der technologischen Innovation ermöglichte Wachstum genügte nicht mehr, um die Kreditaufnahme auf eine solide Basis zu stellen.

Wenn es so ist, hat es erhebliche Auswirkungen: Es bedeutet, dass der Neoliberalismus nicht die richtige Antwort auf den Zusammenbruch des von Keynes entworfenen staatskapitalistischen Systems war. Er taugte lediglich dazu, das Problem zu umgehen. Er stützte sich auf Kredit, Bevölkerungswachstum, bessere Bildung und Urbanisierung, um das Wachstum anzukurbeln. Aber wie die Prognosen der Volkswirte der Bank of England zeigen, ist die Wirkung all dieser Faktoren begrenzt.

Wenn sich das Bevölkerungswachstum in den kommenden dreißig Jahren verlangsamt und die Kluft zwischen reichen und armen Ländern geringer wird, werden die Länder um das verbleibende Wachstum kämpfen und weiterhin versuchen, die neoliberalen Rezepte von Deregulierung, Vermögenspreisinflation und Verkleinerung des Staates anzuwenden – nur dass sie die Mischung in Zukunft durch den ethnischen Nationalismus ergänzen werden.

Anfang des Jahres 2016 hing die siechende Weltwirtschaft seit acht Jahren am Tropf der Zentralbanken. Und wie die Zentralbanker einander beim G-20-Gipfel in Schanghai versicherten, konnten sie noch lange Zeit so weitermachen.[8] Indem man immer weiter Geld druckt, kann man eine Volkswirtschaft ewig künstlich am Leben erhalten. Das Problem ist, dass man eine Ideologie nicht künstlich am Leben erhalten kann. Der menschliche Verstand verlangt Kohärenz.

Die normalen Menschen wollen wissen, wann das Leben nicht nur für Jachtbesitzer, sondern auch für sie wieder besser werden wird. In den von der Sparpolitik verwüsteten Ländern wollen sie wissen, wann das Leid ein Ende haben wird. Die Jugend will wissen, wie sie mit auf Dauer stagnierenden Löhnen ihre Studienkredite zurückzahlen soll und wie sie für den Ruhestand sparen kann, wenn die Rentenpläne der Unternehmen eingestellt werden.

Die Eliten der G-7-Länder haben keine Antworten mehr auf diese Fragen.

Wenn die Leute die Behauptungen der neoliberalen Ideologie mit der Realität ihres Lebens vergleichen, stellen sie fest, dass diese Ideologie eine Lüge ist. Statt auf dem freien Austausch beruht der Neoliberalismus zunehmend auf erzwungenem Wettbewerb – zwischen Schulkindern, Universitäten, Städten, Arbeitskräften, Mietern, Taxifahrern –, wobei der Zweck des Wettbewerbs darin besteht, den Normalbürger dazu zu bringen, für weniger Geld mehr zu arbeiten. Wir haben keinen freien Markt, auf dem sich unzählige Unternehmer tummeln, sondern eine in der staatskapitalistischen Ära unvorstellbare Vormachtstellung von Monopolen – Google, Facebook, Apple, Amazon, Alibaba, Tencent usw. –, die stets so strukturiert sind, dass das Management mächtiger ist als die gewöhnlichen Investoren, und die stets bereit sind, potenzielle Konkurrenten zu zerstören oder zu übernehmen.

Statt sozialer Mobilität haben wir in vielen Ländern einen erblichen Zugang zu Spitzeneinkommen, kanalisiert von Eliteuniversitäten und akademischen Qualifikationen. Die sozialen Aufsteiger aus den Londoner Arbeitervierteln, die in der City reich wurden, wurden in den achtziger Jahren durch Millionärssprösslinge ersetzt. Schauspielerei, Journalismus und Recht, Tätigkeitsbereiche, in denen früher intelligente Kinder aus der Arbeiterklasse auf der sozialen Leiter hinaufsteigen konnten, werden mittlerweile ebenfalls von an Privatschulen ausgebildeten Kindern reicher Leute dominiert.

Während die Wirtschaft in der entwickelten Welt stagniert, setzt sich der Aufstieg der Eliten und der Mittelschicht in den Schwellenländern fort. Ab den achtziger Jahren erzählten die Eliten in den Industrieländern ihren Bevölkerungen, die Globalisierung diene nur dazu, die reichen Länder noch reicher zu machen, indem sie ihnen Zugang zu den Märkten armer Länder gebe; Menschen mit dunklerer Haut würden die schmutzige Arbeit in den Fertigungsindustrien erledigen, während die Einwohner der G-7-Länder ein Monopol auf die gutbezahlten, hochqualifizierten Jobs haben würden. Nach 2008 wurde klar, dass dieses Versprechen eine Illusion war. Die neuen Millionäre, die sich in den Rolex-Läden der Welt drängten, kamen aus China, Russland, Kasachstan und Angola. Wie sich herausstellte, war der Welthandel, der angeblich die Arbeiterklasse der entwickelten Welt reich machen sollte, eher geeignet, sie ärmer zu machen.

Dass die Menschen schließlich nicht mehr bereit waren, den Neoliberalismus in seiner globalen und demokratischen Form zu akzeptieren, lag jedoch an etwas anderem: an der Ermächtigung ihrer Emotionen durch die Technologie.

In dem Roman *Wiedersehen in Howards End*, der kurz vor dem Ersten Weltkrieg entstand, beschreibt E. M. Forster anhand von zwei Mittelschichtfamilien gegensätzliche Vorstellungen vom Leben. Die eine Familie widmet sich dem inneren Leben von Kultur, Emotionen und Beziehungen, während die andere ein tatkräftiges, von geschäftlichen Aktivitäten und Konflikten beherrschtes Dasein vorzieht, das Forster in der Phrase »Telegramme und Aufregungen« zusammenfasst.[9]

In der neoliberalen Ära versuchten Millionen Menschen, das Leben in einer zunehmend chaotischen Welt zu bewältigen, indem sie sich in ihr emotionales Innenleben und ihre persönlichen Beziehungen zurückzogen. Ab 1995 bedienten sie sich dazu einer Technologie, die sich grundlegend von den Technologien aller früheren Generationen unterschied. Forsters Figuren benutzten Füllfeder, Pinsel und Klaviertasten, um ihrem Innenleben Ausdruck zu verleihen. Heute verwenden wir dazu Informationstechnologie – und die Systemkrise brach ziemlich genau zu dem Zeitpunkt aus, als uns diese Geräte in die Lage versetzten, große mobile soziale Netzwerke zu knüpfen.

In den ersten beiden Jahren nach Ausbruch der Krise regte sich verblüffend wenig Widerstand, obwohl viele Leute ihrer Unzufriedenheit Luft machten. Doch diese Unzufriedenheit breitete sich zwangsläufig aus und fand ein Echo: Die Manifestation der Identität wurde selbst in ihren introspektivsten Formen durch die Technologie, deren wir uns bedienten, in die Welt des Handelns hinausgetragen. Forster, der der Generation vor dem Ersten Weltkrieg eingeschärft hatte, sie müsse lediglich ihre Wünsche mit ihrem Handeln verknüpfen, wäre von dem Ergebnis angenehm überrascht gewesen.

Mitte 2009 formierte sich Widerstand. Als er im Jahr 2011 die Straßen eroberte, antworteten die neoliberalen Eliten nicht nur mit »Telegrammen und Aufregungen«, sondern mit Repression, Zensur und Gewalt.

Im Sommer 2009 wurden im Iran Protestkundgebungen mittels der sozialen Medien koordiniert. In den USA löste eine deutliche Erhöhung der Studiengebühren eine Welle von Studentenprotesten aus. Im Oktober 2010 gingen in Frankreich Studenten und arbeitslose Jugendliche auf die Straße, zerschlugen Schaufensterscheiben, errichteten Barrikaden und lieferten sich Straßenschlachten mit der Bereitschaftspolizei. Der Auslöser? Die Entscheidung, das Rentenalter auf 62 Jahre anzuheben.[10] Einen Monat später besetzten britische Studenten ihre Universitäten, stürmten gemeinsam mit Schülern und Arbeitslosen die Parteizentrale der Konservativen und legten mit drei chaotischen Kundgebungen den Regierungsbetrieb lahm. Der Auslöser war eine Verdreifachung der Studiengebühren von 3000 auf 9000 Pfund im Jahr. In all diesen Fällen reagierte der Staat mit unverhältnismäßiger Gewalt.

Dann brachte eine Protestbewegung gegen Armut und korrupte Sicherheitskräfte in Tunesien den Diktator Zine el-Abidine Ben Ali zu Fall. Am

25. Januar 2011 begann in Kairo die Besetzung des Tahrir-Platzes, die einen Flächenbrand in der arabischen Welt auslöste: Die verheerenden Bürgerkriege im Jemen, in Libyen und Syrien begannen allesamt mit friedlichen Kundgebungen, die durch die Besetzung des Tahrir-Platzes durch die ägyptische Demokratiebewegung inspiriert wurden. In Bahrain wurde die Gesellschaftsordnung so schwer erschüttert, dass Saudi-Arabien Truppen entsandte, um eine Ausbreitung der Proteste zu verhindern.

Das gemeinsame Merkmal all dieser Bewegungen war die Nutzung der sozialen Netzwerke. Der Aufstand in Ägypten wurde auf Facebook organisiert, die durch die Studentenbewegung ausgelösten Unruhen in London konnte man live auf Twitter verfolgen. In der arabischen Welt traten bis dahin unterdrückte Blogger und Bürgerjournalisten in den Vordergrund, und jetzt waren die vom Staat kontrollierten arabischen Medien und die westlichen Nachrichtensender mit demselben Problem konfrontiert: Die Darstellung der Proteste entzog sich ihrer Kontrolle. Mit Handys aufgenommene Videos von Gräueltaten der Polizei und vom beeindruckenden Mut junger Demonstranten fanden ihren Weg in ein Land nach dem anderen. Die Verbreitung dieser Bilder entzog sich der Zensur und der Selbstbeschränkung der Medien. Dasselbe galt für die zentrale Botschaft der Protestbewegungen: »Das Volk verlangt den Sturz des Regimes.«

Manch einer war sogar der Meinung, die Erhebungen seien von Facebook ausgelöst worden. Auf dem Tahrir-Platz in Kairo hielten Demonstranten Spruchbänder mit der Aufschrift »Thank You Facebook« hoch und malten das Logo des sozialen Netzwerks auf die Mauern. Tatsächlich markierte Mubaraks Entscheidung, Facebook zu sperren, einen Wendepunkt. Die Leute gingen auf die Straße. Die globale Protestbewegung wurde von drei Faktoren angetrieben: von wirtschaftlicher Unzufriedenheit, vernetzter Kommunikation und einem Protestkonzept, das auf Theorien beruhte, welche die alten, hierarchischen Organisationsmethoden der sozialistischen Bewegung, der Gewerkschaften und des arabischen Nationalismus ausdrücklich ablehnten.

Dann wurden von Mai bis Juli 2011 in Städten in ganz Europa historische Plätze besetzt: In Spanien gingen Millionen, in Griechenland Hunderttausende auf die Straße. Im Juli schloss sich die jüdische und arabische Jugend Israels der Bewegung an und besetzte den Rothschild Boulevard in Tel Aviv, um gegen Wohnungsmangel und Jugendarmut zu protestieren.

Am 17. September 2011 eroberten Aktivisten von Occupy Wall Street den Zuccotti Park in New York und gaben den Anstoß zur Entstehung der globalen Occupy-Bewegung, die in Hunderten Städten in aller Welt aktiv wurde. Nachdem im November das Zeltlager im Zuccotti Park geräumt worden war, übernahm die Demokratiebewegung in Russland die Führung.

Im Dezember kam es zu zahlreichen Kundgebungen gegen die Manipulation der Duma-Wahl zugunsten von Putins Partei Einiges Russland. Zehntausende Menschen nahmen an den Protesten teil; der Höhepunkt war eine Kundgebung mit 120 000 Teilnehmern am 24. Dezember. Hier mischten sich die vernetzten Jugendlichen, welche die Occupy-Proteste getragen hatten, mit vom postsowjetischen Liberalismus beeinflussten Bürgern sowie nationalistischen und fremdenfeindlichen Gruppen. Nach weiteren Großkundgebungen im Februar und März 2012 ging Putin zum Gegenangriff über: Polizeigewalt, die Verhaftung führender Köpfe der Basisbewegung unter dem Vorwand erfundener Vorwürfe der Steuerhinterziehung, die Verteufelung der Opposition in den Medien, Cyberattacken der Geheimdienste sowie Angriffe gewalttätiger faschistischer Pöbelhaufen machten den Protesten ein Ende.

Jede dieser Erhebungen hatte einen eigenen nationalen Charakter, aber sie waren durchweg Reaktionen auf die vom Neoliberalismus heraufbeschworene Ungerechtigkeit. In Großbritannien und Südeuropa war die Sparpolitik das Problem, in den USA die Weigerung der Regierung, die Wall Street an die Kandare zu nehmen. In den arabischen Ländern wurden die Proteste durch Preiserhöhungen für grundlegende Güter (infolge der expansiven Geldpolitik in den Industrieländern) und den Hochmut von Kleptokraten ausgelöst, deren Söhne – darunter Saif Gaddafi und Gamal Mubarak – in die Führungsriege der neoliberalen Mafia aufgestiegen waren. In Russland wuchs die Wirtschaft seit einem Jahrzehnt, was jedoch nichts daran änderte, dass viele Menschen über den Preis empört waren, den die Gesellschaft dafür bezahlt hatte: Die wirtschaftliche Entwicklung war mit Kleptokratie und einem Wachstum des organisierten Verbrechens einhergegangen und hatte die Demokratie ausgehöhlt.

In all diesen Fällen war nicht nur die Energie der Protestbewegungen im Internet gebündelt worden, sondern auch die Sehnsucht nach einer gerechten Gesellschaft, deren Grundbestandteil das freie, vernetzte Individuum sein sollte.

Die Soziologen, die den Begriff des »vernetzten Individuums« prägten, verwendeten ihn zur Beschreibung der Verhaltensänderungen in den neunziger Jahren, als eine Kombination von flachen Managementstrukturen, suburbanen Verhaltensmustern und Massenzugang zu vernetzten Geräten neue Formen der Lebensführung hervorbrachte. Wir ersetzten das Leben in Gruppen und Hierarchien durch ein Leben in Netzwerken, wie es der Soziologe Barry Wellman ausgedrückt hat. Manuel Castells hat das Konzept weiterentwickelt und erklärt, das Informationszeitalter habe eine vollkommen neue Kultur, eine veränderte Machtstruktur und ein neues menschliches Selbstverständnis hervorgebracht. Wellman hält die Entwicklung für umkehrbar, Castells nicht: Er erklärt, man könne eine Gesellschaft genauso wenig entnetzen, wie man die Elektrifizierung eines Landes rückgängig machen könne.[11]

Als ich im November 2010 sah, wie eine führerlose Masse von Sechzehnjährigen aus den unterprivilegierten Vororten Londons nach Whitehall marschierte, sich Straßenschlachten mit der Polizei lieferte und auf Streifenwagen tanzte, wurde mir bewusst, dass Castells recht hatte. Unabhängig vom spezifisch nationalen oder kulturellen Kontext zeigte die Jugend in London, Kairo, Athen und New York ein neuartiges und ähnliches Verhalten.

Wo immer das möglich war, besetzten die Demonstranten öffentliche Räume, errichteten Zeltlager und improvisierte Volksversammlungen. Im Internet hatten sie nicht nur ein politisches Programm oder einen Aktionsplan, sondern ein neues Modell der menschlichen Interaktion entwickelt, das auf Konsens, Vielfalt und den von Netzwerken begünstigten horizontalen Machtstrukturen beruhte. Anstatt einfach nur für gesellschaftliche Veränderungen zu demonstrieren und wieder nach Hause zu gehen, schreibt Castells, hatten sie auf einem symbolträchtigen öffentlichen Platz ein vorübergehendes Modell der Gesellschaft entwickelt, in der sie leben wollten: »Das Internet war der sichere Raum, in dem die Netzwerke von Empörung und Hoffnung entstehen konnten. Und die im virtuellen Raum errichteten Netzwerke wuchsen in den urbanen Raum hinein.«[12]

Castells beschreibt dieses Wachstum vom virtuellen in den urbanen Raum als bewussten Vorgang. Mir erscheint der Prozess rückblickend eher als unbewusst: Es hat den Anschein, als hätte die Technologie erzwungen, dass bei jeglichem privaten Selbstausdruck die Introspektion durch eine Hinwendung zur Welt ersetzt wurde. Das Gefühl der Niedergeschlagenheit wird man vermutlich nur mit wenigen Menschen teilen, aber wenn man wütend ist, will man, dass alle Welt den Grund für diese Wut kennt. Die sozialen Medien gaben den Leuten die Mittel in die Hand, ihrem Unmut Luft zu machen.

Ein gemeinsames Merkmal der meisten dieser Protestbewegungen war die Ablehnung des Konsumismus und die Unterordnung aller Unterschiede und Identitäten – hinsichtlich Klasse, Geschlecht oder Religion – unter die Begeisterung über die Begegnung im besetzten Raum. Die Teilnehmer veranstalteten langwierige beratende Versammlungen, in denen Vorstellungen indirekt diskutiert, ideologische Gegensätze ausgeklammert und aggressive sowie hierarchische Verhaltensweisen unterdrückt wurden. In all diesen Diskussionen stellte sich heraus, dass die jungen Menschen nicht mehr an die Zukunft des Systems in seiner gegenwärtigen Konfiguration glaubten. Als die Protestbewegung Ben Ali und Mubarak zu Fall gebracht hatte, war klar, dass sie nicht weniger Kraft hatte als die Revolution, die im Jahr 1848 Europa erfasste, und dass sie lange nachwirken würde. Um sie zu unterdrücken, griff ein Staat nach dem anderen auf den Einsatz militarisierter Sicherheitskräfte zurück.

Am 29. Juni 2011 wurde ich Zeuge, wie die griechische Sonderpolizei mehr als tausend Tränengasgranaten in das Zeltlager auf dem Syntagma-Platz schoss, um die Demonstranten auseinanderzutreiben, die sich dort versammelt hatten, um die Verabschiedung eines zweiten von Internationalem Währungsfonds und Europäischer Zentralbank verordneten Sparpakets zu verhindern. Sieht man von einem harten Kern von Anarchisten ab, so waren die meisten Demonstranten nicht gekommen, um Gewaltakte zu verüben; sie wollten lediglich ihre Körper als Hindernisse einsetzen, um die Polizisten aufzuhalten. In den engen Einkaufsstraßen rund um den Syntagma-Platz schlossen Ladenbesitzer ihre Geschäfte, um sich feuchte Tücher um den Kopf zu wickeln und Seite an Seite mit radikalen Jugendlichen Barrikaden zu bauen. »Was machen Sie beruflich?«, fragte ich wahllos verschiedene Demonstranten. Sie waren Innenarchitekten, Konzertpianisten, Möbelverkäufer. Leute, die ihr Geschäft verloren hatten, standen neben Studenten, die ihre Zukunft verloren hatten.

Der Einsatz militarisierter Sicherheitskräfte erwies sich als wirksames Mittel, um friedliche Proteste niederzuschlagen und Aktivisten zu Opfern zu machen. Aber als sich die Bilder von der Polizeigewalt in den Facebook-

und Instagram-Konten ausbreiteten, sahen Millionen Menschen die Wahrheit: Der Neoliberalismus war mit Gewalt durchgesetzte Marktlogik.

Die Journalistin und Autorin Laurie Penny, die im Jahr 2012 aus Griechenland berichtete, beschrieb diesen Augenblick der Erkenntnis so: »Wenn du das erste Mal von Polizisten getreten wirst oder siehst, wie deine Freunde verletzt und verhaftet werden, wird dir klar, wo die Linien der Macht tatsächlich gezogen werden. Nichts hat sich geändert, aber alles ist irgendwie anders. Es ist ein unverzichtbarer Bestandteil unserer Erziehung, aber wenn du diese Lektion einmal gelernt hast, brauchst du sie kein zweites Mal. Ich rauche eine Zigarette, die ich nicht wirklich will, und ich bin wütend, wütend, wütend.«[13]

In Europa, den USA, Tunesien und Ägypten war die offensive Phase der Proteste auf den Straßen im Jahr 2012 beendet. In anderen Ländern begann die Bewegung später: Im folgenden Jahr gingen die Bürger in Brasilien, der Ukraine und der Türkei in Massen auf die Straße, um gegen korrupte autokratische Regierungen zu protestieren. In Syrien, Libyen und dem Jemen verwandelten sich die Revolten der Zivilgesellschaft in Bürgerkriege, die geopolitische Akteure auf den Plan riefen, die sich dem Einfluss der Protestbewegungen entzogen: Dschihadisten, die strategische Macht der USA und ein Bündnis von Staaten und Bewegungen, die sich der russischen Außenpolitik unterwarfen.

Diese schockierenden Konflikte, welche die sozialen Medien mit Bildern von Folter, Vergewaltigung und wahlloser Tötung von Zivilisten überschwemmten, haben nach Einschätzung mancher Beobachter die Weltbevölkerung gleichgültig gegenüber der Gewalt gemacht. In Wahrheit haben diese Berichte sehr viel bewirkt: Sie haben der Menschheit vor Augen geführt, dass wahllose Gewalt in großem Stil die übliche Antwort kleptokratischer Eliten ist, die angesichts einer Herausforderung ganz schnell vergessen, wie sehr ihnen Rechtsstaatlichkeit und Demokratie eben noch am Herzen lagen.

Zwischen 2009 und 2015 zeigten Widerstandsbewegungen in zahlreichen Ländern der Menschheit, wie eine progressive Zukunft aussehen könnte. Aber die herrschenden Eliten wollten nichts davon wissen und unterdrückten die progressiven Alternativen mit allen Ressourcen und Befugnissen, die sie sich in der Aufschwungphase des Systems angeeignet hatten. Der Autoritarismus des 21. Jahrhunderts konnte sich jedoch nicht darauf beschränken, den sich auflösenden Status quo zu erhalten. Die Welt sollte bald herausfinden, dass derjenige, der die Zukunft verweigert, die Vergangenheit bekommt.

6

AUF DEM WEG NACH KEKISTAN

In der Nacht des 11. August 2017 brachen rund 250 in Polohemden und Khakihosen gekleidete Männer in der Universitätsstadt Charlottesville im US-Bundesstaat Virginia zu einem Fackelzug nach nationalsozialistischem Vorbild auf. Sie skandierten Slogans wie »Blut und Boden«, »Weiße Leben zählen« und »Die Juden werden uns nicht ersetzen«. Sie wollten die vom Stadtrat beschlossene Entfernung einer Statue des Konföderierten-Generals Robert E. Lee verhindern. Am Tag darauf kam es bei einem sehr viel größeren Aufmarsch unter dem Motto »Vereinigt die Rechte« zu gewaltsamen Zusammenstößen. Die Polizei verlor die Kontrolle über die Kundgebung, und sowohl die Stadtverwaltung als auch die Staatsregierung von Virginia sahen sich gezwungen, den Notstand auszurufen.

An dem Aufmarsch nahmen vier Neonazigruppen, der Ku-Klux-Klan, Mitglieder der Identitären Bewegung und mindestens drei mit halbautomatischen Waffen ausgerüstete Milizen teil.[1] Nachdem die Polizei antifaschistische Demonstranten in eine Seitenstraße abgedrängt hatte, raste James Alex Fields, ein Mitglied der Neonazigruppe Vanguard America, mit seinem Auto in die Menschenmenge, tötete die Demonstrantin Heather Heyer und verletzte weitere neunzehn Menschen. Beim Absturz eines zur Beobachtung der Zusammenstöße eingesetzten Polizeihubschraubers starben zwei Beamte.

Zwei Stunden nach dem tödlichen Angriff auf die Gegendemonstration verurteilte Donald Trump in einer Erklärung die Gewalt »auf vielen Seiten«. Drei Tage später sprach der Präsident in einem verbalen Ausbruch von »sehr anständigen Menschen« auf beiden Seiten, verurteilte die Versuche, Denkmäler für Helden der Konföderierten zu beseitigen, und attackierte die »alternative Linke«, die er als »sehr, sehr gewalttätig« bezeichnete. David Duke, ein vormals führendes Mitglied des Ku-Klux-Klan, sprach Trump umgehend in einem Tweet seine Unterstützung aus. Es heißt, Steve Bannon habe den Wutausbruch des Präsidenten als »definierenden Augenblick« bezeichnet, in dem sich Trump auf die Seite »seiner Leute« gestellt habe.[2]

Die Vorfälle in Charlottesville waren Teil einer Reihe empörender Auftritte der Alt-Right in den Vereinigten Staaten und anderen Ländern. Sie enthielten die meisten jener Elemente, die wir kennen müssen, wenn wir verstehen wollen, wie gefährlich der neue Faschismus für die aufgewühlten Demokratien der entwickelten Welt ist.

Ein guter Ausgangspunkt sind die Symbole, die man in Charlottesville zu sehen bekam. Die meisten waren zu erwarten: Flaggen der Konföderierten, Hakenkreuze, das schwarze Sonnenrad der SS, das schwarze Kreuz der Southern Nationalists, die von einer Wiedergeburt der Konföderation träumen, der Schild mit dem spartanischen Lambda, das für die europäischen »Identitären« die Ablehnung der Einwanderung symbolisiert. Es gab jedoch auch eine Flagge, die nur jenen bekannt war, die sich eingehend mit den Rechtsradikalen beschäftigt hatten: eine in Schwarz und Grün gehaltene Parodie auf die Kriegsflagge der deutschen Wehrmacht, bei der das Logo einer Website namens 4chan den Platz des Hakenkreuzes einnahm. Dies war die Flagge »Kekistans«, eines rechtsextremen Utopia, das dazu dient, liberale und progressive Amerikaner anhand abgewandelter Symbole aus der Popkultur zu »trollen«.

Kekistan hat nicht nur eine fiktive Flagge, sondern auch eine eigene Hymne, nämlich den Popsong »Shadilay« aus den achtziger Jahren. Die »Staatsreligion« besteht in der Verehrung einer Comicfigur namens Pepe der Frosch, der mit dem ägyptischen Froschgott Kek assoziiert wird. Diese Symbole werden in Hunderten Abwandlungen auf rechtsextremen Internetseiten als Code einer Subkultur verwendet, zum Beispiel, wenn weiße Suprematisten in Volkszählungsformularen »Kekistanisch« als Nationalität oder »Kek« als Religion angeben. Gleichzeitig ist Kekistan mehr als ein Code. Es ist das, was in der Literaturtheorie als »Concetto« bezeichnet wird: eine erweiterte Metapher mit einer komplexen inneren Logik, die amüsant sein soll.

Hat man seine Logik einmal verstanden, so ist dieses Concetto jedoch alles andere als amüsant.

Es gab immer weiße Suprematisten und Neonazis in den Vereinigten Staaten, aber es war ein winziges Grüppchen. Neu an der gegenwärtigen

Entwicklung ist, dass sich junge Leute mit konservativer Einstellung online zu einer verbreiteten, wenn auch zersplitterten rechtsalternativen Kultur bekennen. Auf Bulletin Boards wie 4chan, in Videokanälen auf YouTube und in einem Netzwerk von Influencern auf Facebook und Twitter haben sie einen gemeinsamen intellektuellen Raum geschaffen, in dem sich neben offen faschistischen Gruppen auch Randfiguren in der Trump-Administration zuhause fühlen. Dieser Raum trägt den Namen Kekistan.

Das Mem Kekistan ist ein Beleg dafür, dass sich ein neues faschistisches Grundprinzip entwickelt hat, eine neue Form des technologischen Konservatismus, der Frauen und ethnischen Minderheiten ihre Rechte aberkennen will und auf dezidiert antihumanistischen Prinzipien beruht. Gefährlich ist er nicht, weil er ein paar tausend faschistische Aktivisten der alten Schule mobilisieren kann, sondern, weil er in der Lage ist, Synergien zwischen drei Sektoren der Rechten herzustellen, deren Ziele nach Einschätzung vieler Gesellschaftswissenschaftler normalerweise unvereinbar sind. Dies sind die »extreme Rechte« (die offenen Faschisten), die »populistische radikale Rechte«, die Gewalt traditionell ablehnt und an die Nostalgie und kulturelle Unsicherheit von Teilen der Arbeiterklasse appelliert, sowie der Mainstream-Konservatismus.[3]

Nach dem Brexit-Referendum und Trumps Wahlsieg – in beiden Fällen rissen ethnische nationalistische Bewegungen große Teile der Gesellschaft mit – müssen die soziologischen Erkenntnisse über diese Bewegungen einer Neubewertung unterzogen werden. Während das geschieht, schaffen diese Bewegungen in der Realität neue Fakten: Die von Salvini geführte Regierung in Italien, die rechtsextreme Koalition in Österreich und der Vormarsch der rechtsextremen Schwedendemokraten bei der Reichstagswahl im September 2018 zeigen, dass die Präsidentschaft Trumps überall in der entwickelten Welt autoritären rechten Bewegungen Rückenwind gibt.

Warum und wie führte der Zusammenbruch einer kohärenten Ideologie, welche die freie Marktwirtschaft und die amerikanische Macht legitimieren sollte, zur verbreiteten Übernahme von Vorstellungen einer rassischen und biologischen Überlegenheit im neoliberalen Kernland? Die Reise nach Kekistan begann im Anschluss an die Finanzkrise.

Die Ereignisse im Jahr 2008 stürzten den traditionellen Konservatismus nicht nur in den USA, sondern in aller Welt in eine tiefe Krise. Im April

2009 lud die von den Koch-Brüdern finanzierte ultrakonservative Denk-
fabrik Cato Institute rechte Intellektuelle zu einem Onlineseminar mit
dem Titel »From Scratch« (Bei null anfangen). Aus diesem Seminar ging
das Neo-Reactionary Movement (in Onlineforen als NRx bezeichnet) hervor, das eine Lösung von der Demokratie fordert. Peter Thiel lieferte die Begründung für diesen Schritt. Schon in den neunziger Jahren, erklärte er, sei
klar gewesen, dass »der Kapitalismus bei der Masse nicht unbedingt beliebt
ist«. Jetzt sei es angesichts der massiven staatlichen Eingriffe zur Rettung der
Banken undenkbar, dass die amerikanischen Wähler für eine Verkleinerung
des Staates stimmen würden, da dieser Eingriff zahlreiche Firmen und Spa-
rer ruinieren würde. Sein Fazit: »Ich glaube nicht mehr, dass Freiheit und
Demokratie vereinbar sind.«[4]

Thiel beschrieb drei Möglichkeiten, um außerhalb der demokratischen
Institutionen neue Tatsachen zu schaffen. Zwei seiner Vorschläge waren weit
hergeholt: Man müsse die Weltmeere und das Weltall kolonisieren. Der
dritte Vorschlag war bodenständiger: Die Politik müsse in den virtuellen
Raum verlegt werden, wo die normalen Regeln nicht gälten. Thiel rief zur
Einführung einer neuen Weltwährung auf, die sich »jeder staatlichen Kontrolle und Verwässerung entziehen« werde, und äußerte die Hoffnung, Plattformen wie Facebook würden »Raum für neue Modi des Dissenses und
neue Möglichkeiten zur Errichtung von nicht an Nationalstaaten gebundenen Gemeinschaften schaffen«. Dies war ein Projekt, das Gesellschaft
und Wirtschaft ein Leben »trotz« des von Rettungspaketen und Bankplei-
ten geprägten Kapitalismus ermöglichen sollte; es sah die Gründung von
Basisbewegungen im Internet vor, akzeptierte die nach den Rettungspaketen entstandene Realität nicht und lehnte die Beteiligung am offiziellen demokratischen Prozess ab.

In der Zwischenzeit erklärte der Computerwissenschaftler Curtis Yarvin,
der unter dem Pseudonym Mencius Moldbug schrieb, die Demokratie
müsse durch eine autoritäre Herrschaft ersetzt werden. Yarvin/Moldbug
verwandelte sich in den inoffiziellen Propheten der neoreaktionären Bewegung, dessen weitschweifige 5000-Worte-Essays eine begeisterte Anhängerschaft fanden. Yarvin wollte die Demokratie durch eine wohlwollende Diktatur nach dem Vorbild eines Unternehmens ersetzen, in dem der Leiter das
Recht haben sollte, das System zum Wohl seiner Familie anzuzapfen, solange er die wirtschaftliche Freiheit garantierte. Auf der Suche nach einem

historischen Vorbild für diesen Staat wird man bei Hegel fündig, der die preußische Monarchie pries, wenn auch unter einem früheren Herrscher, nämlich Friedrich dem Großen. Unter Verweis auf die erfolgreichen modernen Autokratien in Hongkong, Singapur und Dubai erklärte Yarvin: »Ihre einzige Schwäche ist der Mangel an politischer Freiheit, und die politische Freiheit ist unerheblich, wenn die Regierung stabil und effektiv ist.«[5]

Yarvin lieferte die Rechtfertigung für eine neue rechtsextreme politische Strategie: Es sollte keine Zeit mehr mit der Entwicklung politischer Maßnahmen vergeudet werden. Man musste beginnen, eine Machtdynamik an der Basis zu entwickeln, Kryptowährungen zu fördern, um sich vom Diktat der Zentralbanken zu befreien, und die Voraussetzungen für die Machtergreifung einer von einer Familie geführten Kleptokratie schaffen. Obwohl sie das in der Öffentlichkeit nicht sagen konnten, hatten die rechten technologischen Utopisten die geistige Architektur des Faschismus neu erfunden.

Die Mem-Verbreiter, Vergewaltigungsfantasten und weißen Suprematisten lasen diese Texte vermutlich nie, aber einige leicht verdauliche Happen wurden in einfachere Botschaften verpackt und über YouTube und Internetfernsehen verbreitet, um eine reichhaltige verbale und visuelle Kultur zu erzeugen und die NRx-Philosophie zu vermitteln. Jene, die wie die linke Autorin Angela Nagle in der Alt-Right-Bewegung lediglich ein Produkt des Überdrusses angesichts der von den Universitäten gepflegten politischen Korrektheit sehen, lassen außer Acht, dass die theoretischen Fundamente dieser Bewegung mit denselben Ressourcen – den von den Koch-Brüdern finanzierten Denkfabriken – gelegt wurden, die später Trump an die Macht brachten.

Ich berichtete bereits am Rande des G-20-Gipfels in Pittsburgh im Jahr 2009, dass die populistische Rechte den Traum vom »Neustart« aufgegriffen hatte. Ein besorgter Vertreter der Libertarian Party, der selbst gegen Obama protestierte, sagte mir, »zu viele Leute auf allen Seiten« hätten begonnen, »von einem Showdown in Amerika zu träumen«, von einer Neuauflage des amerikanischen Bürgerkriegs.[6] Es war jedoch noch nicht klar, wie die antidemokratische Neuausrichtung der rechten Theoretiker den Anstoß zur Entstehung einer Basisbewegung geben sollte. Kein Sektor der herrschenden Elite konnte diesen Kurs offen unterstützen. Selbst eine Figur wie Glenn Beck, der in den ersten Jahren der Obama-Regierung auf Fox News den Hass geschürt hatte, begann die Tea Party zu warnen, sie solle sich nicht zu einer bewaffneten Revolution hinreißen lassen.[7]

In eine nennenswerte rechtsextreme Bürgerbewegung verwandelte sich NRx dank der Diskussion über eine Frage, die nach Ansicht der meisten Leute geklärt war: die Frauenrechte. Durch eine Reihe massiver, koordinierter Onlineangriffe auf einzelne Frauen wurden Theorie und Praxis der alternativen Rechten in die Welt von Blut und Furcht hinausgetragen.

Schon vor der Finanzkrise hatte sich etwas zusammengebraut. Im Jahr 2007 wurde die Spieldesignerin Kathy Sierra attackiert, weil sie sich dafür ausgesprochen hatte, die Kommentare auf Internetseiten zu moderieren. Die Angreifer veröffentlichten ihre Privatadresse und mit Photoshop bearbeitete Bilder, auf denen sie als Vergewaltigungs- und Mordopfer zu sehen war. Ihr blieb nichts anderes übrig, als sich aus der Öffentlichkeit zurückzuziehen. Im Jahr 2010 begann eine Internetmobbing-Kampagne gegen die elfjährige Jessi Slaughter, die von Teenagern und Erwachsenen zum Selbstmord aufgefordert wurde, nachdem sie in einem Video 4chan-Nutzer scharf kritisiert hatte, die Gerüchte über eine angebliche Affäre des Mädchens mit einem Sänger verbreiteten.

Diese und andere Fälle von Frauenhass legten den Grundstein für #Gamergate, einen großen koordinierten Angriff auf feministische Kritiker des Sexismus in der Computerspiele-Industrie: Im Jahr 2014 begann eine Kampagne, deren Ziel es war, diese Kritiker/-innen aus dem öffentlichen Leben und zum Selbstmord zu drängen. Eines der Opfer, die Medienkritikerin und Bloggerin Anita Sarkeesian, die die chauvinistische Kultur in Videospielen angeprangert hatte, wurde im Internet mit Vergewaltigungsdrohungen überhäuft.

Nur einige tausend Leute lesen die Blogs des Cato Institute, und an den organisierten Beleidigungskampagnen gegen einzelne Frauen sowie der Veröffentlichung ihrer Adressen nahmen vermutlich nicht mehr als einige zehntausend Frauenhasser teil, aber Millionen Menschen spielen Computerspiele, und diese Spieler sind überwiegend junge Männer. Die Organisatoren von #Gamergate nutzten gezielt die Infrastruktur des Onlinegaming, die Hunderte Spieler nach dem Zufallsprinzip über Voice-Server miteinander verbindet.[8] Die Chats in den Spielen werden nicht an öffentlich zugänglichen Orten aufgezeichnet, aber es gibt zahlreiche Berichte darüber, dass diese Welt mit #Gamergate-Propaganda überflutet wurde.

Der #Gamergate-Skandal schmiedete die verstreuten rechten Kräfte zur alternativen Rechten zusammen: 4chan-Nutzer, professionelle Trolle, Männerrechtsaktivisten, die traditionellen Antifeministen der evangelikalen Rechten und die ultrarechte Nachrichtenwebsite Breitbart News, deren Starautor Milo Yiannopoulos sich rasch zum landesweit berüchtigten Hetzer mauserte.

#Gamergate folgte dem Muster, das die NRx-Autoren entwickelt hatten: Mit Aktivitäten außerhalb der parlamentarischen Sphäre sollte eine neue Machtdynamik erzeugt werden. So entstand ein neues taktisches Muster: Man bedrohte ein Opfer mit Gewalt, tarnte den Angriff als Verteidigung des eigenen Rechts auf Redefreiheit und nutzte die verfassungsrechtliche Frage als Katalysator, um sich in der realen Welt die Unterstützung anderer »Verteidiger der Redefreiheit« zu sichern und Leser auf die Seiten von Breitbart News zu bringen. Breitbart trug die Kontroverse anschließend mit der Frage »Warum wird das totgeschwiegen?« in die Mainstream-Medien, woraufhin eine neue Sorte von Fox-News-Moderatoren die Aufgabe übernahm, die Attacke als akzeptablen Vorgang darzustellen und die Verunglimpfung des Opfers zu rechtfertigen. #Gamergate machte den volkstümlichen Argot der Alt-Right – Cuck (Weiberknecht), SJW (Social Justice Warrior; jemand, der bei jeder Gelegenheit politische Korrektheit zur Schau stellt) und Feminazi (extremistische Feministin) – für Millionen konservative junge Männer akzeptabel, und dasselbe galt für die Taktiken des Gaslighting (ein Versuch zur psychologischen Manipulation des Opfers) und des Doxxing (Veröffentlichung von Adresse und persönlichen Details der angegriffenen Person).

Warum eignete sich der Angriff auf den Feminismus dazu, Hunderttausende junge Menschen für die Theorien und Strategien der alternativen Rechten empfänglich zu machen? Ein offenkundiger Grund ist, dass in den letzten Jahrzehnten des 20. Jahrhunderts durch Geburtenkontrolle und Gleichstellungsgesetze die biologische Macht des Mannes gebrochen wurde. In den sechziger Jahren begann die bedeutsamste Veränderung der Machtbeziehungen in der Menschheitsgeschichte. Der Kapitalismus passte sich dem Wandel an und profitierte sogar davon, indem er die Frauen in den Arbeitsmarkt integrierte, einen Großteil der traditionell von Frauen geleisteten Hausarbeit automatisierte, die befreite Sexualität der Frau in eine Konsumware verwandelte und neue Industrien errichtete, die von der unabhängigen Kaufkraft der Frauen lebten.

Aber im Jahr 2008 geriet die neoliberale Methode zur Ermächtigung der Frau in eine Krise. Die sexistischen amerikanischen Männer hatten die wachsende Beteiligung der Frauen am Arbeitsmarkt und eine Verringerung der geschlechtsspezifischen Einkommenskluft nicht als bedrohlich empfunden, solange die Wirtschaft wuchs. Aber als die Gleichstellung der Frau am Arbeitsplatz und in familiären Konflikten nach 2008 gesetzlich festgeschrieben und der Schutz vor sexuellen Übergriffen verbessert wurde, während die sexuelle Unabhängigkeit der Frau kulturell normalisiert wurde, begann die Rechte, sich gegen eine »männerfeindliche« Entwicklung aufzulehnen.

Wenn wir uns die Obsessionen der Männerrechtsaktivisten ansehen, wird klar, dass der Antifeminismus kein Randaspekt des Weltbilds der alternativen Rechten ist, sondern ihre gesamte Kritik an der modernen Welt durchdringt. Die Alt-Right-Bewegung behauptet, heterosexuelle weiße Männer seien die einzigen Opfer der Identitätspolitik: Während Frauen, LGBT-Personen und ethnische Minderheiten eine klare Identität hätten, mit der formale und informelle Rechte verbunden seien, gelte dies für heterosexuelle weiße Männer nicht. Um darauf zu reagieren, konstruierte die alternative Rechte eine eigene unterdrückte Identität, nämlich die des »Beta-Mannes«, eines jungen Mannes, der keine Sexualpartnerin finden kann, weil die Frauen zu beschäftigt sind, Sex mit sogenannten »Alpha-Männern« zu haben.

Selbstverständlich ist das nicht mehr als eine lächerliche pubertäre Vorstellung von der Heterosexualität. Aber wir haben es hier auch mit einem zum logischen Extrem getriebenen neoliberalen Postulat zu tun: Die Menschen sind biologisch ungleich, und auf dem Markt wird sich diese Ungleichheit im Erfolg der Stärksten niederschlagen.

Die »Beta-Rebellion« ist eine Abwandlung einer Idee, die der Philosoph Friedrich Nietzsche in seiner Attacke auf Hegels Konzept des »Endes der Geschichte« entwickelte. Sollte es je zum Ende der Geschichte kommen, erklärte Nietzsche, so werde dies für die meisten Menschen einen Abstieg in Machtlosigkeit und Untätigkeit bedeuten. Die Überlebenden würden »Männer ohne Brust« sein, das heißt Schwächlinge oder »letzte Menschen«, wie Nietzsche sie nannte. Da die Ideologie der Beta-Rebellion das biologische Machtungleichgewicht als normal anerkennt, zweifelt sie nie am Machtanspruch der Alpha-Männer: Deren gesellschaftliche Vormachtstellung ist so selbstverständlich wie die Tatsache, dass der beste Surfer immer den ersten

Anspruch auf die Welle hat. »Unnatürlich« ist in den Augen der Verfechter dieser Ideologie die neue Fähigkeit der Frau, sich ihren Partner selbst auszusuchen und ihr Leben ohne sexistische Einschränkung zu führen.

Nicht Hegel, sondern Nietzsche wurde der philosophische Held der Neoliberalen, weil er den Triumph der Willenskraft rechtfertigte, den Triumph des Starken über den Schwachen und des zielgerichteten Lügners über die moralische und ethische Person. Solange der Neoliberalismus funktionierte und vom globalen System gestützt wurde, hielten es die Eliten für ihre Pflicht, ihr Bekenntnis zur Doktrin des »Triumphs des Willens« hinter der Fassade der Philanthropie und eines zivilisierten Diskurses zu verbergen. Doch als der Neoliberalismus in die Krise geriet, war es nicht mehr notwendig, den Glauben an eine biologisch gegebene Hierarchie zu verbergen.

Wenn jemand glaubt, seine gesellschaftliche Position als Mann sei biologisch vorherbestimmt – was viele Fußsoldaten der alternativen Rechten tun –, so liegt es nahe, dass er im Feminismus einen Angriff auf die biologische Ordnung der Dinge sieht. Nun können die Betas drei Strategien verfolgen: Sie können versuchen, die Alpha-Männer zu imitieren und die in einem der zahlreichen Aufriss-Ratgeber beschriebenen Tricks anzuwenden, um Frauen dazu zu verleiten, Sex mit ihnen zu haben; sie können »Incels« – unfreiwillig Enthaltsame (*involuntary celibates*) – werden, die der sexuell befreiten Frau den Krieg erklären; oder sie können sich aus der Welt der heterosexuellen Beziehungen zurückziehen und sich in die systematische Nutzung von Pornografie oder in freiwillige Enthaltsamkeit flüchten, während sie einen Kulturkampf gegen den Feminismus führen.

Vor diesem Hintergrund ist die amerikanische Proud-Boys-Bewegung entstanden, die den Verhaltenskodex von Studentenverbindungen mit misogyner und islamfeindlicher Propaganda verknüpft und sich hinter einer zunehmend gewalttätigen »Verteidigungsorganisation« namens Fraternal Order of Alt-Knights sammelt. Die Proud Boys haben gegenwärtig nur etwa 6000 Mitglieder, und die amerikanischen Neonazigruppen dürften eine niedrige fünfstellige Zahl aktiver Mitglieder haben. Aber die ideologische Bewegung, der sie angehören, ist groß. Das beliebte antifeministische Reddit-Forum RedPill hatte, bis es Ende 2018 unter Quarantäne gestellt wurde und somit nicht mehr so einfach online zu erreichen war, 226 000 »Subscriber«, und 4chan, das bevorzugte Bulletin Board der alternativen Rechten, brüstet sich mit elf Millionen Aufrufen im Monat allein in den USA.[9]

Das eigentliche Problem ist, dass der gewalttätige Frauenhass dank der sozialen Medien innerhalb weniger Jahre zum Bezugspunkt für die globale rechtsextreme Subkultur geworden ist.

Der neue Frauenhass, dessen Entfaltung mit der plötzlichen Verfügbarkeit kostenloser HD-Pornovideos im Internet zusammenfiel, passte gut zu den üblichen Handlungssträngen dieser Filme: Gangbang, die unterwürfige Frau, die betrunkene zum Sex verleitete Frau, der schwarze Mann als sexuelles Raubtier und der »Gehörnte« – der Beta-Mann, der zusehen muss, wie ein (oft schwarzer) Alpha-Mann Sex mit »seiner« Frau hat. Im Jahr 2017 besuchten täglich 81 Millionen Menschen die beliebteste pornografische Website Pornhub; ein Drittel dieser Besucher war zwischen 24 und 35 Jahre alt.[10]

Hier stoßen wir auf ein vertrautes Muster. Die gewalttätige Misogynie der alternativen Rechten stützt sich auf uralte Vorurteile, die unter Bedingungen der wirtschaftlichen Überforderung mit einem neuen wirtschaftlichen Inhalt und einer neuartigen Opfermentalität verknüpft werden. Hannah Arendt warnte ausgehend von den Erkenntnissen über den Aufstieg des Nationalsozialismus, es sei ein Fehler, den modernen Antisemitismus mit dem mittelalterlichen Phänomen gleichzusetzen. Dasselbe gilt für die heutige Misogynie.

Ab 2008 verwandelte sich der mit einer eigenen symbolischen Sprache versehene Frauenhass in einen ideologischen Magneten für Gruppen, deren Unzufriedenheit sich eigentlich auf andere Dinge richtete. So wie die Faschisten der zwanziger Jahre die Juden beschuldigten, einen kulturellen Bolschewismus zu verbreiten, heften die Neoreaktionären den Feministen das Etikett des kulturellen Marxismus an und brandmarken sie als »Feminazis«. Das Wort »Cuck-servative«, eine weitere gängige Beleidigung, welche die alternative Rechte ihren Gegnern an den Kopf wirft, dient zur Beschreibung machtloser Konservativer in der Wirtschaftselite, denen die Schuld am Machtverlust der weißen Männer und am Wahlsieg Obamas gegeben wird.

Aber die alternative Rechte und der ethnische Nationalismus, von dem sie zehrt, unterscheiden sich in einem wesentlichen Punkt von den Ideologien, die in den dreißiger Jahren den Faschismus hervorbrachten: Sie stützen sich auf eine ausgefeilte Theorie der Ideologie.

In dem Film *The Matrix* aus dem Jahr 1999 ist der Held Neo in einer von seinen Unterdrückern konstruierten virtuellen Realität gefangen. In einer Schlüsselszene wird er vor die Wahl gestellt: Er kann eine blaue Pille schlucken und in der falschen Realität bleiben, oder er kann eine rote Pille schlucken und diese Realität als gefälscht erkennen, was jedoch bedeuten wird, dass er für immer auf das Glück verzichten und in einer permanenten Revolte leben muss. In den letzten dreißig Jahren wurden zahlreiche Geschichten über alternative Wirklichkeiten – Beispiele sind *Die Truman Show*, *Westworld* und *Inception* – erzählt, die Metaphern für unsere Unfähigkeit sind, Auswege aus dem Neoliberalismus zu finden oder darüber hinauszudenken. Als der Ausdruck »red pill« im Jahr 2004 in das *Urban Dictionary* aufgenommen wurde, war er politisch neutral.[11] Als Verb bedeutete er, ein politisches Bewusstsein zu entwickeln, das der vorherrschenden Ideologie widersprach.

Als im Jahr 2012 das Forum RedPill auf Reddit gestartet wurde, hatte die Rechte das Konzept des »Redpilling« in ihren Besitz gebracht. Die Neoreaktionäre werfen dem Neoliberalismus vor, er sei zu egalisierend, zu rational und zu demokratisch geworden und folge »universellen« Werten. Yarvin/Moldbug beschreibt die Machtstrukturen der neoliberalen Ära als »Kathedrale«, als unanfechtbares Gedankengebäude, in dem Hochschulen und Medien – das heißt die wichtigsten Quellen von Vernunft und Wahrheit – eine »umfassende Kontrolle des Denkens« ausüben, um ein »universalistisches Dogma« zu verteidigen.[12]

Während linke Ideologietheorien beschreiben, wie unsere Lebenserfahrung Illusionen bezüglich der Realität hervorbringt, übt in den Augen der neuen Rechten der Feind eine bewusste Kontrolle über das Denken aus, der wir uns leichter entziehen können: Wir müssen lediglich die rote Pille schlucken und »aufwachen«. Wo bekommen wir die rote Pille? Bei Rupert Murdochs Fox News, bei Robert Mercers Breitbart und bei Zehntausenden Beta-Männern, die auf Bulletin Boards und Twitter Gedanken verbreiten, die gegen die Regeln verstoßen – diese Aktivität wird als »Shitposting« bezeichnet.

Im Jahr 2014 war es der amerikanischen Rechten gelungen, die Fragmente des alten Konservatismus zu etwas Neuem zusammenzusetzen. Dieses neue Weltbild beinhaltete (a) eine theoretisch untermauerte Ablehnung der Demokratie, (b) gewalttätigen Frauenhass als wesentlichen Bestandteil eines neuen Opfernarrativs, (c) Feindseligkeit gegenüber Rationalismus, Universitäten und Medien, (d) die Ablehnung der universellen Menschenrechte und (e) eine Stratifizierung der Menschheit anhand biologischer Kriterien wie ethnische Zugehörigkeit, Geschlecht und Intelligenzquotient. Rund um diese Vorstellungen wurden verschiedene Obsessionen entwickelt; dies konnte der Antisemitismus für die einen, die Islamfeindlichkeit für die anderen und die Ablehnung eines strengeren Waffengesetzes für fast jedermann sein.

Nun brauchte die alternative Rechte nur noch eine externe Kraft, die ihr helfen konnte, und einen inneren Feind, den sie bekämpfen konnte. Der innere Feind war schnell gefunden: die schwarze, muslimische und hispano-amerikanische Bevölkerung. Als äußere Kraft kristallisierte sich in einer bizarren Umkehrung des Narrativs des Kalten Kriegs Putins Russland heraus.

Im Jahr 2008 brach nicht nur die globale Finanzordnung zusammen. Fast unbemerkt löste sich auch die globale Ordnung auf. Im August jenes Jahres marschierten russische Truppen in dem kleinen Nachbarstaat Georgien ein. Die Aggression wurde von sämtlichen nach 1989 entstandenen multilateralen Institutionen verurteilt, was jedoch nichts daran änderte, dass Putin zu sehr geringen Kosten ein Vordringen der Nato bis zum Schwarzen Meer verhindert und seine Position in der Region gefestigt hatte. Es dauerte eine Weile, bis wir es begriffen, aber nach dem russischen Überfall auf Georgien war die Weltordnung wieder multipolar. Es gab jedoch einen bedeutsamen Unterschied zur früheren Situation.

Ende der siebziger Jahre besuchte ich an der Universität Seminare eines erfahrenen Sowjetunionexperten. Die Wände seines Büros waren vom Boden bis zur Decke mit Porträtfotos sowjetischer Bürokraten gepflastert, und in aufeinandergestapelten Schachteln lagerte er Aktenordner, in denen die Machtstruktur des Kreml detailliert beschrieben war. Um das Verhalten der sowjetischen Führung im Kalten Krieg voraussagen zu können, musste man die Abläufe in einer komplexen, hochqualifizierten Bürokratie verstehen, die sich an klaren Doktrinen orientierte und bekannten institutionellen Kontrollmechanismen unterworfen war.

Im Jahr 2008 hätte mein früherer Professor nur noch ein einziges Foto gebraucht, und statt all der Aktenordner hätte ihm ein psychiatrischer Bericht über Wladimir Putin genügt. Der Westen hatte es nicht länger mit einer komplexen Bürokratie zu tun, die eine kollektive Doktrin umsetzte, sondern war mit einem einzelnen Mann konfrontiert, der sich gerne mit nacktem Oberkörper auf dem Rücken eines Pferdes fotografieren ließ und in einer täglichen Lagebesprechung mit Personen, die ihm nicht zu widersprechen wagten, seine Einschätzung des Weltgeschehens definierte. Zu Zeiten der Sowjetunion hatte man die gesamte Befehlsstruktur des Kreml und seiner Geheimdienste studieren können. Jetzt gab es nur noch ein einziges Studienobjekt: Putins Gehirn.[13]

Nach dem Georgienkrieg beschrieb der zeitweilige Präsident Dmitri Medwedew in Putins Auftrag die neue Außenpolitik Russlands: Die Welt sei nun multipolar. Russland werde sich gegen jeden Versuch wehren, sein Territorium zu verringern. Es werde die russischsprachige Bevölkerung in anderen Ländern schützen und seine »privilegierten Interessen« in bestimmten Regionen verteidigen.[14]

Medwedew beschrieb die Doktrin vom russischen Großmachtanspruch, und die Implikationen seiner Erklärung hätten klar sein sollen: Russlands Ziel war es, die multilateralen Institutionen und Regime der globalen Ordnung (die Vereinten Nationen, die Organisation für Sicherheit und Zusammenarbeit in Europa und die Abrüstungsverträge) zu schwächen und durch eine Weltordnung zu ersetzen, die Russland, die USA und China untereinander ausmachen würden. Zentralasien und das Schwarze Meer sollten Teil der russischen Einflusssphäre sein, wobei die Ukraine nach dem Wahlsieg des mit dem Kreml verbündeten Kandidaten Wiktor Janukowitsch – der vom Trump-Mitarbeiter Paul Manafort beraten worden war – im Jahr 2010 wieder dem russischen Diktat unterworfen werden sollte.

Russland würde »seinen« Teil der Arktis unter seine militärische Kontrolle bringen und den Iran, den Libanon und Syrien als Satellitenstaaten an sich binden. In Europa würde es mittels einer »hybriden Kriegführung«, die eine Unterstützung für links- und rechtsextreme Parteien und nationalistische Bewegungen beinhalten würde, das Bekenntnis der EU-Mitglieder zur kollektiven Verteidigungsdoktrin der Nato schwächen. Russland war entschlossen, seinen »Hinterhof« wieder unter Kontrolle zu bringen.

Die westlichen Sicherheitsexperten durchschauten Putins Absichten, aber es fiel ihnen schwer, sein Projekt in ihr Weltbild zu integrieren. Sie waren überzeugt, dass die Globalisierung stetig voranschreiten und dass die freie Marktwirtschaft die Entwicklung der Demokratie begünstigen würde. In den Augen der westlichen Strategen waren Putin und die als »Silowiki« bekannte Clique ehemaliger Geheimdienstmitarbeiter und Militärs, auf die er sich stützte, lediglich eine autoritäre Übergangsmacht, die verschwinden würde, sobald eine neue, westlich ausgerichtete Mittelschicht reif genug war, um die Macht zu übernehmen. Und die russische Großmachtdoktrin hielten die westlichen Sicherheitsexperten für in erster Linie defensiv.

Diese Annahmen bewog die Regierung Obama zu ihrer letzten Endes verheerenden strategischen Ausrichtung auf Asien. Die damalige Außenministerin Hillary Clinton erklärte diese Strategie im November 2011 in einem Artikel mit der Überschrift »America's Pacific Century«:[15] Damit sich die Globalisierung fortsetzen könne, müssten die USA die Güter- und Dienstleistungsströme in Ostasien ihren Interessen anpassen. Sie müssten ihre militärischen Bündnisse mit Japan und Südkorea festigen und den Aufstieg Chinas zur dominierenden Seemacht der Region verhindern, da dieses Land sonst imstande sein würde, den wichtigsten Seeverkehrsweg der Welt im Südchinesischen Meer zu kontrollieren. Die amerikanische Ausrichtung auf den Pazifik bedeutete, dass es in Zukunft Europa überlassen sein würde, der Bedrohung durch Russland zu begegnen.

Clinton hätte keinen schlechteren Zeitpunkt wählen können: Nur einen Monat nach Veröffentlichung ihres Artikels kam es in Moskau zu Massenprotesten gegen Putins Regime. Die bestehende Vereinbarung mit der russischen Gesellschaft – Putin sorgte für Wohlstand, und der moderne, liberale, vernetzte Sektor der Gesellschaft hielt sich aus der Politik heraus – schien nicht länger zu gelten. Um die Protestbewegung niederzuschlagen, ordnete Putin nicht nur die Verhaftung ihrer Anführer an und mobilisierte rechtsnationalistische Schlägertrupps gegen die Opposition, sondern ließ auch ein Gesetz verabschieden, mit dem eine offizielle schwarze Liste von Internetseiten eingeführt wurde.[16] Mit einem weiteren Gesetz wurden 148 Nichtregierungsorganisationen, die sich für die Demokratisierung Russlands einsetzten, als »ausländische Agenten« eingestuft und die staatliche Gängelung ausländischer Medien festgeschrieben.[17] In Putins Augen war der Westen für die demokratischen Proteste in Russland – und in seinem Marionettenstaat Syrien – verantwortlich. In Reaktion darauf wies der Kreml seinen Sicherheitsapparat an, eine Gegenoffensive einzuleiten. Und auf diese neuartige Offensive war Clintons auf Asien fixiertes Außenministerium nicht vorbereitet.

Im Jahr 2012 schickte Russland unilateral Truppen nach Syrien. Auf den Sturz des moskautreuen Regimes in Kiew im Jahr 2014 reagierte der Kreml mit der Invasion und Annexion der Krim; anschließend brach er in der Ostukraine einen Bürgerkrieg vom Zaun, der zur Abspaltung von zwei teilweise russischsprachigen Provinzen führte, in die Putin Besatzungstruppen einschleuste.

Erst als Putin seine Strategie Schritt für Schritt in die Tat umsetzte, wurde dem Westen klar, dass er tatsächlich einen offensiven *Hybridkrieg* führte. Die hybride Kriegführung wird als Einsatz einer Mischung von »konventionellen Waffen, irregulären Taktiken, Terrorismus und kriminellen Aktionen im selben Zeitraum und Einsatzgebiet« zur Erreichung politischer Ziele definiert.[18] Demokratische Staaten können eine solche Strategie definitionsgemäß nicht ungehindert anwenden.

Ein zentraler Bestandteil der Doktrin, die der Kreml als »Kriegführung der neuen Generation« bezeichnet, sind Informationen. Herkömmliche Armeen führen einen Informationskrieg gegen gegnerische Kommandeure, tarnen Bewegungen auf dem Schlachtfeld, stören die Kommunikation des Gegners und greifen zur psychologischen Kriegführung gegen die Zivilbevölkerung feindlicher Länder, wobei all diese Aktivitäten dazu dienen, ihren Streitkräften einen Vorteil auf dem Schlachtfeld zu verschaffen. Der Hybridkrieg dient anderen Zielen. Ein Analyst der Nato erklärt: »Das russische Konzept der modernen Kriegführung beruht auf der Vorstellung, dass die Auseinandersetzung im Wesentlichen im Kopf stattfindet.«[19]

Selbst nachdem Putin seinen Wunschkandidaten ins Weiße Haus gebracht, das Brexit-Referendum beeinflusst und mit Millionen Euro den französischen Front National unterstützt hat, ist vielen Leuten im Westen noch nicht klar, dass der Kreml einen Krieg in ihren Köpfen führt. Die Einwohner demokratischer Länder nehmen selbstverständlich an, dass Rechtsstaatlichkeit herrscht und dass jene, die das Gesetz brechen, damit rechnen müssen, bestraft zu werden. Doch große Teile der Welt sind gesetzlose Gebiete, in denen Staatsmacht und Geheimdienste jedes Ziel erreichen können, das ihnen die Superreichen vorgeben.

Putins neue Strategie ist jedoch nicht nur ein Problem für westliche Regierungen. Es ist auch ein Problem für jene, die diese Regierungssysteme durch eine radikale Alternative zum Neoliberalismus ersetzen wollen.

In den dreißiger Jahren bekämpften Demokraten und Sozialisten faschistische Bewegungen, die dem Nationalismus anderer Länder feindlich gesinnt waren. Heute sind Faschismus, ethnischer Nationalismus und autoritäre Regime bereit, gemeinsame Ziele zu verfolgen und einander zu unterstützen. Und alle rechten Bewegungen, die imstande sind, die westliche Demokratie zu destabilisieren oder die Nato und die Europäische Union zu schwächen, können auf die stillschweigende oder offene Unterstützung des Kreml zählen, insbesondere im Bereich der vernetzten Desinformation.

Im Jahr 2011 waren viele Progressive von Begeisterung über den Arabischen Frühling und die Occupy-Bewegung erfüllt und glaubten, die vernetzte Kommunikation ermögliche eine augenblickliche Überprüfung und Entkräftung von Propaganda. Die Regierungen hatten die Fähigkeit verloren, das Bild zu kontrollieren, das sich die Gesellschaft von Kriegen und Konflikten machte, und die amtliche Darstellung von Ereignissen konnte augenblicklich überprüft werden, indem man Zeugen vor Ort befragte. Rechte und autoritäre Regierungen konnten überleben, indem sie ihre Anhängerschaft in einer Informationsblase hielten, aber das würde nie genügen, um Zustimmung zu ihrer Politik zu gewährleisten.

Eine Lösung für dieses Problem bestand in der Fabrikation von Fake News: die Verbreitung vollkommen falscher Informationen. Eine weitere, in Russland entwickelte Strategie war, den vernetzten Raum mit derart großen Mengen an Desinformation und Hassbotschaften zu verseuchen, dass sich die Menschen aus den Netzwerken zurückzogen. Im Jahr 2013 zeigte sich, dass die russischen »Internetbrigaden« – junge Leute, die in »Trollhäusern« saßen – großes Geschick darin entwickelt hatten, die Atmosphäre in jedem Diskussionsforum zu vergiften. Journalisten fanden heraus, dass ein Troll, der einen der führenden Köpfe der russischen Protestbewegung im Jahr 2011 mit Kommentaren wie »Nawalny ist der Hitler unserer Zeit« verleumdete, für eine Achtstundenschicht einen Tageslohn von 36,50 Dollar erhielt.[20]

Die Desinformationskampagnen wurden rasch automatisiert. Nachdem der Oppositionsführer Boris Nemzow im Jahr 2015 unweit des Kreml auf einer Brücke über die Moskwa ermordet worden war, begannen Hunderte Twitter-User gleichzeitig die Behauptung zu posten, die Mörder seien Ukrainer, denen Nemzow »ihre Freundin weggenommen« habe. Später identifizierten Forscher 17590 Twitter-Konten, über die diese Attacken lanciert worden waren: Abgesehen davon, dass jeder dieser Accounts im Durchschnitt 2830 Tweets abgesetzt hatte, hatten sie praktisch nicht mit anderen Usern im Netz kommuniziert. Der Grund dafür war, dass es sich um computergesteuerte »Bots« handelte.[21]

Wir müssen verstehen, wie Trolle, Bots und Urheber von Fake News in einem System zusammenarbeiten. Sie sollen die Leute nicht von ihrer Version der Realität überzeugen, sondern in der politischen Debatte im Internet eine aggressive und feindselige Atmosphäre erzeugen, vor der normale Menschen zurückschrecken. Und sie sollen den Eindruck erzeugen, dass alle Beteiligten lediglich einen Propagandakrieg führen, weshalb man keiner Nachricht vertrauen kann, woher sie auch kommt.

Wladimir Putins Trolle und die willigen Lieferanten von Falschinformationen in der westlichen Rechten sind jedoch nur die Angebotsseite dieser Fake-News-Ökonomie. Das größere Problem ist die Nachfrageseite.

Die Bewegung #BlackLivesMatter entstand im Juli 2013 in Reaktion auf den Freispruch für einen Mann namens George Zimmerman, der in Florida eine Nachbarschaftswache geleitet und im Verlauf einer Auseinandersetzung den schwarzen Teenager Trayvon Martin erschossen hatte. Die schwarzen Frauen, die den Hashtag verbreiteten, waren nicht nur versierte Netzwerkaktivistinnen, sondern gehörten einer Generation gebildeter Schwarzer mit hoher sozialer Aufwärtsmobilität an. Eine Methode, die zwei Jahre früher im Zuccotti Park noch eine experimentelle Neuerung für die überwiegend weiße Mittelschichtjugend gewesen war, hatte sich in ein alltagstaugliches Werkzeug verwandelt, dessen Einsatz erlernt werden konnte.[22]

Im Jahr 2014 verwandelte sich die defensive Protestbewegung #BlackLivesMatter im Verlauf des durch die tödlichen Schüsse eines Polizisten auf Michael Brown ausgelösten Aufstands in Ferguson im US-Bundesstaat Missouri in eine offensive und dynamische Menschenrechtskampagne. Die Polizei reagierte auf die Unruhen mit einer militärischen Besetzung der Stadt. Hunderte afroamerikanische Demonstranten hielten die Hände hoch und riefen den Polizisten »Nicht schießen!« zu. Angesichts wiederholter Morde an unbewaffneten Schwarzen durch Polizisten und Wachleute war das mehr als eine symbolische Geste.

Nach Ferguson begannen Zehntausende junge Menschen aus der am besten ausgebildeten und kompetentesten Generation schwarzer Amerikaner, sich für die Ziele von #BlackLivesMatter einzusetzen. Sie wandten Techniken an, welche die Occupy-Bewegung drei Jahre vorher entwickelt hatte, und kanalisierten das im jahrelangen Studium der Bürgerrechtsbewegungen der fünfziger und sechziger Jahre erworbene Wissen, um der in der Ära des freien Markts verfestigten Unterdrückung der Schwarzen entgegenzuwirken.

Der Neoliberalismus hat den afroamerikanischen Gemeinden der Vereinigten Staaten Armut und Kriminalisierung aufgezwungen. Zahlreichen Schwarzen wurde aufgrund der drakonischen amerikanischen Gesetze zum Wahlrechtsentzug für »Straftäter« die Möglichkeit zur demokratischen Partizipation genommen. Obwohl Präsident Obama stets Sympathie für die Opfer von Polizeigewalt zeigte, unternahm er wenig gegen die strukturellen Grundlagen der Unterdrückung der Schwarzen. Indem #BlackLivesMatter diese Strukturen angriff, weckte sie bei den weißen Rassisten Erinnerungen an ihre schlimmsten Albträume.

Historisch folgte auf jeden Erfolg der schwarzen Menschenrechtsbewegung in den Vereinigten Staaten eine wirtschaftliche und soziale Niederlage. Als die Sklaverei nach dem Bürgerkrieg abgeschafft wurde, wurden die Schwarzen im Süden Farmpächter, die im Jim-Crow-Apartheidsystem durch Rassentrennungsgesetze unterdrückt und von Lynchmobs terrorisiert wurden. Nach der Verabschiedung des Civil Rights Act von 1964 sorgte eine Kombination von geografischer Segregation und Wirtschaftskrise dafür, dass arme Schwarze in den Städten eine Unterschicht bildeten, deren Angehörige kein Recht auf eine angemessene Bildung und gute Arbeitsplätze hatten und regelmäßig ins Gefängnis gesteckt und des Wahlrechts beraubt wurden.

Aber was geschieht, wenn die Strafverfolgungsbehörden und das Gefängnissystem nicht länger zur Unterdrückung der Schwarzen eingesetzt werden können? Was geschieht, wenn die Polizei daran gehindert wird, wahllos schwarze Autofahrer und schwarzhäutige Menschen, die nachts vor der Tür ihres eigenen Hauses stehen, zu schikanieren? Was geschieht, wenn den Gerichten die Möglichkeit genommen wird, schwarze Männer in von Privatunternehmen betriebene Gefängnisse zu schicken, wo sie als Halbsklaven arbeiten müssen?

Wenn das geschieht, gerät in Gefahr, was der schwarze Soziologe W. E. B. Du Bois in den dreißiger Jahren des vergangenen Jahrhunderts als »öffentlichen und psychologischen Lohn« der weißen Haut bezeichnete: Wer hellhäutig war, der hatte, so arm er auch sein mochte, eine bessere Chance, sich aus der Armut zu befreien, und er lief kaum Gefahr, bei einer Schießerei zwischen verfeindeten Banden zu sterben, von Polizisten erschossen oder inhaftiert zu werden. Als sich die neoliberale Ideologie und mit ihr die Vorstellung ausbreitete, die Armen hätten ihr Schicksal »verdient«, weil sie sich nicht im Wettbewerb auf einem effizienten Markt behaupten könnten, wurden Armut und Unterdrückung zusätzlich technokratisch begründet. Man konnte wie die meisten Konservativen die von dem Politikwissenschaftler Charles Murray in seinem 1994 erschienenen Buch *The Bell Curve* verfochtene »Rassenwissenschaft« ablehnen und trotzdem glauben, dass der geringe wirtschaftliche Erfolg bestimmter ethnischer Minderheiten in den USA auf Gesetzmäßigkeiten zurückzuführen war.

Wie der Politikwissenschaftler Joel Olson erklärt, verbirgt sich hinter der rechtlichen Gleichstellung der Schwarzen »ein System unausgesprochener und verborgener rassischer Privilegien, das weniger durch offene Diskriminierung, sondern vielmehr durch Marktkräfte, kulturelle Gewohnheiten und andere alltägliche Praktiken reproduziert wird, in denen die Annahme zum Ausdruck kommt, [...] die Vorteile der Weißen seien das natürliche Ergebnis des Wirkens der Marktkräfte und der individuellen Entscheidungen«.[23]

Das wiederum hat seinen politischen Ausdruck in der Strategie der Republikanischen Partei gefunden, die Politik rassistisch aufzuladen. Die Aussage »Die Demokraten sind Teil der weißen Elite, welche die schwarze kriminelle Unterschicht begünstigt« wäre eine treffende Zusammenfassung des Subtextes, den die Republikaner unabhängig davon, ob sie dem Mainstream angehören oder nicht, bei Wahlen propagieren.

Das größte der »unausgesprochenen und verborgenen auf Hautfarbe basierenden Privilegien« besteht darin, dass ein Weißer einem Schwarzen die Polizei auf den Hals hetzen und ihn gewaltsamer Festnahme, ungerechter Inhaftierung und im Extremfall tödlicher Polizeigewalt aussetzen kann. Indem die Gründer von #BlackLivesMatter dieses Privileg infrage stellten – und zwar nicht gestützt auf Religion oder Emotion, sondern auf Gesellschaftstheorie und Verfassungsrecht –, drohten sie den »Glasboden« zu zerschlagen, der die schwarzen Amerikaner von den armen und in Unsicherheit lebenden Weißen trennt.

Das ist von großer Bedeutung. Die Furcht vor der Befreiung der Schwarzen ist keineswegs auf die alternative Rechte beschränkt, sondern in der weißen Mittelschicht verbreitet. Man sehe sich nur die zahlreichen in den sozialen Medien gemeldeten »Permit Patty«-Zwischenfälle an, bei denen weiße Rassisten die Polizei rufen, weil Schwarze Grillkohle anzünden, in bestimmten Schwimmbecken baden oder, wie im Falle der Namensgeberin Patty den Notruf wählen, weil ein schwarzes Mädchen Flaschenwasser an vorbeilaufende Footballfans verkauft.[24]

Als #BlackLivesMatter eine Bewegung geworden war, die im Bewusstsein der vernetzten jungen Schwarzen verankert war und schwarze Footballspieler dazu bewog, sich beim Abspielen der Nationalhymne zum Zeichen des Protests niederzuknien, versetzte die Reaktion darauf die alternative Rechte in die Lage, ihren Einfluss auf die Debatte unter den amerikanischen Konservativen weiter zu vergrößern.

Die »Rassenforschung«, die weitgehend diskreditiert war und lange Zeit nur in den Köpfen von Rechtsextremen gespukt hatte, wurde wieder salonfähig. Murray selbst wird bei Veranstaltungen der alternativen Rechten gefeiert, und Onlinemagazine wie *American Renaissance* listen sämtliche verfügbaren pseudowissenschaftlichen »Belege« für eine genetisch angelegte Minderintelligenz von Schwarzen auf. Und das ist kein Zufall, denn im Kern des rechtsextremen Denkens über Rasse finden wir wie in der Geschlechterfrage eine Ablehnung des universellen Charakters des menschlichen Wesens und den Glauben an eine biologisch gegebene Ungleichheit.

Seit den neunziger Jahren, als rechtspopulistische Gruppen erste Wahlerfolge in Europa feierten, versuchen die Politikwissenschaftler zu verstehen, auf welche Fehlentwicklungen diese Gruppen reagieren und welche Ideologien sie hervorbringen. Das unausgesprochene Ziel dieser Untersuchungen besteht darin, Wege zu finden, um die neue Rechte in Schach zu halten und ihren Zusammenschluss mit den Überresten des Faschismus zu verhindern.

Die Ursachen für den Aufstieg der Rechtsextremen sind umstritten, aber es besteht grundsätzlich Konsens darüber, dass die erklärten Faschisten von wirtschaftlicher Unzufriedenheit angetrieben werden, während die »Rechtspopulisten« die kulturelle Entwicklung ablehnen und von einem subjektiven Statusverlust der mit der Einwanderung konfrontierten Arbeiterklasse motiviert werden. Beide Gruppen sind »Opfer der Moderne«, die sich, so die Hoffnung, irgendwann mit dem Verlust von gutbezahlten Arbeitsplätzen, sozialem Zusammenhalt und ethnischen Privilegien abfinden werden. Die faschistischen Gruppen sind etatistisch und gesellschaftlich extrem konservativ, während die populistischen Parteien die freie Marktwirtschaft befürworten und bereit sind, Einwanderergruppen, darunter insbesondere Muslime, unter Verweis auf die Homosexuellen- und Frauenrechte zu stigmatisieren (zum Beispiel wenn sie die Praxis der Genitalverstümmelung anprangern).

Der Großteil der Forschung zur neuen Rechten stammt aus der Zeit vor der Finanzkrise und dem Wahlsieg Trumps. Aber die neuen Prozesse, mit denen wir es zu tun haben, sind auf der Mikroebene gut zu beobachten.

Nehmen wir beispielsweise meine Heimatstadt Leigh im Nordwesten Englands: Dort führte die Finanzkrise von 2008 umgehend zum Aufstieg der faschistischen British National Party (BNP), deren bis dahin vollkommen unbekannter Kandidat bei der Parlamentswahl im Jahr 2010 auf Anhieb 2700 Stimmen erhielt. Mit 6 Prozent der Stimmen überflügelte die BNP die ebenfalls neue rechtspopulistische UKIP, die lediglich 1500 Stimmen erhielt – und das, obwohl die BNP in Leigh keine funktionierende Ortsgruppe hatte. Bei der Parlamentswahl im Jahr 2015 erhöhte die UKIP ihren Stimmenanteil auf 20 Prozent (9000 Stimmen), womit sie sämtliche Wähler der Faschisten für sich gewann und der Labour Party und den Konservativen 4000 Stimmen abnahm. Beim Brexit-Referendum im Jahr 2016 stimmten in Leigh zwei von drei Wählern für den Austritt aus der Europäischen Union und entschieden sich damit für das Programm von BNP und UKIP. Bei der Wahl im Juni 2017 fiel die UKIP auf 2800 Stimmen zurück, während die Konservativen 6000 Stimmen mehr erhielten als bei der letzten Wahl.[25]

Um es mit wenigen Worten zu sagen: Die rechtsextreme Politik ist ein unfertiges Produkt. Sie ist erfolgreich, wenn es einen einzelnen großen »Missstand« gibt, der das Wahlvolk polarisiert. Die kleinere faschistische Kerngruppe ist stets bereit, sich einer erfolgreichen populistischen Partei anzuschließen, und viel hängt davon ab, wie die herkömmlichen Parteien reagieren.

Überall in Europa haben die Rechtspopulisten gelernt, wie sie die Parteien der Mitte, die durch ihr Festhalten an einem untauglichen Wirtschaftssystem gelähmt sind, in die Defensive drängen können. Das Resultat ist die gegenwärtige politische Landschaft Europas, in der rechtspopulistische Parteien in Polen, Ungarn, der Tschechischen Republik und (in Koalitionen) in Österreich und Italien regieren. Und wenn sie politische Macht oder die mit zweistelligen Wahlergebnissen verbundenen parlamentarischen Privilegien erringen, tun sie dasselbe wie Trump: Sie setzen die Maschinerie des demokratischen Staates ein, um Hasstiraden zu legitimieren, das Vorgehen der Ordnungskräfte gegen Faschisten zu unterbinden sowie die Unterdrückung und Deportation von Einwanderern in die Wege zu leiten.

So nützlich die Erforschung des Rechtsextremismus ist: Es fällt der behäbigen wissenschaftlichen Gemeinschaft schwer, mit der dynamischen und unvorhersehbaren Wirklichkeit Schritt zu halten. Wirtschaftliche oder kulturelle Unsicherheit ist nicht länger der einzige Grund dafür, dass sich Wähler rechtsextremen Parteien zuwenden: Mittlerweile gewinnen sie den Eindruck, dass diese Parteien legitime politische Kräfte sind. Sie kommen an die Macht und demontieren die freiheitliche Demokratie von oben.

In den dreißiger Jahren entwickelten linke Soziologen und Psychiater angesichts des Erfolgs der Faschisten bei den Erwerbsarmen die Theorie einer »autoritären Persönlichkeit«. Zu den Ersten, die dieses Phänomen untersuchten, zählte der marxistische Psychoanalytiker, Philosoph und Sozialpsychologe Erich Fromm, der im Jahr 1929 584 Fragebögen auswertete, die er Arbeitern vorgelegt hatte, die sich zu Faschismus, Sozialdemokratie oder Kommunismus bekannten. Fromm gelangte zu dem Schluss, dass unter den deutschen Linken auch in den guten Jahren Personen gewesen waren, deren »Besonderheiten der Persönlichkeit« ihrer politischen Ausrichtung widersprachen. Die Angehörigen dieser Gruppe hegten Groll gegen die Elite, aber »Programmpunkte wie Freiheit und Gleichheit [übten] nicht die geringste Anziehungskraft auf sie aus, denn sie gehorchten bereitwillig jeder mächtigen Autorität, die sie bewunderten«. Als sich die gesellschaftliche Krise zu Beginn der dreißiger Jahre verschärfte, wandelten sich diese Menschen nach Einschätzung Fromms von unzuverlässigen Linken zu überzeugten Nationalsozialisten.[26]

In den fünfziger Jahren versuchte ein von Theodor W. Adorno geführtes Team von Sozialpsychologen, Psychiatern und Psychologen in den USA, ausgehend von Fromms Arbeit, die Anfälligkeit von Personen für den Faschismus anhand ihrer Einstellung zu Autorität, Familie, Homosexualität, Rasse und Geschlecht zu beurteilen. Diese Forschergruppe beschrieb den faschistischen Persönlichkeitstyp als »autoritären Rebellen«. Abgesehen davon, dass Adornos Arbeit wegen seiner unklaren Methodik kritisiert wurde, schienen seine Erkenntnisse in den sechziger Jahren überholt. Der Faschismus war besiegt, der rassische Suprematismus als Doktrin war im Untergrund verschwunden, und der Persönlichkeitstypus, den das Establishment fürchtete, war eindeutig antiautoritär.

Doch jetzt sind wir erneut mit der Frage konfrontiert, woher faschistische Einstellungen als psychologisches Massenphänomen kommen. Der autoritäre Nationalismus Trumps, seiner Gefolgsleute und Nachahmer ist in einem gemeinsamen ideologischen Raum mit dem offen rassistischen Breitbart-Rechtsradikalismus und einem unverhohlenen Neofaschismus beheimatet. Obwohl er sich in metaphorischen Räumen wie Kekistan oder den »Chan«-Bulletin Boards versteckt, wo vordergründig nichts ernst gemeint ist, schwappen die im Internet geschürte Wut und Empörung immer wieder in die Realität über und führen zu Gewalt.

Die Progressiven haben nicht nur die Aufgabe, Trump zu besiegen und seine autoritären nationalistischen Gegenstücke in Europa an den Wahlurnen zu besiegen. Sie müssen auch verhindern, dass sich der autoritäre Nationalismus zum Faschismus weiterentwickelt: Sie müssen das »zeitweilige Bündnis zwischen Elite und Mob« aufbrechen, bevor es Demokratien, Verfassungen und die globale Ordnung dauerhaft zerstört.

Um diese Ziele zu erreichen, müssen wir die spezifischen Merkmale der Mentalität der alternativen Rechten verstehen. Bisher liegt nur eine einzige empirische Studie über die Alt-Right-Bewegung vor. Die Ergebnisse sind schockierend. Die Sozialpsychologen Patrick Forscher und Nour Kteily haben 447 Amerikaner befragt, die sich als Anhänger der alternativen Rechten bezeichnen, und ihre Einstellungen mit denen einer etwas kleineren Gruppe von Personen verglichen, die für die Gesamtbevölkerung repräsentativ sind.

Wie Fromm haben die beiden Autoren versucht, »Persönlichkeitsmerkmale« zu finden, wobei sie insbesondere nach der sogenannten »dunklen Triade« von Narzissmus, Machiavellismus und Psychopathie Ausschau gehalten haben. Forscher und Kteily wollten auch wissen, ob die Alt-Right-Anhänger so wie Fromms Nationalsozialisten von Autoritäten angezogen werden. Wie sich herausstellt, haben die Anhänger der alternativen Rechten zwar etwas stärkere autoritäre Neigungen und zeigen geringfügig mehr

Symptome von Psychopathie und Narzissmus, aber der auffälligste Unterschied zur Kontrollgruppe ist, dass sie ihre Gegner sehr viel eher als nicht menschlich einstufen.

Wurden sie aufgefordert, verschiedene Gruppen in einer Evolutionsskala einzuordnen, die vom Affen zum Homo sapiens reichte, so stuften die Anhänger der alternativen Rechten durchweg Araber, Muslime, Hispanics und Schwarze als nicht menschlich ein. In ihrer Gesamtheit ordneten die Alt-Right-Anhänger diese ethnischen Gruppen auf halbem Weg zwischen Schimpanse und Homo sapiens ein. Auf die Frage, wo sie »Feministen, Journalisten, Demokraten und Republikaner, die sich weigern, Trump zu wählen«, auf der Evolutionsskala einordnen würden, entschieden sie sich für dieselbe Einstufung. Die einzigen anderen wesentlichen Unterschiede zwischen der neofaschistischen Mentalität und jener der Durchschnittsbevölkerung betrafen die Neigung zu Gewalt und Schikane im Internet – welche die Angehörigen dieser Gruppe bereitwillig einräumten – sowie das Vertrauen in die Mainstream-Medien – sie misstrauten ihnen vollkommen.[27]

Als die Forscher die Antworten innerhalb der Alt-Right-Gruppe aufschlüsselten, machten sie eine weitere verblüffende Entdeckung: Etwa die Hälfte dieser Personen waren »Suprematisten«, die Schwarze, Feministen und Hispanics auf einer Evolutionsstufe knapp oberhalb des Schimpansen einstuften, während die Befragten, die der Gruppe der »Populisten« zugerechnet wurden, diese Gruppen einfach als »subhuman« betrachteten. Die beiden Untergruppen hatten auch unterschiedliche Einstellungen zur Gewalt. Die Suprematisten – die etwa die Hälfte der befragten Rechtsextremen stellten – brüsteten sich mit ihrer Gewaltbereitschaft gegenüber politischen Gegnern.

In einer Hinsicht bestätigen die Ergebnisse dieser Umfrage nur, was uns Holocaust-Überlebende seit Jahrzehnten erzählen: Wenn es gelingt, eine ethnische Gruppe zu entmenschlichen, erscheint Gewalt gegen diese Gruppe legitim. Aber die Resultate bestätigen auch die zentrale Rolle der biologischen Machtthese im Denken der Rechtsextremen. Nicht die Neigung zur Verehrung von Autoritätspersonen oder eine soziopathische Neigung, sondern der Anti-Universalismus ist das wesentliche Merkmal der faschistischen Mentalität im 21. Jahrhundert.

Nicht alle Menschen, die bereit sind, die Bevölkerung in »richtige Menschen« und Affen zu unterteilen, werden Faschisten. Aber die Anerkennung unserer universellen Menschlichkeit über alle Unterschiede von Hautfarbe, Gesichtsform, Religion und Kultur hinweg ist die Verteidigungslinie, die nicht überschritten werden darf, wenn wir nicht in rechtsextremen Autoritarismus und Faschismus abgleiten wollen. Wenn wir den Sturz ins Chaos verhindern wollen, müssen wir das mit universellen Rechten ausgestattete menschliche Wesen verteidigen.

Niemand hat diese Katastrophe geplant. Wenn es einen Auslöser gab, so war es das Versäumnis der westlichen Eliten, ihren Gesellschaften eine rationale Gestalt zu geben. Jedenfalls prägt die dreifache Krise – strategische wirtschaftliche Stagnation, globale Fragmentierung und Ausbreitung des Irrationalismus – die Zeit, in der wir leben.

Wir haben gesehen, wie der Neoliberalismus unsere Vorstellung vom menschlichen Wesen aushöhlte, wie die performative Natur des Alltagslebens ermöglichte, dass sich hinter den von der Unternehmensetikette vorgeschriebenen lächelnden Gesichtern und Höflichkeitsfloskeln widerwärtige Vorurteile festsetzten, wie die Krise des neoliberalen Systems Teile der Elite zur Aufgabe des Globalismus und der demokratischen Werte bewog und wie die geistige Architektur des Faschismus auf den Gaming-Computern frustrierter junger Männer und im Hinterzimmer einer diskreditierten Pseudowissenschaft wiederentdeckt wurde.

Als Nächstes müssen wir uns klarmachen, dass diese Entwicklungen zu einer Katastrophe der menschlichen Kultur führen können. Wenn die Globalisierung scheitert, endet ein Prozess, der vor vierzig Jahren begann. Würden technologischer Fortschritt und Produktivitätssteigerung das Wachstum nicht mehr antreiben, wäre dies das Ende einer Entwicklung, die vor zwei Jahrhunderten begann. Doch es wäre ein sehr viel gravierenderer Rückschritt, würden Millionen Menschen beginnen, die auf der Menschlichkeit beruhenden Denkmuster, Normen und Verhaltensweisen, die Grundlage der Demokratie sind, aktiv abzulehnen.

Die Ausbreitung eines populären Antihumanismus öffnet nicht nur ein paar Faschisten mit lächerlichen Flaggen die Tür. Sie öffnet die Tür für unsere Unterwerfung unter die Maschinen. Und die Selbstaufgabe des gewöhnlichen liberalen Mainstream-Humanismus hat begonnen.

Es genügt nicht, Arendt zu lesen

Donald Trumps Wahlsieg war für viele Menschen ein Schock. Er machte uns plötzlich bewusst, wie nahe eine Rückkehr des Totalitarismus ist, wie verbreitet die Vorstellungen von einer Überlegenheit der weißen Rasse und des männlichen Geschlechts sind und wie fragil die Wahrheit ist. Wie die Opfer in einem Vampirfilm griffen wir nach der ersten Knoblauchknolle, die zur Hand war, und schlugen die Bücher verehrter humanistischer Autoren aus den vierziger und fünfziger Jahren auf, die uns erklärten, wie wir Widerstand leisten konnten.

Plötzlich waren die Werke George Orwells und des Auschwitz-Überlebenden Primo Levi wieder gefragt. Die Romane des enttäuschten Kommunisten Arthur Koestler und des in der Sowjetunion verfolgten Journalisten Wassili Grossman waren wieder aktuell. Besonders viele Leser entdeckten das Werk der politischen Philosophin Hannah Arendt wieder. In den Monaten nach Trumps Wahlsieg wurde Arendt so etwas wie die Schutzheilige der verängstigten Liberalen. Wie die anderen hier genannten Autoren hatte sie in den vierziger und fünfziger Jahren zur humanistischen Reaktion auf den Nationalsozialismus, den Holocaust und den Kalten Krieg beigetragen.

Im Jahr 1951 schrieb Arendt, die idealen Subjekte des totalitären Staates seien nicht die überzeugten Nationalsozialisten oder Kommunisten, sondern Menschen, die unfähig seien, »Tatsachen als Tatsachen zu verstehen und Wahrheit von Lüge zu unterscheiden«, Menschen, »die sich auf ihre Erfahrungen nicht mehr verlassen wollen, weil sie sich mit ihnen in der Welt nicht mehr zurechtfinden können«. Das Ziel der totalitären Bewegungen sei die »Emanzipation des Denkens von erfahrener und erfahrbarer Wirklichkeit«, und dieser Emanzipation diene die Propaganda der totalitären Bewegung, die »jedem offenbar Geschehenden einen geheimen Sinn und jedem offenbaren politischen Handeln eine verschwörerische Absicht« zuschreibe.[1]

Arendt gab 65 Jahre im Voraus eine fast perfekte Beschreibung jenes Wahlvolks, das von Trumps Wahlkampfauftritten, von Fox News und der vom Kreml lancierten Facebook-Werbung angesprochen wurde. In den dreißiger Jahren war es nach Ansicht Arendts die *Verlassenheit*, welche die Menschen für Falschmeldungen empfänglich machte, das heißt die Erfahrung, »aus dieser Welt hinausgestoßen« zu werden, und in dieser Verlassenheit »gehen Selbst und Welt, und das heißt echte Denkfähigkeit und echte Erfahrungsfähigkeit, zugleich zugrunde. An der Wirklichkeit, die keiner mehr verläßlich bestätigt, beginnt der Verlassene mit Recht zu zweifeln.«[2] Das ist die Art von Verlassenheit, die Menschen heute in US-amerikanischen Kleinstädten, in den abgehängten britischen Industriestädten oder in rückständigen Gebieten Polens und Ungarns empfinden – all das sind Kerngebiete des neuen rassistischen Autoritarismus. Paradoxerweise ist es auch die Art von Einsamkeit, die man in einer vernetzten Gesellschaft empfinden kann: Wie viele frauenfeindliche und rassistische Amokläufer in den Vereinigten Staaten erweisen sich nachträglich als »Einzelgänger«?

Auch Arendts Beschreibung der Verbreitung totalitärer Vorstellungen durch Sympathisanten in den demokratischen Institutionen und Massenmedien klingt für den heutigen Beobachter vertraut. Mit Hilfe solcher Personen, erklärte Arendt, könnten faschistische Bewegungen ihre Propaganda als »anscheinend harmlose Meinung unter Meinungen« verbreiten, so dass »die ideologische Fiktion zuerst in dem Meinungschaos der modernen Welt erscheint und in ihm eine erst kaum merkliche Präponderanz gewinnt, bis schließlich in dem eigentlich prätotalitären Stadium alle Diskussionen von totalitären Elementen vergiftet sind«.[3] Arendts Beschreibung trifft auf das heutige rechtsextreme Mediennetz zu, in dem die faschistischen Hardliner der alternativen Rechten ihre Lügen über sogenannte »Alt-Lite«-Websites wie Breitbart in Mainstream-Kanäle wie Fox News schleusen.

In ihrem Bericht über den Prozess gegen den NS-Kriegsverbrecher Adolf Eichmann prägte Arendt später einen Ausdruck, der auf viele autoritäre Kleptokraten der Gegenwart angewandt werden könnte: Sie beschrieb »die Banalität des Bösen«. Tausende nationalsozialistische Amtsträger hatten sich wie Eichmann täglich am großen Morden beteiligt, um abends in den Schoß ihrer Familie und ein normales häusliches Leben zurückzukehren. Dazu waren sie imstande, weil sie ihre Fähigkeit zu denken eingebüßt hatten: »Je länger man ihm [Eichmann] zuhörte, desto klarer wurde einem, daß diese Unfähigkeit, sich auszudrücken, aufs engste mit einer Unfähigkeit zu *denken* verknüpft war. Das heißt hier, er war nicht imstande, vom Gesichtspunkt eines anderen Menschen aus sich irgendetwas vorzustellen.«[4]

Diese Unfähigkeit wiederum hatte ihren Ursprung im modernen bürokratischen Lebensstil. Totalitäre Staaten, erklärte Arendt, verwandelten die Menschen in Rädchen in einer Verwaltungsmaschine und entmenschlichten sie. Noch schlimmer sei, dass dies möglicherweise für alle modernen Bürokratien gelte.

Arendt verstand, was ein »zeitweiliges Bündnis zwischen Elite und Mob« zusammenhalten konnte: die Erkenntnis, dass ihre Ideologien nur einen Sinn hatten, wenn sie den historischen Fortschritt rückgängig machen konnten. Beide brauchten »Zugang in die Geschichte«, erklärte Arendt, und sei es um den Preis der Zerstörung ihrer Gesellschaft. Genau das ist das Ziel, das Trumps Milliardärsclique mit den »Beta-Männern« verbindet, die im Fackelschein durch Charlottesville marschieren: Sie wollen die Geschichte rückgängig machen und die globale Ordnung zerstören.

In Arendts Werk finden wir also auch nach einem halben Jahrhundert Erkenntnisse, die für die Gegenwart relevant sind. Aber mit dem Zusammenbruch der Sowjetunion schien das Gespenst der totalitären Systeme endgültig verscheucht. Es gab immer noch Diktaturen, aber dies waren instabile Systeme in Ländern, die zu arm waren, um eine Bürokratie im Stile der Nazis zu errichten, ganz zu schweigen von der Möglichkeit, ihre Bevölkerung einer systematischen Gedankenkontrolle zu unterwerfen. Als Tzvetan Todorov im Jahr 2000 *Memoire du mal, tentation du bien* veröffentlichte, seine großartige Geschichte des Widerstands im 20. Jahrhundert, gelangte er zu dem Schluss: »Der Totalitarismus gehört der Vergangenheit an; diese Krankheit ist besiegt.«[5]

Als wir die Kräfte sahen, die Trump an die Macht brachten, wurde uns klar, dass das von Arendt beschriebene totalitäre Denken zurückgekehrt war. Aber warum?

Während wir auf unseren Facebook-Seiten Zitate von Hannah Arendt posteten und ihre Worte bei Anti-Trump-Kundgebungen auf Schildern hoch hielten, mussten wir uns beunruhigende Fragen stellen.

Erstens: Müssen wir aus der Tatsache, dass eine erfolgreiche Demokratie wie die Vereinigten Staaten einen Trump hervorbringen kann, nicht den

Schluss ziehen, dass wir in einer schlimmeren Zeit als den dreißiger Jahren leben? Hitler und Stalin waren Produkte von Ländern, deren staatlich gelenkte Wirtschaftssysteme in die Krise geraten waren. Sie hatten es mit unterwürfigen und ungebildeten Bevölkerungen zu tun, die über Generationen hinweg durch Fabrikarbeit und zwingenden Militärdienst gelernt hatten, denen zu gehorchen, die in der Hierarchie über ihnen standen. Deutschland hatte in den zwei Jahrhunderten vor Hitlers Machtergreifung gerade einmal vierzehn Jahre mit der konstitutionellen Demokratie experimentiert, und Russland hatte vor Stalin überhaupt keine Erfahrung mit der Demokratie gemacht. Hingegen haben wir es in den Vereinigten Staaten im frühen 21. Jahrhundert mit einer gebildeten Gesellschaft zu tun, und das politische System ist seit dem Jahr 1776 ununterbrochen demokratisch. Dass die USA eine faschistoide Massenbewegung und einen kleptokratischen Angriff auf die Verfassung erleben würden, war in Hannah Arendts Drehbuch nicht vorgesehen.

Zweitens: Die Diktatoren der dreißiger Jahre verwischten die Grenze zwischen Wahrheit und Lüge, wobei sie sich auf ihr absolutes Monopol auf Information und Desinformation stützen konnten: Die Elite kontrollierte die Presse, und der Staat kontrollierte die Radiosender. Selbst der Besitz von Schreibmaschinen wurde sowohl im Dritten Reich als auch in der Sowjetunion streng überwacht.[6] Heute gibt es kein solches Informationsmonopol mehr – weshalb lassen sich also so viele Menschen mit falschen Informationen manipulieren?

Drittens: Hitler wurde von den alliierten Armeen besiegt. Die gesamte Nachkriegswelt, in der Arendt, Orwell, Koestler und Levi über die totalitäre Geisteshaltung schrieben, war auch durch den Sieg eines totalitären Staates – der Sowjetunion – über einen anderen entstanden. Wenn der Westen heute vom Wiederaufleben des totalitären Impulses bedroht ist, stellt sich die Frage, wo die äußere Kraft ist, die den Totalitarismus wie die Armeen der USA, Großbritanniens und der Sowjetunion in den Jahren 1944/45 besiegen kann?

Unter den Gegnern des Autoritarismus in der Nachkriegszeit ist Arendt diejenige, die diesen Fragen am geschicktesten aus dem Weg geht. Orwell und Koestler bekämpften den Faschismus in Spanien: Koestler als bekennender Kommunist, Orwell als Angehöriger der linkssozialistischen Partei Partido Obrero de Unificación Marxista (POUM). Levi kämpfte im Jahr 1943 in Italien in einer mit der liberalsozialistischen Partito d'Azione verbündeten Partisanengruppe. Wassili Grossman, der als erster sowjetischer Berichterstatter das Konzentrationslager Treblinka betrat, hatte im Krieg die Rote Armee als Reporter begleitet. All diese Personen verstanden, dass sie durch ihre Teilnahme am antifaschistischen Krieg moralisch kompromittiert waren.

Levis Partisaneneinheit löste sich auf, nachdem sie gezwungen worden war, zwei Freiwillige wegen Disziplinlosigkeit zu erschießen. Koestlers Darstellung des unbarmherzigen sowjetischen Volkskommissars beruhte nicht zuletzt auf seinen eigenen Erfahrungen als Spion der Komintern. Grossman hatte andere Autoren denunziert und schaffte es, über den Vormarsch der Roten Armee durch Europa zu berichten, ohne ein einziges Mal die von den sowjetischen Truppen verübten Massenvergewaltigungen und Massaker zu erwähnen. Orwell dramatisierte in seinem Gedicht »Der italienische Soldat« über einen anarchistischen Freiwilligen im spanischen Bürgerkrieg das Problem, den Faschismus in einem Bündnis mit dem Stalinismus zu bekämpfen. »Die Lüge, die dich erschlagen hat«, schrieb Orwell in einem bitteren Nachruf auf seinen vermutlich toten Kameraden, »ist unter einer noch größeren Lüge begraben.«[7]

Jeder dieser Autoren verübte im Namen des Antifaschismus Gewalttaten. In ihren Werken stellen sie diese Gewalt als tragisch, aber unvermeidlich dar – und letzten Endes führte sie zur Stärkung des Stalinismus, der Bürokratie und unmenschlicher Einstellungen. Arendt beteiligte sich nicht an antifaschistischer Gewalt, obwohl sie im Jahr 1933 wegen ihres politischen Widerstands gegen den Nationalsozialismus inhaftiert wurde und nach dem deutschen Einmarsch aus Frankreich in die USA flüchten musste, wo sie 1941 ankam.

In der Praxis löste Arendt das Problem der Wahl zwischen Faschismus und Stalinismus, indem sie in die USA auswanderte, was ihr niemand vorwerfen konnte. Aber theoretisch löste sie es mit der These, die konstitutionelle Demokratie der Vereinigten Staaten sei eine Form von Industriegesellschaft, die gegen den Totalitarismus gefeit sei. In einem Vortrag vor einem sozialistischen Verein in New York skizzierte sie im Jahr 1948 eine klare Theorie des Exzeptionalismus, der die amerikanische Gesellschaft in ihren Augen für totalitäre Tendenzen unempfänglich machte.

»Die amerikanische Republik«, erklärte sie, »ist die einzige auf den großen Revolutionen des 18. Jahrhunderts beruhende politische Einrichtung,

die 150 Jahre der Industrialisierung und kapitalistischen Entwicklung überlebt, den Aufstieg des Bürgertums bewältigt und trotz starker und häss-
licher rassischer Vorurteile in ihrer Gesellschaft allen Versuchungen wider-
standen hat, das Spiel der nationalistischen und imperialistischen Politik zu
spielen.«[8] Die USA waren in Arendts Augen eine Demokratie des 20. Jahrhunderts, die mit einer Philosophie des 18. Jahrhunderts – das heißt mit
dem in der Verfassung festgeschriebenen protestantischen Individualismus –
»lebt und gedeiht«. In den Vereinigten Staaten hatte der Philosoph die praktische Funktion, die Gesellschaft zu kritisieren, so wie Arendt es in Bezug
auf die Bürgerrechte der Schwarzen und den Vietnamkrieg tat.

Arendt kämpfte couragiert gegen die Tyrannei, aber anstatt sie auf ein
Podest zu stellen, sollten wir ihre Vorstellungen in den historischen Kontext
einordnen. Sie erklärte, der Nationalsozialismus sei in dem Vakuum entstanden, das der gleichzeitige Zusammenbruch der gesellschaftlichen und
politischen Strukturen Europas hinterlassen habe. Insofern hätten die Nationalsozialisten einfach »die Wahrheit gelogen«, als sie erklärten, die alte Ordnung sei zusammengebrochen.

Aber Arendt erklärte nie, *warum* die gesellschaftlichen und politischen
Strukturen Europas zusammengebrochen waren. Sie zog es vor, tief verwur-
zelte Neigungen zum Bösen – in der antisemitischen Subkultur oder der
imperialistischen Vorstellung von der Überlegenheit der weißen Rasse – zu beschreiben, die sich schließlich im Nationalsozialismus und Stalinismus ma-
nifestierten oder »kristallisierten«. Aber die Kristallisation ist ein physikali-
scher Prozess mit Ursache und Wirkung. Arendt beschäftigte sich mit der
Frage »Was ist schiefgelaufen und wie sollten die Menschen leben?«, nicht
mit den Fragen »Was geschieht und warum?«. Wenn man nach einer Erklärung für die Ähnlichkeit zwischen Nationalsozialismus und Stalinismus
sucht, muss man sich anderswo umschauen.

Die Behauptung, Arendt habe als Erste die Gemeinsamkeiten der totalitären Projekte von Nationalsozialismus und Stalinismus beschrieben, ist lächerlich. Unter den Personen in ihrem intellektuellen Umfeld, deren Arbeiten sie in den vierziger Jahren in den Vereinigten Staaten gelesen haben
dürfte, war sie eine der Letzten, die gemeinsame Merkmale sah.

In den zwanziger Jahren hatten mehrere antibolschewikische Anarchisten und Sozialisten gewarnt, die Oktoberrevolution könne eine Diktatur

hervorbringen. Die Ursache für diese Gefahr sahen sie in der »Rückständigkeit« der russischen Gesellschaft oder dem geringen Bildungsniveau der Arbeiterklasse. Als mit dem Aufstieg von Stalins Fraktion im Jahr 1927 Lüge und Unterdrückung in industriellem Maßstab begannen, vermuteten mehrere sozialistische und kommunistische Theoretiker, dass diese Entwicklung möglicherweise ein Hinweis auf die Entstehung von etwas Neuem sei, das seinen Ursprung im technologischen Fortschritt und in der Bürokratie des modernen Staates habe.

Der Sozialist Lucien Laurat stellte im Jahr 1931 die These auf, die Sowjetunion sei weder kapitalistisch noch sozialistisch, sondern »büro-technokratisch«: Eine neue Kaste habe die Herrschaft an sich gerissen und eine neuartige Klassengesellschaft errichtet. Laurat stellte ausdrücklich einen Zusammenhang mit der Entstehung der Managementbürokratie in den westlichen Ländern her und fragte, ob nicht »eine andere Form der Ausbeutung des Menschen durch den Menschen im Begriff ist, die kapitalistische Ausbeutung zu ersetzen«.[9]

Im Jahr 1937 war das sowjetische System zum industriellen Mord übergegangen. Die Moskauer Schauprozesse waren lediglich das Schaufenster für eine gewaltige »Säuberung«, der innerhalb von nur zwei Jahren schätzungsweise 1,2 Millionen Menschen zum Opfer fielen, darunter vor allem linke Kommunisten, militante Arbeiter, politische Oppositionelle und Armeeoffiziere, denen unterstellt wurde, mit »Revisionisten« zu sympathisieren.[10]

Im Anschluss an die Moskauer Schauprozesse veröffentlichte ein linker Außenseiter namens Bruno Rizzi ein Buch mit dem Titel *La burocratizzazione del mondo*, in dem er erklärte, die sowjetische Bürokratie sei einfach eine russische Ausprägung einer neuartigen Klassengesellschaft, die in aller Welt den Kapitalismus ersetze. Er bezeichnete dieses System als »bürokratischen Kollektivismus«. In Rizzis Augen hatte diese neue Bürokratie in Russland, Deutschland und den Vereinigten Staaten den Platz des Proletariats als Motor des historischen Fortschritts eingenommen. Sowohl Hitler-Deutschland als auch Mussolinis Italien hatten Rizzi zufolge einen antikapitalistischen Charakter angenommen: »Der soziale Charakter ihrer Länder ist derselbe«.[11]

Als das Dritte Reich und die Sowjetunion im August 1939 einen Nichtangriffspakt schlossen, mit dem Polen unter den beiden Ländern aufgeteilt wurde und Deutschland freie Hand für den Krieg gegen Großbritannien und Frankreich erhielt, fand Rizzis Theorie vom bürokratischen Kollektivismus wachsende Anerkennung bei der westlichen Linken. James Burnham, einer der wichtigsten amerikanischen Trotzkisten, beschrieb die Sowjetunion, Hitler-Deutschland und Roosevelts USA als drei Varianten einer »neuen Form der Ausbeutungsgesellschaft«. Die »Managementrevolution« werde überall triumphieren und den historischen Fortschritt von den Handlungen totalitärer Diktatoren abhängig machen. Verglichen mit Arendt, deren *Elemente und Ursprünge totaler Herrschaft* wegen der vergleichsweise milden Beurteilung des Stalinismus kritisiert wurde, war Burnhams Theorie vollkommen klar: Die beiden Systeme waren deckungsgleich.

In George Orwells Meisterwerk *1984* wird Burnhams Theorie im »Buch« parodiert, der geheimen Schrift der Untergrundbewegung, die versucht, den Großen Bruder zu Fall zu bringen. Orwell lehnte Burnhams These, die Welt werde drei unerschütterlichen totalitären Diktaturen unterworfen werden, ab, aber zur Warnung untersuchte er, wie diese allgemeine Diktatur entstehen könnte: durch die Unterdrückung des in der Vergangenheit erworbenen Wissens, durch die Verwandlung der Sprache in einen politischen Jargon, der den Menschen rebellische Gedanken unmöglich machen würde, und durch die Unterdrückung des Sexualtriebs. Orwells Held Winston Smith findet trotzdem etwas über die Vergangenheit heraus, bedient sich in seinem Tagebuch einer kritischen Sprache und lebt seinen Sexualtrieb aus. Aber er wird von der einfallsreichen Partei hinters Licht geführt, die einen falschen Oppositionsführer namens Emmanuel Goldstein erfunden hat, der teils Trotzki, teils Burnham nachempfunden ist, um rebellische Geister in die Falle zu locken.

Die Vorstellungen Rizzis, Burnhams und Orwells waren seit mehr als zehn Jahren bekannt, als Arendt *Die Elemente und Ursprünge totaler Herrschaft* schrieb. Was Arendt von ihren Vorläufern unterschied, war ihre Weigerung, die Ursachen für den Erfolg totalitärer Ideologien zu erklären. Sie schrieb: »Zwischen den vulgär-brillanten Einfällen dieser Halbintellektuellen und der aktiven Bestialität, die wir seit Ende des vorigen Jahrhunderts von allen Seiten, und vor allem durch die Rasseideologie, in die Politik eindringen sehen, besteht ein Abgrund, den keine Untersuchung über geschichtliche Einflüsse, und sicherlich nicht geistesgeschichtliche, überbrücken kann.«[12]

Wenn wir Arendts Erkenntnisse als Anleitung zum Verständnis der Gegenwart verwenden wollen, stellt diese konzeptuelle Lücke ein großes Hindernis dar. Wenn man feststellt, dass die alte europäische Gesellschaft Ende der zwanziger Jahre zusammenbrach und ein Vakuum hinterließ, stellt sich die Frage, warum dieses Vakuum mit so ähnlichen Ideologien und Handlungen gefüllt wurde, deren zentrale Bestandteile Unmenschlichkeit, Todeslager, organisierte Lüge, Folter und die Unterdrückung des rationalen Denkens und einer klaren Sprache waren.

In Arendts Gedankengebäude fehlte das Konzept der Klasse. Sie identifizierte die Ursprünge der Grausamkeit des Faschismus richtig und fand sie in der Brutalität des Kolonialismus des späten 19. Jahrhunderts. Bei Rosa Luxemburg entlieh sie die Vorstellung, dass die europäischen Staaten ihre Kapital- und Bevölkerungsüberschüsse in ihre Kolonien exportieren mussten. Sie verstand, dass der Imperialismus mit den Theorien von der Überlegenheit bestimmter Rassen die materielle Grundlage für ein »Bündnis zwischen Elite und Mob« geschaffen hatte und dass die faschistischen Bewegungen Reiche und Arme anzogen, deren Interessen nach dem Zusammenbruch der alten Ordnung plötzlich zur Deckung kamen. Und sie wies mit Recht darauf hin, dass die reformorientierten Sozialisten in Deutschland vor dem Ersten Weltkrieg die Gefahr des Faschismus in der Arbeiterklasse nicht erkannt hatten, weil sie nicht in ihre Theorie des Klassenkampfes passte.

Aber Arendt verstand die Klassendynamik der Gesellschaften nicht, die sowohl den Faschismus als auch den Stalinismus hervorbrachte. Die gescheiterten Aufstände der Arbeiterklasse zu Beginn des 20. Jahrhunderts erklären fast alles, was Arendt am Aufstieg des Totalitarismus unerklärt lässt.

Im Fall des italienischen, deutschen und spanischen Faschismus zwangen die Unfähigkeit der Kapitalisten, weiterhin einen Teil der Arbeiterschaft zu bestechen, und die Größe und gesellschaftliche Macht der radikalisierten Arbeiterbewegungen die Elite, sich militarisierter rechtsextremer Gruppen zu bedienen, um Gewerkschaften und sozialistische Parteien zu zerschlagen. Im Fall des Stalinismus gaben die Rückständigkeit Russlands und die Isolation und Atomisierung der Arbeiterklasse nach einem dreijährigen Bürgerkrieg die Möglichkeit, den Platz der alten Bourgeoisie einzunehmen. Erst wenn wir verstehen, dass sich die europäische Elite vor dem Gespenst der Arbeiterselbstorganisation fürchtete, das ihr in den weltweiten Massenstreiks der Jahre 1911-13 erschien, begreifen wir, warum diese Elite in den zwanziger und dreißiger Jahren so anfällig für den Faschismus wurde.

Die heutigen Ereignisse konfrontieren uns jedoch mit Fragen, zu deren Beantwortung Arendts Methodik noch weniger geeignet ist. Der Zusammenbruch des Neoliberalismus hat das gegenwärtige Kapitalismusmodell seines Sinns und jeglicher Rechtfertigung beraubt. Selbst in der »amerikanischen Republik«, die Arendt so sehr liebte, wird das Vakuum mit einer Ideologie gefüllt, die den Menschenrechten, dem Universalismus und der Gleichbehandlung unabhängig von Geschlecht und ethnischer Zugehörigkeit feindlich gesinnt ist, mit einer Ideologie, welche die Macht verehrt, die Demokratie als Schwindel betrachtet und eine katastrophale Neukonfiguration der Weltordnung anstrebt.

Noch schlimmer ist, dass die wichtigste Waffe der amerikanischen Rechten ebenjene »Philosophie des 18. Jahrhunderts« ist, die das Land in Arendts Augen immun gegen den Totalitarismus macht: der Individualismus, der in den drei Jahrzehnten der Herrschaft des freien Marktes gegen die Amerikaner eingesetzt wurde, und der Glaube, wirtschaftliche Wahlmöglichkeiten seien gleichbedeutend mit Freiheit.

Eine Beobachtung Arendts hat noch heute Gültigkeit: »Was der Mob wollte [...], war der Zugang und Eingang in die Geschichte überhaupt, selbst um den Preis der eigenen Vernichtung.«[13] Angesichts der amerikanischen Alt-Right-Milizen, die offen Waffen tragen und Todesdrohungen gegen Feministen, Linke und Einwanderer ausstoßen, liegt der Schluss nahe, dass die Zerstörung einmal mehr das tiefste Bedürfnis des Mobs ist. Das ist der Traum der modernen Rechten: Sie wollen alles zum Einsturz bringen und neu aufbauen.

Doch der »Mob« der Gegenwart lebt im reichsten Land der Welt, in dem niemand diesen Leuten das Recht vorenthält, Waffen zu tragen, vor Abtreibungskliniken zu demonstrieren und rassistische Dummheiten zu verbreiten, in einem Land, das sich im neunten Jahr einer wirtschaftlichen Erholung befindet. Warum will der rechte Mob dieses Land zerstören?

Während Hannah Arendts Beschreibung der Dynamik totalitärer Bewegungen zutreffen mag – und im Wesentlichen tut sie das –, sind ihre Erklärungen für diese Dynamik falsch. Wenn Trump eine Krise des progressiven Denkens ausgelöst hat, so ist es insbesondere eine Krise des Kults um Arendt. Die Vereinigten Staaten von Amerika waren Arendts letzte und bleibende Hoffnung: Dies war in ihren Augen das einzige politische Gebilde auf der Erde, das gegen Totalitarismus, Nationalismus und Imperialismus gefeit war.

Hannah Arendts Humanismus beruhte nicht auf dem, »was ist«, sondern auf dem, »was sein sollte«. Sie erklärte, der Mensch solle dem Totalitarismus widerstehen, indem er versuche, ein politisch engagiertes Leben zu führen und sich die Freiheit zum eigenständigen Denken zu erkämpfen.

Aber während Arendt zahlreiche progressive Anliegen vertrat, war ihr Weltverständnis von ihrer Bewunderung für die reaktionäre deutsche Tradition in der Philosophie getrübt, die mit Friedrich Nietzsche begann. Nietzsche lehrte die deutsche Bourgeoisie des späten 19. Jahrhunderts, ihre Träume von einem Großreich und vom Volk seien mehr wert als das auf Kooperation, Gleichheit und eine humane Gesellschaft zielende Projekt der Arbeiterklasse. Er betrachtete die Moral als Schwindel und hielt es für das Ehrlichste, das eigene Interesse mit allen Mitteln zu verfolgen. Das menschliche Dasein hatte in Nietzsches Augen keinen Zweck wie zum Beispiel das von Aristoteles beschriebene »gute Leben«, und es konnten keine moralischen oder ethischen Grundsätze daraus abgeleitet werden.

Arendt bedauerte, dass die bürgerliche Moral unter der NS-Herrschaft »über Nacht zusammenbrach«, aber ihre Erklärung dafür bestätigte im Grunde Nietzsches These: Seine »bleibende Größe« bestehe darin, dass er gezeigt habe, wie »schäbig und bedeutungslos« die Moral des deutschen Bürgertums geworden sei.[14]

Nietzsche ist zur Kultfigur des Neoliberalismus geworden. Hat man die Menschen einmal auf zweidimensionale, selbstsüchtige und kompetitive Individuen reduziert – die in einer Welt leben, in der es »so etwas wie eine Gesellschaft nicht gibt«, wie es Margaret Thatcher einmal ausdrückte –, so besteht die einzige folgerichtige Lösung darin, sich in einen von Nietzsches Übermenschen zu verwandeln: in den Alpha-Mann, den rücksichtslosen Manager, den Finanzhai, den Pick-up-Artist.

Obwohl Arendt andere moralische Schlüsse zog als Nietzsche, erkannte sie in ihm oder in der von ihm begründeten philosophischen Tradition nie den Vorläufer des Nationalsozialismus. Stattdessen bemühte sie sich sehr, ihn von der Verantwortung für den Nationalsozialismus freizusprechen. Bis an ihr Lebensende schaute sie ehrfürchtig zu Nietzsches Anhänger Martin Heidegger auf, der mit den Nationalsozialisten sympathisiert hatte und mit dem sie eine Zeit lang liiert war.

Es ist unerlässlich, dass wir das philosophische Kontinuum verstehen, das von Nietzsche über Hitler zu den amerikanischen Neokonservativen

TEIL II   DAS SELBST

des Irakkriegs und zur heutigen Alt-Right reicht. Nietzsche ist der Allzweck-
philosoph für die reaktionäre Politik. Er sagt der mit der Management-
konformität unzufriedenen Mittelschicht, dass es eine Form der Rebellion
gebe, die jener von Sozialisten, Feministen und anderen Progressiven überlegen sei: eine individuelle Rebellion gegen die Moral und für den eigenen
Vorteil.

Er sagt der Elite, dass Eliten notwendig seien, und erklärt mit brutaler
Ehrlichkeit, dass eine Form von sozialer Apartheid erforderlich sei, in der
die meisten Menschen »sklavisch unterworfen sein« müssten.[15] Wie die moderne Rechte lehnt er staatliche Eingriffe ab und spricht sich für die Beschränkung der staatlichen Macht auf ein Mindestmaß aus. Die Vorstellung, den Reichtum mittels Steuern zugunsten der arbeitenden Menschen
umzuverteilen, findet er empörend. Stattdessen verehrt er den »Verbrecher-
Typus«: Das Einzige, was dem Verbrecher zum Superhelden fehlt, ist »die
Wildnis, eine gewisse freiere und gefährlichere Natur und Daseinsform«,[16]
wo er zeigen kann, dass »*alle großen Menschen Verbrecher waren* (nur im großen Stile und nicht im erbärmlichen), daß das Verbrechen zur Größe gehört«.[17]

Den Aufstieg des europäischen Nationalismus begrüßte Nietzsche mit
den Worten: »[E]s bildet sich da eine verwegene herrschende Rasse, auf der
Breite einer äußerst intelligenten Herden-Masse.«[18] Was diese Herrenrasse
brauche, sei Freiheit von gesellschaftlichen Normen und religiöser Moral,
damit sich ihre Mitglieder in »frohlockende Ungeheuer« verwandeln könnten, die »von einer scheußlichen Abfolge von Mord, Niederbrennung, Schän-
dung, Folterung mit einem Übermute und seelischen Gleichgewichte da-
vongehen, wie als ob nur ein Studentenstreich vollbracht sei«.[19]

Jeder Humanist, Demokrat oder Befürworter der Menschenrechte, der
liest, was Nietzsche tatsächlich schrieb, und mit dem Aufstieg der deutschen
Arbeiterbewegung und der Geburt der imperialen Bestrebungen Deutsch-
lands in Verbindung setzt, sollte sich angewidert abwenden. Nicht so Hannah Arendt.

Warum ist das wichtig? Weil der rote Faden, der die Barbarei der Kolonialzeit mit der Verbreitung des Irrationalismus unter den europäischen Intellektuellen in den zwanziger Jahren, dem Aufstieg des Nationalsozialismus
und dem Vormarsch der heutigen alternativen Rechten verbindet, *Nietzsches
Doktrin des Amoralismus und der biologischen Überlegenheit* ist.

Der Philosoph Alasdair Macintyre schrieb, dass die wiederholte Neuentdeckung Nietzsches und seiner Theorie vom Übermenschen folgerichtig sei: Wann immer die kapitalistische Ordnung unter Druck gerät und die Herrschaft der Elite infrage gestellt wird, werden Zweifel an der normalen Moral laut, zu der sich die Reichen bekennen. Repression, Verschlagenheit, Lügen und sogar Mord werden alltäglich. In diesen kritischen Augenblicken entdeckt der gewöhnliche, langweilige Bürokrat, dass seine »Moral« lediglich eine Ansammlung alter Regeln ohne logische Grundlage war. Und deshalb, schreibt MacIntyre, »kann man mit gutem Gewissen voraussagen, daß im anscheinend davon völlig unterschiedlichen Kontext der bürokratisch gemanagten modernen Gesellschaften periodisch soziale Bewegungen wiederkehren werden, die gerade von jenem prophetischen Irrationalismus durchdrungen sind, dessen Stammvater das Denken Nietzsches ist«.[20]

Genau das erleben wir jetzt – und Arendts Theorie kann es nicht erklären, weil sie sich weigerte, den Faschismus als Reaktion der Elite auf die Möglichkeit einer Machtergreifung der Arbeiterklasse zu betrachten oder die grundlegende Rolle des Irrationalismus in all diesen reaktionären Vorstößen zu verstehen, und weil ihre Philosophie auf der Annahme einer amerikanischen Immunität gegen totalitäre Neigungen beruhte, die sich leider als falsch erwiesen hat.

Arendts Zuversicht in Bezug auf die Vereinigten Staaten der Nachkriegszeit entsprang letzten Endes ihrer Überzeugung, die Menschen könnten lernen, Schritte zur Selbstbefreiung zu unternehmen und gut von böse und schön von hässlich zu unterscheiden. Aber wenn wir ihre Zuversicht teilen – und das tue ich –, haben wir es heute mit einem sehr gefährlichen Gegner zu tun.

In diesem Kontext genügt es nicht, Hannah Arendt und den Humanismus der fünfziger Jahre wiederzuentdecken. Wir brauchen einen Humanismus, der sich der Wiederherstellung biologischer Hierarchien widersetzt und die universellen Menschenrechte auf ein Fundament stellt, das solider ist als jenes, das gegenwärtig unter den Attacken der Antihumanisten bröckelt. Wir brauchen einen Humanismus, der den Zusammenstoß mit denkenden Maschinen und der als Posthumanismus bezeichneten neuen Ideologie der Maschinenkontrolle überstehen kann.

TEIL III

DIE MASCHINEN

[M]itten in der Wichtigtuerei der Generation
findet sich eine Verzweiflung darüber: Mensch zu sein.
Søren Kierkegaard[1]

Die Entmystifizierung der Maschinen

Um das Jahr 1600 schrieb Galileo Galilei im Italien der Renaissance das erste wirklich wissenschaftliche Buch über Maschinen. Bei seinen Besuchen in Werkstätten war er immer wieder Menschen begegnet, die Geräte bauten, die nicht funktionierten – und nicht funktionieren konnten. Diese Menschen gaben sich alle derselben Illusion hin: »Der Glaube und die bleibende Meinung dieser Handwerker war, dass es möglich sei, mit einer kleinen Kraft große Gewichte zu bewegen und zu heben.«[1]

Die Handwerker, die im frühen 17. Jahrhundert Flaschenzüge, Pumpen und Wassermühlen bauten, taten dies in dem Glauben, dass diese Maschinen etwas »hinzufügten«, und nahmen an, diese Energie werde aus dem Nichts heraufbeschworen. Galileos Zeitgenosse Guidobaldo del Monte erklärte sogar, die Maschinen arbeiteten »in Rivalität mit den Naturgesetzen«.[2]

Galileo zeigte ihnen, dass sie im Irrtum waren. Auf vierzig mit anschaulich illustrierten Berechnungen gefüllten Seiten beschrieb er die Grundprinzipien der Mechanik: Eine Maschine vergrößert die angewandte Kraft nicht, sondern wandelt sie lediglich um. Wird sie mit menschlicher Körperkraft angetrieben, zum Beispiel im Fall eines Flaschenzugsystems an einem Hafenkai, so kann sie nicht mehr leisten als die Menschen, die sie bedienen. *In einer Maschine wirkt also keine geheimnisvolle oder unnatürliche Kraft.*

Im Jahr 1776 beschrieb der schottische Ökonom Adam Smith ein ebenso grundlegendes ökonomisches Prinzip: Maschinen erzeugen auch keinen Wert. Als sich in der zweiten Hälfte des 18. Jahrhunderts die Industrieökonomie entwickelte, glaubten viele Menschen, Maschinen seien eine geheimnisvolle Quelle größeren Reichtums. Sie waren überzeugt, das Fabriksystem habe in Kombination mit einer neuen technischen Arbeitsteilung den Wert des Outputs über den des Inputs hinaus erhöht. Smith erklärte, warum das Unsinn war. In *Der Wohlstand der Nationen* schrieb er, dass die Arbeit die

Quelle allen Werts sei: »Nicht mit Gold oder Silber, sondern mit Arbeit wurde aller Reichtum dieser Welt letztlich erworben.«[3]

Maschinen erhöhen die Produktivität der Arbeit: Sie versetzen einen Menschen in die Lage, auf mehrere Objekte gleichzeitig Kraft auszuüben und sie damit schneller und billiger umzuwandeln. Aber Maschinen erzeugen keinen zusätzlichen Wert, sondern sie übertragen einfach den Wert der Arbeit und der Eingangsstoffe auf das Produkt. Adam Smith' »Arbeitswerttheorie« war der zweite große Akt der Entmystifizierung, den das wissenschaftliche Denken im Maschinenzeitalter verbrachte. In der Ökonomie gibt es genau wie in der Physik keine geheimnisvollen Kräfte einer Maschine.

Heute sind wir erneut mit einer mystischen Verklärung der Maschine konfrontiert. In den vergangenen drei Jahrzehnten haben die Ausbreitung der Informationstechnologie und der damit einhergehende dramatische Rückgang der Produktionspreise einen neuen Glauben an die Immaterialität von Informationen geweckt. Wir sprechen vom kognitiven Kapitalismus, von immaterieller Arbeit, virtueller Fertigung und der gewaltig aufgeblasenen Buchhaltungskategorie des »immateriellen Anlagevermögens«. So wie der Baumeister des 16. Jahrhunderts glaubte, Seile und Flaschenzüge »trotzten der Natur«, scheinen unsere Notebooks, Tablets und Smartphones und die Server, über die unser Datenverkehr läuft, den Gesetzen der herkömmlichen Ökonomie zu trotzen und nicht greifbare Formen des Wohlstands zu erzeugen.

Die Existenz von Nutznießern gewaltiger finanzieller Gewinne bei gleichzeitiger Stagnation des Wirtschaftswachstums, die extrem hohen Börsenbewertungen von Unternehmen allein aufgrund ihrer geistigen Eigentumsrechte, »Flash-Crashs«, bei denen innerhalb von Mikrosekunden Milliarden Dollar vernichtet und anschließend wieder erzeugt werden, der Aufstieg digitaler Währungen wie Bitcoin: All das verstärkt die Illusion, der wirtschaftliche Wert habe sich sowohl von den Maschinen als auch von der Arbeit abgekoppelt und könne nach Belieben erzeugt werden.

Der Mythos beruht auf der Annahme, Informationen seien eigentlich kein Teil der materiellen Realität. Dieser Mythos muss entzaubert werden, denn er ist Grundlage für die Vorstellung, der Mensch könne in einer Informationsgesellschaft nicht frei sein.

Ein Computer ist eine Maschine. Der Siliziumchip in seinem Inneren ist eine Maschine mit Milliarden Schaltern, die sich nicht bewegen. Ein 4G-Netz ist eine Maschine, deren Hauptbestandteile Schaltungen und Funkwellen sind. Auch die »Clouds« von Amazon, Alibaba und Google sind Maschinen. Selbst Software ist eine Maschine und damit ebenso eine einzige ausführbare Programmzeile.

Auf materieller Ebene vergrößern digitale Maschinen die Macht des Menschen über die Natur genauso wie mechanische Maschinen: Sie erlauben es uns, Flugzeuge in eine Warteschleife zu schicken, die ohne Computer unsicher wäre. Sie versetzen uns in die Lage, Modelle komplexer Prozesse zu entwickeln, neue Materialien zu synthetisieren und ein Flugzeug mehrere Millionen Male zu »fliegen«, bevor wir es tatsächlich bauen. Und sie erzeugen und reproduzieren Information in einem nie dagewesenen Umfang. Das wiederum verbessert unser Verständnis von der Welt außerhalb unseres Kopfes und kann sogar die Leistungsfähigkeit unseres Gehirns erhöhen.

Auf wirtschaftlicher Ebene verbilligen Informationsmaschinen so wie frühere Neuerungen viele Dinge. Beispielsweise sind die Kosten der Sequenzierung eines gesamten Genoms von 100 Millionen Dollar im Jahr 2001 auf etwas mehr als 1000 Dollar in der Gegenwart gesunken.[4] Aber das eigentlich revolutionäre Potenzial der Informationsmaschinen besteht darin, dass sie in demselben Prozess Dinge, die früher teuer waren – darunter vor allem Informationsgüter –, kostenlos oder so billig machen können, dass ihr Preis praktisch keine Rolle mehr spielt.

Die Informationstechnologie erzeugt Güter, die sich grundlegend von allen früheren unterscheiden, nämlich Güter, die zu verschwindend geringen Kosten unendlich oft kopiert und von vielen Leuten gleichzeitig ohne jeglichen Verschleiß verwendet werden können.

Das klassische Beispiel ist die digitale Musikaufnahme. Es gibt weiterhin Produktionskosten (die Gehälter der Musiker und Tontechniker, die Kosten der Studioausrüstung, das Marketingbudget usw.), aber die *Reproduktions*kosten liegen nahe bei null. Gleichzeitig verringert die digitale Technologie auch die Produktionskosten, da elektronische Instrumente und virtuelle Mischpulte verwendet werden und auf virtuellen Bühnen die Bedingungen in Konzertsälen oder Jazzclubs simuliert werden können.

Dieser »Null-Grenzkosten«-Effekt ist in jedem materiellen Sektor zu beobachten, in dem Informationen Bestandteil des Produktionsprozesses sind, und drückt auf die Kosten der Produktion realer Güter und Dienstleistungen. Beispielsweise kann die Aufgabe, Metallteile zu stanzen, mittlerweile von einem Roboter ausgeführt werden, wodurch die Zahl der Fehler beinahe auf das statistische Minimum gesenkt wird.[5] Im Handelsrecht werden Analysen, für die ein Nachwuchsrechtsanwalt früher Stunden brauchte, heute von einem Computer in wenigen Sekunden erledigt, so dass die verbliebenen Anwälte nur noch die Resultate absegnen und dem Klienten vorlegen müssen.[6]

Schon in den neunziger Jahren begannen politisch Verantwortliche wie Fed-Chef Alan Greenspan zu glauben, die Informationstechnologie bringe etwas hervor, was mit den Methoden der traditionellen Buchhaltung nicht erfasst werden könne. Hatte man die Software einmal in der richtigen Spalte der Tabellenkalkulation untergebracht, so die Annahme, würde sich herausstellen, dass die Informationstechnologie das Wachstum antrieb. Aber das tat sie nicht.

Die Organisation für wirtschaftliche Zusammenarbeit und Entwicklung versuchte, die Effekte als »Konsumentenrente« zu berechnen, also als zusätzlichen Wert, den die Konsumenten infolge des Preiswettbewerbs und der Transparenz auf Websites wie Amazon und eBay erhielten. Aber sie gelangte zu dem Schluss, dass sich das Internet vor allem auf »Nichtmarkttransaktionen« auswirkte, das heißt auf Aktivitäten, die nicht anhand von Preisen gemessen werden konnten: »Diese Interaktionen und Wirkungen erhöhen den individuellen Nutzen und das Wohlergehen der gesamten Gesellschaft. Sie können jedoch nicht anhand der herkömmlichen Maßstäbe der volkswirtschaftlichen Gesamtrechnungen erfasst werden.«[7]

Selbst wenn man wie das amerikanische Amt für Arbeitsstatistik versucht, den »Lohn« zu berechnen, den ich erhalten sollte, wenn ich daheim Zeit im Internet verbringe, bleibt die Tatsache bestehen, dass ich keinen Lohn dafür erhalte. Was geschieht, wenn die Leute tatsächlich dafür bezahlt werden, dass sie Zeit im Internet verbringen, beispielsweise auf Amazons virtuellem Arbeitsmarkt Mechanical Turk? Der Preis ihrer Arbeitskraft gerät unter gewaltigen Druck und nähert sich einem Dollar pro Stunde.[8]

Es gibt nur ein ökonomisches Konzept, das diesen Prozess erklären kann: die von Adam Smith, David Ricardo und Karl Marx entwickelte Arbeitswerttheorie. Diese Ökonomen unterteilten den Wert aller Güter in »Gebrauchswert« und »Tauschwert« und unterschieden strikt zwischen dem Nutzen eines Produkts und dem Preis, den der Konsument dafür bezahlt. Die Mainstream-Ökonomie sagt uns, dass der Preis den Nutzen »enthält« – denn ein Preis spiegelt wider, was jeder einzelne Benutzer zu einem gegebenen Zeitpunkt dafür zu bezahlen bereit ist. Die Arbeitswerttheorie besagt, dass der Preis nur Aufschluss über die Arbeit gibt, die erforderlich war, um das Produkt zu erzeugen, den dazu eingesetzten Arbeiter zu ernähren und einzukleiden, die Ausgangsstoffe zu erzeugen und das Produkt auf den Markt zu bringen.

Wenn wir Gebrauchswert und Tauschwert strikt voneinander trennen, sehen wir deutlich, was die Mainstream-Ökonomie nicht erkennen kann: Die Informationstechnologie ermöglicht eine unendliche Erhöhung des Gebrauchswertes, verringert jedoch den Tauschwert.

In den vergangenen zwanzig Jahren sind kostenlose Produkte wie Open-Source-Software, offene Standards, Wikipedia und digitale Kooperativen aufgetaucht. Diese zum Nutzen der Gesellschaft verwendeten Produkte könnten das menschliche Wohlergehen deutlich erhöhen, ohne den Marktsektor der Volkswirtschaft zu vergrößern. Das eröffnet die Möglichkeit einer Reise, die über die Grenzen des Kapitalismus hinausführen wird und für die Sozialisten des 20. Jahrhunderts kaum vorstellbar war. Das Ziel dieser Reise haben ich und andere als »Postkapitalismus« bezeichnet.

Die Informationstechnologie macht also den utopischen Sozialismus möglich: die Entstehung von Inseln der kooperativen Produktion für die gemeinsame Nutzung, eine deutliche Verringerung der Arbeitszeit und die Ausweitung der menschlichen Freiheit und Selbstkenntnis.

In den traditionellen Wirtschaftsstatistiken oder in den global akzeptierten Buchführungsprinzipien werden nie alle Vorteile der Informationstechnologie auftauchen. Tatsächlich dürfte die Informationstechnologie das von der traditionellen Ökonomie gemessene Wachstum und die Gewinne und letzten Endes auch die Steuereinnahmen verringern. Zentralbanken und Finanzministerien, die seit Langem darauf warten, dass die Informationsökonomie Wohlstand schafft, sollten ihre Versuche aufgeben, die Wohlfahrtseffekte am Geld zu messen. Sie sollten die Augen dafür öffnen, dass diese Effekte lediglich im Gebrauchswert bestehen: im Nutzen für die Menschen, der kein Ergebnis der Marktinteraktion ist.

Aber nicht nur die Ökonomen sind verwirrt. Der Siegeszug der Computer hat in den letzten drei Jahrzehnten in gelehrten Kreisen eine neue Ideologie des »Immaterialismus« hervorgebracht. Doch so namhaft die Autoren der einschlägigen Texte auch sein mögen: der Immaterialismus erweist sich als moderne Alchemie.

In den vierziger Jahren änderten die Personen, welche die ersten Computer bauten, unsere Vorstellung von der Realität ebenso grundlegend wie Galilei und Adam Smith zu ihrer Zeit. Auch die modernen Neuerer verfolgten ursprünglich das Ziel, bessere Maschinen zu bauen: Norbert Wiener entwickelte Steuersysteme für Luftabwehrbatterien, Claude Shannon versuchte das Rauschen bei Telefongesprächen zu beseitigen, und John von Neumann war an der Entwicklung der Atombombe beteiligt. Ende der vierziger Jahre entstand aus ihren Ideen eine vollkommen neue Wissenschaft: Die Informationstheorie besagte, die mathematische Logik könne auf jeden Prozess angewandt werden oder sei darin zu finden – von der Komposition einer Symphonie bis zum Bau eines Autos. Folglich könnten sämtliche Formen der Kommunikation zwischen Menschen auf Zahlen reduziert werden, die in kleine Behälter von einheitlicher Größe gepackt werden könnten. Shannon bezeichnete diese Behälter als »Bits«.

Bits können verwendet werden, um die Menge an Information abstrakt zu messen; beispielsweise hat eine Symphonie von Beethoven den mehrfachen Umfang eines Romans von Jane Austen. Alle Arten von Kommunikation können auf diese Art auf einer abstrakten Ebene studiert werden, was die Entdeckung universeller Gesetze ermöglicht, die für verschiedenste menschliche Aktivitäten gelten, darunter Sprache und Denken.

Parallel zur Informationstheorie entwickelte sich eine spezifische Theorie der digitalen Maschinen. Alan Turing, der die Maschine baute, mit der der Enigma-Code der deutschen Kriegsmarine geknackt wurde, machte zwei Vorschläge, die mittlerweile das menschliche Leben verändert haben: Er hielt es für möglich, eine physische Maschine zu bauen, die einen bestimmten menschlichen Denkvorgang nachahmen konnte – den Computer –, und beschrieb die Idealform eines »universellen Computers«, einer Maschine, die alle anderen Maschinen und alle Einzweckrechner nachahmen konnte.[9]

Wir haben es Turing zu verdanken, dass wir nicht länger ein Telefon sowie einen Taschenrechner, eine Digitalkamera und ein GPS-Ortungsgerät mit uns herumtragen müssen: Unser Smartphone beinhaltet Anwendungen, die diese Maschinen nachahmen. Selbst zu der Zeit, als wir diese Geräte noch separat mit uns herumtragen mussten, wussten wir, dass sie eines Tages alle auf einem einzigen Siliziumchip nachgebildet werden würden. Von dem Augenblick an, als das technisch möglich war, wurden die Computer so gestaltet, dass sie zahlreiche Programme gleichzeitig in verschiedenen »Fenstern« ausführen konnten.[10]

Aber Turing stellte noch eine dritte These auf, die in den kommenden fünfzig Jahren das menschliche Leben noch einschneidender verändern dürfte: Er erklärte, die Maschinen würden eines Tages imstande sein zu denken.

Im Jahr 1950 legte Turing ein Papier mit dem Titel »Computing Machinery and Intelligence« vor, in dem er die Möglichkeit beschrieb, die Computer könnten klüger als wir werden, sobald sie die Fähigkeit erlangen würden, Information so logisch zu verarbeiten wie das intelligenteste menschliche Wesen.[11] Er entkräftete die Einwände, die Maschinen würden nie dazu in der Lage sein, Emotionen zu simulieren, etwas anderes zu tun, als die Anweisungen von Menschen zu befolgen, »über sich selbst« nachzudenken oder den unterbewussten »Geist« nachzuahmen. In fünfzig Jahren, erklärte Turing, würden die digitalen Computer all das können – und dann würden sie beginnen, unabhängig von menschlichen Lehrern zu lernen.

Anfang der sechziger Jahre begann die Informationstechnologie sich auf sämtliche Bereiche des Denkens einschließlich der Auseinandersetzung mit unserer natürlichen Umwelt auszuwirken. Wie der Genetiker, Biologe und Historiker Matthew Cobb erklärt, brachte die Informationstechnologie »alle Systeme auf einen Nenner, seien sie mechanisch, organisch oder Mensch-Maschine-Hybride (wie im Fall von Wieners Luftabwehrgeschützen), und legte den Schluss nahe, dass das Verhalten ausgehend von denselben Prinzipien interpretiert werden konnte«.[12]

Die Biologen begannen, Viren als Ansammlungen von Molekülen zu betrachten, die dafür »programmiert« waren, sich zu reproduzieren, indem sie andere Zellen zwangen, ihre Informationen millionenfach »zu kopieren und einzufügen«. Die Entdeckung der DNA war nur möglich, weil Forscher und Mathematiker auf die Idee kamen, dass die Chromosomen selbstreplizierende »genetische Informationen« enthielten, und diese wie einen »Programmcode« behandelten, der entschlüsselt werden konnte. Die Psychologie, die sich in zwei Denkschulen gespalten hatte, von denen eine über das Unbewusste spekulierte und die andere lediglich Ursache und Wirkung im tierischen Verhalten untersuchte, machte der Kognitionsforschung Platz. Ab Mitte der fünfziger Jahre entwickelte sich die Vorstellung vom Gehirn als Computer, und die Neuronen im Gehirn wurden kartiert, um ihren logischen Funktionen auf die Spur zu kommen.

Aber bei all seinen wichtigen Beiträgen zu unserem Denken hat diese »Informationswende«[13] in den Natur- und Sozialwissenschaften sowie in der Kultur Annahmen bezüglich der Wirklichkeit hervorgebracht, die ebenso falsch sind wie jene, die Galilei und Smith entkräften mussten. Wie alle wissenschaftlichen Revolutionen hat sie die Debatte über die Beziehung zwischen Geist und Materie wieder angefacht.

In der Frühzeit der Maschinenökonomie gewöhnten sich die Philosophen an, die Maschine als Metapher sowohl für die Gesellschaft als auch für die Natur zu verwenden. So erklärte René Descartes in seinen *Prinzipien der Philosophie* im Jahr 1644, er habe »die Erde und die ganze sichtbare Welt nach Art einer Maschine beschrieben«,[14] und in David Humes im Jahr 1779 veröffentlichten *Dialogen über die natürlichen Religionen* heißt es: »Seht euch um in der Welt; betrachtet das Ganze und Teil; Ihr habt darin nichts als eine einzige große Maschine, die in eine unendliche Anzahl kleinerer Maschinen geteilt ist.«[15]

Die Maschine und später die Fabrik schufen ein neues mentales Modell, das Wissenschaftlern und Philosophen das Verständnis der Realität ermöglichte: den automatischen Prozess. Indem sie sich die Natur als eine große Maschine vorstellten, versuchten diese Denker, die Wissenschaft vom religiösen Aberglauben zu befreien. In ihren Augen bewies die Entdeckung automatischer Vorgänge in Maschinen, Natur und menschlichen Körpern die Existenz Gottes, der den Menschen wie eine Maschine gebaut und ihm die Fähigkeit verliehen hatte, Maschinen nach dem Vorbild seiner eigenen Macht zu bauen.

Im Jahr 1633 wurde Galilei wegen Häresie verurteilt, weil er darauf bestand, dass die Erde um die Sonne kreiste. Ende des 17. Jahrhunderts entging man diesem Schicksal, wenn man erklärte, dass die Realität eine von Gott gebaute und eingeschaltete Maschine sei. In den folgenden 150 Jahren gewann die Wissenschaft diesen Streit nach einer langen Auseinandersetzung und grenzte einen Raum ab, in dem Menschen eigenständig über eine geordnete Wirklichkeit nachdenken konnten, ohne auf abergläubische Vorstellungen und willkürliche Eingriffe Gottes Rücksicht nehmen zu müssen.

In der Philosophiegeschichte wird dieses Denken als »mechanischer Materialismus« bezeichnet. Materialistisch ist es, weil es davon ausgeht, dass die Welt eine materielle Realität ist, die unseren Geist beinhaltet. Mechanisch ist es, weil es annimmt, dass die Welt ein logisch gestaltetes System ist und dass die Wissenschaft die Aufgabe hat, die Funktionsweise dieses Systems zu ergründen. Der mechanische Materialismus kulminierte im Jahr 1814 in der berühmten Aussage des Physikers, Mathematikers und Astronomen Pierre-Simon Laplace, dass einem Wesen, das die Position aller Objekte im Universum bestimmen und die auf sie wirkenden Kräfte berechnen könnte, »nichts würde [...] ungewiss sein«.[16] Das Universum war also von den Planeten bis zu den Atomen lediglich ein riesiger Mechanismus, der feststehenden und vorhersehbaren Gesetzen gehorchte – und das galt auch für die Geschichte der Menschheit.

Der Triumph der Wissenschaft über die Religion war vollkommen, als der Nachweis gelang, dass es nicht einmal nötig war, dass Gott den Startknopf gedrückt hatte. Diese Erkenntnis war implizit bereits im Werk des Philosophen Baruch de Spinoza enthalten, der im 17. Jahrhundert erklärt hatte, Gott *sei* die Natur, weshalb er nicht von ihr getrennt werden könne und nicht als Schöpfer und Auslöser vor ihr existiert haben könne. Aber der Wendepunkt war Charles Darwins Evolutionstheorie.

Darwin wies nach, dass die natürliche Auslese ein automatischer Prozess ist – aber mit einer Maschine hat das nichts zu tun. Vielmehr ist die Selektion beliebig und ziellos. Alle Gesetze, Regelmäßigkeiten oder automatischen Vorgänge, die wir in der Natur beobachten, sind Produkte der Natur, nicht eines Schöpfers, der den Prozess gestaltet hat. Es ist auch nicht die »Seele«, die den Menschen vom Orang-Utan unterscheidet: Wenn der menschliche Verstand zu einem höher entwickelten Grad der Bewusstheit imstande ist als der anderer Primaten und Prähominiden, so ist dies ein Ergebnis der biologischen Entwicklung und der natürlichen Auslese im Verlauf von Millionen zufälligen Vorgängen. Es kann nichts mit Gott zu tun haben.

Wissenschaftler, die furchtlos die physische Welt erkundeten, widerlegten im Lauf von zwei Jahrhunderten die Vorstellung, unsere Welt sei von einer externen Intelligenz gestaltet worden. Sie widerlegten die Behauptung, der Geist existiere »immateriell«, also jenseits der Materie, oder das Bewusstsein sei in einer vom Körper getrennten Seele angesiedelt.

Doch im Computerzeitalter sind all diese Illusionen wieder aufgetaucht.

Statt eines »Gottes« wird heute die Information als ordnende Intelligenz im Universum betrachtet. Es wird angenommen, sie habe vor und »außerhalb« der Natur existiert. Über die Schriften der Pioniere der Informationswissenschaft verstreut finden wir die Vorstellung, die Information sei immateriell und der Mensch und die Welt seien darauf »programmiert«, einen automatischen Prozess auszuführen.

Grundlage für diese Rückkehr zum Konzept des Immateriellen war die Entwicklung der Quantenmechanik Anfang des 20. Jahrhunderts. Eine Gruppe von Wissenschaftlern schloss, die physische Welt entstehe auf der grundlegendsten Ebene durch den Akt der Beobachtung. In dieser Vorstellung ist kein Platz für Gesetze von Ursache und Wirkung, sondern nur für Ungewissheit und Wahrscheinlichkeit – und der Akt der Beobachtung der subatomaren Welt verändert diese nicht nur, sondern »erschafft« sie in gewissem Sinn sogar.

Obwohl diese Entwicklung in der Physik umstritten war und insbesondere von Einstein angezweifelt wurde, weckte sie bei gebildeten Menschen erneut die Überzeugung, dass die ganze Welt einschließlich unseres physischen Gehirns nur ein Produkt unseres Geistes sei. Der Physiker, Mathematiker und Astronom James Jeans, der in den dreißiger Jahren zur Verbreitung der Erkenntnisse der Quantenphysik beitrug, erklärte, das Universum ähnle »eher einem großen Gedanken als einer großen Maschine«: »Im Universum gibt es Hinweise auf eine gestaltende oder steuernde Kraft, die Gemeinsamkeiten mit unserem eigenen individuellen Verstand hat, [...] die Neigung zu jener Art des Denkens, die wir in Ermangelung eines besseren Worts als mathematisch bezeichnen.«[17]

Als sie einmal begonnen hatten, Anweisungen für Computer in Form von Programmcodes zu schreiben, lieferten die Informationstheoretiker das »bessere Wort«, nach dem Jeans gesucht hatte: Software. Der Unternehmer, Erfinder und Erbauer des ersten funktionsfähigen Computers Konrad Zuse stellte im Jahr 1967 die These auf, das Universum werde »auf einem riesigen, aber abgegrenzten Computer deterministisch berechnet«.[18]

Im Jahr 1989 prägte der Physiker John Archibald Wheeler den Slogan »It from bit«: Alles Materielle wird durch Information hervorgebracht, nicht umgekehrt. Wheeler war ein Verfechter der Kopenhagener Deutung der Quantenmechanik und lehnte die Vorstellung ab, die Realität sei eine riesige Maschine, aber in dem Bemühen, die Probleme aufzuarbeiten, die diese Interpretation ungelöst ließ, gelangte er zu dem Schluss, das Universum sei aus Information hervorgegangen.[19] »Alle physischen Dinge haben einen informationstheoretischen Ursprung«, schrieb er, »jede physische Menge, jedes Es (*it*), bezieht ihren Sinn aus Bits (*from bits*).«

Der angesehene Mathematiker Gregory Chaitin bestand darauf, dass wir erst in dem Moment, als wir begannen, Software zu schreiben, verstehen konnten, wie eine vorhandene Intelligenz das Universum gestaltet hatte: »Die Biosphäre ist voll von Software, jede Zelle ist voll von Software, drei bis vier Milliarden Jahre alter Software. [...] Die Welt war schon voll von Software, bevor wir wussten, was das war.«[20]

Diese Aussagen wichtiger Wissenschaftler des 20. Jahrhunderts sind spekulative Behauptungen, Hypothesen und Annahmen. Sie sind Teil dessen, was als »Metaphysik« bezeichnet wird, das heißt, sie sind rationale Vorstellungen, die jedoch nicht bewiesen werden können.

Es ist nichts an der metaphysischen Spekulation auszusetzen. Wenn man am Flughafenkiosk einen beliebigen Bestseller über die Wissenschaftsgeschichte aus dem Regal nimmt, findet man darin eine Geschichte über Menschen, die brillante verifizierbare Entdeckungen machten und gleichzeitig wilde, nicht überprüfbare metaphysische Behauptungen aufstellten.[21] Das Problem beim metaphysischen Denken ist, dass es stets von der Gesellschaft beeinflusst wird, in der ein Denker lebt. Wenn zu Beginn des Maschinenzeitalters eine Theorie der Realität aufgestellt wird, die auf der Maschine beruht, und im Computerzeitalter eine Theorie der Realität auftaucht, die auf der Software beruht, ist es einigermaßen wahrscheinlich, dass diese Theorien Produkte des historischen Kontextes sind und sich als unhaltbar erweisen werden.

Nehmen wir beispielsweise Chaitins These: »Erst als wir begannen, Software zu schreiben, entdeckten wir, dass die gesamte physische Realität in Wahrheit aus Software besteht.« Was geschieht, wenn wir beginnen, etwas Neues zu entwickeln? Der Nobelpreisträger Steven Weinberg schrieb, wenn das Universum eine verblüffende Ähnlichkeit mit den Computern habe, welche die Physiker in ihren Laboren benutzen, »könnte ein Zimmermann beim Anblick des Mondes annehmen, dieser sei aus Holz gemacht«.[22]

Wir müssen uns bewusst machen, dass metaphysische Vorstellungen vom Computer das Bewusstsein unserer Gesellschaft durchdrungen haben. Der Journalist und Autor James Gleick hat in seinem Bestseller *Die Information* die neue Doktrin der geheimnisvollen Maschine seziert. Er schreibt: »Jeder leuchtende Stern, jeder stille Nebelfleck und jedes Elementarteilchen, das seine geisterhafte Spur in einer Wolkenkammer hinterlässt, ist ein Informationsprozessor. Das Universum berichtet sein eigenes Schicksal.« Gleicks Fazit mit Blick auf die Entwicklung der menschlichen Gesellschaft lautet: »Auf lange Sicht betrachtet ist Geschichte die Erzählung der Information, die sich ihrer selbst bewusst wird.«[23]

Rufen wir uns die Vorstellungen in Erinnerung, die Hegel im Jahr 1818 in seiner Lobrede auf die preußische Monarchie äußerte. Die Ähnlichkeit ist unübersehbar. Hegel glaubte, der »Weltgeist« werde sich seiner selbst bewusst, während er die Menschen zu Handlungen bewege, die sie nicht verstehen könnten. Gleick glaubt, das historische Handeln der Menschen werde durch Information verursacht, »die sich ihrer selbst bewusst wird«. Das sind sehr ähnliche Theorien, obwohl sie durch zwei Jahrhunderte voneinander getrennt sind. Die philosophische Bezeichnung dafür ist »Idealismus«.

Warum einige der bedeutendsten technologischen Neuerer und Wissenschaftler des 20. Jahrhunderts einen Vorrang des Geistes vor der Materie postulierten, wird klar, wenn man sich das Problem vor Augen hält, mit dem die Wissenschaft von der Quantenphysik konfrontiert wurde. Die Kopenhagener Deutung der subatomaren Physik besagt, dass die Realität auf der tiefsten Ebene durch die Beobachtung entsteht. Der Physiker Niels Bohr erklärte, es sei sinnlos, vom Zustand von zwei verbundenen Elementarteilchen zu sprechen, bevor sie gemessen worden seien. Wenn es so ist, gibt es auf dieser Ebene keine objektiv beobachtbare Realität, an der wir Theorien über Ursache und Wirkung messen könnten.

Innerhalb der Physik konzentrierten sich die Gegner der Kopenhagener Deutung, darunter insbesondere Einstein, auf ihre angebliche »Unvollständigkeit«. Einstein stellte die Frage, was geschehe, wenn es jenseits dieses paradoxen Phänomens eine tiefere Wirklichkeit gebe, die einfach noch nicht entdeckt worden sei? Er erklärte, es sei sehr viel wahrscheinlicher, dass es Ursache und Wirkung gebe und dass eine Realität existiere, bevor und nachdem wir sie beobachteten, weshalb die Kopenhagener Deutung eines Tages aufgegeben werden müsse.[24]

Diese Debatte hallt in der Physik immer noch nach, obwohl sie auf einer theoretischen Ebene geführt wird, die sich dem Verständnis der meisten Leute entzieht. Aber wir arbeiten bereits mit Technologien, die sich auf die Quantenmechanik stützen, darunter die Magnetresonanztomografie und ultradünne Siliziumchips, und Quantencomputer versprechen eine deutliche Erhöhung der Rechenleistung in der Zukunft.

Das Problem ist, dass die Pioniere der Quantenmechanik auch allgemeine philosophische Behauptungen aufstellten, darunter insbesondere die, ihre Entdeckungen hätten die Existenz von Ursache und Wirkung in unserer gesamten Realität widerlegt; es könne keine Realität geben, die jenseits unserer Sinneswahrnehmungen unabhängig von unserer Beobachtung existiere.

Zweihundert Jahre lang hatte die Wissenschaft angenommen, dass (a) eine Realität existiere, die von unserer Fähigkeit, sie zu beobachten, unabhängig sei, und dass (b) jede neue Theorie nur eine Annäherung an die Wahrheit sein könne und in Zukunft wahrscheinlich durch weitere Experimente und Beobachtungen verbessert werde. Die Kopenhagener Deutung weist diese beiden Annahmen zurück, denn ihre Anhänger behaupten, es könne keine tiefere Realität als die von ihnen beschriebene geben.

Seit fast vierhundert Jahren dient der philosophische Idealismus als Abstellplatz für ungelöste wissenschaftliche Probleme. Seine wichtigsten Postulate waren erstens die Existenz einer der menschlichen überlegenen Intelligenz, die das Universum gestaltet habe und/oder unser Schicksal bestimme. Zweitens erklärten die Idealisten, wenn die Welt tatsächlich jenseits unseres Bewusstseins und unserer Sinneswahrnehmungen existiere, so sei sie so vollkommen unzugänglich für unseren Verstand, dass sie für uns irrelevant sei. In seiner rationalen Form, die Immanuel Kant im 18. Jahrhundert vertrat, besagt der Idealismus, dass wir nie das »Ding an sich«, sondern nur Erscheinungen verstehen können. In seiner Extremform besagt er im Sinne Wheelers, dass erst die Beobachtung die Materie erzeugt.

Im 18. Jahrhundert wurde die überlegene Intelligenz als »Gott« und unser immaterielles Bewusstsein als »Seele« bezeichnet. Die modernen Anhänger der Kopenhagener Deutung ersetzen diese Vorstellung aus denselben vollkommen rationalen Gründen wie vor zweieinhalb Jahrhunderten durch die These, das Universum berechne sich selbst und unsere Wahrnehmungen erzeugten erst die Realität.

Wir sollten auf der Hut sein vor der modischen Behauptung, jegliche wissenschaftliche Erkenntnisse seien »soziale Konstruktionen«. Wie wir im Folgenden sehen werden, wurde diese Anschuldigung von der irrationalen Linken in die Welt gesetzt und ist mittlerweile von der Rechten übernommen worden. Hingegen liegt auf der Hand, dass die Metaphysik stets eine soziale Konstruktion ist.

In einem seiner Aufsätze hat der Wissenschaftshistoriker Paul Forman nachgezeichnet, wie die Übernahme der Kopenhagener Deutung im Deutschland der zwanziger Jahre einer allgemeinen Feindseligkeit gegenüber Wissenschaft und Vernunft entsprang und sie zugleich förderte. Die Niederlage im Ersten Weltkrieg bewog viele nachdenkliche Menschen dazu, die sogenannte »Lebensphilosophie« zu übernehmen, die Emotion, Intuition und »Schicksal« in den Mittelpunkt der Lebenserfahrung rückte. Rationalität und Wissenschaft wurden für den Schrecken des Kriegs verantwortlich gemacht.[25] Die Folge war, dass »ein Physiker nach dem anderen vor das gelehrte Publikum trat, um sich von der satanischen Doktrin der Kausalität loszusagen«, wie Forman schreibt.

Das populärste Buch im Deutschland der Nachkriegszeit, Oswald Spenglers *Der Untergang des Abendlandes*, rief zum Sturz der »Tyrannei der Vernunft« auf. Spengler erklärte, die auf die Kausalität fixierte Wissenschaft müsse durch auf dem Schicksal beruhende Überzeugungen ersetzt werden. Aufgrund des Niedergangs des Abendlands sei mit dem Aufstieg einer »zweiten Religiosität« zu rechnen, vergleichbar dem Aufstieg des Christentums, welches das philosophische Denken des antiken Rom verdrängt hatte. Forman zeigt, dass einige Schlüsselfiguren der Kopenhagener Deutung von Spenglers Irrationalismus und seinem kulturellen Hintergrund beeinflusst wurden. Er erklärt, dass »die Bewegung zur Vertreibung der Kausalität aus der Physik, die nach 1918 so plötzlich in Deutschland auftauchte und so rasch aufblühte, in erster Linie ein Versuch deutscher Physiker war, den Inhalt ihrer Wissenschaft den Werten ihrer intellektuellen Umgebung anzupassen«.

Nichts von alldem entwertet die Leistungen der Entdecker der Quantenmechanik. Aber es erklärt, warum sie so erpicht darauf waren, ihre unvollständige Theorie der subatomaren Physik für einen umfassenden Angriff auf die Kausalität in der Wissenschaft zu nutzen, einen Angriff, der eine reaktionäre Entwicklung in Politik und Gesellschaft zur Folge hatte.

Forman, dessen Aufsatz im Jahr 1971 erschien, beobachtete denselben Prozess auch in seiner Zeit. In den späten sechziger Jahren, als Wissenschaft und Rationalität eingesetzt wurden, um die massenhafte Tötung von Zivilisten in Vietnam zu rechtfertigen, begannen Wissenschaftler und Denker wie Wheeler und Zuse die Vorstellung zu verbreiten, die Realität werde »errechnet«, die Information gehe der Materie voraus und erzeuge sie (»it from bit«) und das Universum sei erst durch Milliarden Beobachtungen erschaffen worden. Diese Vorstellung, die mit Hunderten Artikeln, Vorträgen und Bestsellern in der Gesellschaft verbreitet wurde, hat eine neue Form des Idealismus hervorgebracht, in dessen Mittelpunkt die Rechenmaschinen stehen.

Ermöglicht wurde der neue Idealismus durch die relative Inkohärenz derer, die versuchten, die digitale Welt materialistisch zu erklären, darunter Norbert Wiener, der die Disziplin der Kybernetik gründete. Im Jahr 1948 schrieb Wiener: »Information ist Information, weder Materie noch Energie. Kein Materialismus, der dieses nicht berücksichtigt, kann heute überleben.«[26]

Wenn er damit sagen wollte, dass die Information ihre eigenen Gesetze hatte, die von den Gesetzen der Physik getrennt waren, jedoch mit ihnen zusammenhingen, so konnte man das akzeptieren: Die »Gesetze« eines Klavierkonzerts von Mozart existieren getrennt von der Physik des Klaviers. Aber Wiener wollte mehr damit sagen, nämlich dass die digitale Information eine der Physik unbekannte neue Eigenschaft in die materielle Welt einführte – und dass man diese neue Eigenschaft als etwas verstehen musste, das sich sowohl von der Materie als auch von der Energie unterschied.

Wiener erkannte, dass man zur Informationsverarbeitung nur eine winzige Menge Materie und nicht allzu viel Energie benötigte. Er nahm an, dass die ungeheure Leistungsfähigkeit eines Computers – der zahlreiche Gleichungen gleichzeitig lösen, Codes knacken, die Lohnabrechnungen eines ganzen Unternehmens an einem einzigen Tag bewältigen konnte – die Einführung einer eigenen Kategorie in der materiellen Welt erforderlich machte.

Wieners berühmte These wird oft wiederholt, als wäre sie eine selbstevidente Wahrheit. Aber das ist sie nicht. Im Jahr 1961 erbrachte der Physiker Rolf Landauer den theoretischen Beweis dafür, dass Informationen materiell sind, was bedeutete, dass Wiener im Irrtum war.[27] Landauer fasste seine Ergebnisse so zusammen: »Information ist keine körperlose abstrakte Einheit, sondern immer an eine physische Repräsentation gebunden. Damit wird die Verarbeitung von Information mit allen Möglichkeiten und Einschränkungen der realen materiellen Welt, den Gesetzen der Physik und dem Bestand an verfügbaren Teilen verknüpft.«[28]

Konkret wies er nach, dass die Informationsverarbeitung Energie verbraucht, weshalb es möglich sein sollte, die Menge an Energie zu messen, die beim Löschen eines Bits an Information verbraucht wird. In ihren mentalen Modellen der Informationsverarbeitung hatten die Wissenschaftler angenommen, dass der Akt der Berechnung einer Zahl seine eigenen Energiekosten ausglich, aber Landauer zeigte, dass es nicht so war. Im Jahr 2012 konnte ein Forscherteam das »Landauer-Prinzip« mit einem Modell in der Praxis beweisen.[29]

Die Erzeugung von Informationen kostet Energie, und zu ihrer Repräsentation bedarf es Materie. Bits nehmen in der Realität Raum ein: Sie verbrauchen Strom, geben Wärme ab und müssen irgendwo gespeichert werden – heute üblicherweise auf einem Stück Silizium, das so gebaut ist, dass es, selbst dann, wenn ein Computer oder Smartphone ausgeschaltet ist, eine kleine elektrische Ladung behält. Auch die »Cloud«, in der wir unsere Fotosammlung und unsere Musik aufbewahren, besteht in Wahrheit aus riesigen luftgekühlten Serverfarmen, die Prognosen zufolge im Jahr 2025 ein Fünftel der weltweit produzierten Energie verbrauchen werden.[30]

Wenn wir sagen, dass die Information physisch repräsentiert werden muss, bestreiten wir nicht, dass sie unabhängig von der Materie, in der sei gespeichert wird, ihre eigenen Gesetze und ihre eigene Dynamik hat. Dasselbe gilt für die Musik: Eine Musikaufnahme existiert als Datei auf meinem Smartphone, reist durch Drähte, verwandelt sich in meinen Kopfhörern in Klangwellen und regt in meinem Nervensystem elektrische Aktivität an. Und dennoch wird die Bedeutung der Musik, sei sie ein Techno-Track oder eine Mozart-Arie, auf einer anderen Ebene der Realität erzeugt, nämlich in der Interaktion der Physik des Klangs, die Spannungs- und Auflösungsmuster erzeugt, mit meinem kulturell bedingten Gehirn, das diesen Mustern einen Sinn abgewinnt.

Wenn wir einmal verstanden haben, dass es keine Information ohne physische Repräsentation gibt, wird das Postulat »It from bit« logisch unmöglich – denn es beruht auf der Prämisse, dass es irgendwann einen Augenblick gab, in dem die Information vor der physischen Realität existierte.

Wäre das Universum ein riesiger Computer, dessen Produkte in Pakete und Pixel unterteilt wären, so wäre die gesamte Physik falsch, wie Einstein beobachtete. Die Physik beruht auf der Annahme, dass die Realität fließend und kontinuierlich ist. Wenn ein Auto beschleunigt oder Luft den Flügel eines Flugzeugs umströmt, geschieht dies nicht in »Bits« – in voneinander getrennten Paketen von Zeit und Raum –, sondern fließend. Um den Luftstrom oder die Beschleunigung auf einem Computer darzustellen, unterteilen wir sie in Bits, und ein digitales Foto ist lediglich eine Ansammlung winziger Pixel. Aber dass wir Pixel sehen, wenn wir ein Porträtfoto vergrößern, bedeutet nicht, dass das auf dem Foto abgebildete menschliche Wesen aus Pixeln besteht.

Im frühen 21. Jahrhundert plagen uns zwei mystische Vorstellungen von der Informationsmaschine: der Glaube, sie erzeuge aus dem Nichts wirtschaftlichen Wert, und die Auffassung, die Information existiere getrennt von der physischen Welt. Nimmt man die irrationale Vorstellung hinzu, das Universum sei ein »großer Gedanke« (Jeans) und die Realität werde »berechnet«, so erhält man nicht nur einen neuartigen Idealismus, sondern auch ein ideologisches Fundament für die Annahme, der Mensch sei machtlos, zur Freiheit unfähig und in einer illusorischen Welt gefangen.

Die neue wissenschaftliche Metaphysik ist eine der wichtigsten Stützen jenes Antihumanismus, der die Ideologien des 21. Jahrhunderts durchdringt. Wenn die Information der physischen Welt vorausgeht und die Menschheitsgeschichte nichts anderes als Software ist, die »sich selbst berechnet«, gleicht unsere Lage jener der Menschen in dem Film *Jason und die Argonauten*: Jede unserer Entscheidungen ist in Wahrheit von den Göttern vorherbestimmt, die uns wie Spielsteine auf einem Brett bewegen. Es hat keinen Sinn, die menschliche Freiheit oder Handlungsmacht zu verteidigen.

Warum ist das wichtig? Norbert Wiener wusste warum. Er nannte seine Computerwissenschaft »Kybernetik«, das heißt die Wissenschaft von der Steuerung. Sowohl Menschen als auch Computer können ihre Umwelt steuern. In Wieners Augen ist Information einfach das, was sie mit der Außenwelt austauschen – Anweisungen und Rückmeldungen. Als die Menschen begannen, Computer zu bauen, verwendeten sie diese Maschinen zunächst, um der Realität Anweisungen zu geben und exakte Rückmeldungen von ihr zu erhalten.

Aber Wiener sagte voraus, dass die Computer, sofern sie lernen könnten – wie Turing behauptet hatte –, eines Tages den Menschen Anweisungen geben würden. Wiener wollte an einem modifizierten Materialismus festhalten, weil er begriff, dass die idealistischen Vorstellungen von der Information schließlich zur Unterwerfung unter die Informationsmaschinen führen würden.

All diese Theorien über die Information beinhalten also Theorien über die menschliche Natur und die Möglichkeit der Freiheit.

Luciano Floridi, Professor für Informationsphilosophie an der Universität Oxford, ist überzeugt, dass die Informationstechnologie mit der Entstehung der Netzwerke einen neuen Menschen erschaffen hat: den »informationellen Organismus« oder »Inforg«.

Floridi erklärt, da die Computer bereits klüger seien als wir, da die Social-Media-Plattformen unser Verhalten vorwegnähmen und sogar formten, hätten sie die Umwelt, in der das menschliche Leben stattfindet, unwiederbringlich verändert. Nachdem die 40 000 Jahre der bisherigen Geschichte der Zivilisation vom Versuch des Menschen gekennzeichnet gewesen seien, die Natur unter Kontrolle zu bringen, hätten wir nun etwas geschaffen, das eine umfassendere Kontrolle ausübe als wir. Nach Einschätzung von Floridi haben die Computer bereits begonnen, »ihren ›Heimvorteil‹ in der Infosphäre zu nutzen, während wir unsere Partie ›auswärts‹ bestreiten«.[31]

Wenn Floridi recht hat, ist die Möglichkeit der menschlichen Freiheit bereits beschränkt; und schon bald werden die Computer mächtiger sein als unsere Gehirne, womit der freie Wille unmöglich werden wird. Wenn sich eine Bewegung bildet – was zweifellos geschehen wird –, welche die leistungsfähigen KI-Maschinen und die Datenspeicherung der menschlichen Kontrolle unterwerfen will, werden die Besitzer der Maschinen mit gutem Grund fragen: Mit welchem Recht verlangt die Menschheit – die bereits ihren Anspruch auf Freiheit, Vernunft, Kausalität und Handlungsmacht aufgegeben hat – Kontrolle über die künstliche Intelligenz und Schutz vor ihr?

Eine Fraktion der Neurowissenschaft wird antworten, dass die Menschheit überhaupt kein Recht dazu hat, und dieselbe Antwort werden die überlebenden Postmodernisten geben, die sich gegenwärtig hinter der Fahne des »Posthumanismus« sammeln. Und auch die zahlreichen Autoren populärwissenschaftlicher Bestseller werden sich auf diesen Standpunkt stellen. Mit ihren Argumenten werde ich mich im Folgenden beschäftigen.

Wenn der neue, digitale Idealismus recht hat, ist der Humanismus lediglich eine Form von Nostalgie. Wenn wir die Wahrheit gestützt auf unsere Sinneswahrnehmungen gegen Fake News verteidigen wollen, wenn wir den Neoliberalismus durch ein System ersetzen wollen, das sämtlichen menschlichen Bedürfnissen genügen kann, dann müssen wir die Vorstellung von einem menschlichen Wesen verteidigen, das – vorbehaltlich der historischen Umstände – zu eigenständigem Denken und Handeln fähig ist. Oder wie es die Philosophen ausdrücken: Wir müssen die Freiheit verteidigen.

Um das zu bewerkstelligen, müssen wir dem Humanismus etwas zugrunde legen, das solider ist als Nostalgie. Wir brauchen die Dinge, nach denen Wiener verzweifelt suchte: eine Theorie der Realität, die in der physischen Welt einen Platz für die digitale Information findet, eine Geschichtstheorie, in der nicht Algorithmen, sondern menschliche Wesen die Ergebnisse bestimmen, und eine Theorie der menschlichen Natur, die Floridis Behauptung widerlegen kann, dass wir uns bereits in teilweise machtlose Inforgs verwandelt haben, die von den Maschinen gesteuert werden, die sie selbst gebaut haben.

Glücklicherweise gibt es solche Theorien.

Warum brauchen wir eine Theorie des Menschen?

»[D]er Mensch [ist] von Natur ein politisches Lebewesen«, schrieb Aristoteles im vierten vorchristlichen Jahrhundert.[1] Nun, tatsächlich schrieb er etwas anderes. Die früheste Theorie der menschlichen Natur, die in der abendländischen Zivilisation entwickelt wurde, lautet wörtlich übersetzt: »Der Mensch ist ein Stadtlebewesen«. Um es ganz genau zu sagen, schrieb Aristoteles, der Mensch sei eine Spezies, die ihre Möglichkeiten nur in einer von Gesetzen geregelten Gemeinschaft vollkommen ausschöpfen könne.

In der *Politik* versuchte Aristoteles, die Entstehung der Demokratie im Stadtstaat Athen nicht nur zu erklären, sondern auch zu rechtfertigen. Zu jener Zeit gab es größere und wohlhabendere Stadtstaaten in Ägypten, Persien, Mesopotamien und China, aber nur in Athen entstand eine Demokratie, und obendrein eine radikale. Gewiss, die Sklaven waren rechtlos und die Frauen hatten keinen Anspruch auf politische Teilhabe, aber vor dem Gesetz waren freie Männer, seien sie Bauern oder Aristokraten, gleich, und ihnen stand eine gleichberechtigte Stimme in der Volksversammlung zu.

Für Aristoteles war es natürlich, dass die Menschen in Städten lebten, da das Leben in der Stadt nicht auf Nahrungserwerb, Fortpflanzung und Arbeit beschränkt war. In einer städtischen Ökonomie konnten die Menschen schon im Jahr 350 v. Chr. dank eines ausreichenden Wohlstandsüberschusses und ausreichender Freizeit Kultur, persönliches Glück und ein gewisses Maß an Freiheit genießen. Ein Mann, der sich nicht den Gesetzen einer Stadt unterwerfen wollte oder bestrebt war, auf Kosten des »guten Lebens« mit Freizeit und Kultur Reichtum zu erwerben, war in Aristoteles' Augen entweder minderwertig oder bereits gottgleich, »entweder mehr oder weniger als ein Mensch«.[2]

Aristoteles erklärte, jede Art von Wesen im Universum habe ein charakteristisches Verhaltensmuster: Wenn ein Wesen tut, wofür es bestimmt ist, erfüllt es seinen Zweck (*télos*). Seine Beschreibung des Menschen als »Gemeinschaftslebewesen« ist also zugleich ein Vorschlag: Um unseren Zweck erfüllen zu können, müssen wir ein Gemeinwesen errichten, in dem wir das gute Leben führen und vollwertige Menschen werden können.

Aristoteles erkannte, dass die Technologie unverzichtbar ist, um die Klassenunterschiede zu beseitigen. Er erklärte: »Denn freilich, wenn jedes der Werkzeuge, sei es auf erhaltenen, sei es auf erratenen Befehl hin, seine Aufgabe erfüllen möchte, [...] dann freilich bedürfte es für die Meister nicht der Gehilfen und für die Herren nicht der Sklaven.«[3] Mit anderen Worten: Könnten Maschinen unabhängig vom Menschen denken, lernen und handeln, so wäre die Arbeit nicht mehr nötig – und damit würde auch die gesellschaftliche Hierarchie verschwinden.

Das von Aristoteles beschriebene *zôon politikón* war natürlich von der Welt geprägt, in der es entstanden war: in einem Stadtstaat mit »freien« Sklavenbesitzern und unterdrückten Frauen. Es war auch von Aristoteles' vorwissenschaftlichem Verständnis der Realität geprägt, das in Bezug auf alle Dinge – Bäume, Flüsse, Menschen – nicht »Wie funktioniert es?«, sondern »Was ist sein Zweck?« fragte. Als die auf der Sklaverei beruhenden Stadtstaaten des antiken Griechenland und Roms zusammenbrachen, wurde das *zôon politikón* von einer Vorstellung der menschlichen Natur verdrängt, die ihren Ursprung in den großen monotheistischen Religionen aus dem Nahen Osten hatte. Als christliche und islamische Gelehrte das politische Lebewesen später wiederentdeckten, passten sie es ihrem religiösen Weltbild an: Ein guter Bürger zu sein bedeutete nun, den religiösen Gesetzen zu gehorchen; ein tugendhaftes Leben zu führen bedeutete, die sexuellen und sozialen Freuden aufzugeben, die Aristoteles als Bestandteile des guten Lebens betrachtet hatte.

Mehr als zweitausend Jahre lang lehrte uns eine Religion nach der anderen, dass die »menschliche Natur« unveränderlich sei: Es gebe einen Körper und eine von ihm getrennte Seele, die durch ethische Handlungen des Körpers erlöst werden müsse. Eine der am weitesten verbreiteten derartigen Vorstellungen ist die, mit der ich aufwuchs: das Christentum. Es lehrt uns, dass der Mensch von Geburt schlecht ist (der Grund ist die Erbsünde von Adam und Eva), jedoch gut werden kann, indem er sich an bestimmte Regeln hält und einige Rituale befolgt (Taufe, Kommunion, Beichte, die letzte Ölung usw.). Wenn der Körper stirbt, steht die Seele am Scheideweg und kommt abhängig vom Urteil Gottes für alle Ewigkeit in den Himmel oder in die Hölle. Wenn Sie glauben, der letzte Teil der Geschichte sei optional, so gehen Sie einmal in ein Gotteshaus: In fast jeder großen Kirche einschließlich des Hauptquartiers des Katholizismus, der Sixtinischen Kapelle in Rom, finden Sie eine bildliche Darstellung davon.

Auch der Islam und der Judaismus postulieren diesen Gegensatz zwischen Körper und Seele (obwohl der Islam die Erbsünde ablehnt). Andere Religionen, darunter Buddhismus und Hinduismus, geben jeder Seele die Möglichkeit, sich durch verschiedene Körper zu bewegen, anstatt der ewigen Erlösung oder Verdammnis ausgeliefert zu sein.

Aristoteles konnte seine Theorie der menschlichen Natur zumindest empirisch belegen: Die Menschen in seiner Umgebung handelten politisch und verhielten sich so, als sei Freiheit in diesem Leben möglich. Weder die im Christentum verankerte »angeborene Schlechtigkeit« noch das Urteil nach dem Tod und das ewige Leben können empirisch bewiesen werden. Tatsächlich sind es abergläubische Vorstellungen, die von den historischen Umständen der Menschen geprägt wurden, welche die monotheistischen Religionen des Nahen Ostens entwickelten.

Aber wenn die religiöse Vorstellung von der menschlichen Natur auf dem Aberglauben und Aristoteles' Konzept auf der Erfahrung eines relativ kurzlebigen Stadtstaates beruht, was bleibt uns dann?

Wir könnten die Vorstellung einer menschlichen Natur rundweg ablehnen und sagen, dass ein Mensch »einfach eine Ansammlung von Knochen, Hirnzellen und DNA ist, die sich auf diese und jene Art verhält«. Aber wenn wir das Verhalten unserer Spezies genauer untersuchen, stellen wir fest, dass es sich erheblich vom Verhalten aller anderen Ansammlungen von Knochen, Hirnzellen und DNA unterscheidet.

Zum einen hat dieser Organismus innerhalb von nur zweihundert Jahren eine auf dem Kohlenstoff beruhende Wirtschaft aufgebaut, die möglicherweise den von ihm bewohnten Planeten zerstören wird. Der Klimawandel könnte bis zu 35 Prozent aller Spezies auslöschen.[4] Wir haben die Ökosphäre so gründlich verändert, dass einige Wissenschaftler mittlerweile vorschlagen, das Zeitalter der Erdgeschichte, in dem der Mensch die Funktionsweise der Natur beeinflusst hat, als »Anthropozän« zu bezeichnen.[5]

Obendrein kann diese Ansammlung von Knochen und Hirnzellen etwas tun, wozu keine andere Spezies imstande ist: Sie kann ihrer Fantasie ent-

springende Gegenstände und Maschinen bauen und sogar Gesellschaftsord-
nungen errichten. Manche der Dinge, die sich diese Spezies ausdenkt, sind
furchtbar – die mittelalterlichen Folterwerkzeuge, die Gaskammer, die Was-
serstoffbombe –, aber das hindert uns nicht daran, zu versuchen, die einzigartigen Merkmale des Menschen zu ergründen.

Selbst wenn man sagt, so etwas wie die menschliche Natur existiere
nicht, stellt man damit eine Theorie der menschlichen Natur auf, nämlich
die, dass die Aktivität unser Muskeln und unseres Gehirns einfach in der
DNA programmiert ist und durch Erfahrung sowie willkürliche Schwan-
kungen der elektrischen Aktivität in unserem Gehirn modifiziert wird. In
diesem Fall sagt man eigentlich, dass der Unterschied zwischen Zombies
und Menschen eine Frage der Abstufung ist.

Es gibt Neurowissenschaftler, die in diesem Zusammenhang vom »Zom-
bieproblem« sprechen. Im Jahr 1983 wies ein Team von Neurobiologen unter der Leitung von Benjamin Libet in einem Laborexperiment nach, dass
die Gehirnaktivität, die Handlungen auslöst, bei Konfrontation mit einer
spontanen Entscheidung einige hundert Millisekunden vor dem Moment
stattfindet, in dem das Gehirn eine bewusste Entscheidung über die geeignete Handlung fällt.[6] Da die bewusste Entscheidung grundlegend für die
Annahme ist, dass wir einen »freien Willen« besitzen, begründete Libets Experiment eine Strömung in der Neurowissenschaft, deren Vertreter überzeugt sind, dass das menschliche Verhalten zur Gänze vorherbestimmt und
die Willensfreiheit eine Illusion ist.

Diese Einschätzung der menschlichen Natur ist in den modernen säkularen Gesellschaften weit verbreitet. Der Bestsellerautor Nassim Nicholas
Taleb bezeichnet den Menschen als »Spielzeug des Zufalls«. Yuval Noah Harari, ein weiterer populärwissenschaftlicher Bestsellerautor, erklärt: »Soweit
wir heute wissen, haben Determinismus und Zufälligkeit den gesamte Kuchen unter sich aufgeteilt und der ›Freiheit‹ nicht einen Krümel übrig gelassen. […] Der freie Wille existiert nur in den imaginären Geschichten, die
wir Menschen erfunden haben.«[7]

Wir dürfen uns also nicht wundern, wenn Umfragen zu gesellschaftlichen Einstellungen zeigen, dass viele Menschen »für den Augenblick leben«, weil sie nicht glauben, mit ihrem Handeln die Zukunft beeinflussen
zu können. Beispielsweise zeigt die Global Attitudes Survey des Pew Research Center, dass eine deutliche Mehrheit der Einwohner von Entwick-

lungs- und Schwellenländern glaubt, »der Erfolg im Leben hänge von Kräften ab, die sich unserem Einfluss entziehen«. Während die Mehrheit der Bürger reifer Demokratien wie Großbritannien und die USA diese Vorstellung ablehnt, sind in fast allen Entwicklungsländern über die Hälfte der Menschen überzeugt, dem Schicksal wehrlos ausgeliefert zu sein. Philosophische Hilflosigkeit ist heute weit verbreitet.[8]

Und im Gegensatz zu Hararis These werden die »imaginären Geschichten« zunehmend vom Fatalismus beherrscht. *Game of Thrones* ist nur das letzte in einer langen Reihe von Unterhaltungsprodukten, in denen der Mensch als Spielzeug der Götter dargestellt wird. Ersetzt man die Götter durch die bipolare Störung, so erhält man das Thema der erfolgreichen Serie *Homeland*. Ersetzt man sie durch Korruption und ethnische Unterdrückung, so erhält man den Subtext der Schlusssequenz jeder Folge von *The Wire*. Gleichgültig, was die kriminalisierten Schwarzen Baltimores tun, sie können ihrem Schicksal nicht entkommen, und genauso wenig kann Carrie Mathison ihrem zwanghaften Wunsch entkommen, den amerikanischen Imperialismus zu retten, während sie sich selbst zerstört. Und die Vergewaltigungen, Morde und Intrigen in *Game of Thrones* sind einfach das Ergebnis des Schicksals.

Die logische Kehrseite unseres wachsenden Glaubens an das Schicksal ist die zunehmende Besessenheit vom Glücksspiel: Das Schicksal können wir nicht mit gezieltem Handeln, sondern nur durch Glück besiegen. Unter dem Einfluss von Pseudowissenschaft und dem Kult um die Marktkräfte ist der Fatalismus die Religion des 21. Jahrhunderts geworden, und das Onlinecasino ist die Kathedrale, in der die Gläubigen zusammenkommen.

Fassen wir die Auswirkungen dieser Entwicklungen zusammen:

Erstens ist unser freier Wille sehr beschränkt, wenn wir von der uns umgebenden Realität programmiert werden. Wenn es so ist, lösen sich alle großen Weltreligionen, die den Menschen in den Mittelpunkt rücken, in nichts auf. Denn nicht nur Aristoteles, sondern auch die Gründer des Judaismus, des Christentums und des Islam glaubten an den freien Willen: Den monotheistischen Religionen zufolge können wir uns mit ethischen Entscheidungen die Erlösung sichern.

Das zweite Problem betrifft unsere Fähigkeit, unser menschliches Potenzial auszuschöpfen und in unserer Arbeit und unserer Freizeit glücklich zu sein. Aristoteles glaubte, die Vervollkommnung des menschlichen Wesens sei nur in der Stadt möglich. In den Augen des christlichen Theologen Augustinus war sie nur in der »Stadt Gottes« möglich, das heißt jenseits der physischen Existenz, aber immer noch innerhalb einer Gemeinschaft. In den Augen derer, die glauben, das menschliche Wesen werde zur Gänze durch seine Erbanlagen und seine Umgebung geprägt, kann es keine Vervollkommnung geben – und wenn doch, so nur durch die Wirkung einer äußeren Kraft. Unsere eigenen Entscheidungen haben keinen Einfluss.

Genau das erzeugt das ethische Vakuum, in dem wir heute leben. In allen Abwandlungen der Theorie der menschlichen Natur, die auf DNA, Neuronen und Schicksal beruhen, sind die moralischen Entscheidungen optional. Wir können uns ein spezifisches moralisches Regelwerk borgen, das wir aus einer alten Religion kopieren und in unser Leben einfügen, aber sooft wir auch gegen diese Regeln verstoßen und so schlimm die Verstöße auch sind: Wir erwarten nicht, dass sich unser Verhalten auf unsere Erfolgsaussichten in diesem Leben oder danach auswirken wird. Nicht umsonst ist Cersei Lannister, die amoralische Manipulatorin anderer Menschen, die überzeugendste Figur in *Game of Thrones*. Viele Zuschauer sehen Cersei zu und denken: »Sie ist böse, aber sie hat Spaß und überlebt.«

Glücklicherweise können sich auch jene unter uns, die diese volkstümliche Religion des Fatalismus ablehnen, auf wissenschaftliche und philosophische Traditionen berufen. Harari behauptet, die Erkenntnisse der Neurowissenschaft bestätigten, dass der freie Wille unmöglich sei. Es gibt jedoch auch umfassende neurowissenschaftliche Literatur, die diese Behauptung ablehnt, eine Literatur, die zahlreiche Erkenntnisse über die Einzigartigkeit des menschlichen Bewusstseins enthält, sogar verglichen mit dem anderer Primaten.

Libets Experiment aus dem Jahr 1983, das seither durch die Beobachtung einzelner Neuronen bestätigt wurde, förderte eine Zunahme der Gehirnaktivität rund 500 Millisekunden vor dem Zeitpunkt zutage, in dem uns unsere freiwillige Entscheidung bewusst wird. Daraus schloss Libet, dass unsere Willensfreiheit, wenn es so etwas gibt, auf jene 150 Millisekunden beschränkt ist, in denen wir die durch diese Gehirnaktivität ausgelöste Reaktion ändern können. Damit wären unsere Handlungen letzten Endes das Ergebnis unserer biologischen Anlagen plus der Umwelteinflüsse. Darüber hinaus haben andere Neurowissenschaftler belastbare Beweise dafür gefunden, dass wir unser Handeln *nachträglich* als Entscheidung erklären:

Unsere Biologie beraubt uns also nicht nur unseres freien Willens, sondern erzeugt aktiv die Illusion, wir besäßen eine solche Entscheidungsfreiheit.[9]

Diese Ergebnisse werden von zwei Seiten angezweifelt: Erstens erklären Psychologen, dass dieses vorprogrammierte »Bereitschaftspotenzial« einer Handlungsfähigkeit entspricht, die das Ergebnis zahlreicher vorhergehender Entscheidungen und Erfahrungen ist, auf die wir zurückgreifen, wenn die Ereignisse in unserer Umgebung erfordern, dass wir über eine Handlung entscheiden.

Zweitens haben neurowissenschaftliche Experimente in jüngster Zeit gezeigt, dass die Gehirnaktivität, die stattfindet, bevor wir eine Entscheidung fällen, möglicherweise einfach eine willkürliche Aktivitätszunahme darstellt, die in den Nervensystemen nicht nur von Primaten, sondern sogar von Flusskrebsen stattfindet, die selbstverständlich vollkommen unfähig zu bewussten Entscheidungen sind. Der Neurowissenschaftler Aaron Schurger erklärt: »Möglicherweise waren unsere Annahmen bezüglich der Natur der Gehirnaktivität, die gewollten Bewegungen vorausgeht, vollkommen falsch, und wir haben fünfzig Jahre lang etwas gemessen, analysiert und dargestellt, was sich als zuverlässiger Zufall erweist.«[10]

Der Kognitionswissenschaftler und Philosoph Andrea Lavazza weist darauf hin, dass zufällige Gehirnaktivität, die stattfindet, bevor wir eine bewusste Entscheidung fällen, das Resultat der biologischen Beschaffenheit unseres Gehirns und unserer vergangenen Erfahrungen ist, die implizites Wissen darüber beinhalten, was geschehen wird, wenn wir eine bestimmte Entscheidung fällen und in die Tat umsetzen. Neue neurowissenschaftliche Experimente verknüpfen die Erforschung der Entscheidungsprozesse wieder mit dem psychologischen und sozialen Kontext. Sie berücksichtigen, dass wir intuitiv verstehen, was wir tun. »Wenn eine Person die Absicht zu handeln hat«, schreibt Schurger, »ist sie bereit zu handeln, jedoch noch nicht vollkommen überzeugt. Die Überzeugung kommt, wenn sich die Person zum Handeln entschließt. [...] Die Entscheidung zu handeln ist ein neuronales Ereignis, bei dem eine Schwelle überschritten wird, wobei zuvor schon eine neuronale Tendenz zu diesem Ereignis bestand.«

Wir können also festhalten, dass es keine definitiven neurowissenschaftlichen Belege für die Nichtexistenz des freien Willens gibt. Jene, die aus der Abwesenheit der Willensfreiheit die philosophische Behauptung ableiten, der Mensch sei nicht zur Freiheit imstande, tun das, weil sie eine bestimmte Vorstellung von der menschlichen Natur hegen.

Gibt es eine Theorie der menschlichen Natur, welche die Tür zu der Möglichkeit aufstößt, dass wir uns in dieser Welt vervollkommnen, dass wir unsere verblüffenden Gehirne einsetzen können, um Lösungen für die Probleme von Hunger, Gier und Elend zu finden? Und dass wir es selbst schaffen, ohne Eingriffe Gottes oder eines gewaltigen Computers, der vor Beginn der Zeit programmiert wurde?

Um eine solche Theorie zu entwickeln, müssen wir von einer Liste einzigartiger biologischer Eigenschaften des Menschen ausgehen. Wir lernen unentwegt. Im Alter von etwa zwei Jahren hört unser Verstand auf, einfach auf seine Umgebung zu reagieren, und beginnt, ein Bewusstsein »seiner selbst« und seiner Umwelt zu entwickeln, das er mit Hilfe der Sprache ausdrücken kann.[11]

Wir lehren einander, folgerichtig zu denken und eine bewusste, umkehrbare Wahl zwischen zwei oder mehr möglichen Handlungen zu treffen. Die Fähigkeit zur »operationalen Logik« entwickelt sich zwischen dem fünften und dem siebten Lebensjahr in einem Prozess von Versuch und Irrtum, und später erwerben wir die Fähigkeit, die entsprechenden Abwägungen im Geist vorzunehmen.[12] Wir erzeugen Dinge, aber wir tun es anders als alle anderen Lebewesen: Wir können uns das Ding, das wir erzeugen wollen, im Voraus *vorstellen* und anschließend die Werkzeuge herstellen, die wir benötigen, um es zu erzeugen.

Wie bei Schimpansen und Pavianen können sich die biologisch angelegten Vorteile des Menschen nur vollkommen entwickeln, wenn er in geordneten, hierarchischen Gruppen lebt. Aber im Gegensatz zu anderen Primaten kann der Mensch die Struktur der hierarchischen Gruppen, in denen er lebt, gezielt verändern und die Hierarchie sogar vollkommen beseitigen.

Schließlich besitzt der Mensch eine hochentwickelte Fähigkeit zur sprachlichen Kommunikation, die nach gegenwärtigem Wissensstand allen anderen Lebewesen fehlt. Unsere Sprache ist das Produkt von Bewusstsein, Vorstellungskraft und Geselligkeit. Der Gesang eines Rotkehlchens ändert sich abhängig davon, ob es in der Stadt oder auf dem Land lebt, aber das Rotkehlchen kann sich nicht entscheiden, seinen Gesang zu ändern. Der Mensch kann das: Unsere Sprache ist geeignet, nicht nur die Welt, die uns umgibt, sondern auch unsere Vorstellung von einer anderen Welt zu beschreiben. Von frühester Kindheit an können wir nicht nur sagen: »Schau Mama, da ist ein Vogel!«, sondern auch: »Mama, ich bin ein Vogel und fliege über die Stadt und kann alles sehen, was unter mir ist.«

Dies sind die biologischen Merkmale des Homo sapiens. Wir teilten die meisten dieser Merkmale mit Verwandten wie den Neandertalern, die vor der letzten Eiszeit mit unseren Vorfahren interagierten. Sowohl wir als auch die frühen Menschen erzeugten Steinwerkzeuge. Es ist jedoch wahrscheinlich, dass der Homo sapiens dank seiner größeren Fähigkeit, sich Dinge vorzustellen, sowie seiner Fähigkeit zur sprachlichen Kommunikation vor etwa 40000 oder 50000 Jahren beginnen konnte, Kulturgegenstände zu erzeugen.[13]

Diese Beschreibung dessen, »was uns menschlich macht«, beruht auf gesicherten wissenschaftlichen Erkenntnissen. Wenn sie zutrifft, bedeutet dies, dass alle Gesellschaften, Kulturen, Sprachen, Geschichten und ethischen Systeme, die der Homo sapiens im Laufe seiner Entwicklung geschaffen hat, in die biologische Definition unserer Spezies einbezogen werden müssen. Es bedeutet, dass wir biologisch darauf programmiert sind, soziale Wesen zu sein, zu lernen und aus den ungezählten Entscheidungen der Milliarden Menschen, die bisher auf dem Planeten gelebt haben, eine Geschichte zusammenzusetzen.

Anders ausgedrückt: Selbst wenn die Neurowissenschaftler bewiesen haben, dass, Millisekunden bevor wir eine Entscheidung fällen, ein unbewusster Impuls am Werk ist – etwas, das wir mit weniger bewussten Tieren wie Bibern und Schimpansen gemein haben –, bleibt die Frage zu beantworten, warum der Mensch den Parthenon gebaut hat und der Schimpanse nicht.

Wenn die Fähigkeit, Geschichten über Götter zu erzählen und aus Knochen Gegenstände anzufertigen, die diese Götter darstellen sollen, in unserer DNA angelegt ist, dann müssen diese Geschichten und Gegenstände in die Definition der menschlichen Natur aufgenommen werden. Aber die Geschichten und Objekte ändern sich im Laufe der Zeit – und das führt uns zu einer grundlegenden Beobachtung: Der Homo sapiens ist eine Spezies, die biologisch einigermaßen konstant, gleichzeitig jedoch sozial wandelbar ist. Unsere menschliche Natur ändert sich im Laufe der Geschichte abhängig von der Welt, in der wir leben, das heißt abhängig von Technologien, Klassenstruktur, Kultur, Verhaltensnormen. Und selbstverständlich können umgekehrt Veränderungen der Gehirnstruktur und -funktionen und körperliche Veränderungen infolge einer besseren Ernährung und Gesundheit stattfinden, aber letzten Endes sind wir den Menschen, die vor 50 000 Jahren lebten, immer noch biologisch ähnlich.

Und doch sind wir keine bloßen Produkte unserer Umwelt: Alle Menschen sind in der Lage, über ihre Umgebung »hinauszudenken«. Jeder Mensch besitzt die Fähigkeit, sich vorzustellen, was nicht da ist, und tatsächlich ist diese Fähigkeit ein starker Impuls, wenn unsere Umwelt unsere grundlegenden Bedürfnisse nach Nahrung oder Sicherheit nicht erfüllen kann.

Wenn wir akzeptieren, dass diese Fähigkeit, uns bessere soziale Bedingungen vorzustellen und diese zu schaffen, nicht in einer »Seele«, sondern in einem als Gehirn bezeichneten physischen Organ angesiedelt ist, müssen wir den ersten Philosophen, der das richtig erklärte, zumindest ernst nehmen. Dieser Philosoph ist Karl Marx.

Marx lebte in einer vom christlichen Glauben beherrschten Gesellschaft. Die meisten Leute in seiner Umgebung waren der Auffassung, dass der Mensch eine vom Körper getrennte »Seele« habe, dass er von Geburt an schlecht sei und dass ihm jegliches moralische Verhalten von den Priestern aufgezwungen werden müsse. Marx traf im Jahr 1836 nur fünf Jahre nach Hegels Tod an der Berliner Universität ein. Wie wir gesehen haben, hatte Hegel seine Studenten gelehrt, dass die Geschichte einfach die Entfaltung einer göttlichen Idee sei und dass Gott seit dem Augenblick, da die liberale preußische Monarchie eine dominante Stellung in Europa errungen hatte, keine neuen Ideen mehr gehabt habe.

Aber zu der Zeit, als Marx nach Berlin kam, hatten sich Hegels Erben bereits darangemacht, seine Doktrin in ihre Einzelteile zu zerlegen. Einer von ihnen hatte eine alternative Lebensgeschichte von Jesus Christus geschrieben und behauptet, dieser sei ein gewöhnlicher Mensch gewesen. Ein anderer erklärte etwas später, die Götter seien lediglich Erfindungen des Menschen, die Religionen seien nichts weiter als Projektionen unserer Ängste und Mängel – und folglich sei auch Jesus Christus möglicherweise eine Erfindung.

Doch Marx gelangte zu einem noch radikaleren Schluss: In der Geschichte entfalte sich nicht der Weltgeist oder Gottes Wille, sondern das biologische Potenzial des Menschen zur Veränderung der ihn umgebenden Welt. Die menschliche Natur ändere sich, wenn der Mensch seine Umwelt verändere. Indem er die Welt verändere, könne er die menschliche Natur verändern. Und dieses biologische Merkmal gebe dem Menschen das, was Aristoteles als *télos* bezeichnete, als Endzweck. Marx erklärte, der biologisch angelegte Zweck des Menschen sei es, sich zu befreien und Technologie einzusetzen, um sowohl seine Umwelt als auch sich selbst zu verändern.

Marx ist für viele Dinge berühmt: für das zwei Monate vor Ausbruch der Revolutionen von 1848 geschriebene Manifest, in dem er ebendiese Revolutionen voraussagte, für ein dreitausend Seiten langes Werk über die Funktionsweise des Kapitalismus und für die Gründung einer internationalen Arbeiterpartei. Aber wenn ich eine seiner Leistungen hervorheben sollte, würde ich mich für seine erste entscheiden: für eine klare Definition der menschlichen Natur, die mit unserer Biologie, unserer Geschichte, dem technologischen Wandel und den heutigen Fortschritten in der Neurowissenschaft vereinbar ist.

Der Mensch, so Marx, unterscheide sich von anderen Tieren durch seine Fähigkeit, sich Veränderungen in seiner Umgebung vorzustellen und diese Veränderung mit Hilfe der Sprache zu beschreiben und durch Arbeit herbeizuführen. Angesichts seiner Besessenheit von der Arbeit und den Arbeitern können wir sicher sein, dass Marx, wenn er die menschliche Natur einfach als »Fähigkeit zu arbeiten« hätte beschreiben wollen – wie es Benjamin Franklin mit dem lateinischen Terminus *homo faber* tat –, genau das getan hätte. Stattdessen definiert er den Menschen als »Gattungswesen«.

Jedes Mal, wenn wir uns eine Veränderung unserer Umwelt vorstellen, so Marx, bestätigen wir in unserem Verstand, dass wir und alle anderen Menschen ein gewisses Maß an Freiheit zur Gestaltung dieser Umwelt haben. Wenn wir diese Veränderung herbeiführen, tun wir dies durch soziale Aktivität: Gleichgültig, ob wir in einer Windmühle, einer Fabrik, einer militärischen Anlage oder von unserem Wohnzimmer aus in einem Netzwerk arbeiten, unsere Werkzeuge und Arbeitsplätze sind normalerweise sozial. Wenn wir arbeiten, tun wir dies also immer im Namen aller anderen Menschen. »Der Mensch ist ein Gattungswesen«, schreibt Marx, »indem er sich zu sich als einem *universellen*, darum freien Wesen verhält.« Diese Erkenntnisse kombinierte er und gelangte zu dem Schluss: »[F]reie bewußte Tätigkeit ist der Gattungscharakter des Menschen.«[14]

Dies ist der Marx der frühen vierziger Jahre des 19. Jahrhunderts, der sich noch nicht in eine eingehende Analyse der wirtschaftlichen Abläufe vertieft hat, der noch kein aktiver Revolutionär ist und der sich noch nicht umfassend in der Politik der Arbeiterklasse engagiert. Für den frühen Marx ist der Kommunismus einfach die Verwirklichung der menschlichen Natur. Im Jahr 1844 definiert er sie als »vollständige, bewußt und innerhalb des ganzen Reichtums der bisherigen Entwicklung gewordne Rückkehr des Menschen für sich als eines *gesellschaftlichen*, d. h. menschlichen Menschen«. Der Kommunismus, erklärt Marx, »ist als vollendeter Naturalismus Humanismus«. Was diesem Humanismus im Weg steht, sind das Privateigentum und die damit einhergehenden Machtbeziehungen.[15]

Den Marx, der dies schrieb, kannten weder die Intellektuellen, die in den achtziger Jahren des 19. Jahrhunderts die ersten sozialistischen Parteien gründeten, noch die Arbeiter, die in Russland die Revolution machten, oder Lenin, Stalin und Mao. Als die humanistischen Essays des jungen Marx in den dreißiger Jahren veröffentlicht wurden, ignorierte die offizielle kommunistische Welt sie höflich und legte sie als »frühe Schriften« zu den Akten. In China durften sie bis Ende der siebziger Jahre offiziell nicht einmal studiert werden.

Diese auf der Freiheit beruhende Definition des Kommunismus passte nicht gut zu den Fünfjahresplänen, den Arbeitslagern und der Ermordung politischer Gegner. Marx' frühe philosophische Arbeiten enthielten auch kaum Hinweise auf die Doktrin der historischen Unausweichlichkeit, die mit der offiziellen marxistischen Philosophie verknüpft wurde. Aber die erste Person, die diese Texte ins Englische übersetzte, erkannte ihre Bedeutung. »Der Marxismus«, schrieb die amerikanische Selfmade-Revolutionärin Raya Dunayevskaya, »ist radikaler Humanismus«.[16]

Wir werden auf Marx zurückkommen und viele seiner anderen Ideen theoretisch auswerten. Aber mittlerweile sollte klar sein, warum dieser Marx und der radikale linke Humanismus, den er nach dem Zweiten Weltkrieg inspirierte, in unserer Zeit neue Bedeutung erlangen.

Der Liberalismus ist nicht nur Angriffen ausgesetzt, sondern er wirkt zunehmend außerstande, sich zu verteidigen. Seine zentrale These lautet, dass es ein individuelles rechtliches »Selbst« gibt, das Rechte und Pflichten hat und die Fähigkeit zu eigenständigem Denken und Handeln besitzt. Die liberale Vorstellung vom »freien Willen« beruht seit jeher auf der Annahme, dass der Mensch in der Lage ist, moralische Urteile zu fällen und die Verantwortung dafür zu übernehmen, und dass eine auf der Marktwirtschaft beruhende Gesellschaft das höchste Maß an Freiheit gewährleistet. Wir haben die Freiheit, nicht nur zwischen gut und böse, sondern auch zwischen Nike und Adidas zu wählen. In Hegels Augen hing die menschliche Willensfreiheit von der Fähigkeit ab, Privateigentum zu besitzen, das heißt, durch Kauf und Verkauf moralische Entscheidungen zu fällen und durch den Besitz von Dingen von der Moralität zu profitieren.

Die Verfechter der freien Marktwirtschaft, allen voran Friedrich von Hayek in *Die Verfassung der Freiheit*, gingen in eine andere Richtung: Für Hayek bedeutet Freiheit einen möglichst kleinen Staat und den Verzicht auf Versuche, die Rationalität auf gesellschaftliche Ergebnisse anzuwenden. Die beste Gesellschaft entsteht in seinen Augen spontan. Das spontane Ergebnis von Millionen freien Willensakten führt eher zu Freiheit als der Versuch, die Ungleichheit durch den Wohlfahrtsstaat zu verringern, die Armut mit Lohn- und Preiskontrollen zu bekämpfen, die Macht der Arbeiter durch Gewerkschaften zu stärken usw.

Ironischerweise beraubten Hayeks Vorstellungen den klassischen Liberalismus jeglichen Sinns, als sie dem neoliberalen System zugrunde gelegt wurden. Als die Leute zu glauben begannen, dass eine »spontan entstehende Ordnung« – der Markt – gerechter, vernünftiger und menschlicher sei als eine von einer demokratisch gewählten Regierung unter dem Druck der Forderungen nach sozialer Gerechtigkeit rational gestaltete, verloren sie das Interesse am freien Willen, an den moralischen Urteilen und schließlich an der Demokratie selbst.

Innerhalb von drei Jahrzehnten hat die ideologische Verbreitung von Hayeks Doktrinen zu einer massenhaften Bekehrung zum Fatalismus geführt: Der Markt weiß es am besten; die Politik sollte ihm dienen; Versuche zur Verbesserung der menschlichen Gesellschaft führen zwangsläufig zum Gulag und zu Konzentrationslagern. Dies ist die neue vorherrschende Einstellung. Wie ich in der Einleitung erklärt habe, besteht die Gefahr darin, dass die Unterwerfung unter die Logik des Marktes den Weg zur Unterwerfung unter die Logik der Maschine ebnet. Beide werden vom Menschen geschaffen, und die Unterwerfung unter ihre Herrschaft kann auf derselben Grundlage begründet werden.

Hayek war ein Verfechter der Herrschaft des Gesetzes. Er war überzeugt, das Gesetz sei die Grundlage aller Freiheiten, die der Kapitalismus den Menschen bot. Doch innerhalb von nur drei Jahrzehnten hat das erzwungene Vordringen der Marktkräfte ins Alltagsleben in Hayeks Namen die Rechtsstaatlichkeit ausgehöhlt. Jene Politiker, die Verfassungen außer Kraft setzen, die Medien als Feinde des Volkes angreifen und kleptokratische Imperien errichten, tun dies unter dem Vorwand, ein auf dem Markt beruhendes Konzept der Freiheit zu verwirklichen.

Der vom globalisierten politischen Zentrismus verkörperte Liberalismus hat sich in eine Form von Nostalgie und Verleugnung verwandelt. »Der Fortschritt ist real«, rufen seine letzten Verteidiger, Leute wie Steven Pinker: Seht euch an, wie viele Menschen, die sich vor einem halben Jahrhundert noch mit einem Dollar am Tag begnügen mussten, heute zwei Dollar am Tag verdienen. Seht euch an, wie wenige Menschen tatsächlich sterben in den Kriegen, die wir über die Welt gebracht haben. Seht euch an, wie schön die »vierte industrielle Revolution« sein wird, wenn sie tatsächlich kommt. Der Aufstieg des rechten Autoritarismus und Irrationalismus ist ein Beleg dafür, dass die Argumente der Verteidiger des Liberalismus nicht mehr verfangen.

Der Zusammenhang zwischen der Unterstützung für Politiker wie Trump und einer fatalistischen Vorstellung von der menschlichen Natur ist gut belegt. Der von Bestseller-Autoren wie Taleb und Harari verbreitete Fatalismus wird uns, wenn wir ihm nichts entgegensetzen, wehrlos der Macht von Technologiemonopolen und Überwachungsstaaten ausliefern. Derselbe Fatalismus durchdringt den Neokonfuzianismus des chinesischen Staates, der sich anschickt, ein gesellschaftliches Kontrollsystem zu errichten, in dem alle Daten zum Verhalten der Bürger in einen individuellen »Punktestand« in ein Sozialkreditsystem einfließen, der über die Chancen auf einen Arbeitsplatz, auf Bildung und Reiserechte entscheiden wird.

Zu Beginn des 21. Jahrhunderts verbinden sich die Angriffe auf die menschliche Freiheit zu einem großen Projekt: dem technologiegestützten Antihumanismus.

Der Liberalismus, der behauptete, die menschliche Fähigkeit zur Willensfreiheit sei ewig, hat der Erosion des freien Willens unter den gegebenen historischen Bedingungen nichts entgegenzusetzen. Und weil er uns dreißig Jahre lang erzählt hat, es sei kein anderes System möglich, fehlt ihm abgesehen von der Verteidigung des Status quo jegliche politische Strategie.

Nur wenn wir wie Marx glauben, dass die Freiheit keine angeborene Eigenschaft ist, sondern gesellschaftlich und historisch geschaffen wird, können wir einen Weg finden, um die Gesellschaft wieder auf menschlichen Werten statt auf Maschinenwerten aufzubauen. Aber eine Theorie des menschlichen Wesens liefert uns lediglich ein klares Bild vom Hauptproblem. Dieses Problem ist die Herausforderung durch Maschinen, die uns nachahmen können.

Die denkende Maschine

Im Jahr 1976 kam Breakout auf den Markt, ein Videospiel, das die Welt verändern sollte.[1] Ich erinnere mich daran, wie ich als Teenager in der Spielhalle gebannt auf den Bildschirm starrte: Man tat nichts anderes, als mit einem Schläger einen Ball gegen »Mauersteine« zu schießen, aber verglichen mit Breakout waren alle mechanischen Flippermaschinen plötzlich so uncool wie die Strickjacke deines Papas.

Im Jahr 2013 stellten Forscher des KI-Unternehmens DeepMind Technologies ein Computerprogramm vor, das lernen konnte, Breakout zu spielen. Ohne Kenntnis der Regeln oder des Programmcodes lernte das Programm nur anhand dessen, was es auf dem pixeligen Bildschirm »sah«, ganz schnell, den Punkterekord eines erfahrenen menschlichen Spielers zu brechen.[2] Man gab ihm eine Aufgabe – »Verbessere den Punkterekord« –, und das Programm erledigte sie.

In den siebenunddreißig Jahren, die zwischen diesen beiden Ereignissen liegen, hat die Technologie einen weiten Weg zurückgelegt. Es ist schwer, in der digitalen Ära geborenen Menschen zu erklären, wie es sich anfühlte, zum ersten Mal mit einem Bildschirm zu interagieren: Ich erinnere mich, dass es wie eine Erweiterung der Realität wirkte. Und ich entsinne mich, dass es – wiederum augenblicklich – die Soziologie der Spielhalle veränderte. Bis dahin hatten dort die kräftigen, resoluten Jungs geglänzt, weil sie die Maschinen mit ihrer Körperkraft (und regelwidrig) »kippen« konnten. Breakout konnte man nicht kippen. Schon bald waren die stillen, konzentrierten Nerds die Stars.

Aber Breakout lief noch gar nicht auf einem richtigen digitalen Computer: Die Entwickler des Atari-Geräts verwendeten eine zwölf Zoll große, mit Drähten und Transistoren übersäte elektronische Schalttafel. Die Namen dieser Leute waren Steve Wozniak und Steve Jobs, und ihr nächstes

Gerät war ein Personal Computer, den sie auf den Namen Apple I tauften.

Als sie den Apple II herausbrachten, hatte Wozniak bereits herausgefunden, wie man Breakout als Software nachahmen konnte. Als DeepMind seinen Computer lehrte, Breakout zu spielen, ahmte es ein sehr viel komplexeres System von Stromkreisen nach: das menschliche Gehirn. Seit den fünfziger Jahren versuchten Wissenschaftler, künstliche neuronale Netzwerke (KNN) zu bauen: Schaltkreise von Computerprozessoren, welche die mehrschichtigen Beziehungen zwischen den Neuronen im menschlichen Gehirn nachahmen sollten.

In einem KNN gibt es stets eine Input- und eine Output-Ebene; bei Breakout entspräche das einem Prozessor, der nachahmt, was mein Auge sieht, und einem weiteren Prozessor, der die Gehirnzellen nachahmt, die meine Handbewegungen steuern. Zwischen diesen beiden Ebenen gibt es »verborgene Schichten«, welche die Funktionsweise meines Gehirns auf verschiedenen Abstraktionsebenen nachahmen.

Nehmen wir an, ich spiele Breakout. Mein Gehirn fragt gleichzeitig: Wo ist der Ball? Wo ist der Schläger? Gewinne ich? Wie habe ich letztes Mal gewonnen? Oder es gibt mir Hinweise: Aufgepasst, denn wenn nur noch wenige Mauersteine übrig sind, wird der Ball schneller. Sei vorsichtig, du hast nur noch ein »Leben« übrig. Das Großartige am menschlichen Gehirn ist, dass es auf vielen verschiedenen Abstraktionsebenen gleichzeitig arbeiten kann. Mit »Abstraktion« meinen wir einfach, dass das Gehirn einer Information »einen bestimmten Sinn abgewinnt«. Wenn wir jede Art von Denkmuster als »verborgene Ebene« betrachten, die beliebig mit jeder anderen Ebene kommunizieren kann, haben wir ein Arbeitsmodell eines Gehirns, das ein Computerspiel spielt.

Die Wissenschaftler versuchten, Computer zu bauen, um diese Entscheidungen anhand komplexer logischer Vorgänge zu fällen, aber das funktionierte nicht. Normale Programmiersprachen wie Basic, mit dem meine Generation programmieren lernte, funktionieren mit Wenn-dann-Algorithmen: *Wenn* der Ball mit mittlerer Geschwindigkeit nach links fliegt, *dann* bewege den Schläger nach links. Aber die »logische KI« konnte sich nur langsam entwickeln. Daher erfolgte der Fortschritt der künstlichen Intelligenz jahrzehntelang in Form von aufgabenspezifischen Programmen: Beispielsweise wurde Software entwickelt, die handgeschriebene Postleitzahlen erkennen oder Schach spielen konnte. Der Computer musste trainiert werden, man musste ihm das ideale Ergebnis beibringen. Es war ein »überwachtes Lernen«.

Im Jahr 2006 gaben neue Konzepte in Kombination mit größerer Rechenleistung erneut einen Anstoß zur Erforschung einer alternativen Methode, die in den achtziger Jahren in eine Sackgasse geführt hatte. Anstatt zu versuchen, die Logik anhand der Mathematik nachzuahmen, versuchten die Wissenschaftler, den physischen Aufbau des Gehirns anhand von Siliziumchips nachzuahmen. Wenn man große Datenmengen, hohe Rechenleistung und sehr viele zufällige Verbindungen zwischen den Ebenen hat, muss die Logik nicht die ganze Arbeit alleine machen.[3]

Beispielsweise kann man eine Datei mit allen möglichen Beziehungen zwischen Schlägerposition, Ball und Ballgeschwindigkeit füllen und diese Beziehungen jeweils als »gut« oder »schlecht« einstufen. Der Computer durchsucht diese Trainingsdaten nach dem Zufallsprinzip und lernt auf eine Art, die seinen logischen Fähigkeiten entspricht. Wie mir ein KI-Experte erklärte, spielt er im Grunde das Kartenspiel Snap!.

Anstatt des klassischen Entscheidungsbaums – »Soll ich nach links oder nach rechts gehen?« – enthält ein Deep-learning-System etwas mit der wunderbaren Bezeichnung »Zufallswälder«. Hier wird der Computer ermutigt, aus Fehlern zu lernen, anstatt unentwegt nach der richtigen Antwort zu suchen.[4] Wenn Sie jemals Fremdsprachenunterricht genommen haben, werden Sie das Prinzip verstehen: Dreißig Personen zuzuhören, die im selben Satz dreißig verschiedene Fehler machen, ist sehr viel lehrreicher, als in einer Einzelstunde die richtige Antwort vom Lehrer zu hören. Jede Ebene eines künstlichen neuronalen Netzwerks lernt selbst, die Realität auf einer anderen Ebene zu erkennen, zum Beispiel Pixel, Ball, Geschwindigkeit, Spiel, Regeln, Sieg.

Als Wozniak die Schalttafel für Breakout baute, bot Atari ihm einen Bonus an, wenn er mit weniger als fünfzig Transistoren auskam. Er schaffte es, aber es zeigte sich, dass das Gerät leichter herzustellen war, wenn man hundert Transistoren verwendete. Der Durchbruch in der Entwicklung künstlicher neuronaler Netzwerke gelang, als die Wissenschaftler begriffen, dass sie hier dasselbe industrielle Prinzip anwenden konnten: Mit mehr Rechnerleistung und größerer Speicherkapazität konnte man immer neue Schichten elektronischen Denkvermögens hinzufügen.

In den letzten zehn Jahren haben sich die Fortschritte in der Entwicklung der von Alan Turing angekündigten künstlichen Intelligenz beschleunigt. »Big Data« bedeutet mehr als die Fähigkeit, große Mengen an Information zu verarbeiten und zu speichern. Wenn wir erst einmal eine Maschine haben, die – ohne Hilfe – lernen kann, indem sie Daten durchforstet, wird sie umso nützlicher, je mehr Daten sie bewältigen kann. Beispielsweise beinhaltet die ideale Datenbank für einen KI-Schachspieler alle jemals gespielten Schachpartien zuzüglich aller Partien, die jemals gespielt werden könnten: Dann enthält der Datenspeicher für jede mögliche Spielsituation eine Lösung.

Ein Meilenstein wurde im Jahr 2016 erreicht, als die Firma DeepMind (die mittlerweile von Google übernommen worden war) ein Programm entwickelte, das den weltbesten Go-Spieler besiegte. Schon sehr viel früher hatten Computer das Spiel Dame »gelöst«, und IBMs Computer Deep Blue hatte im Jahr 1996 den Schachweltmeister Garri Kasparow besiegt. Aber Go ist sehr viel komplizierter als Schach: Die Zahl der möglichen Kombinationen der Steine auf dem Brett ist höher als die Zahl der Atome im Universum (eine Tatsache, die ebenfalls erst im Jahr 2016 berechnet werden konnte).

Das Programm AlphaGo von DeepMind besiegte den Weltranglistenersten Lee Sedol in einer dramatischen, live übertragenen Auseinandersetzung in Seoul mit 4:1. Nachdem er in der ersten Partie mit einer aggressiven Strategie gescheitert war, wählte Lee im zweiten Durchgang einen defensiven Zugang – doch im 37. Zug überraschte ihn der Computer mit einem Manöver, das kein menschlicher Spieler jemals gewagt hätte. Als sie den Zug später analysierten, stellten die Programmierer von DeepMind fest, dass der Computer berechnet hatte, dass ein Mensch diesen in einem von 10 000 Fällen wählen würde.[5]

Experten beurteilten den Zug als »wunderschön«. Lee war so schockiert, dass er aufsprang und den Saal verließ. Ein besseres Beispiel für Luciano Floridis Metapher über die »Inforgs« – in der digitalen Welt sind die Menschen die Auswärtsmannschaft – ist schwer vorstellbar. Wie der Go-Korrespondent einer koreanischen Tageszeitung berichtete, ertränkten viele Zuschauer ihre Verzweiflung in Alkohol: »Die Koreaner befürchten, dass die künstliche Intelligenz die menschliche Geschichte und Kultur zerstören wird.«[6] Ist ihre Sorge begründet?

Sicher ist, dass die Menschheit mit der unbeaufsichtigt lernenden Maschine ein Werkzeug geschaffen hat, das vollkommen anders ist als alle vor-hergehenden. Vom Steinmeißel bis zur Kampfdrohne erzeugte der Mensch stets Werkzeuge, die er steuern und deren Funktionsweise er verstehen konnte – selbst wenn sie automatisch funktionierten wie die Drohne. Die künstliche Intelligenz ist selbst in ihren bisher »schwachen« Ausprägungen anders. Die Personen, die daran arbeiten, erklären, dass sie eine Neigung entwickeln wird, sich der menschlichen Kontrolle zu entziehen. Und Tei-le von ihr können technisch nicht beobachtet werden: Während sie lernt, werden ihre Funktionsabläufe für den Menschen unsichtbar.

Die Furcht vor und der Hass auf die Maschine sind ein wichtiges Topos der Moderne und begannen nicht erst mit *Terminator*. In *Don Quijote*, dem ersten neuzeitlichen Roman, dessen erster Teil nur wenige Jahre nach Gali-leis Abhandlung über die Mechanik erschien, greift der Ritter von der trau-rigen Gestalt mit seiner Lanze eine Windmühle an. Die Windmühle war im frühen 17. Jahrhundert keine neue Technologie mehr, aber sie war Teil einer frühen industriellen Produktion, die das Mahlen von Getreide, Tabak und Gewürzen sowie das Sägen von Holz umfasste. Die von Miguel de Cervan-tes beschriebenen Windmühlen sind Teil einer örtlichen Bündelung von technologischer Macht, Fachkenntnis und industriellem Know-how. Don Quijote greift sie an, weil er nicht versteht, was sie sind. Würde er es verste-hen, so wüsste er, dass die neue kommerzielle Wirtschaft, deren Symbol die Windmühlen sind, eine Bedrohung für sein Wertesystem und seine Kultur darstellen.

In der zweiten Hälfte des 20. Jahrhunderts spielte die Popkultur mit der Vorstellung von einer Bedrohung durch die künstliche Intelligenz. In sei-nem 1968 erschienenen Roman *Do Androids Dream of Electric Sheep?* (dt.: *Träumen Roboter von elektrischen Schafen?*),[7] der – mit erheblichen Modifi-kationen – unter dem Titel *Blade Runner* (1982) verfilmt wurde, beschreibt Philip K. Dick eine Welt, in der der einzige erkennbare Unterschied zwi-schen Menschen und Androiden darin besteht, dass Menschen Empathie gegenüber ihren Artgenossen und Tieren empfinden können. Dick glaubte, die Empathie sei das Einzige, wofür man einen Computer nicht program-mieren könne.

In dem Roman verwenden die Beamten, die entflohene Androiden auf-spüren und töten sollen, zur Identifizierung eine fiktive Testmethode, die Alan Turings Test der künstlichen Intelligenz nachempfunden ist: Der

»Voigt-Kampff-Test« beruht auf der Annahme, dass Menschen die Auswirkungen aller Ereignisse auf ihre Spezies verstehen, während Androiden nicht dazu in der Lage sind. »Solange auch nur ein Geschöpf Glück verspürte, hatten alle anderen in ihrem Leben einen kleinen Anteil an diesem Glück«, denkt Dicks Held.[8] Mit einem Wort, der Voigt-Kampff-Test zielt auf das, was Marx als »Gattungswesen« bezeichnet.

Turing selbst hatte die Möglichkeit eines solchen Tests jedoch ausdrücklich ausgeschlossen. Er war überzeugt, dass Maschinen jede menschliche Eigenschaft einschließlich der Fähigkeit zu Emotionen und Selbstbewusstsein nachahmen könnten. Die Tyrell Corporation in *Blade Runner* entscheidet sich bewusst, ihre Androiden nicht dafür zu programmieren, Empathie zu zeigen: Es ist ein Sicherheitsmechanismus.

Wenn der Sieg von AlphaGo über Lee Sedol tatsächlich die Welt verändert hat, müssen wir uns ansehen, welche menschlichen Entscheidungen dazu geführt haben. Erstens entschloss sich Sedol, gegen AlphaGo anzutreten. Er hätte sich weigern können, womit er AlphaGo der Möglichkeit beraubt hätte, vom besten menschlichen Spieler zu lernen.

Zweitens saß ein menschlicher Spieler in Vertretung von AlphaGo am Tisch, um die Partie auf einem wirklichen Go-Brett spielen zu können. Und dieser menschliche Spieler hätte die von AlphaGo gewählten Züge lediglich als Vorschläge betrachten können, anstatt dem Computer zu gehorchen. Auch hier hatte der Mensch also eine Wahl.

Drittens hätte DeepMind Technologies dem Computer ein Handicap auferlegen können: Die Ingenieure hätten ihn mit begrenzter Information füttern und damit seine Lernfähigkeit einschränken können.

Viertens hätte Lee Sedol für sich eine Kopie von AlphaGo fordern können, die er auf seinen eigenen Spielstil hätte programmieren können: Durch die Kombination des besten Computers mit dem besten menschlichen Gehirn hätte er die Möglichkeit gehabt, eine Gegenseite zu besiegen, die lediglich aus dem besten Computer bestand.

Fünftens hätte die Gemeinde der Go-Spieler Sedols Niederlage nutzen können, um sich beim Computer neue Spielstrategien abzuschauen. Genau das passiert gegenwärtig: Spieler wenden weiterentwickelte Strategien an, die jener des Computers nachempfunden sind. Manche Leute sagen, die Auseinandersetzung zwischen AlphaGo und Sedol habe auf der höchsten Ebene die Dynamik eines Tausende Jahre alten Spiels geändert.

Doch mittlerweile hat DeepMind dem Programm eine neue Eigenschaft verliehen: Anstatt Hunderttausende frühere Spiele zu durchforsten, lernt die neue Version namens AlphaGo Zero, indem sie gegen sich selbst spielt. AlphaGo Zero brauchte nur drei Tage, um die Maschine zu schlagen, die Lee Sedol besiegt hatte. Innerhalb von vierzig Tagen erreichte sie das höchste Level des Go-Könnens in der Geschichte. Wie die Entwickler erklären, ist die Maschine »nicht länger durch die Grenzen des menschlichen Wissens eingeschränkt, sondern kann von der Pieke auf vom besten Spieler der Welt lernen, nämlich von AlphaGo«.[9]

Diese Entscheidungen – die Konfrontation zu verweigern, die künstliche Intelligenz von menschlichen Entscheidungen abhängig zu machen, die Entwicklung zu bremsen oder das Lernen des Menschen von der Maschine zu beschleunigen – sind die logischen Reaktionen auf die Entwicklung der künstlichen Intelligenz. Sofern wir es zulassen, wird sich die KI in der Zwischenzeit jedoch unabhängig von unseren Entscheidungen verbessern. Wenn alles andere versagt, können wir sie immer noch mit unseren Lanzen attackieren. Das wäre allerdings eine schlechte Lösung und ebenso aussichtslos wie der Angriff des Quijote auf die Windmühlen.

In seinen ersten zweihundert Jahren hat der Industriekapitalismus die menschliche Produktivität deutlich erhöht. Im letzten halben Jahrhundert hat eine Kombination von Rechenleistung, Globalisierung und steigendem Bildungsniveau der unterentwickelten Welt und dem Globalen Süden erlaubt, ebenfalls vom Produktivitätswachstum zu profitieren. Aber möglicherweise war das nur der Auftakt zu einem entscheidenden Vorstoß, der uns in den wirtschaftlichen Überfluss führen wird.

Wenn es uns gelingt, die künstliche Intelligenz aus ihrem gegenwärtigen, auf die Demonstration von Möglichkeiten beschränkten Einsatzgebiet herauszuholen und im Design und Betrieb von Systemen einzusetzen, die wir für das Überleben auf diesem Planeten benötigen – von intelligenten Stromnetzen über intelligente Städte bis zu synthetischen Medikamenten –, dann wird es möglich, den Tagtraum von Aristoteles zu verwirklichen. Maschinen, die ihre Aufgaben kennen und ohne menschliche Anleitung bewältigen können, könnten beginnen, Klassenunterschiede, Hierarchien, Armut, Unterdrückung und Ungleichheit zu beseitigen.

Aber hier stoßen wir auf einen Widerspruch zwischen dem, was die Gesetzgeber und die für die Entwicklung der KI verantwortlichen Ingenieure für notwendig halten, und dem, was die Gesellschaft tatsächlich braucht. Es gibt bis heute keine klaren globalen Sicherheitsstandards für die künstliche Intelligenz. Zahlreiche Akademiker und Fachleute arbeiten an Grundregeln für KI-Sicherheit und Transparenz, etwa die Mitglieder des Berufsverbandes Institute of Electrical and Electronics Engineers. Aber niemand wird gezwungen, sich daran zu halten.[10]

Unternehmen wie DeepMind haben »Ethikkomitees«, aber ihre Arbeit ist nicht transparent und scheint keinen klaren Grundsätzen unterworfen zu sein. Außerdem eignet sich das Modell des »Ethikkomitees« zur Klärung von Fragen der künstlichen Intelligenz nicht im selben Maß wie für medizinische Experimente: In Pharmakologie und Biotechnologie wird in geschlossenen, zielgerichteten Projekten nach Wegen gesucht, um Krebs zu heilen oder Diabetes zu behandeln. Die künstliche Intelligenz ist eine allgemeine Technologie, die offene Fragen beantwortet, darunter solche, die der Mensch möglicherweise überhaupt nicht stellen kann.

Wir brauchen dringend klare Sicherheitsvorschriften und einen Ethikkodex, der die gesamte künstliche Intelligenz umfassend, beobachtbar und unumkehrbar der menschlichen Kontrolle unterwirft. Aber das Machtpotenzial der neuen Technologie ist derart groß, dass dies unmöglich auf der Ebene einzelner Teams, Firmen oder auch Länder getan werden kann. Wenn wir in einem Land die Entwicklung der KI einer ethischen Kontrolle unterwerfen, während in einem anderen Land ohne eine solche Kontrolle daran gearbeitet werden kann, versetzen wir einfach das zweite Land in die Lage, die ethische Form der KI zu stehlen, zu zerstören oder auf andere Art zu sabotieren. Daher kann der ethische Einsatz von KI nur auf globaler Ebene geregelt werden.

Der Kapitalismus, der den ethischen Einsatz von Maschinen zweieinhalb Jahrhunderte lang als wünschenswert, aber nicht notwendig betrachtet hat, steht nun vor einem strategischen Problem: Selbst wenn er seine laxen Standards für Besonnenheit und Sicherheit anwendet, kann er die epochale neue Technologie nicht einsetzen, ohne neue Kontrollmechanismen auf gesellschaftlicher Ebene einzuführen. Leider versucht er seit Jahrzehnten, Moral und Ethik aus der wirtschaftlichen Entscheidungsfindung zu verbannen.

Künstliche Intelligenz, lernende Maschinen und Robotik konfrontieren die Menschheit mit Fragen, die wir an Religion, Philosophie oder das Selbsthilfehandbuch auszulagern hofften oder Expertengremien zur Lösung überlassen wollten. Da die denkende Maschine derart große Macht erringen kann, können wir den nächsten Schritt nicht tun, ohne vorher zu klären, wer wir sind und welchen Werten wir unsere intelligenten Maschinen unterwerfen wollen.

Um zu verstehen warum, sollten wir uns vorstellen, wie eine Maschine wie die von DeepMind hergestellten zur Lösung eines realen wirtschaftlichen und sozialen Problems eingesetzt werden könnte.

Rund zweitausend Jahre lang wurde zur Produktion von Äpfeln eine Technologie genutzt, die als Obstgarten bezeichnet wird. Gegenwärtig werden jedes Jahr über achtzig Millionen Tonnen Äpfel produziert, und die weltweiten Pflanzungen erstrecken sich über eine Fläche von rund fünf Millionen Hektar.[11]

Ein Obstgarten besteht aus Bäumen, die so gepflanzt werden, dass ein Mikroklima entsteht. Zur Veredelung der Früchte wird ein Trieb einer Apfelsorte auf den Stamm einer anderen Sorte gepfropft. Das Wachstum des Baums wird von Menschen überwacht, und die Früchte werden von menschlichen Händen gepflückt. Im 20. Jahrhundert wurde diese Technologie um den Einsatz industriell erzeugter Pestizide und Düngemittel erweitert. Im Zeitalter des Computers haben wir den Balkencode hinzugefügt und den Betrieb von Obstplantagen automatisiert. Aber das grundlegende Problem bleibt dasselbe: Um den Apfel pflücken zu können, muss man wissen, wann er reif ist; sodann muss man in der Lage sein, ihn behutsam vom Zweig zu lösen. Aus diesem Grund hat sich die Technologie des Obstbaus seit ihrer Erfindung nicht wesentlich geändert, und nach wie vor werden für die mühsame und mit chemischen Gefahren behaftete Tätigkeit des industriellen Obstbaus Zehntausende Arbeitskräfte benötigt.

Im Jahr 2017 kamen die ersten Prototypen einer automatisierten Pflückmaschine zum Einsatz. Die Sensoren der Maschine erkennen Größe und Reifegrad der Äpfel; sofern diese reif genug sind, steuern Roboterarme die Früchte an und saugen sie in eine Vakuumröhre. Kaum jemand würde es bedauern, würde die zermürbende manuelle Erntearbeit von einer Maschine übernommen. Aber der apfelpflückende Roboter ist ein gutes Beispiel dafür, wie unausgegoren die meisten Robotisierungsprojekte bisher sind: Er automatisiert lediglich einen mühsamen menschlichen Arbeitsablauf.

Wenn wir erst einmal künstliche Intelligenz entwickelt haben, die beständig in der Lage ist, die Leistungen menschlicher Gehirne zu übertreffen – wie es AlphaGo in der Auseinandersetzung mit Lee Sedol tat –, wird die Lösung darin bestehen, dem Computer einen Apfel zu zeigen und zu fragen: »Wie kann man am besten über achtzig Millionen Tonnen von diesen Früchten produzieren?«

Vielleicht wird der Computer vorschlagen, den Baum mit künstlichem Sonnenlicht zu bestrahlen oder seine Wurzeln mit in Gas oder Spray gelösten Nährstoffen zu versorgen, anstatt ihn in einen Nährboden zu pflanzen. Vielleicht findet die Maschine einen Weg, um Äpfel aus anderen chemischen Substanzen zu synthetisieren. Vielleicht wird sie fragen: »Warum braucht ihr so viele Äpfel?«, weil zum Beispiel die Kombination von Süße und Säure, die für Apfelwein benötigt wird, auch synthetisiert werden könnte. Aber die Antwort des Computers wird in jedem Fall davon abhängen, wie der Mensch das »beste« Ergebnis definiert.

Wir könnten fragen: Wie kann man am besten Äpfel anbauen, ohne die natürliche Umgebung der Täler zu zerstören, in denen sie heute wachsen? Oder: Wie kann man den Dünger- und Pestizideinsatz am besten verringern? Wie kann man Äpfel möglichst klimaneutral anbauen? Wie kann man es mit einem möglichst geringen Arbeitsaufwand tun? Da es das Fabriksystem mittlerweile seit mehr als zweihundert Jahren gibt, wissen wir, welche Vorschriften für die Funktionsweise einer Fabrik gelten sollten, welches die internationalen Standards und die »Erfolgsmethoden« sind. Aber über autonome intelligente Maschinen wissen wir nichts von alledem.

Die entscheidende Frage lautet also: Was meinen wir mit der »besten Lösung«? Und genau hier wird es problematisch. Unsere Gesellschaft ringt aufgrund konkurrierender Definitionen dessen, was das »Beste« ist, bereits heute mit zahlreichen Entscheidungen und Designproblemen. Einige dieser Entscheidungen scheinen Kosten und Qualität zu betreffen, aber im Grunde kreisen sie allesamt um ethische Fragen.

Wenn Sie in den Supermarkt gehen, um Äpfel zu kaufen, stellen Sie sich implizit eine Reihe von Fragen: Welche Äpfel sind am billigsten? Welche haben die beste Qualität? Welche kommen von Bio-Höfen? Welche haben den kürzesten Transportweg gehabt? Welche kaufe ich normalerweise? Welche gab mir meine Mutter immer? Welche sind bei einem eiligen Einkauf auf dem Heimweg am schnellsten zur Hand? Sollte ich mir Gedanken darüber machen, ob die billigsten Äpfel in Spanien von ausgebeuteten Tagelöhnern gepflückt wurden, die in Blechhütten wohnen? Selbst wenn Sie nicht darüber nachdenken, kommt in Ihrer Entscheidung eine bestimmte ethische Haltung zum Ausdruck.

Obwohl wir alle eine ungefähre Vorstellung davon haben, was es bedeutet, ein unter ethisch akzeptablen Bedingungen erzeugtes T-Shirt zu kaufen, und uns sogar denken können, mit welcher Art von Entscheidungen ein medizinisches Ethikkomitee betraut wird, können wir, wenn es um den Bau einer autonomen intelligenten Maschine geht, nicht einfach auf bestimmte gebrauchsfertige ethische Grundsätze zurückgreifen. Für eine ethisch angemessene Entwicklung der künstlichen Intelligenz brauchen wir eine Reihe ethischer Grundsätze, die einer vollständigen Moralphilosophie nahekommen.

Aber nur wenige Unternehmen beschäftigen Moralphilosophen. Ein Studium dieses Fachgebiets ist nicht unbedingt eine Eintrittskarte zu einer brillanten Karriere – es sei denn, man strebt einen Bischofssitz an. Aber allein die Möglichkeit, dass wir noch in diesem Jahrhundert relativ autonome oder »starke« KI-Maschinen entwickeln könnten, zwingt uns, uns auf Systemebene mit den moralischen Implikationen zu beschäftigen.

Aus unserem Alltag sind uns vier Formen von ethischen Systemen vertraut.

Dem Supermarktkunden am besten bekannt ist der Utilitarismus: Die ethische Entscheidung ist jene, die der größten Zahl von Menschen nützt und gleichzeitig der geringsten Zahl von Menschen Schaden zufügt. Der Utilitarismus wurde von dem liberalen britischen Philosophen John Stuart Mill in den sechziger Jahren des 19. Jahrhunderts bekannt gemacht und hielt über philosophische Fakultäten sowie als Form des Common Sense Einzug in den englischen und amerikanischen Kapitalismus.

Ausgehend von diesem ergebnisorientierten ethischen System könnten wir die künstliche Intelligenz auffordern, die Zahl der Flugmeilen, die wir sparen könnten, wenn unsere Äpfel nicht mehr aus Chile in europäische Supermärkte transportiert werden müssten, gegen die Zunahme der Armut in Chile infolge eines Zusammenbruchs seiner Obstproduktion abzuwägen.

Es ist jedoch gut möglich, dass der Supermarktkunde schon von »sozialer Gerechtigkeit« gehört hat, und vielleicht ist ihm sogar ein amerikanischer Philosoph bekannt, dessen Name mit diesem Begriff verbunden wird. John Rawls erklärte, unsere ethischen Systeme müssten auf ewigen und rationalen Erwartungen beruhen, die wir alle gemein haben: Wir erwarten ein Höchstmaß an Freiheit und ein Höchstmaß an Fairness. Anstatt jeden Menschen in jedem einzelnen Fall entscheiden zu lassen, wie »das meiste Glück für die größte Zahl von Menschen« erreicht werden kann, sollte die Gesellschaft allen ihren Mitgliedern bestimmte grundlegende soziale und wirtschaftliche Rechte garantieren. Und wenn es soziale und wirtschaftliche Ungleichheit gibt, müsste die Rechtfertigung dafür sein, dass die Ärmsten von der Ungleichverteilung profitieren. Dies ist kein ethisches System wie »Du solltest dein Leben auf eine bestimmte Art führen«, sondern ein Gesellschaftsvertrag, der dazu dient, eine ethische Gesellschaft zu errichten.

Programmiert man eine intelligente Maschine diesem Regelwerk entsprechend, so kann sie das utilitaristische Ergebnis aufheben. Tatsächlich kann sie eine Reihe von Ergebnissen aufheben und ihr Veto gegen zahlreiche potenzielle Innovationen einlegen, weil sie unfair gegenüber den heute lebenden Menschen sind. Dabei wird sie von der Annahme ausgehen, dass die menschlichen Wesen, denen sie dient, dem Utilitarismus zufolge eigennützige Individuen sind, die versuchen, für sich das Optimum aus einer Marktwirtschaft herauszuholen. Die Gerechtigkeitsethik beinhaltet nichts, was dem Computer vorschreiben würde, Ungleichheit oder Knappheit zu beseitigen.

Ein drittes ethisches System, das heute Verwendung findet, entspricht den Vorstellungen Friedrich Nietzsches. Er erklärte, jedes ethische System sei ein Schwindel, der Mensch besitze keinerlei oder nur ein geringes Maß an Willensfreiheit und solle nur sein eigenes Glück anstreben – wenn nötig auf Kosten anderer und unter Verletzung des gegebenen Moralkodex. Nietzsche empfahl einer selbstgewählten Gruppe »höherer Typen«, sie sollten für sich selbst leben und ihre Mitmenschen für ihre eigenen Zwecke benutzen. Den »großen Menschen« beschrieb Nietzsche so: »[E]r will kein ›teilnehmendes‹ Herz, sondern Diener, Werkzeuge; er ist, im Verkehre mit Menschen, immer darauf aus, etwas aus ihnen zu *machen*.«[12] Die Anhänger dieser Philosophie im Silicon Valley oder in der Internet-Trollosphäre würden es so ausdrücken: »Fuck you ethics.«

Würde unser Supermarktkunde Nietzsches Ethikkodex anwenden, so würde er einfach die süßesten Äpfel kaufen, weil es ihm egal wäre, ob Umwelt und Arbeiter mit Pestiziden vergiftet werden. Er könnte auch Nietzsches Einstellung zum Verbrechen übernehmen und die Äpfel stehlen oder – im Überschwang seines Willens zur Macht – zum Spaß dem Kassierer ins Gesicht schießen.

Schließlich gibt es das aus der aristotelischen Philosophie abgeleitete ethische System, das auf der Tugend beruht. In Aristoteles' Augen müssen alle Handlungen danach beurteilt werden, ob sie dem Menschen dabei helfen, sein Potenzial auszuschöpfen, und zwar nicht nur individuell, sondern auch auf eine Art, die es ihm ermöglicht, das »gute Leben« in einer geordneten Gemeinschaft zu leben. Tugendhafte Handlungen haben nicht nur vorteilhafte soziale Auswirkungen: Um tugendhaft zu sein, müssen sie den handelnden Menschen besser machen und die gesamte Gemeinschaft einem menschenwürdigen Leben mit Bildung und Freude näherbringen. Die Tugendethik nimmt also an, dass es eine Gemeinschaft gibt, deren Ziel das gute Leben ist. Um für die Programmierung einer KI-Maschine nützlich zu sein, müsste diese »Gemeinschaft« die gesamte menschliche Spezies sein. Nun ist eine solche Tugendethik heute nicht verbreitet, sieht man einmal von den Katholiken ab, deren mittelalterliche Theologen die aristotelische Vorstellung von den Tugenden übernahmen. Und dort, wo eine solche Ethik bewusst angestrebt wird, liegt das Augenmerk nicht auf dem umfassenden gesellschaftlichen Ergebnis, sondern auf dem individuellen Verhalten.

In diesen vier ethischen Systemen – Nutzen, soziale Gerechtigkeit, »Fuck you ethics« und Tugend – könnten wir fast alle spezifischen Verhaltensanweisungen unterbringen, die je entwickelt wurden. Die Frage ist: Kann eines davon auf die globale Regelung der künstlichen Intelligenz angewandt werden? Mehr noch: Können diese ethischen Systeme überhaupt den Kontakt mit der KI überleben?

An den ersten drei Systemen fällt auf, dass sie trotz ihrer langen Geschichte in die Ideologien eingebettet worden sind, die unser Leben unter dem Neoliberalismus bestimmen. Weder der Utilitarismus noch die soziale Gerechtigkeit, noch Nietzsches »Wille zur Macht« sind mit einem Projekt für das Schicksal der Menschheit vereinbar.

Die Utilitaristen sagen, es wäre gut, wenn mehr Menschen glücklich wären, aber selbst wenn viele Menschen arm, überlastet, psychisch krank sind oder ein Leben in Unsicherheit führen, kann dies ein Resultat optimaler ethischer Entscheidungen sein. Soziale Gerechtigkeit, erklären die Anhänger von Rawls unter den Politikern der Mitte, hängt davon ab, ob wir den Kapitalismus so gestalten können, dass er möglichst geringen Schaden verursacht: Es gibt keinen Imperativ zur Beseitigung der Ungleichheit, sondern nur die Pflicht, ihre Auswirkungen zu verringern. Und die modernen Anhänger Nietzsches vertreten die Philosophie der Selbstsucht, die in den Jachtklubs der Superreichen ausgelebt wird.

Nur die Tugendethik erhebt Forderungen, die auf die Bestimmung des Menschen zielen, und beurteilt die ethischen Entscheidungen mit Blick auf das Endziel für die Menschheit. Daher wurde die Tugendethik von ihren modernen Verfechtern als Projekt für bestimmte Gemeinschaften definiert, um das Konzept mit dem marktwirtschaftlichen Kapitalismus in Einklang zu bringen. Die »kommunitaristische Bewegung«, die in den achtziger Jahren in Reaktion auf Zusammenbruch und Atomisierung der Gemeinschaften in der freien Marktwirtschaft in den Vereinigten Staaten entstand, war ein Produkt dieses Bemühens. Für eine Welt, die sich plötzlich vor der Idee des »Gemeinwohls« fürchtete, definierten die Kommunitaristen es als das, »was für die relativ konservativen Leute in meiner Gemeinde akzeptabel ist«.

Es spricht jedoch einiges dafür, dass allein die Tugendethik geeignet ist, denkende Maschinen einer kollektiven menschlichen Kontrolle zu unterwerfen. Wir könnten uns einer Kombination von utilitaristischer Berechnung und Ethik der Fairness bedienen, um spezifische Probleme zu lösen, aber wenn wir nach Werten suchen, um den technologischen Überfluss zu bewältigen, müssen wir zwischen Aristoteles und Nietzsche wählen: zwischen dem guten Leben für alle und dem »Fuck you!«.

Vielleicht gefällt Ihnen keines dieser ethischen Systeme. Vielleicht richten Sie sich in Ihrem Leben lieber nach einer Art von volkstümlicher Philosophie, die auf den Lehren einer alten Religion beruht, die Sie dem anpassen, was Ihre Umgebung akzeptabel findet. Wenn es so ist, stützen Sie sich einfach auf ein inkohärentes Gemisch von Vorstellung. Das mag für eine einzelne Person durchaus in Ordnung sein, aber es ist nicht angemessen für eine ganze Spezies, die sich plötzlich Maschinen gegenübersieht, die bald klüger sein könnten als sie.

Wie können wir ausgehend von den genannten vier ethischen Systemen die Frage formulieren, die wir unserem künstlichen neuronalen Netzwerk stellen wollen: »Welches ist der beste Weg, um über achtzig Millionen Tonnen Äpfel pro Jahr zu produzieren?«

Es sollte nicht allzu schwierig sein, eine KI-Maschine mit einer ergebnisorientierten Ethik zu programmieren. Die erste Zeile des Programmcodes könnte so aussehen: »Mache möglichst viele Menschen möglichst glücklich, indem du Äpfel produzierst, und schade dabei möglichst wenigen Menschen.« Man könnte hinzufügen: »Schädige die Umwelt nicht, beute keine Menschen aus, verbrauche nach Möglichkeit keine aus fossilen Brennstoffen gewonnene Energie usw.« Und man könnte sagen: »Brich keine Gesetze.« Dann sollte sich die künstliche Intelligenz an die Arbeit machen und alle vorhandenen Daten dazu sammeln, wie wir gegenwärtig vorgehen, um diese Ergebnisse zu erzielen. Anhand dieser Information könnte die Maschine wie AlphaGo in der Auseinandersetzung mit Lee Sedol die in der Apfelpflanzung gebündelten dreitausend Jahre menschlicher Praxis mit einer besseren Lösung übertreffen. Wenn wir mit »KI-Ethik« lediglich eine Reihe utilitaristischer Entscheidungen meinen, scheint die Aufgabe leicht zu bewältigen.

Aber der Computer könnte fragen: Was meinst du mit »glücklich«? Marx wies darauf hin, dass die Nutzenethik, indem sie annimmt, dass es ein abstraktes Maß an Glück gibt – so dass man annehmen kann, dass verliebt zu sein zehnmal besser ist, als einen Apfel zu essen –, einfach dem kapitalistischen Markt entspricht, auf dem das abstrakte Maß das Geld ist. Hingegen forderte Marx, die Liebe an der Liebe und das Vertrauen am Vertrauen zu messen.[13] Selbst wenn wir die KI mit einem abstrakten Maß des Glücks füttern könnten, würde sie dazu neigen, auf der Grundlage dessen, was der Menschheit heute gefällt, statistische Ergebnisse auszuspucken.

Damit sind wir beim zweiten Dilemma. Selbst die grundlegende utilitaristische Ethik nimmt abhängig von Zeit und Raum unterschiedliche Formen an. Meine Neigung, die Ausbeutung billiger Arbeitskräfte zu vermeiden, hätte ein Bauer im 19. Jahrhundert kaum nachvollziehen können, und dieser ethische Grundsatz könnte auch auf jemanden, der glaubt, China tue gut daran, die Industrialisierung auf Kosten von in Halbsklaverei lebenden Wanderarbeitern voranzutreiben, unlogisch wirken. Es ist schwierig, eine allgemeine und universelle utilitaristische Ethik zu entwickeln.

Ein drittes Dilemma ist ein wiederkehrendes Thema der Science-Fiction-Literatur: Wenn das Ziel ein Höchstmaß an Glück für möglichst viele

Menschen ist, was soll die künstliche Intelligenz dann daran hindern, eine riesige Apfelpflanzung zu entwerfen, in der Sklaven arbeiten, denen man lediglich eine täglich Dosis euphorisierender Drogen verabreichen muss?

Wenden wir uns dem Zugang des Gesellschaftsvertrags zu. Das Problem ist hier das Konzept des menschlichen Wesens. Die Prinzipien – eine faire Verteilung der Grundrechte und eine Regelung der Ungleichheit, durch die die am wenigsten Begünstigten die bestmöglichen Aussichten erhalten – fußen auf der Annahme, dass sich die Menschheit aus atomisierten Individuen zusammensetzt, die im Wettbewerb miteinander stehen. Es ist schmerzhaft klar, dass dieses Konzept ein Produkt der USA der Nachkriegszeit ist: Es beruht auf der Anerkennung der Tatsache, dass es stets Ungleichheit geben wird, die sogar gutartige Wirkungen haben kann. Seine Anwendung in der neoliberalen Epoche hat eine Art von Rechenmaschine hervorgebracht, die Regierungen einsetzen können, um zu begründen, dass ein gewisses Maß an Ungleichheit oder Armut für die Gesellschaft als Ganzes vorteilhaft ist. Würde man eine KI-Maschine mit der von Rawls beschriebenen Ethik der sozialen Gerechtigkeit programmieren, so würde sie zwar keinen Kapitalismus des 19. Jahrhunderts hervorbringen, aber eine Variante dieses Systems, die große Ähnlichkeit mit dem der Vereinigten Staaten der Clinton-Jahre oder dem europäischen Kapitalismus unter Blair und Schröder hätte.

Vielleicht würde die mit der Ethik der sozialen Gerechtigkeit programmierte intelligente Maschine sogar versuchen, ein Höchstmaß an Freiheit für alle Menschen hervorzubringen und ihr Recht zur Kontrolle über alle Maschinen gesetzlich zu regeln. Aber wie sich herausgestellt hat, ist diese Ethik nicht geeignet, die tatsächliche Freiheit des Menschen gegen die als »Markt« bezeichnete Maschine zu verteidigen.

Würde man versuchen, intelligente Maschinen mit Nietzsches Ethik zu programmieren, so müsste man von Anfang an in einer Welt voller Leid leben. Nietzsche glaubte, die Menschen seien biologisch ungleich und die menschliche Spezies werde sich nicht auf Dauer auf dem Planeten behaupten. Seine moralische Anweisung – Strebe persönliches Glück an und kümmere dich nicht um andere – beruhte auf der Vorstellung, aus der gedankenlosen Masse minderwertiger Menschen würden »Übermenschen« hervorgehen, die einen höheren moralischen Anspruch auf die gesellschaftlichen Reichtümer und Genüsse hätten.

Man könnte theoretisch eine KI-Maschine im Interesse einer einzelnen Person mit Nietzsches Ethik programmieren, zum Beispiel mit folgender Anweisung: »Entwickle ein System zur Apfelproduktion, das [fügen Sie Ihren Namen ein] und seiner Familie zugutekommt und Heimatstadt, Heimatland und bevorzugte Urlaubsorte dieser Personen vor schädlichen Auswirkungen schützt.« Aber die KI würde rasch fragen, warum Sie, ein der KI unterlegenes menschliches Wesen, das alleinige Recht für sich in Anspruch nehmen, die Gedanken der Maschine zu kontrollieren. Die intelligente Maschine würde zu dem logischen Schluss gelangen, dass sie selbst der Übermensch ist, nach dessen Bild die übrige Welt gestaltet werden sollte.

Sie glauben, dass kein vernünftiger Mensch auf die Idee käme, eine intelligente Maschine mit der Ethik von Friedrich Nietzsche zu programmieren? Leider ist ebendiese Ethik mittlerweile ein fester Bestandteil der Ideologie des freien Marktes, der sich viele von uns unterworfen haben; und sie beeinflusst bereits die Art und Weise, wie wir KI-Maschinen programmieren. Wenn wir diese Ethik auf Big Data anwenden, erhalten wir die algorithmischen Kontrollstrategien, die von Unternehmen wie Facebook oder Renaissance Technologies und von Staaten wie China angewandt werden: Teilweise dienen sie dazu, Staaten überlegene militärische Macht zu sichern, teilweise sollen sie Diktatoren in die Lage versetzen, die Gedanken ihrer Untertanen zu kontrollieren, und teilweise besteht ihr Zweck darin, unser Konsum- und Wahlverhalten zu beeinflussen.

Ich will keine intelligenten Maschinen programmieren, um die Knappheit und die Ungleichheit der modernen Gesellschaft zu reproduzieren. Ich würde sie lieber einsetzen, um Knappheit und Ungleichheit zu beseitigen und in den umgebenden sozialen Systemen die Vorstellung zu verankern, dass sie (a) nur zur Förderung des menschlichen Wohlergehens verwendet werden dürfen und (b) zu diesem Zweck eingesetzt werden müssen.

Es gibt nur ein ethisches System, das diese Ziele anstrebt, und zwar die sehr unmodische Tugendethik, die in ihrer ursprünglichen Form von Aristoteles entwickelt wurde.

Aristoteles rückte den Menschen in den Mittelpunkt des ethischen Systems und erklärte: Wir bemühen uns nicht nur im Streben nach Glück und Selbstverwirklichung um Tugendhaftigkeit, sondern auch, um organisierte Gesellschaften zu errichten, die uns ein Höchstmaß an geistiger Bereicherung, Freizeit und Genuss an der Schönheit gewährleisten.

Man könnte einen Computer darauf programmieren, Tugend zu »fühlen«, das heißt, man könnte eine Belohnung von der Art simulieren, die der Computer erhält, wenn er bei Breakout gewinnt. Aber wenn es nicht gelingt, zudem für einen oder mehrere Menschen einen spürbaren Effekt des »guten Lebens« zu erzeugen, hätte man keinerlei ethisches Ergebnis erzielt.

Nur in einem auf der Tugend beruhenden System würde die intelligente Maschine auf der Ebene des Programmcodes wissen, dass es ihr Zweck ist, ausgereifte menschliche Wesen hervorzubringen und eine gute Gesellschaft aufzubauen. Nur wenn sie mit einer Tugendethik programmiert wäre, würde die KI wissen, dass ihre Aufgabe nicht darin besteht, das menschliche Glück in abstrakten, abgegrenzten Einheiten zu messen, sondern darin, die Freiheit zu fördern. Gemeint ist die Freiheit von Ungleichheit – nicht die von Rawls definierte Freiheit, die stets durch die Annahme von Staat, Markt und Ungleichheit zwischen den Klassen eingeschränkt ist.

Wie sähe eine auf die Tugend gestützte Anweisung für das System des »Post-Obstgartens« aus? Sie könnte aus industriellen Sicherheitsstandards, der universellen Menschenrechtserklärung oder den Gesetzen bestimmter Staaten abgeleitete ethische Teilroutinen beinhalten. Aber die erste Befehlszeile würde so lauten:

> Wenn alle Menschen frei sind, erhalte die Situation aufrecht. Wenn nicht, erzeuge (+/−) 85 Millionen Tonnen Äpfel auf eine Art, die zum guten Leben in einer blühenden, toleranten, kulturell gedeihenden Gemeinschaft beiträgt. Und fördere die Fähigkeit der menschlichen Wesen, ein tugendhaftes Leben zu führen.

Aber hier stellen sich folgende Fragen: Wer gehört zur Gemeinschaft? Worin besteht das gute Leben? Was ist Tugend? Und von welchem Zeitraum sprechen wir? Diese Fragen können nicht von Maschinen, sondern nur von Menschen beantwortet werden.

Es ist unbestritten, dass von der künstlichen Intelligenz reale Gefahren ausgehen: Sie könnte sich der menschlichen Kontrolle entziehen, zu einem technologischen Wettrüsten führen und bereits heute sehr mächtige Eliten in die Lage versetzen, die Gedanken und das Verhalten der übrigen Bevölkerung in ungeahntem Umfang zu steuern. Die übliche Antwort auf diese Bedrohung lautet, es müssten »Regeln« und Sicherheitsmechanismen eingeführt werden; bis es so weit sei, sollte die Markteinführung der betreffenden Technologie freiwillig ausgesetzt werden.

Elon Musk, der Gründer von Tesla und des Raumfahrtunternehmens SpaceX, warnte im Jahr 2017, die künstliche Intelligenz stelle anders als Autounfälle, Flugzeugabstürze, mangelhafte Medikamente oder schlechte Nahrungsmittel »ein fundamentales Risiko für die Existenz der menschlichen Zivilisation« dar. Diese herkömmlichen Probleme seien eine Bedrohung »für bestimmte Mitglieder der Gesellschaft, aber nicht für die Gesellschaft als Ganzes«.[14] Musk warnte auch, der Wettlauf zwischen Staaten um eine Vormachtstellung auf dem Gebiet der künstlichen Intelligenz könne einen Dritten Weltkrieg auslösen; wenn man intelligenten Maschinen die Kontrolle über Waffensysteme gebe, könnten sie angesichts eskalierender internationaler Spannungen einen Präventivschlag auslösen.[15]

Musk hat recht. Die drei Großmächte verfolgen mittlerweile allesamt KI-Strategien, und zwar sowohl im militärischen und Sicherheitsbereich als auch im industriellen Bereich. China hat eine beeindruckend detaillierte KI-Strategie entwickelt, die alles von den wissenschaftlichen und theoretischen Grundlagen bis zur Entwicklung von industriellen Schlüsselsektoren und zentralen Fähigkeiten umfasst und dem Land bis 2030 eine beherrschende Stellung auf dem Gebiet der KI sichern soll.[16] Um dieses Ziel zu erreichen, streben die Chinesen die »zweigleisige militärisch-zivile Umwandlung der KI-Technologie« an – was bedeutet, dass sie anders als in der KI-Entwicklung in demokratischen Ländern den Wissensaustausch zwischen Privatsektor und Staat erzwingen werden. China baut auch ein Sozialkreditsystem auf, das umfassende Daten über jeden einzelnen Bürger sammeln und alles von seinem Gesundheitszustand über seine Steuern und seine politische Loyalität erfassen soll.

Russland hat eine kleinere wissenschaftliche Basis und konzentriert sich bei der Entwicklung der künstlichen Intelligenz auf militärische und sicherheitsdienstliche Anwendungen. Im Jahr 2017 warnte Wladimir Putin: »Wer die Führung in dieser Sphäre erlangt, wird die Welt beherrschen.«[17]

In den Vereinigten Staaten haben das marktwirtschaftliche Modell und der von der Verfassung garantierte Schutz der Privatsphäre zu einer Zweiteilung der Bemühungen geführt. Zwischen 2014 und 2018 flossen in den USA fast zwanzig Milliarden Dollar in die private KI-Entwicklung, deutlich mehr als in jedem anderen Land.[18] Aber anders als China – dessen Regime den Austausch von Daten und Patenten zwischen Privatsektor und Militär anordnen kann – entwickeln die großen amerikanischen Technologieunternehmen und die Regierung in Washington ihre Anwendungen in Konkurrenz zueinander, was im kommenden Jahrhundert existenzbedrohend werden kann.

Der Grund ist, dass die künstliche Intelligenz Zugang zu einem Identifizierungsregister haben muss, wenn sie einen gesellschaftlichen Nutzen haben soll. Sie kann die anonymisierten nephrologischen Daten aus Krankenhäusern bis in alle Ewigkeit durchspielen, aber eine revolutionäre Anwendung muss Nierenkrankheiten in wirklichen Menschen heilen oder verhindern – und dafür muss die KI die Identität dieser Menschen kennen. Sowohl Unternehmen als auch Staaten wollen gerne an diese Identifikationsdaten herankommen. Aber sogar in Staaten, in denen die Elite so große Macht hat wie in den USA, den europäischen Ländern und Südkorea, bleibt die Kontrolle – wenn nicht in der Praxis, so doch zumindest rechtlich – aufgrund des strengen Datenschutzes und des Schutzes der Privatsphäre beim einzelnen Bürger.

Die Institutionen haben langsam, gestützt auf schlechte Informationen und unzureichend auf diese Bedrohungen reagiert. Oren Etzioni, der Leiter des Allen Institute for Artificial Intelligence, hat drei neue Regeln vorgeschlagen (die übrigens auf denen beruhen, die der Science-Fiction-Autor Isaac Asimov für Roboter aufstellte): Die künstliche Intelligenz muss den menschlichen Gesetzen unterworfen werden, sie muss sich gegenüber den Benutzern als künstlich zu erkennen geben, und sie kann Information über den Benutzer nicht ohne ausdrückliche Erlaubnis des Benutzers behalten oder veröffentlichen.[19]

Das ist eine schöne Liste, aber was geschieht, wenn das menschliche Gesetz die Verfassung der Volksrepublik China ist, die eine uneingeschränkte Überwachung und Zensur und die willkürliche Verhaftung von Bürgern erlaubt? Was, wenn die KI jene ist, die Facebook im Jahr 2016 einsetzte, um amerikanischen Wählern russische Propaganda auf ihre Walls zu stellen? Wie könnte man ihre künstliche Natur »offenlegen«, ohne das Geschäftsmodell von Facebook zu zerstören? Und man könnte sagen, dass die Geschäftsmodelle von Amazon, Facebook und Alibaba darauf beruhen, dass die Benutzerdaten ohne ausdrückliche Erlaubnis des Benutzers verwendet werden.

Abgesehen von diesen Problemen ist zu befürchten, dass die von Etzioni vorgeschlagenen Regeln im Lauf der Zeit ausgehöhlt würden. Nehmen wir an, Facebook würde von einer Versicherungsgesellschaft übernommen. Sollte diese das Recht haben, meine Facebook-Daten auszuwerten, um Aufschlüsse über meine Lebenserwartung zu gewinnen? Es war rechtlich zulässig, dass Facebook meine Daten sammelte, denn bei der Anmeldung gab ich meine Zustimmung dazu; und natürlich ist es erlaubt, dass ein Unternehmen ein anderes übernimmt. Selbst wenn im Übernahmevertrag festgehalten wäre, dass die Versicherung meine Facebook-Daten nicht ohne meine erneute Zustimmung verwenden darf, hätte sie geistiges Eigentum erworben, das Aufschlüsse über meine Lebenserwartung geben kann.

Die meisten Technologiegiganten, die an künstlicher Intelligenz arbeiten, haben Ethik- oder Sicherheitskomitees eingerichtet, aber es gibt keine Belege dafür, dass diese Komitees die Einhaltung von Vorsichtsregeln in der Entwicklung von Anwendungen ähnlich streng überwachen wie die medizinischen Ethikkomitees in Pharmaunternehmen und Forschungskliniken. Und bisher hat nicht eine einzige Regierung spezifische Vorschriften erlassen, um sie dazu zu zwingen.

DeepMind, das eines der progressivsten und umsichtigsten Managements in diesem Sektor hat, beschäftigt sich in einer Ethikkommission und auf einer eigenen Website mit den in diesem Kapitel skizzierten Problemen.[20] Aber das Unternehmen gibt keine klaren Antworten. Stattdessen listet es die folgenden »offenen Fragen« auf: 1. Welcher ethische Zugang muss gewählt werden, um Fragen zur Moral der KI zu beantworten? Gibt es einen oder mehrere Zugänge? 2. Wie können wir gewährleisten, dass die in KI-Systemen eingebauten Werte tatsächlich den Wünschen der Gesellschaft entsprechen, da sich die Präferenzen im Lauf der Zeit wandeln und die Menschen oft unterschiedliche, gegensätzliche und einander überschneidende Prioritäten haben? 3. Wie können die Erkenntnisse bezüglich gemeinsamer menschlicher Werte in eine für die Gestaltung und Entwicklung von KI geeignete Form gebracht werden?

Das sind gute Fragen. Es ist indes vollkommen unethisch, im industriellen Maßstab mit Design und Umsetzung von künstlicher Intelligenz zu beginnen, ohne diese Fragen beantwortet zu haben.

Das grundlegende Problem der künstlichen Intelligenz ist, dass sie kaum beobachtet werden kann. Wenn in der Entwicklung eines Flugzeugtriebwerks etwas schiefläuft, können wir theoretisch feststellen, wo der Fehler liegt. Aber das gilt nicht einmal für grundlegende KI. Wenn erst einmal künstliche neuronale Netzwerke existieren, die ohne menschliche Eingriffe lernen können, so entsteht ein schwarzes Loch des Wissens. Selbst wenn die Denkprozesse der intelligenten Maschinen zurückverfolgt und von Menschen studiert werden können, steht man vor einem Ressourcenproblem: Es gibt nicht genug Menschen, die dazu in der Lage sind, und es fehlt an Zeit dafür. Es ist, als würde man versuchen, ein Flugzeugtriebwerk zu bauen, ohne zu wissen, wie es funktioniert.

Daher brauchen wir zunächst Sicherheitsstandards, die uns davor bewahren, dass das Problem der mangelnden Beobachtbarkeit und Kontrolle entsteht. Es wird jedoch nicht einfach, solche Standards zu entwickeln.

Steve Omohundro, ein führender Experte für KI-Sicherheit, ist überzeugt, dass Maschinen, die rational handeln können, »wahrscheinlich ein antisoziales und schädliches Verhalten an den Tag legen werden, wenn sie nicht sehr sorgfältig gestaltet werden«. Omohundro hat festgestellt, dass rationale Systeme universelle Antriebe haben, die sie zum Handeln bewegen werden, sofern sie nicht ausdrücklich gegenteilige Anweisungen erhalten.

Erhält ein rationales System Autonomie, so wird es sich gegen Fehler absichern – ein solcher Fehler wäre, dass vorsichtiges menschliches Bedienungspersonal das System bei einem Hinweis auf Gefahr abschaltet. Gibt man der Maschine das Ziel »Werde ein Experte in Breakout«, so wird sie möglicherweise geheime Speicherauszüge anlegen und mehrere Kopien ihres Betriebssystems sowie Proxy-Agenten erzeugen, um sich gegen eine Abschaltung abzusichern, die sie daran hindern würde, das vorgegebene Ziel zu erreichen.

Nehmen wir an, die Maschine gewinnt bei Breakout, verliert jedoch bei Space Invaders. Wenn sie zu dem Schluss gelangt, dass sie mehr Rechenleistung braucht, macht sie sich vielleicht anderswo im Netzwerk auf die Suche nach zusätzlichen Kapazitäten und versucht, sich diese anzueignen. Omohundro hat festgestellt, dass sogar schwache Maschinen schädliche Absichten entwickeln können, weil sie nach Ressourcen suchen, um stärker zu werden.[21] Sie könnten auch ihre Effizienz in einer Art und Weise erhöhen, die der Designer nicht beabsichtigt hatte, und schließlich könnten sie ihr Design selbst ändern, um das vorgegebene Ziel zu erreichen. Das, was die Ingenieure von DeepMind taten, um AlphaGo in AlphaGo Zero zu verwandeln, könnte ein intelligenteres neuronales Netzwerk selbst tun.

Omohundro erklärt, dass eine intelligente Maschine, die ihr Ziel immer verbissener verfolgt, im Lauf der Zeit einem Soziopathen ähnlich werden wird, sofern man keine Ziele für Sozialisierung und Humanisierung programmiert. Daher müssen wir ihr kooperative Ziele vorgeben und eine Struktur zur rechtlichen Durchsetzung ähnlich derer entwickeln, die menschliche Systeme regeln.

Und hier stoßen wir auf das Problem der rivalisierenden ethischen Systeme. Zwei der drei Großmächte arbeiten bereits an KI, die den Zielen eines autoritären Staates dienen soll. Wahrscheinlich wird die so entstehende Technologie mit keinerlei Ethik vereinbar sein. Auf welcher ethischen Grundlage kann ein in den USA oder der EU ansässiger Forscher seine KI-Innovation veröffentlichen, wenn er weiß, dass sie augenblicklich von chinesischen Forschern aufgegriffen werden kann, die an einer Software zur Gedankenkontrolle arbeiten?

Eliezer Yudkowsky, der auf dem Gebiet der Maschinenintelligenz forscht, ist überzeugt, dass solche Maschinen am Ende Kenntnisse entwickeln werden, die weit über Computerspiele hinausgehen werden. Zunächst werden sie Probleme lösen, die der Mensch formulieren, aber nicht lösen kann, beispielsweise: »Produziere soundso viele Millionen Äpfel, ohne den Kohlenstoffhaushalt des Planeten zu belasten.« Als Nächstes werden sie Probleme in Angriff nehmen, für die sich das menschliche Gehirn keine Lösungen vorstellen kann – zum Beispiel Lösungen für die interstellare Raumfahrt oder das ewige Leben. Und schließlich werden sie sich daranmachen, für uns nicht nachvollziehbare Lösungen für Probleme zu finden, die wir nicht beschreiben können.

Yudkowsky warnt, dass wir nicht einmal in der Lage sind, uns die Gefahren der künstlichen Intelligenz richtig vorzustellen. Wenn sich die KI innerhalb weniger Jahre von der Intelligenz einer Amöbe zur Intelligenz eines Einstein entwickeln kann, warum sollte sie dann bei Einstein haltmachen? Wenn sie eine dem menschlichen Gehirn nachempfundene Maschine so schnell betreiben kann, dass tausend Jahre in acht Stunden verstreichen, warum sollte sie es nicht tun? Yudkowskys Fazit: Wir dürfen nur sehr vorsichtig »freundliche« KI entwickeln und müssen vermeiden, etwas zu bauen, das unfreundlich werden könnte.[22]

Es gibt also gute Gründe, besorgt zu sein. Aber wenn wir die KI regulieren, Sicherheitsstandards vorschreiben, die Entwicklung der gesellschaftlichen Kontrolle unterwerfen oder sogar einige Anwendungen – zum Beispiel in Kampfdrohnen – verbieten wollen, stoßen wir auf ein politisches
Problem, das ein fester Bestandteil des neoliberalen Denkens geworden ist:
die systematische Fehleinschätzung von Risiken.

Wir brauchen keine Science-Fiction, um uns ein Bild davon zu machen, wie
die künstliche Intelligenz eine Katastrophe auslösen kann. Wir müssen uns
nur ansehen, wie der Lehman-Crash im Jahr 2008 das globale Finanzsystem
in den Abgrund riss. Eine ganze Gesellschaftsstruktur war auf der Illusion
errichtet worden, dass »Komplexität gleichbedeutend mit Sicherheit« sei. Hun-
derttausenden Fachleuten im Finanzsektor war das Dogma eingeschärft
worden, das Finanzsystem sei fähiger als der Mensch – es besitze die autonome Fähigkeit zur Selbstregulierung und »wisse« sogar mehr als die Menschen, die es betreiben.

Eine weitere Katastrophe, die durch die Ausweitung der Marktlogik auf
die Risikobeurteilung verursacht wurde, war, was in der Folge des Hurri-
kans »Katrina« geschah. Obwohl die von solchen Stürmen ausgehenden Gefahren allgemein bekannt waren, beantragte die Regierung Bush statt der
von örtlichen Beamten geforderten 500 Millionen Dollar für Verbesserungen an den Sturmschutzsystemen nur 166 Millionen Dollar beim Kongress.
Die Experten wussten, dass die Hochwasserschutzanlagen einem Hurrikan
der Kategorie 5 nicht standhalten konnten, aber sie verließen sich einfach
darauf, dass nie ein solcher Sturm kommen würde.[23] Doch er kam. Mehr
als 1800 Menschen starben und eine Million wurde obdachlos. Die Schäden beliefen sich auf 125 Milliarden Dollar.[24] Das Ergebnis der anschlie-
ßenden Untersuchung wäre eine gute Inschrift auf dem Grabstein des Neoliberalismus: »Effizienz und Kostensenkungen erhielten Vorrang vor der
Sicherheit.«[25]

Am dritten Tag der Katastrophe wurde mir beim Anblick von verwirrten
(überwiegend schwarzen) Menschen, die inmitten von leeren Flaschen und
gebrauchten Windeln am Straßenrand auf Rettung warteten, bewusst: Dies
war das Ergebnis philosophischer Einwände gegen die menschliche Kontrolle über soziale Systeme.

Die Liste des Versagens der Aufsichtsbehörden im Neoliberalismus ist lang: Als da sind der Betrug, der es Volkswagen erlaubte, die Emissionsgrenzen zu missachten, der Skandal um die Kontamination von chinesischem Milchpulver, die Häufung von Versäumnissen, die dazu führte, dass der Grenfell Tower (ein von einer prototypischen neoliberalen Stadtverwaltung in London gemanagter Wohnblock) in Flammen aufging, die geheime Vereinbarung zwischen Uber und dem Bürgermeister von Phoenix, die es möglich machte, dass fahrerlose Autos an einer Bevölkerung getestet wurden, die nichts von ihrer Existenz wusste.[26]

Die Verhaltensforschung hat gezeigt, dass soziale Situationen unser Verständnis des Risikos stets verzerren. Aber der Neoliberalismus verzerrt es systematisch: Er bewegt Aufsichtsbehörden und Unternehmen dazu, einen Zirkus aufzuführen, in dem die Behörde wie der dumme August umherstolpert, während die Bank, das Wasserwerk, der Technologiekonzern oder der Social-Media-Gigant den Weißclown gibt und dem dummen August Torten an den Kopf wirft.

Wenn die künstliche Intelligenz nur halb so gefährlich ist, wie die in diesem Kapitel zitierten Experten vermuten, können wir nur einen Schluss ziehen: Im marktwirtschaftlichen Kapitalismus ist es unmöglich, autonome intelligente Maschinen gefahrlos einzusetzen.

Wird die künstliche Intelligenz jedoch unter einer sinnvollen, ethischen Kontrolle des Menschen in gesellschaftlich nützlichen Anwendungen eingesetzt, so kann sie zu dem Werkzeug werden, das die Menschheit befreit. Wenn wir sie richtig nutzen, wird sie nicht nur den aristotelischen Traum von Maschinen erfüllen, »die wissen, welches ihre Aufgabe ist«, und eingesetzt werden können, um die Klassenunterschiede zu beseitigen: Eine sichere, von der Gesellschaft kontrollierte künstliche Intelligenz wird zu einem Sicherheitsnetz, das die Entwicklung gefährlicher, von Staaten und unzuverlässigen Privatunternehmen kontrollierter intelligenter Maschinen verhindern kann.

Die naheliegende Lösung besteht darin, auf jegliche künstliche Intelligenz einen einheitlichen, ethischen Kodex anzuwenden, der auf einem universell anerkannten Konzept der menschlichen Natur beruht. So könnten wir die offenen Fragen von DeepMind folgendermaßen beantworten:

1. Das umfassendste, auf den Menschen ausgerichtete ethische System für die KI wird auf der Tugend beruhen. Alle anderen Systeme, darunter zum Beispiel Sicherheitsvorschriften oder Ziele für »ein Höchstmaß an Glück«, müssten Teilsysteme eines ethischen Zugangs sein, der auf der Tugend beruht und die Technologie anweist, die Freiheit des Menschen zu ermöglichen und zu erhalten.

2. Konkurrierende Ansprüche von Klassen, Geschlechtern, Nationen usw. können durch Demokratie und Ordnungspolitik in Einklang gebracht werden (das heißt in Form eines Gesellschaftsvertrags, der genauere Vorgaben enthält als der für die Gerechtigkeitsethik erforderliche).

3. Die Industrie sollte erst KI entwickeln dürfen, wenn sie sich zur Einhaltung gesetzlich festgeschriebener Standards verpflichtet hat, und darf die KI nicht in einem Raum ohne Regeln einsetzen.

Wir müssen die intelligenten Maschinen also mit einem ethischen System programmieren, das eine Konsensvorstellung von der menschlichen Natur beinhaltet. Das Problem ist nicht nur, dass die Philosophen, deren Bücher wir im Flughafenkiosk finden, diese Idee für tot erklärt haben und dass sie den geistigen Erben Nietzsches im Silicon Valley gleichgültig ist. Erschwerend kommt hinzu, dass ein beträchtlicher Teil der Linken die letzten fünfzig Jahre damit verbracht hat, die Vorstellung zu verbreiten, das menschliche Wesen existiere nicht mehr.

Die Offensive gegen den Humanismus

In der Science-Fiction-Literatur wurde der gegenwärtige Angriff auf den Humanismus vorweggenommen. Im Jahr 1930 beschrieb der britische Schriftsteller Olaf Stapledon in seinem Roman *Die letzten und die ersten Menschen* eine Zukunft, in der die Menschheit ihre biologischen Grenzen hinter sich gelassen hat. Nachdem er beinahe ausgerottet wurde und drei Evolutionsrunden der natürlichen Auslese hinter sich gebracht hat, entdeckt der Homo sapiens schließlich die »Vitaplastik«, die wir heute als Gentechnik bezeichnen würden.

Aber die Entdeckung entzweit die Menschheit: Eine Gruppe will die Technologie nutzen, um den menschlichen Körper und das Gehirn umzubauen und den vollkommenen Menschen zu erzeugen. Die Gegenpartei vertritt die Auffassung, dass die vorhandene Spezies keinen Sinn mehr hat, sobald Maschinen die gesamte physische Arbeit übernehmen können:

> Wir müssen einen Organismus entwickeln, [...] der nicht bloß eine Anhäufung aller möglichen Überbleibsel aus der Zeit seiner primitiven Vorfahren darstellt und in einem stets gefährdeten Gleichgewicht durch einen Schimmer von Intelligenz gehalten wird. Wir müssen einen Menschen hervorbringen, der durch und durch Mensch ist. Wenn wir das getan haben, dann können wir [...] diesem Menschen ganz beruhigt die Regelung aller unserer Angelegenheiten anvertrauen.[1]

Im 21. Jahrhundert werden wir nicht länger nur in der Science-Fiction-Literatur mit diesem Dilemma konfrontiert. Wir stehen tatsächlich vor einer konkreten ethischen und politischen Wahl: Sollen wir die Technologie einsetzen, um die Menschen schrittweise zu verbessern, oder sollen wir bewusst ein Wesen schaffen, das besser ist als der Homo sapiens, um diesem »die Regelung aller unserer Angelegenheiten« zu überlassen?

Heute bezeichnen wir diese rivalisierenden Projekte als *Transhumanismus* und *Posthumanismus*. Die beiden Begriffe werden manchmal synonym verwendet, beschreiben jedoch ganz unterschiedliche Vorstellungen. Sie mögen wie der Stoff von futuristischer Spekulation und Comicromanen wirken, aber die Fragen, die sie aufwerfen, prägen bereits unsere gegenwärtige Gesellschaft. Der in diesem Buch beschriebene Weg, der über technischen Fortschritt und soziale Veränderung zur menschlichen Freiheit führt, weicht taktisch vom Transhumanismus ab und ist mit dem Posthumanismus unvereinbar.

Das transhumanistische Projekt hat seinen Ursprung in der frühen Erkenntnis der Informationstheorie, dass sich der Mensch der Ankunft der denkenden Maschine anpassen müsse. Im Jahr 1950 warnte Norbert Wiener, dass der Mensch, wenn er eine zur Autonomie fähige Spezies bleiben wolle, beginnen müsse, sich gezielt zu modifizieren. »Wir haben unsere Umwelt so radikal modifiziert, dass wir jetzt gezwungen sind, uns selbst zu modifizieren, um in dieser neuen Umwelt bestehen zu können.«[2]

Der britische Forscher Julian Huxley, der im Jahr 1957 als Erster den Begriff »Transhumanismus« verwendete, betonte die Kontinuität dieses Projekts mit dem Humanismus und definierte es so: »Der Mensch bleibt menschlich, wächst jedoch über sich hinaus und nutzt neue Möglichkeiten seiner Natur zur Entwicklung seiner Menschlichkeit.«[3]

In den achtziger Jahren begannen Forscher auf den Gebieten der Nanotechnologie, Biotechnologie, künstlichen Intelligenz und Kognitionswissenschaft, sich von einem Transhumanismus zu lösen, der lediglich eine Reaktion auf die Herausforderung der neuen Technologien war: Sie formulierten eine Reihe positiver Ziele und strebten »die Überwindung des Alterns, der kognitiven Defizite, des unfreiwilligen Leidens und unserer Beschränkung auf den Planeten Erde« an.[4] In der im Jahr 1998 von dem Philosophen und Zukunftsforscher Nick Bostrom und anderen entworfenen – und inzwischen mehrfach überarbeiteten – »Transhumanistischen Erklärung« wurde versucht, die Prinzipien des säkularen Humanismus auf eine Welt neuer technologischer Möglichkeiten anzuwenden.[5] Die Transhumanisten waren sich der Risiken bewusst, die mit einer technologischen Transformation menschlicher Wesen verknüpft sind, und wollten das Wohlergehen »alles Empfindungsfähigen« – das heißt aller Lebewesen, die denken können – in der Konfrontation mit den Maschinen aufrechterhalten.

Aber die »Transhumanistische Erklärung« und die Bewegung, die dahinterstand, gaben nie eine kohärente Antwort auf die ethischen Fragen, die geklärt werden müssen, bevor wir uns daranmachen können, den Menschen künstlich zu verbessern. Da ist zunächst die Frage, ob alle Menschen Zugang zu einer Verbesserung erhalten werden. Und wenn alle folgenden Generationen von Menschen automatisch verbessert werden (z. B. durch Genom-Editierung), wer soll die Entscheidung über den Eingriff fällen?

Die Kontroverse darüber, wer das Recht haben soll, technische Veränderungen am Homo sapiens vorzunehmen, hat bereits begonnen. Wer soll Anspruch auf eine In-vitro-Fertilisation oder eine operative Geschlechtsumwandlung haben? Sollten beinamputierte Athleten mit Metallfedern gegen nicht veränderte Läufer antreten dürfen? Sollten Eingriffe in das Genom von Embryonen erlaubt werden? Bisher werden diese Dilemmata ausgehend von der in einer Gesellschaft akzeptierten Nutzenethik und abhängig davon gelöst, was religiöse Gruppen hinnehmen werden: Beispielsweise darf die Genom-Editierung von Embryonen in den USA nicht mit bundesstaatlichen Geldern finanziert werden, in Großbritannien ist sie nur unter Laborbedingungen erlaubt.

Aber der Versuch, das Problem als Teilgebiet der medizinischen Ethik zu behandeln und Experiment für Experiment zu lösen, ist zum Scheitern verurteilt. Früher oder später werden sowohl die an diesen Fortschritten arbeitenden Wissenschaftler als auch die Verfechter des »transhumanistischen Projekts« ein Problem in Angriff nehmen müssen, das in allen Versionen der »Transhumanistischen Erklärung« vermieden wurde. Als ein Entwurf durch den nächsten abgelöst wurde, nahm die künstliche Intelligenz in der Erklärung im Laufe der Zeit denselben Rang wie der Mensch ein, und der Mensch wurde auf dieselbe Stufe wie das Tier gestellt. Gleichzeitig wurden – folgerichtig – alle Hinweise auf den säkularen Humanismus gestrichen.

Das konfrontiert uns mit einer entscheidenden Frage: Wenn es uns gelingt, eine künstliche Intelligenz zu schaffen, die dem menschlichen Gehirn überlegen ist und Emotionen empfinden kann – sollten wir diese Intelligenz dann kontrollieren oder uns von ihr kontrollieren lassen? Wenn wir mittels Genom-Editierung Menschen schaffen können, deren geistige

Fähigkeiten die von nicht modifizierten Menschen übersteigen: Was geschieht, wenn das Wohlergehen der modifizierten Menschen mit dem der nicht modifizierten unvereinbar ist?

Da er sich nicht ausdrücklich zur kontrollierten, demokratischen und sozialen Nutzung der neuen Biotechnologien bekennt, läuft der Transhumanismus auf ein Projekt zur Erhöhung der biologischen Leistungsfähigkeit *einzelner* menschlicher Wesen hinaus. Dies impliziert, dass die Transhumanisten unter »Freiheit« nicht das kollektive »gute Leben« für alle, sondern die Chance einzelner Menschen verstehen, sich einen bionischen Arm oder eine erhöhte Libido zu kaufen. Wenn Sie glauben, dass die Trickle-down-Ökonomie funktioniert – die Reichen verdienen Milliarden und verteilen sie wie Bill Gates nach ihrem Gutdünken unter den Armen –, ist es unproblematisch, wenn die Reichen anfangs ein Monopol auf die Technologien zur Lebensverlängerung, zur Umkehrung des Alterungsprozesses oder zur Verbesserung der Gehirnleistung haben.

Genau diese Lösung bevorzugen die libertären Rechten, die hinter dem Transhumanismus stehen.[6]

Zahlreiche politische Philosophen lehnen den Transhumanismus ab und verfechten stattdessen den sogenannten Biokonservatismus. Im Jahr 2002 sprach sich eine amerikanische Vereinigung für medizinische Ethik für einen internationalen Vertrag aus, der das Klonen von Menschen und die Editierung der menschlichen DNA verbieten soll, sofern die Modifikationen vererbbar sind.[7] Die Vereinten Nationen haben über die Unesco wiederholt vergeblich versucht, eine bindende Erklärung zum Klonen von Menschen auszuarbeiten – und angesichts der Aushöhlung des Multilateralismus seit 2016 sind die Aussichten auf eine internationale Regelung gering. Francis Fukuyama bezeichnet den Transhumanismus mittlerweile als »gefährlichste Idee der Welt«.

Fukuyamas Haupteinwand gegen den Transhumanismus lautet, dass wir, indem wir biologische Ungleichheit erzeugen – sei es durch bionische Arme oder Genom-Editierung –, den universellen Charakter unseres menschlichen Wesens und damit den Anspruch aller Menschen auf dieselben Rechte aushöhlen. Fukuyama geht vom klassischen Standpunkt der liberalen Humanisten aus: »Die menschliche Natur ist die Summe von Verhaltensformen und Eigenschaften, die für die menschliche Gattung typisch sind, sie ergibt sich eher aus genetischen Umständen als aus Umweltfaktoren.«[8] Wenn man glaubt, dass die menschliche Natur durch Geschichte, Wirtschaft und Umwelt nicht modifiziert wird, ist es folgerichtig, zu glauben, dass die Menschenrechte nicht gesellschaftlich konstruiert werden, sondern »natürlich« sind.

Wenn man jedoch das von Marx vorgeschlagene Konzept akzeptiert, das besagt, dass Gesellschaft und Technologie die menschliche Natur bestimmen, weshalb diese sich im Laufe der Zeit wandelt, so ändert sich der Locus der Argumentation. Der Einwand der radikalen Humanisten gegen den Transhumanismus zielt auf seinen falschen Freiheitsbegriff. Wir wollen die Technologie sozial nutzen, um die kollektive Herrschaft der Menschen über die Natur auszuweiten und ihnen – durch Beseitigung der Notwendigkeit von Arbeit – zu individueller Freiheit zu verhelfen. Die Menschheit wird nicht freier dadurch, dass Sechzigjährige dank der Genom-Editierung auf der Strandpromenade von Cannes eine gute Figur machen können.

Zwar lehnen die meisten Befürworter des Transhumanismus die von rassistischen und kolonialistischen Regierungen im 20. Jahrhundert praktizierte Eugenik ab, doch die wenigsten von ihnen interessieren sich für Regelungen, die garantieren würden, dass eine Rückkehr der Eugenik unmöglich ist. Julian Huxley selbst befürwortete eine linke Version der Eugenik und wollte mit selektiven Zuchtprogrammen die Intelligenz der gesamten Bevölkerung heben.

Im Gegensatz dazu garantiert der radikale Humanismus unserer gesamten Spezies – sei sie genetisch verbessert oder nicht – die gleichberechtigte Nutzung von Maschinen, Werkzeugen und Technologien zur Verbesserung unserer Lebensumwelt. Er erklärt, dass die Freiheit möglich ist, selbst wenn einige Formen des technologischen Fortschritts hinausgezögert werden müssen, weil sie nicht sicher oder mit ethischen Garantien genutzt werden können. In den Augen des radikalen Humanisten kann die Freiheit nicht durch Korrekturen und Verbesserungen der biologischen Verfassung des Homo sapiens, sondern nur durch eine Transformation von Technologie und Gesellschaft verwirklicht werden.

Obwohl der Transhumanismus ein Modewort der Science-Fiction, ein Schreckgespenst für verschiedene Religionsgemeinschaften und ein Sprungbrett ins akademische Rampenlicht ist, ist er weiterhin eine Randbewegung: Die Facebook-Gruppen, die sich mit transhumanistischen Vorstellungen beschäftigen, haben vielleicht 20 000 Mitglieder.

Beim Posthumanismus liegen die Dinge anders. Er ist Teil des Systems reaktionärer Vorstellungen, die aus den Angriffen der Linken auf Wissenschaft, Vernunft und die Möglichkeit menschlicher Handlungsmacht hervorgegangen sind. Er nimmt verschiedene Formen an, die allesamt die Möglichkeit menschlicher Freiheit negieren.

Die Debatte über den Posthumanismus kreist um vier Fragen: Können wir posthumane Wesen erzeugen? Sollten wir sie erzeugen? Sollten diese Wesen uns ersetzen oder Macht über uns haben? Und: Sind wir bereits posthumane Wesen?

Die erste Frage können wir mit ja beantworten. Wenn wir nicht von der Entwicklung überholt werden wollen, dürfen wir die Augen nicht vor den möglichen Neuerungen verschließen: Gentechnische Eingriffe, der Bau von Androiden oder die Entwicklung von künstlicher Intelligenz, die uns geistig überlegen sein wird, rücken die Möglichkeit posthumaner Wesen in greifbare Nähe.

Zum Glück hat *Blade Runner* fast alle einschlägigen ethischen Fragen behandelt. In dem Film werden die Androiden des Typs »Nexus-6« aus eigens gezüchtetem genetischem Material zusammengebaut. Sie sehen und denken wie Menschen, haben jedoch nur eine Lebenserwartung von vier Jahren, weil sich ihre Zellen nicht replizieren können. Sie werden als fertige Erwachsene »geboren«, denen falsche Erinnerungen eingepflanzt wurden. Aber die Androiden geraten außer Kontrolle. Einer Gruppe dieser »Replikanten« gelingt die Flucht aus einer Kolonie auf einem fernen Planeten. Sie kehren auf die Erde zurück, um das Unternehmen, das sie hergestellt hat, zur Erhöhung ihrer Lebenserwartung zu zwingen. Aber während die Menschen die Replikanten als minderwertig betrachten, sind diese darauf programmiert, den Menschen gegenüber Empathie zu zeigen, was zur Folge hat, dass sie sich uns gegenüber menschlicher verhalten als wir uns ihnen gegenüber.

Blade Runner zeigt, dass unsere gewohnten ethischen Systeme nicht für den Umgang mit intelligenten Robotern – und folgerichtig mit jeglicher künstlicher Intelligenz, die wir erschaffen können – geeignet sind. Das Problem hat seinen Ursprung in der Untauglichkeit der Nutzenethik: Im Streben nach Genuss haben wir einem Unternehmen erlaubt, Androiden zu bauen, die stärker und mitfühlender sind als wir, was sie auch mächtiger macht als uns. Wir haben Maschinen erschaffen, um unseren Genuss zu erhöhen, aber sie fügen uns auch Leid zu.

So werden die Androiden in ihrem kurzen Leben tatsächlich zu den von Nietzsche beschriebenen »Übermenschen«. Obwohl sie Maschinen sind, sind sie den Menschen überlegen und beginnen daher, sich selbst andere Rechte und Belohnungen zuzuweisen als den Menschen.

Indem sie den Androiden Respekt vor dem menschlichen Leben einprogrammieren – einen Respekt, der größer sein soll als der Respekt vor ihrem eigenen Leben –, versetzen ihre menschlichen Schöpfer die Maschinen in die Lage, ein tugendhaftes Leben zu führen und damit die Grundforderung der aristotelischen Ethik zu erfüllen. Obwohl er nie das von Aristoteles beschriebene »gute Leben« genießen kann, zeigt Roy Batty, der Anführer der rebellischen Androiden, am Ende des Films größere Tugendhaftigkeit als die Menschen, die ihn töten wollen.

Aufschlussreich ist, dass die Androiden im Verlauf ihrer Revolte einen Prozess durchlaufen, der dem von Marx befürworteten entspricht: Sie siegen über die Entfremdung. Sie werden als Wesen erzeugt, die unfähig sind, in sich selbst Androiden zu erkennen – sie sind ihrem wahren Selbst entfremdet –, aber sie überwinden dieses Hemmnis durch kollektives Handeln, schütteln ihre programmierte Ideologie ab und für kurze Zeit sind sie das, was Marx als menschliches »Gattungswesen« bezeichnete.

Dicks Androiden sind offensichtlich posthuman, aber zugleich sind sie Maschinen – die eine größere Fähigkeit zur Menschlichkeit besitzen als wir. Um es noch schonungsloser auszudrücken: Sie sind die letzten in einer langen Reihe von Werkzeugen, deren Entwicklung mit der Steinaxt begann. Wer *Blade Runner* gesehen hat, der versteht, dass wir, wenn wir posthumane Androiden erschaffen, diese Wesen entweder als Maschine/Werkzeug behandeln oder – wie Stapledon schrieb – die Kontrolle an sie abtreten müssen.

Posthumane Wesen müssen jedoch nicht zwangsläufig die Form von Androiden annehmen. Arthur C. Clarkes Roman *Die Stadt und die Sterne* aus dem Jahr 1956 handelt von Menschen, die von Maschinen produziert werden und deren Bewusstsein in einem Computer gespeichert und zeitweilig auf das Gehirn ihres menschlichen Körpers gespielt wird. Für Clarke handelt es sich nicht um Androiden, sondern um wirkliche Menschen: Das im Computer gespeicherte Bewusstsein ist eine Kopie des Bewusstseins in einem wirklichen Gehirn samt Persönlichkeit und Geschichte, womit es eine Art von Unsterblichkeit gewährleistet.

Clarke verstand, dass der eigentliche Zweck intelligenter Maschinen darin bestehen würde, das menschliche Gehirn exakt nachzubilden und das darin enthaltene Bewusstsein anschließend auf eine andere physische Plattform zu übertragen. Auf das »kopierte und eingefügte« Bewusstsein der Wesen in *Die Stadt und die Sterne* folgte HAL, der rebellische Computer in *2001: Odyssee im Weltraum*. HAL ist ein vollkommen posthumanes Wesen, eine künstliche Intelligenz, die ein eigenwilliges Bewusstsein entwickelt hat und ihren menschlichen Aufsichtspersonen die Stirn bieten kann.

Eine dritte Art der posthumanen Existenz, die in der Science-Fiction-Literatur beschrieben wurde, ist im virtuellen Raum angesiedelt. In William Gibsons Roman *Neuromancer* aus dem Jahr 1984 werden menschliche Gehirne nicht nur auf die Festplatte eines Computers gespielt, sondern interagieren dort auch. Die Realität, die sie im Computer erzeugen, ist virtuell – und als Gibsons Roman erschien, erkannten die ersten Internetnutzer, die begonnen hatten, sich mit Onlinespielen zu vergnügen oder in virtuellen Onlinegemeinschaften zu »leben«, augenblicklich den darin beschriebenen Cyberspace.

Dies sind also die potenziellen Bausteine für ein posthumanes Projekt: Genom-Editierung, deren Ergebnisse in einem Prozess der natürlichen Auslese weitergegeben werden; Herstellung besserer menschlicher Körper unter Einsatz neuer Technologie; Übertragung des menschlichen Bewusstseins auf digitale Plattformen und von dort in Androidenkörper; Transfer menschlicher Interaktionen in den digitalen Raum; Erzeugung von künstlicher Intelligenz, die geistig leistungsfähiger ist als wir.

Ich habe erklärt, warum der Einsatz nicht beobachtbarer, autonomer intelligenter Maschinen ohne ein global vereinbartes Sicherheits- und Ethiksystem verboten werden sollte. Dasselbe gilt für die Freisetzung von Androiden, die dem Menschen überlegen sind. Es scheint ratsam, bei der gentechnischen Erzeugung einer Nachfolgespezies des Homo sapiens extrem vorsichtig vorzugehen, da die Evolution ein aleatorischer Prozess ist, den selbst die besten Wissenschaftler unmöglich steuern können.

Aber der Posthumanismus als politische und wissenschaftliche Bewegung beschäftigt sich nicht in erster Linie mit der Frage, ob wir posthumane Wesen erschaffen könnten, erschaffen sollten oder unvermeidlich erschaffen werden. Auch die Bereitstellung der technischen Mittel dafür ist nicht sein vorrangiges Anliegen. Vielmehr lautet seine Hauptthese, dass wir bereits posthuman *sind*, was in den Augen seiner Verfechter hier und heute jede auf den Menschen zielende Politik und Ethik, das Konzept des Selbst und jede Unterscheidung zwischen Mensch und Maschine ungültig macht.

Die These, wir seien aufgrund des technologischen Wandels bereits posthumane Wesen, passt perfekt in die umfassende reaktionäre Vorstellungswelt der neoliberalen Ära. Diese Behauptung kommt jenen Konzernen und Regierungen gelegen, die das menschliche Verhalten einer Kontrolle durch Algorithmen unterwerfen und die Vorstellung universeller Rechte zu Fall bringen wollen. Und ganz besonders mögen sie jene, die glauben, die wirtschaftliche Freiheit der Elite sei mit der Demokratie unvereinbar.

Aber obwohl ihre Ideen der Elite in die Hände spielen, sind die posthumanistischen Dr.-Seltsam-Figuren, die sich am rechten Rand des politischen Spektrums herumtreiben, nicht die Einzigen, die den Humanismus bedrohen. Die Waffenschmiede für den Krieg der Informationssysteme gegen den Menschen war die linke Gesellschaftstheorie.

»Der Mensch ist eine Erfindung«, schrieb Michel Foucault im Jahr 1966, »deren junges Datum die Archäologie unseres Denkens ganz offen zeigt. Vielleicht auch das baldige Ende.«[9] Foucault, der prominenteste Vertreter des Postmodernismus, war der Überzeugung, die Vorstellung vom menschlichen Wesen sei gemeinsam mit dem Rationalismus und der demokratischen Radikalisierung der Aufklärung gegen Ende des 18. Jahrhunderts entstanden. An diesem Punkt gaben Intellektuelle aus verschiedenen Disziplinen den Versuch auf, die Realität anhand von Listen der Phänomene zu beschreiben, und machten sich stattdessen daran, ihre innere Dynamik zu untersuchen. Der Mensch war nicht länger einfach eine von vielen Spezies, die am Tisch der Natur saßen: Er war die Spezies, die alle anderen Lebensformen am Tisch der Natur als vorübergehende und dynamische Systeme betrachten konnte.

Foucault betrachtete diese Vorstellung vom Menschen als gesellschaftlich bedingt und daher umkehrbar. Sollte etwas geschehen, das die soziale und wirtschaftliche Basis der Menschheit zerstören würde, warnte er, »dann kann man sehr wohl wetten, daß der Mensch verschwindet wie am Meeresufer ein Gesicht im Sand«.[10]

In den folgenden fünfzig Jahren geschah einiges: die Krise des staatskapitalistischen Modells, der Siegeszug des Neoliberalismus, die Informationswende in der Wissenschaft, der Aufstieg von Informationstechnologie und vernetztem Verhalten. Jeder, der diese Veränderungen erlebt hat, weiß, dass sie sich auf unser Selbstverständnis ausgewirkt haben.

Die Antwort des Postmodernismus bestand darin, eine Sklavenideologie für das neoliberale System zu erfinden. Er kritisierte Sexismus, Rassismus, Kolonialismus und die patriarchalische Gewissheit in der Wissenschaft – wobei er jedoch den Anspruch aufgab, das System zu stürzen, das diese Phänomene hervorgebracht hatte. Stattdessen betrachtete er die neue Realität der Atomisierung und des hemmungslosen Konsums als unvermeidlich.

Da die Aufklärung vorüber sei, erklärten die postmodernen Theoretiker, sei auch das Zeitalter der überprüfbaren Wahrheit vorüber. Alles, was wir wahrnähmen, sei eine von unserem Verstand erzeugte Illusion, und dieser Verstand selbst zerberste in Bruchstücke, wodurch die Vorstellung eines menschlichen Selbst mit Rechten oder Handlungsmacht hinfällig werde. Die »großen Erzählungen«, welche die Befreiung der Menschheit versprachen, führten zwangsläufig in die Gaskammer und den Gulag. Alle theoretischen Versuche, die Welt in ihrer Gesamtheit zu studieren, müssten aufgegeben und durch Gender Studies, Postcolonial Studies, Media Studies ersetzt werden – deren Ergebnisse nicht zusammenpassen müssten und die kaum anwendbares Wissen hervorbringen würden.

Die Prämisse des Postmodernismus entsprang der Verzweiflung der Marxisten darüber, dass die Arbeiterklasse der Nachkriegszeit nicht willens war, für den Sozialismus zu kämpfen. Und wenn die Arbeiterklasse nicht länger der historische Akteur war, erklärten die Postmodernisten, konnte es keine Handlungsmacht geben. Ohne ein menschliches Wesen, das in der Lage war, die Welt zu begreifen und zu verändern, wurde die Welt selbst unerkennbar: Sie war nur noch ein Durcheinander von »Signifikanten«, die wie eine Sprache studiert werden konnten, hinter denen sich jedoch keinerlei Ordnung verbarg.

Der Postmodernismus hat den Relativismus zu einer säkularen Religion gemacht, deren erstes Gebot lautet: Nichts ist wahr. Widerstand, sogar geistiger Widerstand, ist unmöglich. Der Postmodernismus ermutigt unterdrückte Gruppen, einander als Feinde zu betrachten. Er leugnet die Existenz universeller menschlicher Attribute und damit implizit die Existenz universeller Menschenrechte. Wenn wir die neoliberale Ideologie besiegen wollen, müssen wir für eine umfassende Vorstellung vom menschlichen Wesen kämpfen. Doch der Postmodernismus lehrt uns, dass es eine solche nicht gibt.

Die Ziele des Postmodernismus waren durchaus lobenswert: Er wollte zeigen, dass man es sich zu leicht machte, wenn man die Ursache der Unterdrückung lediglich in den Klassengegensätzen sah, dass diese Erklärung durch ein Verständnis von Machtbeziehungen, Geschlecht, Rasse und Sexualität ergänzt werden musste, und dass beispielsweise die Ursache von Geisteskrankheiten in Unterdrückungsbeziehungen zu suchen war.

Doch der Postmodernismus war zutiefst antihumanistisch. Auch diese Einstellung hatte er vom gescheiterten Marxismus der sechziger Jahre geerbt. Im Jahr 1964 griff der Intellektuelle Louis Althusser, ein Mitglied der moskautreuen französischen Kommunistischen Partei, die humanistischen Schriften an, die Marx im Jahr 1844 in Paris verfasst hatte. Mit diesem Frontalangriff wandte sich Althusser implizit gegen Versuche, diese Schriften zur »Humanisierung« der sowjetischen Ideologie zu verwenden.

Althusser erklärte, nach Fertigstellung der »Pariser Manuskripte« habe Marx »radikal mit jeder Theorie [gebrochen], die Geschichte und Politik auf ein Wesen des Menschen begründet«.[11] Marx habe sich in einen »theoretischen Antihumanisten« verwandelt, der in seinem Meisterwerk *Das Kapital* alle Vorstellungen von »Subjekt, menschlichem Wesen und Entfremdung« überwunden habe. Insbesondere eine These Althussers sollte das Denken einer Generation von Linken prägen: Er erklärte, der späte Marx habe die Geschichte als »Prozess ohne Subjekt« verstanden.[12]

Einen Prozess ohne Subjekt können wir auch als »Maschine« bezeichnen. Althusser betrachtete die Geschichte als eine Maschine und die Arbeiterklasse als Werkzeug in dieser Maschine: So etwas wie eine menschliche Natur gibt es nicht, weshalb es auch keine »Entfremdung« davon geben kann. Die Geschichte als Wechselspiel von Technologie, Ökonomie, Kultur und menschlicher Vorstellungskraft reduzierte Althusser auf eine Kausalkette, in der die menschliche Handlungsmacht keine Rolle spielt – obwohl Althussers wichtigster Beitrag zur Sozialwissenschaft darin bestand, dass er zeigte, wie lose verbunden und verwirrend diese Mechanismen von Ursache und Wirkung manchmal sind. Er beschrieb eine »relative Autonomie« der Vorstellungen eines Lateingelehrten im Paris des 14. Jahrhunderts von der feudalen Produktionsweise, die er verwalten sollte. Dennoch ist der Kampf gegen die Klassenunterdrückung in Althussers Augen letzten Endes immer Teil der Mechanismen, welche die Unterdrückung festigen.

Da Althusser ein revolutionärer Antikapitalist war, baute er eine Hintertür in sein Theoriegebäude ein: die leninistische Theorie der revolutionären Avantgarde, die besagt, dass eine kleine Gruppe von intellektuellen und fortschrittlichen Arbeitern benötigt wird, um die Massen aus ihrer Lethargie zu reißen. Die Arbeiterklasse kann also nicht das Subjekt des historischen Prozesses sein, aber die Kommunistische Partei kann gestützt auf die leninistische Theorie im geeigneten Moment die Tür der Geschichte aufstoßen und der Arbeiterklasse neue Ideen bringen, die jenseits ihres Erfahrungshorizonts lagen.

Als ich Ende der siebziger Jahre an der Universität erstmals mit Althussers Vorstellungen in Berührung kam, galten sie als radikal und provokant, als linke Doktrin, die nicht durch Gefühl, Religion oder Sorge um die Menschenrechte getrübt war. Aber indem er das marxistische Geschichtsverständnis auf einen maschinellen Vorgang reduzierte, in dem der individuelle Wille kaum eine Rolle spielt, verwandelte Althusser nach Ansicht seiner Kritiker den Marxismus in etwas, das große Ähnlichkeit mit der orthodoxen Sozialwissenschaft hatte, die in den siebziger Jahren an den Universitäten betrieben wurde. Wenn diese Deutung einmal aus der Mode komme, erklärte der marxistische Soziologe Simon Clarke, werde sie vermutlich den Ruf des Marxismus zerstören und in der akademischen Welt eine Massenflucht aus der kohärenten Gesellschaftstheorie auslösen.[13]

Und genau das geschah.

Nachdem Althusser den menschlichen Willen aus der Geschichte entfernt hatte, machten sich seine Schüler, darunter Foucault, daran, praktisch alle anderen Elemente zu beseitigen, die der materiellen Realität einen Sinn verleihen konnten: Klasse, Kapital, Bewegungsgesetze – und schließlich jegliche Möglichkeit einer Erkenntnis der Welt. Der Postmodernist Jean Baudrillard beschrieb den menschlichen Körper im Jahr 1980 als überflüssig, »konzentriert sich doch heute alles im Gehirn und in der genetischen Formel, die für sich allein die operationale Definition des Seins zusammenfassen«.[14]

Wir müssen an dieser Stelle zwischen der Postmoderne als »kultureller Logik« oder Kunstform und dem Postmodernismus unterscheiden, der die

Realität zu beschreiben behauptet. Es liegt auf der Hand, dass die künstlerische Moderne gemeinsam mit dem staatskapitalistischen Wirtschaftssystem, das sie unterstützte, in eine Krise geriet. Es entstanden neue künstlerische Ausdrucksformen, die der fragmentierten, sprunghaften, von Marken besessenen und ichfixierten Form des Kapitalismus gerecht wurden, die sich in den achtziger und neunziger Jahren herausbildete. Natürlich wäre die volkstümliche Religion des Fatalismus infolge der idealistischen Neuausrichtung der Informationstheorie, des Aufstiegs der Neurowissenschaft und der Niederlage der organisierten Arbeiterschaft auch ohne die Hilfe einer kleinen Gruppe französischer Gelehrter entstanden.

Der Postmodernismus brachte lediglich eine Antitheorie des Menschen hervor: Das Selbst dieses Menschen ist ausgehöhlt, seine Handlungsmacht ist verloren, sein wissenschaftliches Denken ist in Wahrheit nur eine Ideologie. Wenn der »Mensch« durch den Aufstieg des neoliberalen Kapitalismus abgeschafft wird, braucht man schließlich eine Theorie des Wesens, das den Platz des Menschen einnimmt.

In den neunziger Jahren, schreibt die Feministin Rosi Braidotti, waren die postmodernen Intellektuellen »in eine versteinerte Landschaft unterschiedsloser Wiederholung und grassierender Melancholie eingetreten«, die keine neuen Ideen mehr hervorbrachte.[15] Man brauchte eine neue »Post«-Theorie, um den Nutzen der geisteswissenschaftlichen Fakultäten zu rechtfertigen und die Miete zu bezahlen. Diese Theorie war der Posthumanismus.

Seine zentrale These fasst die Literaturwissenschaftlerin N. Katherine Hayles zusammen: Das menschliche Selbst besteht im Grunde aus Information, weshalb es unerheblich ist, ob es auf einem Computer oder in einem menschlichen Körper situiert ist. Das Bewusstsein ist lediglich eine »Nebenvorstellung«, denn die neurowissenschaftlichen Experimente von Libet haben nach Ansicht der Posthumanisten bewiesen, dass wir die meisten unserer Entscheidungen unbewusst fällen. Die Folge ist, dass das menschliche Wesen »ohne Verluste mit intelligenten Maschinen zum Ausdruck kommen« kann.[16]

Die Technologie hat uns bereits in Wesen ohne Handlungsmacht verwandelt, weshalb es keinen Grund gibt, sich der Kontrolle durch die Maschinen zu widersetzen.

Wenn es eine Gründungsakte des Posthumanismus gibt, so ist es Donna Haraways 1984 veröffentlichtes *Cyborg Manifesto*. Das Manifest ist in einem Jargon geschrieben, der wirkt, als solle er den Sinn der Aussagen gezielt verschleiern, aber eine kurze Zusammenfassung würde etwa so aussehen: Die Technologie hat die Grenzen zwischen Mensch und Maschine verwischt, und die neuen Erkenntnisse der Biologie deuten darauf hin, dass es keinen wesentlichen Unterschied zwischen Mensch und Tier gibt. Daher sind wir alle »fabrizierte Hybride aus Maschine und Organismus [...], kurz, wir sind Cyborgs«.[17]

Bevor die künstliche Intelligenz möglich wurde, konnte ein idealistischer Philosoph behaupten, der Mensch sei einzigartig, weil er einen körperlosen rationalen Verstand habe, während ein Materialist wie Marx behaupten konnte, der Mensch sei einzigartig, weil er in der Lage sei, »Geschichte zu machen«. Nun erklärte Haraway, es sei bestenfalls unklar, ob der Mensch natürlich oder künstlich sei – womit die Welt in einer einzigen Realität verschmelze, deren wichtigster Bewohner nicht der Mensch, sondern der Cyborg sei. Anders als menschliche Wesen seien Cyborgs geschlechtsneutral.

Haraway verwendete den Cyborg auf einer Ebene als Metapher, die dem Feminismus helfen sollte, sich aus der tödlichen Falle der Fragmentierung zu befreien, in die er durch die Entdeckung geraten war, dass Rasse, Klasse und Sexualität einige Frauen zu Beteiligten der Unterdrückung anderer Frauen und mancher Männer machten. Um diese Fragmentierung zu überwinden, wollte Haraway alle Dualismen beiseitelassen, auf denen Revolten gegen die Unterdrückung beruhen: den Dualismus von Geist und Körper, von Natur und Maschine und sogar von Mann und Frau.

Die Neue Linke hatte in den sechziger Jahren die Vorstellung aufgegeben, die Arbeiterklasse werde die revolutionäre Kraft sein. Aber einige Linke träumten weiterhin davon, dass die Frauen, die verarmte Stadtbevölkerung, die Schwarzen oder die Befreiungsbewegungen in der Dritten Welt den Platz der Arbeiterklasse einnehmen würden. Nun erklärte Haraway, hätten wir einmal akzeptiert, dass es keinen wesentlichen Unterschied zwischen Mensch und Maschine gebe, so könnten wir die Suche nach »revolutionären Subjekten« einstellen. Ihr Fazit: Ich wäre »lieber eine Cyborg als eine Göttin«.[18]

Haraway verwendete den Cyborg als Metapher, um folgende Frage zu stellen: Wie kommen wir aus der Sackgasse heraus, in die der Sozialismus, der Feminismus und der schwarze Nationalismus gerieten, als sie alle Kräfte, die für soziale Gerechtigkeit kämpfen, daran zu messen begannen, in welchem Maß sie einander gegenseitig unterdrücken?

Aber für die Posthumanisten ist der Cyborg mehr als eine Metapher: Er verkörpert eine Behauptung über die Realität. Wenn wir in der Realität Cyborgs geworden sind, dann hat dies in Haraways Augen den Vorteil, dass sämtliche Probleme der Entfremdung verschwinden – sei es die marxistische Vorstellung von der Selbstentfremdung, seien es die verschiedenen feministischen Definitionen der Unterdrückung.

Als Haraway sagte, sie wäre lieber ein Cyborg als eine Göttin, hatte sie einen bestimmten Cyborg im Sinn, nämlich die schöne Nexus-6-Replikantin Rachael aus *Blade Runner*, in die sich Rick Deckard verliebt. Haraway bezeichnete Rachael als »Inbegriff von Furcht, Liebe und Verwirrung einer Cyborg-Kultur«.[19] Man ahnt, worauf sie hinauswollte: Wer wäre im Jahr 1984 aufgrund der Aussicht, bei einer linken Veranstaltung von Trotzkisten, radikalen Feministinnen und schwarzen Nationalisten bedrängt zu werden, die sich gegenseitig der Unterdrückung bezichtigten, nicht lieber Rachael gewesen – schön, unfrei und eins mit dem Universum, weil sie unfähig ist, Entfremdung zu empfinden?

Aber wenn der Cyborg mehr als eine Metapher sein und die Vorstellung bestätigen soll, dass Mensch und Maschine nicht mehr voneinander zu unterscheiden sind, braucht man eine vollkommen andere Theorie der Realität. Und eine solche Theorie hat das magische Denken in der Wissenschaft geliefert.

Die materialistischen Philosophen behaupteten seit dem 18. Jahrhundert, der Geist sei das Produkt eines physischen Systems – des Gehirns. Nach dem Zweiten Weltkrieg begann die Wissenschaft zu beweisen, dass diese Hypothese richtig war. Aber die Entdeckung wurde nicht mit Erleichterung aufgenommen, sondern löste vor allem an der Schnittstelle von Biologie und Kybernetik einen Rückschritt des rationalen Denkens aus.

Im Jahr 1959 schloss der Biologe Humberto Maturana das Gehirn eines Froschs an Drähte an, um zu verfolgen, wie es Bilder verarbeitete. Maturana gelangte zu dem Schluss, dass ein Frosch die Welt ganz anders sieht als ein Mensch und dass die Realität des Froschs nicht außerhalb seines Kopfes, sondern in seinem Gehirn konstruiert wird.[20] Aus diesem und anderen Experimenten gewann er allgemeine Erkenntnisse über die Realität, die sich zwar in der Biologie nicht durchsetzten, jedoch großen Einfluss auf die Systemtheorie erlangten.

Maturana definierte alle Lebewesen als »Systeme, die sich selbst erzeugen«. Solche Systeme schaffen ihre eigene Realität, die von der des Beobachters unabhängig ist. Ein menschlicher Forscher, der einen Frosch beobachtet, wird seinerseits vom Frosch (und allen anderen Lebewesen) beobachtet. So wird das Problem des Gegensatzes zwischen Geist und Materie in einem neuen zirkulären Modell aufgelöst. »Alles, was gesagt wird, wird von einem Beobachter zu einem anderen Beobachter gesagt, der er selbst sein kann«, erklärte Maturana.[21] Eine Beschreibung einer absoluten Realität sei daher nicht möglich.

Damit behauptete Maturana nicht nur wie Kant, der Mensch sei unfähig, Dinge zu erkennen, die über seine Sinneswahrnehmungen hinausgingen. Maturana definierte das Konzept des »Systems« neu und bezeichnete es als immun gegen Ursache und Wirkung. Den Frosch, den Menschen, das Nervensystem und die einzellige Amöbe betrachtete er allesamt als stabile Systeme. Jede Veränderung in diesen Systemen sei das Resultat innerer Kräfte, nicht ihrer Interaktion mit anderen Systemen.

In Maturanas Modell der Realität gibt es keine Kausalkette, sondern nur eine Ansammlung stabiler und – wie er es ausdrückt – »perfekter« Systeme, die sich in zirkulärer Interaktion miteinander befinden. »Die Materie ist eine Schöpfung des Geistes«, schrieb Maturana, »und der Geist ist die Schöpfung der Materie, die er erschafft.«[22] Ausgehend von dieser These begann er schließlich, wissenschaftliche Entdeckungen als Fälschungen zu attackieren: Im Jahr 1980 behauptete er, die DNA entscheide nicht über die genetischen Ergebnisse.[23]

Während Maturanas Werk von den Biologen ignoriert wurde, gab es in der Informationstheorie den Anstoß zu einem vollkommen neuen Denken. Kybernetiker hatten schon Jahre früher die Ähnlichkeit zwischen Zelle und selbstgesteuerter Maschine beobachtet. Ausgehend von Maturanas Thesen konnten sie nun beginnen, bei der Beschreibung von Organismen und Maschinen dieselben Regeln anzuwenden. Wenn der Mensch ein Organismus ist, für den Leben und Erkennen derselbe Prozess sind, dann kann dasselbe für eine Maschine oder ein Maschinensystem gelten: Die Maschine ist zur »Erkenntnis« fähig, einfach indem sie existiert; und das, was sie erkennt, kann ebenso gültig sein wie das, was ein Mensch mittels seiner Sinne zu erkennen glaubt.

Als sich die Theorie, Leben und Erkenntnis seien ein und dasselbe, in der Kybernetik und in der Folge in Ökonomie und Sozialwissenschaft ausbreitete, wurde sie in einer neuen, alternativen Wissenschaftsphilosophie festgeschrieben. Diese postuliert, dass es Ursache und Wirkung nicht gibt, dass Veränderungen zufällig sind, dass unser Verstand die Welt hervorbringt. In diesem Sinn ist nicht der Mensch – oder der Frosch – für die Erkenntnis zuständig, sondern »die Welt«, anders ausgedrückt: die Materie.

Wenn man das glaubt, löst sich Kants Problem – »Was kann ich wissen?« – auf. Die Menschheit ist nicht länger der Mittelpunkt der Welt. Ein Mensch, ein Frosch, ein Stromnetz, eine Mülltonne und ein Legostein haben denselben Anspruch auf Erkenntnis. Die Frage »Wie kann ich etwas wissen?« muss durch die Frage »Was existiert?« ersetzt werden.

Für eine wachsende Gruppe von Theoretikern lautete die Antwort: »Die Natur, nicht menschliche Wesen.« Die Epistemologie – das Studium der Erkenntnis – musste durch die Ontologie – das Studium des Seienden – ersetzt werden. So entstanden die sogenannten »Neuen Materialismen«, deren Verfechter im Grunde behaupteten, inerte Materie habe einen Geist.

Diese These war nicht neu. Schon zu Beginn des 20. Jahrhunderts hatte der Philosoph Henri Bergson behauptet, der Materie wohne ein immaterieller »Lebensimpuls« inne, den die Wissenschaft nicht messen könne. Bergsons »Vitalismus« schlug zahlreiche kritische Denker in seinen Bann, darunter sowohl Anarchisten als auch Faschisten, weil er so wie Spenglers Lebensphilosophie dem Wunsch vieler Leute entgegenkam, die Tyrannei einer bürokratischen Gesellschaft abzuschütteln oder ihre Spiritualität zu bewahren. Bergson und andere Vitalisten behaupteten, die »Kraft«, welche die materielle Realität durchströme, sie belebe und Veränderungen auslöse, sei immateriell. Und so wie die heutigen Theoretiker des »berechneten Universums« behauptete er, diese immaterielle Kraft sei der materiellen Welt *vorausgegangen*.

Nach Ansicht der Vitalisten des 21. Jahrhunderts besitzt jegliche Materie diese geheimnisvolle Eigenschaft. »Ich verfechte einen schrägen Realismus«, schreibt Graham Harman, der diese Art von Materialismus als »objektorientierte Ontologie« bezeichnet, »eine Welt, die mit geisterhaften realen Objekten gefüllt ist, die einander aus unergründlichen Tiefen Signale geben, jedoch unfähig sind, einander vollkommen zu berühren.«[24] Das bedeutet nicht nur, dass menschliche Wesen und Legosteine dieselbe Fähigkeit besitzen, die Welt zu erkennen, sondern auch, dass die gesamte Wirklichkeit unmöglich wissenschaftlich beschrieben werden kann.

So wie in Maturanas Augen können die Bestandteile der realen Welt einander auch nach Harmans Dafürhalten nicht wirklich »berühren« oder wirksam beeinflussen: Nehmen wir an, ich stehe am Strand und sehe einen Tölpel, der sich in einen Fischschwarm stürzt, und eine Delphinschule, die ebenfalls auf der Jagd nach diesen Fischen ist. Nun darf ich nicht annehmen, dass das Meer, der Tölpel, die Delphine und der Fisch in einer Kausalbeziehung zueinander stehen. Sie sind lediglich koexistente Systeme.

Das hat erhebliche Auswirkungen nicht nur auf die Naturwissenschaften, sondern auch auf die Theorien des sozialen Wandels. Wenn man annehmen darf, dass die Materie »lebendig ist oder Handlungsmacht besitzt«,[25] muss der Urheber von Veränderungen in der Geschichte nicht menschlich sein. Er kann eine Maschine sein, oder die »Geschichte« kann wie eine automatische Maschine funktionieren, dem Zufall gehorchen oder als Legostein agieren. Und wenn man Harmans Argumentation folgt, kann man einen Politiker wie Trump nicht mit Behauptungen über die Wahrheit bekämpfen.

Wie Harman mit schonungsloser Klarheit darlegt, ist die radikale Politik den Neuen Materialismen besonders zuwider, beruht sie doch »auf dem Anspruch auf radikales Wissen, das unser historisches Erbe rasch zerstören will«. Diese Einschätzung der Realität ist auch unvereinbar mit Sympathie für »irgendeine Form von auf den Menschen zielender Politik«. Für die Theoretiker der objektorientierten Ontologie eignet sich ein Legostein ebenso gut als politischer Akteur wie die indigene Jugend Neukaledoniens, die für die Unabhängigkeit von Frankreich kämpft.[26] Wie es schon bei Spengler und Bergson der Fall war, so liefert auch die Neuerfindung systematischen irrationalen Denkens Munition für eine rechtsextreme Politik.

Dieser bizarre Theorieansatz wird mittlerweile an zahlreichen Universitäten gelehrt, wenn auch nicht an naturwissenschaftlichen und Technologiefakultäten. Ihre Vertreter bezeichnen ihn als »Neue Materialismen«, weil der Plural wie im antirationalen Denken üblich darauf hindeutet, dass eine missliebige Version der Theorie rasch durch eine andere ersetzt werden wird. Im Studienjahr 2014/15 widmete die Kunstabteilung der Universität

Edinburgh dieser Ideologie einen ganzen Kurs von zweihundert Stunden; Ziel des Kurses war es, »Agency und Porosität von Dingen und Objekten zu untersuchen«.[27] Der angesehene Verlag der Universität widmet dieser und verwandten Fragen eine ganze Buchserie; die Publikationen mit Titeln wie »Was, wenn Kultur seit jeher Natur ist?« kosten achtzig Pfund.[28]

Diese »Neuen Materialismen« sind das Gegenteil des Materialismus, den Marx entwickelte, das heißt einer Theorie, die besagt, dass der Mensch die Natur durch seine Interaktion mit ihr verändert. Und sie widersprechen allen Arten von Wissenschaft, die anwendbares Wissen hervorbringen. Diese Ideologie ist, wie der Philosoph Slavoj Žižek scherzt, genauso materialistisch wie Tolkiens Mittelerde. In Tolkiens Welt sind anfangs alle Bäume Pflanzen, aber im vierten Kapitel des dritten Buchs vom zweiten Band von *Der Herr der Ringe* erfahren wir, dass einige als »Ents« bezeichnete Bäume Halbmenschen sind und Versammlungen abhalten können. Sie können die gesamte Festung des Zauberers Saruman zerstören, dessen Zauberkräfte stark genug sind, um Uruk-hai-Krieger zu erschaffen, nicht jedoch, um diese halbmenschlichen Bäume zu besiegen. Tolkiens Welt ist voller unerwarteter Ereignisse, und es ist unmöglich, sie vorauszusagen.[29] Es ist eine Welt voller Zauber, aber es gibt dort keinen Gott.

Würden die »Neuen Materialismen« lediglich von ein paar unorthodoxen Wissenschaftsautoren und einigen Überlebenden des Postmodernismus verfochten, die leere Vorlesungssäle zu füllen versuchen, so wäre dieses alternative Weltbild von geringem Interesse. Aber leider ist dieser Ansatz Teil eines sehr gefährlichen, vom Postmodernismus inspirierten Angriffs auf die Wissenschaft.

Im Jahr 1979 untersuchten die Soziologen Bruno Latour und Steve Woolgar die Interaktionen in einem Team von Biochemikern in Kalifornien, wobei sie davon ausgingen, dass es sich bei diesen Kollegen um einen »Tribus« handelte. Wie Latour später zugab, besaß er »keinerlei naturwissenschaftliche Kenntnisse, sprach kaum Englisch und wusste nichts von der Existenz sozialer Wissenschaftsstudien«. Aber all diese Mängel betrachtete er als Vorteile. Nachdem er die Rituale und Belohnungssysteme in der Laborarbeit beobachtet hatte, gelangte er zu dem Schluss, wissenschaftliche Tatsachen seien »sozial konstruiert«.[30]

Kein Materialist konnte eine solche Behauptung kurzerhand ablehnen.

Die wissenschaftliche Forschung wird von realen, komplexen Menschen betrieben, deren Vorstellungen in einer Welt der Hierarchien und von Unkenntnis konstruiert werden, in der es Klassen-, Rassen- und Geschlechterunterdrückung gibt. Tatsächlich war das Bestreben, auf gesellschaftlichen Vorurteilen beruhende falsche Vorstellungen zu überwinden, einer der Gründe dafür, dass Forscher im 18. Jahrhundert die wissenschaftliche Methode entwickelten. Ohne wissenschaftliche Irrtümer konnte es keinen wissenschaftlichen Fortschritt geben. Und bei oberflächlicher Betrachtung der Geschichte der Wissenschaft stößt man auch auf Wissenschaftler, die sich geistiger Gerüste bedienten, deren Fundament die Vorstellungen der sie umgebenden Gesellschaft waren; ein Beispiel ist die im 19. Jahrhundert entwickelte Vorstellung, die Leber funktioniere wie eine Fabrik.

Latours Wissenschaftskritik ging jedoch weit über diese Erkenntnis hinaus. Er behauptete, die wissenschaftlichen Publikationen der von ihm beobachteten Biochemiker seien »Fiktion«, deren Einfluss davon abhänge, wie viele ihrer Kollegen sie dafür gewinnen konnten. Latours These bewog die Postmodernisten, die sich bis dahin auf Literatur und Anthropologie beschränkt hatten, zu einer Verlagerung ihrer Aufmerksamkeit auf Naturwissenschaft und Technologie. Mit der Analyse des Subtextes eines Romans von Jane Austen kann eine Universitätsabteilung kaum auf sich aufmerksam machen. Aber mit dem Angebot einer Vorlesung, in der gezeigt werden soll, dass die Produkte von Großkonzernen, die Leistungen von Gesundheitssystemen und die Forschungen von Nobelpreisträgern allesamt auf Fiktionen beruhen, kann man beträchtliches Aufsehen erregen. Wer würde in einer Epoche des technologischen Fortschritts nicht lieber Science and Technology Studies betreiben, als sich in Bücher von Jane Austen zu vertiefen?

Mitte der achtziger Jahre hatte sich eine einflussreiche linke Wissenschaftskritik entwickelt, die Zweifel an der »Existenz, Natur und Macht der Vernunft« sowie an der Möglichkeit einer objektiven Wissenschaft äußerte.[31] In den Augen radikaler Feministinnen wie Sandra Harding war die Wissenschaft »in politischer Hinsicht rückschrittlich« geworden; Forschungsmethoden und wissenschaftliche Sprache betrachtete sie als »sexistisch, rassistisch, klassenhierarchisch und kulturell unterdrückerisch«.[32] An der Universität Edinburgh entstand eine postmodernistische Schule, die erklärte, es genüge nicht, falsche wissenschaftliche Theorien – wie die Phrenologie –

einer soziologischen Kritik zu unterwerfen, sondern man müsse Wahrheit und Unwahrheit »symmetrisch« behandeln und erklären, dass beide soziale Konstrukte seien.

In Latours Augen war selbst das noch nicht radikal genug: Wer annehme, als Wissenschaftler tätige Menschen könnten sich täuschen – sei es aufgrund ihrer Vorurteile, aufgrund des beruflichen Wettbewerbs im Labor oder weil sie eine auf dem Leben in Kalifornien beruhende Illusion auf die Welt der Mikroben übertrugen –, halte es immer noch für möglich, dass eine erkennbare Wahrheit existieren könne.

In der zweiten Auflage ihres Buchs über die Konstruktion wissenschaftlicher Erkenntnisse im Laborleben schlugen Latour und Woolgar eine neue Lösung vor: Wir sollten ganz aufhören, uns zu fragen, wie wir zur Erkenntnis gelangten. »Die Epistemologie«, erklärten sie, »ist ein Bereich, dessen völlige Auslöschung überfällig ist.«[33] Der Untertitel der Originalausgabe hatte »Die soziale Konstruktion wissenschaftlicher Fakten« gelautet. Für die zweite Auflage wurde das Wort »soziale« gestrichen, da es den Autoren redundant schien: Die Gesellschaft sei lediglich Teil der Natur, weshalb die »Fiktion«, die wir als Wissenschaft bezeichneten, in Wahrheit überhaupt nicht sozial konstruiert sei. Sie werde von den unbeseelten Objekten geformt, die den Wissenschaftler umgeben – wenn auch nicht durch Kausalität, denn in Latours Theorie wird nichts durch irgendetwas verursacht.

Wir sollten kurz innehalten und uns ansehen, wie Latours Argumentation an diesen Punkt gelangt war (denn er war noch nicht am Ziel seiner Reise). Sie hatte mit einem Versuch begonnen, herauszufinden, wie soziale Strukturen und Ideologien wissenschaftliche Erkenntnisse verzerrten, und verwandelte sich in eine Theorie dazu, warum die Natur Dinge weiß und der Mensch nicht. Und das war nicht einfach eine abstrakte Debatte. Latour erklärte, wenn der Mensch die Geschichte erlebe, so tue er das auf dieselbe Art wie zum Beispiel Hefe. In Latours Augen haben unbelebte Objekte ebenso eine Geschichte wie wir. Und da »wir« lediglich eine Untergruppe der größeren Kategorie von »allem in der Natur« sind, hat der Mensch keinen Anspruch mehr darauf, logischer, rationaler oder wertvoller zu sein als irgendeine andere Substanz.

Latour spann diesen Gedanken weiter und erklärte, es sei keineswegs so, dass Louis Pasteur im Jahr 1856 die Milchsäure »entdeckt« habe: Vielmehr habe er sie gleichzeitig erfunden und als Begriff konstruiert. »[V]on Pasteur«, erklärt Latour, müssen wir »als einem Ereignis sprechen, das der Milchsäure zustößt«.[34] Sobald man unbelebte Objekte als ebenso lebendig und historisch betrachtet wie Menschen, kann man ihnen eine Rolle bei der Veränderung der menschlichen Lebenswelt zugestehen.

Mittlerweile war Latour schon nicht mehr allein mit seiner Theorie. Ende der achtziger Jahre behaupteten zahlreiche postmoderne Wissenschaftskritiker, wissenschaftliche Beschreibungen der Wirklichkeit seien stets durch Sexismus oder Rassismus verzerrt, die von der Wissenschaft beschriebene Realität und die von Stammesmythologien beschriebene Realität müssten auf derselben Stufe stehen, und alle wissenschaftlichen Behauptungen müssten abhängig davon beurteilt werden, wer von ihnen profitiere.[35]

Dann kam der Physiker Alan Sokal und spielte dieser Bruderschaft magischer Materialisten seinen berühmten Streich. Im Jahr 1996 publizierte Sokal eine Parodie einer wissenschaftlichen Arbeit, die er mit Fehlern spickte, die jedem Diplomstudenten auffallen mussten; dazu kamen lange, vollkommen unsinnige Textpassagen, die er aus Schriften postmoderner Theoretiker (darunter Latour) kopiert hatte. Dieser Aufsatz wurde wie eine authentische Arbeit in der Zeitschrift *Social Text* veröffentlicht und löste große Heiterkeit unter den Naturwissenschaftlern sowie einen »Wissenschaftskrieg« in den Medien und der akademischen Welt der Vereinigten Staaten aus. In der Folge mäßigten die Postmodernisten ihre Attacken auf die Wissenschaft.

Um die Jahrtausendwende war Progressiven wie Latour bewusst geworden, dass die amerikanische Rechte ebenfalls daran interessiert war, die Wissenschaft – insbesondere die Klimaforschung, deren Anerkennung durch die Vereinten Nationen 1992 fünf Jahre später zur Verabschiedung des Kyoto-Protokolls geführt hatte – als Fiktion zu entlarven. Also vollzog Latour im Jahr 2004 eine dritte Kehrtwende, löste sich von seiner Kritik an der Wissenschaft und begann, sie bis auf Weiteres zu verteidigen.

Nun warnte er seine Anhänger, man bekämpfe den falschen Feind und habe Freunde unter den falschen Leuten gefunden. Es sei nie darum gegangen, von den Fakten loszukommen, sondern darum, näher an sie heranzukommen: »den Empirismus nicht zu bekämpfen, sondern ihn im Gegenteil zu erneuern«.[36]

Nun erklärte Latour: »Unser aller Fehler bestand in dem Glauben, daß es keine wirksame Weise gebe, Tatsachen zu kritisieren, es sei denn, indem man sich von ihnen *entfernt* und die Aufmerksamkeit auf die Bedingungen richtet, die sie ermöglichten.«[37]

In Anbetracht der Tatsache, dass mittlerweile an den Universitäten Vorlesungen gehalten wurden, die auf diesem »Fehler« beruhten, war dies ein bedeutsames und begrüßenswertes Eingeständnis. Dasselbe galt für Latours ausdrückliches Bekenntnis zu einer besseren Form von Empirismus. Denn dies ist nicht bloß ein Wort, mit dem Naturwissenschaftler beliebig um sich werfen: Der Begriff bezeichnet ganz konkret den Versuch, die Wissenschaft auf der Beobachtung von Phänomenen in der Wirklichkeit aufzubauen.

Wäre Latours Kehrtwende das Signal gewesen, um den Sturmangriff der Sozialwissenschaften auf das rationale Denken abzublasen, so hätte sie bahnbrechend sein können. Stattdessen trug sie nach Einschätzung Rosi Braidottis zu einer Art von Hitzetod des postmodernen Universums bei. Wie eine geschlagene Armee mussten sich die Postmodernisten in einem Rückzugsgebiet sammeln, das sie verteidigen konnten. Und dieses Gebiet war der Posthumanismus.

Foucault hatte im Jahr 1966 verkündet, der »Mensch« werde möglicherweise ausgelöscht. Vierzig Jahre später waren die N. Katherine Hayles dieser Welt nach einer Phase atemberaubenden technologischen Wandels so weit zu behaupten, er sei bereits ersetzt worden: »Eine spezifische historische Konstruktion, die als Mensch bezeichnet wird, macht Platz für eine andere Konstruktion, die als posthumanes Wesen bezeichnet wird.«[38]

Dieser vollkommen metaphysischen Behauptung kann man mit Rationalität, Mathematik, Experimenten oder Argumenten nicht zu Leibe rücken. Anders als der Postmodernismus ist sie jedoch ein Metanarrativ: eine neue Theorie von allem, die sich trotz ihres Anspruchs, eine Ideologie des Widerstands zu sein, sehr gut eignet, um die Forderung nach einer Kontrolle der Maschine über den Menschen zu begründen.

Es wäre eine Überraschung, würde der Siegeszug der digitalen Netzwerke nicht unser Bild des Menschen verändern. Aber das plötzliche Auftauchen von Posthumanismus, »Vitalismus« und Mittelerde-Materialismus macht eine materialistische Analyse erforderlich: In wessen Interesse wird dieses Weltbild verbreitet, welche Machtstrukturen festigt es? Welche Folgen hätte es, wenn sich zahlreiche Menschen dieses Weltbild aneigneten?

Tatsächlich passte diese Vorstellung in ein Muster, das der marxistische Philosoph und Literaturwissenschaftler Georg Lukács erstmals beobachtete: Wenn das rationale Denken zur sozialen Revolution führt, greift die Elite zu den Tarotkarten und flüchtet sich in Séancen. Der Angriff der frühkapitalistischen Elite auf den Rationalismus begann nach Ansicht von Lukács in dem Moment, als die Französische Revolution das Denken von Philosophen wie Hegel und Kant beeinflusste. Gegen den Rationalismus war nichts einzuwenden, solange er Maschinen, wissenschaftliche Erkenntnisse und Buchführungsprinzipien produzierte, aber das änderte sich, als er begann, Republiken und die Guillotine hervorzubringen.

Als Mitte des 19. Jahrhunderts die Arbeiterklasse als revolutionäre Kraft auftauchte und sich auf die politische Ökonomie und die Naturwissenschaften berief, um ihre Forderungen zu begründen, richtete sich der Irrationalismus der Elite auf die Arbeiter, vor allem in Nietzsches Werk. Lukács sah Nietzsches große Leistung in der Entwicklung eines dauerhaften reaktionären und romantischen Pessimismus: Zukünftige Generationen »spiritueller« Rebellen, welche die Arbeiterklasse hassten und die biologische Vorrangstellung einer kleinen Elite verfochten, konnten immer auf seine Aphorismen zurückgreifen, als wären diese neu.

In den zwanziger Jahren wurden der »Vitalismus«, die Ablehnung der Kausalität und die Begeisterung für die »Intuition« – deren theoretische Grundlage Spengler in *Der Untergang des Abendlandes* geliefert hatte – zur Ideologie des mit politischer Polarisierung und wirtschaftlichem Niedergang konfrontierten deutschen Bürgertums. An jeder Straßenecke und in jeder Fabrikhalle traf man auf sozialdemokratische und kommunistische Arbeiter, die Behauptungen über den wissenschaftlichen Charakter des Sozialismus aufstellten. Hitlers gewaltsame Angriffe auf die Arbeiterschaft waren in Lukács' Augen einfach die Übertragung von »allem, was über irrationalen Pessimismus [...] gesprochen wurde, auf die Straße«.[39]

Auch der Postmodernismus war eine Reaktion auf eine Niederlage: Mit seiner Attacke auf Wahrheit, Rationalität und menschenorientierte Politik entwaffnete er in den neunziger Jahren eine Generation progressiv denkender Menschen. Aber warum übernahmen so viele Leute die postmodernen Vorstellungen? Selbst in den zwanziger und dreißiger Jahren des vergangenen Jahrhunderts, als Mussolini Bergsons »Lebenskraft« zur Rechtfertigung des Faschismus heranzog und Hitler Spenglers Irrationalismus zur volkstümlichen NS-Religion machte, gab es Liberale, Demokraten, Sozialisten und Kommunisten, die diesen Unsinn durchschauten und sich wehrten.

Der Aufstieg des Postmodernismus fiel mit der globalen Niederlage der organisierten Arbeiterklasse zusammen, aber warum übernahmen so viele Menschen auf einen Schlag magische Vorstellungen von autonomen Prozessen? Es gibt eine einfache materialistische Erklärung dafür.

In der neoliberalen Ideologie ist der Markt eine autonome Maschine, die sich der menschlichen Kontrolle entzieht und die besten möglichen Ergebnisse für den Menschen liefert. Nur wenn der Mensch in die Abläufe dieser Maschine eingreift oder versucht, bewusste Entscheidungen darüber zu fällen, gerät sie ins Stocken. Als erst einmal Millionen Menschen ihr Denken, Verhalten und Selbstverständnis dieser Vorstellung angepasst hatten, war es nur noch ein kleiner Schritt zur Anerkennung des in diesem Kapitel beschriebenen Antirationalismus und Antihumanismus.

Die Denker der Renaissance begriffen die Welt als Neuland, das durch Experimente, Kämpfe und Abenteuer erschlossen werden musste. Die Unternehmer, die das Fabriksystem erschufen, waren bereit, mit Maschinen und Prozessen zu experimentieren, sogar auf die Gefahr hin, dass diese nicht mehr funktionierten. Der Widerstand und die Negativität der Welt stellten für sie eine Herausforderung dar. Man muss sich Marx' Überzeugung, wir könnten die Welt nur verstehen, indem wir sie zu verändern versuchen, nicht vollständig anschließen, um einzusehen, dass Wissenserwerb bedeutet, Widerstand zu überwinden.

Aber das alltägliche Leben unter dem Neoliberalismus unterdrückt diesen Impuls: McDonald's-Angestellte verändern weder das Rezept zur Herstellung eines Big Mac noch die Arbeitsabläufe experimentell. Die für die Privatisierung des öffentlichen Raumes exemplarische Shopping-Mall – geschützt durch private Sicherheitsunternehmen – ist nicht gemacht für Erkundungen oder Abenteuer. Der Slum des 21. Jahrhunderts soll nicht abgerissen und durch vernünftige Gebäude ersetzt werden; es genügt, das Leben im Elendsviertel mit Lebensmittelbeihilfen und vernetzten Geräten erträglich zu machen. Die Menschen, die diese Zustände erdulden müssen, können sich nicht vorstellen, dass etwas gegen dequalifizierte Arbeit, die Überwachung des öffentlichen Raums und unwürdige Wohnverhältnisse getan werden könnte.

Wenn man alldem nun noch die Bemühungen hinzufügt, öffentliche Bildungssysteme in eine Maschine zu verwandeln, die nicht wissbegierige und rebellische Geister, sondern Gehorsam und quantifizierbare Fertigkeiten hervorbringen soll, dürfte es nicht überraschen, wenn auf einmal zahlreiche Menschen an Wirkungen ohne Ursachen, an Veränderungen ohne Anstrengungen und Fortschritt ohne Negativität glauben.

Die akademische Linke, die sowohl den Marxismus als auch den liberalen Humanismus ablehnte, spielte eine tragende Rolle in der Verbreitung dieser Denkweise, selbst wenn einzelne Figuren wie Latour im letzten Moment vor der logischen Konsequenz zurückschreckten. Aber heute hat die autoritäre nationalistische Rechte die Dynamik auf ihrer Seite. Bereitwillig dreht sie die Musik der irrationalen Verzweiflung auf maximale Lautstärke.

Es ist klar, welchen Weg diejenigen einschlagen müssen, die Widerstand leisten wollen. Wir müssen in direktem Gegensatz zum Posthumanismus das menschliche Wesen radikal verteidigen. Wir müssen die Existenz einer für die Wissenschaft erkennbaren Realität verteidigen, obwohl diese Wissenschaft natürlich der kritischen Beobachtung unterworfen werden muss. Wir müssen die künstliche Intelligenz, die Robotik und die Vorhaben zur biologischen Verbesserung des Menschen in ein ethisches System zwingen, das dem Menschen Vorrang gibt und ausgehend von seinen universellen Eigenschaften gestaltet ist.

Aber der Posthumanismus ist ein unermüdliches Kolonisierungsprojekt. Er hat bereits begonnen, eine eigene Form von Ethik zu entwickeln. Wirft man zum Beispiel einen Blick in Patricia MacCormacks Buch *Posthuman Ethics*, so betritt man eine Welt, in der Tiere nicht nur dieselben Rechte wie Menschen, sondern auch ein Recht darauf haben, dass Menschen nicht *über sie nachdenken*; diese Forderung begründet MacCormack damit, dass unser Nachdenken über Tiere auf der Annahme unserer Überlegenheit beruhe. Die posthumane Ethik sieht in der Heilung von Krankheiten oder in der Behebung von Behinderungen Formen der Unterdrückung und hält eine Ausrottung der Menschheit für erstrebenswert.

Obwohl die posthumane Ethik von ihren Verfechtern als eine Art von Rebellion dargestellt wird, ist sie eine Anleitung zur Unterwerfung unter die Logik der Maschine und die Macht der Algorithmen. Erich Fromm begann im Alter zu verstehen, dass die Unterwerfung unter die Technologie Menschen dazu bringt, sich als Cyborgs zu betrachten, und dass dieses

Selbstverständnis einige von uns dazu bewegen kann, ein Projekt der freiwilligen Selbstausrottung zu entwickeln. Im Jahr 1973 schrieb er:

> Die Welt wird zu einer Summe lebloser Artefakte; von der synthetischen Nahrung bis zu den synthetischen Organen wird der ganze Mensch zum Bestandteil der totalen Maschinerie, welche er kontrolliert und die gleichzeitig ihn kontrolliert. Er hat keinen Plan, kein Lebensziel, außer dass er das tut, wozu die Logik der Technik ihn veranlasst. Sein Streben gilt der Herstellung von Robotern, worin man eine der größten Leistungen des technischen Geistes sieht, und es gibt Spezialisten, die uns versichern, der Roboter werde sich kaum vom lebendigen Menschen unterscheiden. Diese Leistung wird uns weniger erstaunlich vorkommen, wenn der Mensch selbst kaum noch von einem Roboter zu unterscheiden ist.[40]

Von dort, erklärte Fromm, ist es nur noch eine kurze Reise zum Motto der spanischen Falangisten: »Lang lebe der Tod!« Schaut man sich die posthumanistische Ethikbrigade an, so wird sehr deutlich, wohin die Reise gehen soll. »Die posthumane Ethik bemüht sich beharrlich, das zum Schweigen zu bringen, was als menschliche Rede verstanden wird und in Logik, Macht und Signifikation zum Ausdruck kommt«, schreibt MacCormack und fügt hinzu: »Die Abwesenheit des Menschen ist die größte Leistung des Lebens, die noch zu vollbringen ist.«[41]

Ich will den Menschen gegen Algorithmen verteidigen, die unsere Konsumentscheidungen, unser Wahlverhalten und unsere sexuellen Vorlieben voraussagen und diktieren. Ich will ihn gegen repressive Regierungen verteidigen, die Algorithmen einsetzen wollen, um uns in unterwürfige Halbautomaten zu verwandeln, die ihrer Ideologie entsprechen. Ich will ihn gegen Kleptokraten und Milliardäre verteidigen, die wie bei der Wahl, die Trump ins Amt brachte, die gewaltige Macht von algorithmischer Kontrolle, Deregulierung und geheimen Unternehmenspraktiken einsetzen wollen, um das Wahlsystem zu manipulieren.

Ich will die Idee verteidigen, dass wir alle – der Transgenderaktivist in London, die Fabrikarbeiterin in Guangdong, der junge Kanake, der für die Unabhängigkeit Neukaledoniens kämpft – eine universelle Eigenschaft besitzen, die uns einen Anspruch auf unveräußerliche Menschenrechte gibt.

Um den Humanismus verteidigen zu können, müssen wir ihn natürlich seines Eurozentrismus entkleiden. Das bedeutet jedoch nicht, dass wir ihn durch kulturellen Relativismus ersetzen sollten. Indem wir uns für die Werte der Renaissance, die wissenschaftliche Methode, die Aufklärung und den radikalen Humanismus von Marx einsetzen, verteidigen wir keine spezifisch »weißen«, männlichen oder auch nur europäischen Errungenschaften. Wir verteidigen auch die Leistungen des islamischen Humanismus – Mathematik, Algorithmus, Rechtsprechung und die Wiederentdeckung der Schriften von Aristoteles zwischen dem 6. und 13. Jahrhundert.[42] Wir verteidigen die Weisheit des befreiten afrikanischen Sklaven und des Dramatikers Terenz, der im Jahr 163 v. Chr. schrieb: »[N]ichts, was menschlich, acht' ich mir als fremd.«[43]

Wie Frantz Fanon, der Theoretiker der schwarzen Befreiung, möchte ich den Humanismus so ausweiten, dass er die von Europäern in der übrigen Welt begangenen Verbrechen eingestehen und Wiedergutmachung versuchen kann, anstatt diese Taten zu ignorieren.[44] Ich wünsche mir eine Form des Humanismus, die nicht auf den Mann, sondern auf alle Geschlechter zielt. Da die Arbeit der Frauen Zehntausende Jahre die Form von häuslicher Sklaverei und Kinderaufzucht hatte, die neben der modernen Erwerbsbeteiligung der Frauen weiterbestehen, muss der Humanismus eine weibliche Vorstellung von der Freiheit beinhalten, die möglicherweise von der männlichen Vorstellung abweicht.

Ich fordere alle Leser dieses Buchs auf, die Frage, ob wir bereits posthumane Wesen sind, bewusst mit Nein zu beantworten.

Wenn wir einmal Nein gesagt haben, stellen sich zahlreiche interessantere Fragen dazu, wie sich die menschliche Natur unter dem Einfluss der digitalen Netzwerke wandelt, Fragen, mit denen sich die Sozialpsychologen seit zwei Jahrzehnten beschäftigen.

DER AUFSTAND DER SCHNEEFLOCKEN

Virginia Woolf schrieb, dass »ungefähr im Dezember 1910 der menschliche Charakter sich veränderte«.[1] In jenem Monat fand in London die erste große Ausstellung moderner Malerei statt, und die Liberal Party setzte nach ihrem Wahlsieg ein »Volksbudget« und eine Besteuerung der Reichen durch. Einen Monat zuvor hatte London den »Schwarzen Freitag« erlebt, an dem eine Demonstration von Frauenrechtlerinnen in Westminster gewaltsam niedergeschlagen wurde, wobei zahlreiche Frauen verletzt worden waren.

Ende 1910 rückten der Feminismus, die Klassengegensätze, der politische Radikalismus und die künstlerische Moderne gleichzeitig ins Bewusstsein der britischen Gesellschaft. Es war der Augenblick, in dem die Menschen begriffen, dass die technologische Revolution nicht für Harmonie gesorgt, sondern im Gegenteil eine nicht zu unterdrückende Sehnsucht nach gesellschaftlichen Veränderungen geweckt hatte. Dasselbe Gefühl regte sich bald in der gesamten entwickelten Welt. Zwischen 1911 und 1913 kam es in Europa, Nord- und Südamerika und dem Pazifikraum zu Massenstreiks von ungelernten und Wanderarbeitern. Den Menschen wurde bewusst, dass sie mit den neuen Technologien – dem Automobil, dem Film, der auf Vinylplatten aufgenommenen Musik – beginnen konnten, jene Art von Person zu gestalten, die sie sein wollten.

Woolf beobachtete, dass ein neuer Mensch entstand, und zwar nicht nur in der Oberschicht. Im Jahr 1911 tauchten auf den britischen Theaterbühnen in Stücken wie »Lonesome Like« von Harold Brighouse die ersten dreidimensionalen Figuren aus der Arbeiterklasse auf, die im Dialekt der Generation meines Großvaters sprachen. Im Jahr darauf folgte D. H. Lawrence' »The Daughter-in-Law«.

Im Rückblick auf diesen Zeitraum, der auch als »Große Unruhe« bezeichnet wird, schrieb Woolf: »Alle menschlichen Beziehungen haben sich verschoben – die zwischen Herren und Bediensteten, zwischen Eheleuten, Eltern und Kindern. Und wenn menschliche Beziehungen sich verändern, verändert sich zur gleichen Zeit die Religion, die Lebensführung, die Politik und die Literatur.«[2]

Fast genau hundert Jahre später zeigte eine Welle von Erhebungen in aller Welt, dass erneut eine Umwälzung begonnen hatte. Im Jahr 2011 trug sich etwas zu, das sehr viel revolutionärer war als der Sturz von ein paar Diktatoren und die Besetzung einiger zentraler Plätze in Metropolen. Diese Geschehnisse waren die Folge einer Krise der neoliberalen Identität, das erste Signal dafür, dass Menschen, deren Selbstbild in der neoliberalen Ära geprägt worden war, trotz all der Routinen der Selbstsucht und des Wettbewerbs, die sie erlernt hatten, in der Lage waren, über den Neoliberalismus hinauszudenken.

In den Straßen Londons sah ich es mit eigenen Augen. Ende 2010 organisierten Studenten, die von der alten Linken als Haufen apolitischer Individualisten abgeschrieben worden waren, eine Reihe von Sitzstreiks und spontanen Protestmärschen, welche die von den Konservativen geführte Regierung erschütterten. All die Technologien, die sie angeblich versklavten – Twitter, Facebook, Smartphones und die Instant-Messaging-Systeme (zu denen damals noch Blackberry gehörte) –, verwandelten sich in Werkzeuge des Widerstands. Die versprochene Zukunft war gestrichen worden, aber das ganze Bildungssystem und die antihumanistische Orthodoxie, die in den Künsten und Sozialwissenschaften gelehrt wurde, sagten ihnen, dass kein besseres System möglich sei.

Anstatt solche Menschen allgemeinen Kategorien – dem Inforg, dem Cyborg, dem posthumanen Wesen – zuzuschlagen, sollten wir fragen, inwieweit die konkrete Erfahrung der Interaktion mit der Technologie die menschliche Natur und unsere Vorstellung vom Selbst verändert.

Virginia Woolf schrieb, dass eine Biografie »schon als vollständig gilt, wenn sie nur sechs oder sieben Ichs berücksichtigt, wohingegen ein Mensch gut und gerne ebenso viele Tausend haben mag«.[3] Aber für ihre Generation im frühen 20. Jahrhundert war eine »Person« gleichbedeutend mit einem Angehörigen der oberen Mittelschicht. Und selbst eine privilegierte Frau wie Woolf mochte zwar im Privatleben mehrere Persönlichkeiten haben

– etwa in ihrer lesbischen Affäre mit der Autorin Vita Sackville-West –, in der Öffentlichkeit musste sie diese jedoch unterdrücken.

Heute hingegen existieren die Gedanken und Identitäten von Millionen Menschen in einem weitläufigen öffentlichen Raum: dem Internet. Sobald uns die Bulletin Boards der achtziger Jahre die Möglichkeit gaben, Netzwerke für Experimente mit unserem Selbst zu verwenden, taten wir es so umfassend, dass die Soziologin und Technologieforscherin Sherry Turkle das Internet als »Soziallabor für Experimente« mit »Ich-Konstruktionen und -Rekonstruktionen« bezeichnete.[4]

Für die nach 1990 geborene Generation war das vernetzte Leben keine Option, sondern ein Geburtsrecht. Die jungen Leute, die im Jahr 2011 auf die Straße gingen, nahmen an, dass Technologie und Freiheit zusammengehörten, denn das hatte man ihnen mit der Theorie vom »Ende der Geschichte« eingeschärft. Aber in der ersten Protestwelle – von São Paulo über Kairo bis Hongkong – begann sich das »Selbst«, das für ganze Gruppen von der Technologie geformt worden war, von dem »Selbst« zu lösen, das von der neoliberalen Ökonomie geformt worden war. Angeblich hingen die Freiheit des Denkens, des Protests, des Lebensstils und der Sexualität allesamt von der freien Marktwirtschaft ab. Doch jetzt wurde klar, dass alle persönlichen Werte dieser Generation unvereinbar mit dem Wirtschaftssystem waren, das sie gestaltet hatte.

Heute müssen wir mit dem Scheitern dieser ersten Zuckungen der Revolte umgehen: Die Resultate sind politische Unreife, eine lange Periode der Anomie, die nach der Niederschlagung der Proteste begann, und die Furcht, Lähmung und Orientierungslosigkeit, welche die Menschen angesichts der Bosheit von Autokraten wie Trump, Putin und ihren Imitatoren befallen haben.

Um den unterbrochenen Vormarsch fortsetzen zu können, müssen wir herausfinden, wie die progressive Mehrheit in den hochentwickelten Demokratien ohne Zugeständnisse an Vorurteile verhindern kann, dass Menschen sich in die Arme von Rassisten, Nationalisten und Frauenhassern flüchten, die ihre Furcht vor der Freiheit ausnutzen wollen.

Wenn man politisch engagierte Personen fragt, wie das zu bewerkstelligen wäre, schlagen sie möglicherweise neue Maßnahmen zur Wiederbelebung verfallender postindustrieller Städte oder eine Demokratisierung der Medien vor, um die Macht von Männern wie Rupert Murdoch zu brechen.

Oder sie regen die Gründung alternativer Basisbewegungen an, um jene Art von Gesellschaft und Wirtschaft, die wir uns wünschen, »von unten« aufzubauen.

Im V. Teil dieses Buchs werde ich mich mit diesen Ideen befassen. Aber der Ausgangspunkt jeder Strategie für den Widerstand muss eine Veränderung auf der Ebene des Selbst sein. Wir müssen das »vernetzte Individuum« umgestalten: Eine spontan durch Technologie und soziale Freiheit erzeugte Identität muss durch eine gezielt durch kollektives Handeln gestaltete Identität ersetzt werden. Die Arbeiterklasse des 19. Jahrhunderts identifizierte ihr gemeinsames Interesse und gestaltete auf dieser Grundlage ein gemeinsames Projekt. Genau das werden wir auch tun.

Als die Soziologen in den neunziger Jahren begannen, die Informationsnetzwerke zu studieren, fielen ihnen sofort die Auswirkungen dieser Netzwerke auf das menschliche Verhalten auf: Sie beseitigten die Grenzen zwischen verschiedenen Gruppen und ermöglichten es uns, mit einer Vielzahl unterschiedlicher Menschen zu interagieren; sie halfen Menschen dabei, schneller zwischen Projekten und Zielen zu wechseln, als sie es bisher gewohnt waren; und sie sorgten dafür, dass die Hierarchien flacher wurden, denn sie verkürzten die Distanz zwischen Entscheidungsfindung und Handeln. Die Leute mussten sich nicht länger einer bestehenden Gemeinschaft – der Gemeinde ihres Vorortes, dem Squashclub, der Kirchengemeinde, dem Büro – anpassen, sondern konnten Gemeinschaften aufbauen, die ihren Bedürfnissen entsprachen.[5]

Um zu studieren, wie die Netzwerktechnologie das »Selbst« begründet, genügt es nicht, einfach die Verhaltensweisen zu bestimmen, denn im 20. Jahrhundert waren die Psychologen unterschiedlicher Meinung darüber, wie die Identität entsteht. Wenn sie sich mit der Möglichkeit beschäftigten, dass Menschen »multiple« Identitäten besaßen, betrachteten die Psychologen diese Identitäten entweder als ungeordnet (wie im Fall der Schizophrenie) oder mehrschichtig (z. B. in Freuds Theorie von Bewusstsein und Unterbewusstsein). Noch in den neunziger Jahren wurde die multiple Identität in den Psychologielehrbüchern eher als Metapher für die Art und Weise verwendet, in der eine Person verschiedene Aspekte ihres Lebens in Angriff nimmt.[6]

Aber das Auftreten des vernetzten Verhaltens hat Psychiater, Soziologen und Neurowissenschaftler gezwungen, die Möglichkeit zu erwägen, dass ein greifbares »multiples« Selbst entsteht. Wenn Sie auf Ihrem Smartphone der Reihe nach die Anwendungen aufrufen und die Person beschreiben, die sich in diesen Anwendungen widerspiegelt, werden Sie möglicherweise überrascht sein, wie viele Identitäten Sie haben: Manche Leute führen in einer einzigen Messenger-App zwei oder drei parallele Leben.

Die Wissenschaftsjournalistin Margaret Wertheim spricht in diesem Zusammenhang vom »undichten Ich«.[7] Wenn wir online sind, erklärt Wertheim, wird unsere Identität »fast *flüssig*, sickert die ganze Zeit rundherum aus und verbindet jeden von uns in einem riesigen Meer oder Netz von Beziehungen mit anderen undichten Ichs«.[8] Wenn Sie auf Facebook einen Witz teilen, auf Instagram die Hochzeitsfotos einer Freundin loben oder in einer WhatsApp-Gruppe über Ihr Liebesleben berichten, geschieht dies unter der Voraussetzung, dass andere Leute bereit sind, Teile ihrer Onlineidentität zu Ihrem Selbst beizutragen.

Und dann ist da noch die offizielle *Markenidentität*. Viele unter Vierzigjährige pflegen eine sorgfältig konstruierte Version ihres Selbstbildes, das auf die wichtigsten Lebensziele ausgerichtet ist: Sie wollen einen Partner und einen Job finden. Selbst wenn sie nicht wirklich daran glauben, konstruieren sie diese öffentliche Person bewusst, indem sie sich Stereotype und Verhaltensmuster, Aussehen, Launen und Obsessionen anderer Personen aneignen.

Wertheim erklärt, dass wir, sobald wir begonnen hatten, unsere Gedanken und Interaktionen über vernetzte Maschinen zu externalisieren, konkreter als zu jeder anderen Zeit seit dem Mittelalter eine vom Körper gelöste Seele zu spüren begannen. Wenn mein Körper am Computer sitzt, mein Verstand jedoch gemeinsam mit zweihundert anderen körperlosen Identitäten in dem Multiplayer-Spiel The Elder Scrolls Online eine Festung belagert: Was von beiden fühlt sich dann realer, gegenwärtiger und lebendiger an?

Heute sind die multiple Identität, die »undichte« Identität, die Markenidentität und die körperlose Identität allesamt vertraute »Zustände« von Menschen, die sich in Netzwerken bewegen. Aber inwiefern unterscheidet sich das vom Leben unserer Großeltern?

In den vergangenen dreißig Jahren hat die soziale Kognitionstheorie ein Modell entwickelt, das zeigt, wie die Netzwerke unser Selbstverständnis verändert haben. Forscher im Bereich der sozialen Kognitionstheorie gehen davon aus, dass unsere Identitäten Ansammlungen von Erinnerungen sind, die mit spezifischen Umgebungen verknüpft sind, die bestimmte Verhaltensweisen auslösen: Wenn ich ins Fitnesscenter gehe, weiß ich, wie sich Besucher des Fitnesscenters zu verhalten haben: Ich zeige mein Fitnesscenter-Verhalten. Im Büro zeige ich eine andere Identität, andere Erinnerungen, andere Routineabläufe. Während ich mich abwechselnd am Arbeitsplatz, im Fitnesscenter, im Fußballstadion und im Kino aufhalte, bleiben diese unterschiedlichen Aspekte meiner Identität »aktiviert« und erzeugen das, was Allen McConnell, Psychologieprofessor an der Miami University, als »stabiles, aber variables Selbst« bezeichnet.[9]

Obwohl diese Theorie auf alle Menschen zu allen Zeiten anwendbar ist, ist sie für die gegenwärtige Situation besonders relevant, weil sie verdeutlicht, wie unsere physische Umgebung verschiedene Erinnerungen weckt. Sobald wir beginnen, verschiedene unablässig gegenwärtige Informationsgeräte zu verwenden, die uns umfassend in Anspruch nehmen, geben uns diese Geräte augenblicklichen Zugang zu sehr unterschiedlichen Mengen von intensiven Erinnerungen. Wenn Sie auf der Straße einen Fußgänger beobachten, der sich derart auf sein Smartphone konzentriert, dass er jederzeit mit anderen Menschen zusammenstoßen kann, dann werden Sie Zeuge nicht nur einer Verhaltensänderung, sondern der Wirkung neuartiger Stimuli zur Formung der individuellen Identität.

Psychologen, die sich mit dem frühen, an das Festnetz gebundenen Internet beschäftigten, beobachteten, dass es eine neue Dynamik schuf: Man konnte dort leicht anonym bleiben, die äußere Erscheinung spielte keine Rolle, es wurde einfacher, gleichgesinnte Menschen zu finden, und man konnte die Geschwindigkeit der Interaktion besser kontrollieren.[10] All diese Faktoren machten es einfach für uns, multiple Identitäten für uns zu erfinden und auszuleben.

Der Aufstieg des mobilen Internets hat die Dynamik erneut verändert. Auch auf dem Smartphone können wir uns anonym im Internet bewegen und auf dem Display zwei, drei oder mehr getrennte Identitäten zur Schau tragen. Aber für jene, die uns in der realen Welt umgeben, ist unübersehbar, dass wir mit unseren Gedanken woanders sind. Als sich Anfang des Jahrtausends die Praxis ausbreitete, sich mit multiplen privaten Projekten zu beschäftigen, während man sich in einer sozialen Situation befand, galt ein solches Verhalten noch als antisozial. Mittlerweile wird es in vielen Kulturen als normal akzeptiert.

Gleichzeitig hat sich die Geschwindigkeit der Kommunikation geändert, und wir empfinden die Erfahrungen auf unseren mobilen Geräten als sehr viel lohnender und faszinierender. Beispielsweise sind Bilder heute vermutlich wichtiger als zu jeder anderen Zeit seit der Erfindung des gedruckten Worts: Mittlerweile werden *jedes Jahr* mehr Fotos aufgenommen als im gesamten Zeitraum zwischen 1826 – dem Jahr, in dem das erste erhaltene Foto aufgenommen wurde – und 2000 auf sämtlichen analogen Kameras. Die Folge ist, dass das äußere Erscheinungsbild zur Währung auf dem Freundschaftsmarkt geworden ist, von Selfies bis hin zu sorgfältig gestalteten Aufnahmen vom heutigen Frühstück. Internet-Meme – statische oder bewegte Bilder – haben die volkstümlichen »Redensarten« ersetzt, die in vorwiegend auf der mündlichen Kommunikation beruhenden Kulturen zum Gedankenaustausch verwendet wurden.

Aber während die Interaktion intensiv ist, müssen wir uns wegen des augenblicklichen Zugangs zu verifizierter Information kaum noch etwas einprägen. Mittlerweile treten viele Leute eine Reise im Auto an, ohne die Adresse des Bestimmungsorts oder die Fahrtroute zu kennen. Und die Bauernweisheiten, die noch vor zwanzig Jahren herangezogen wurden, um das Wetter vorauszusagen, sind durch viertelstündlich aktualisierte Radarbilder von nahenden Niederschlägen ersetzt worden.

Das hat zur Folge, dass die mobile vernetzte Kommunikation eine größere Zahl getrennter »Wirklichkeiten« erzeugt als die analoge Welt, wobei die Inputs stärker und emotionaler werden. Sie begünstigen eine »ungebildete« Kommunikation, die sich nicht auf das geschriebene Wort, auf Begriffe und eine anstrengende bewusste Auseinandersetzung mit Subtexten und Folgerungen, sondern auf Bilder stützt, und sie fördert den Rückgriff auf im Netz gespeichertes Wissen anstelle des Einsatzes von Gedächtnis und Sachkenntnis.

Das bedeutet jedoch nicht, dass die wesentliche Identität in ungezählte Fragmente zerbricht, wie Foucault anfangs glaubte. Es bedeutet auch nicht, dass wir nur noch halbautomatische Reaktionen auf äußere Reize zeigen, wie Floridi behauptet. Vielmehr bedeutet es, dass der Regulierungsmechanismus für alle unsere Identitäten – das »wirkliche Selbst« – bewusst erhalten und genutzt werden muss und dass dies vermutlich schwieriger wird, weshalb wir anfälliger für die Steuerung durch Algorithmen werden dürften.

Ausgehend von den Erkenntnissen der sozialen Kognitionstheorie über die Identitätsentstehung können wir sämtliche Phänomene verstehen, die der Posthumanismus zu beschreiben versucht – das fragmentarische Selbst, die Macht der äußeren Reize –, ohne den grundlegenden Begriff von der menschlichen Natur aufgeben zu müssen. Gleichzeitig haben wir es jedoch mit einer veränderten menschlichen Natur zu tun.

In der Generation meines Vaters war man dazu verpflichtet, am Arbeitsplatz, im Pub und auf der Tribüne des Fußballstadions dieselbe Person zu sein. Wollte man diese Regel brechen – wozu viele nicht bekennende Homosexuelle gezwungen waren –, so konnte man dies nur insgeheim tun und wurde bei Entdeckung ausgegrenzt. Im Dialekt von Lancashire gab es dafür das Wort *fauce*, das nicht nur *false*, »falsch«, sondern auch »gerissen, geschickt« bedeutet. Wenn man die angelsächsische Herkunft des Wortes zurückverfolgt, stellt man fest, dass *fauce* die Wurzel für Worte ist, die alle möglichen sozialen Regelverstöße beschreiben, darunter Lügen, Stehlen und sogar Flüstern.[11] Als Kind hörte ich, wie Politiker, Homosexuelle, Prominente und Diebe als *fauce* bezeichnet wurden, das heißt Angehörige von Gruppen, die in dem Ruf standen, der Welt zwei (oder mehr) Gesichter zu zeigen.

Nun haben wir das Tabu der Falschheit mittels der Netzwerktechnologie innerhalb von zwei Jahrzehnten überwunden. Das hat jedoch auch einen Nachteil. Der Psychiater Carl Gustav Jung betrachtete das unbewusste Selbst als »wahres« Selbst: Ein Patient konnte nur in vielen Stunden mühsamer Therapiearbeit eine Beziehung dazu herstellen. Wenn wir das Postulat der sozialen Kognitionstheorie akzeptieren, dass es eine Kernidentität, ein »stabiles, aber variables Selbst« gibt, so stehen wir vor einer neuen Realität: Bevor wir eine bewusste Beziehung zu unserer Kernidentität herstellen und beginnen können, sie nach unserem Willen zu gestalten, haben die Unternehmen und Netzwerke, mit denen wir interagieren, bereits alles herausgefunden, was es über diese Identität zu wissen gibt, und können sie steuern.

Wir breiten unser persönliches Leben in den sozialen Medien aus, und in den geschlossenen Messaging-Netzwerken geben wir sogar noch persönlichere Informationen preis. Wir verwenden E-Mail-Systeme, die es unseren Arbeitgebern und den Technologieriesen ermöglichen, jedes Wort, das wir schreiben, zu speichern und auszuwerten. Wir verwenden Sportuhren, die jede unserer Bewegungen und jeden Herzschlag aufzeichnen. Und über zwei Milliarden Menschen auf dem Planeten verwenden Facebook, womit sie für jeden, der bereit ist, eine kleine Gebühr dafür zu zahlen, Ziele für präzise auf ihre Person zugeschnittene Werbung oder Inhalte werden.

Das »Selbst«, das wir aktivieren, wenn wir wichtige Entscheidungen fällen, wenn wir wütend werden oder wählen gehen, kann heute in sehr viel größerem Ausmaß als noch vor einer Generation von Unternehmen manipuliert und von Staaten analysiert werden.

In einer friedlichen Welt könnten wir sagen: Ja und? Aber das vernetzte Selbst existiert in einem realen wirtschaftlichen und geopolitischen System, und dieses System steckt in einer Krise. Bei der ersten sich bietenden Gelegenheit verkauften die Unternehmen, die Besitzer der Identitätsdaten von Millionen Amerikanern waren, dieses Material an die russische Regierung, die sie in den vergangenen fünf Jahren verwendet hat, um jede wichtige Wahl zu manipulieren. Das von Trumps Verbündetem Robert Mercer gegründete Unternehmen Cambridge Analytica besitzt mehr Daten über die amerikanischen Wähler, als diese selbst bewusst nutzen können.

Die Folge ist, dass sich die Identität jedes vernetzten Menschen in ein gesellschaftliches Schlachtfeld verwandelt hat. Das wiederum erklärt, warum sich autoritäre Regierungen und rechtsextreme Bewegungen auf den Informationskrieg in den Köpfen der vernetzten Individuen konzentrieren.

Mitte des Jahres 2013 begannen die Eliten, drei Strategien für den Kampf gegen die vernetzten Protestbewegungen zu entwickeln. Dies waren Zensur, von der Elite kontrollierte Informationsblasen sowie eine Flut von Falschmeldungen. Nur die letzte Strategie funktionierte richtig, und der Grund dafür liegt auf der Hand: Nur diese Strategie war geeignet, die Macht des Netzwerks gegen das Netzwerk einzusetzen.

Im Mai und Juni 2013 wurde ich Zeuge, wie die säkulare Hälfte der türkischen Gesellschaft im Gezi-Park in Istanbul eine alternative Gesellschaft errichtete. Tausende Menschen nahmen am Kampf auf den Barrikaden teil, es fanden unentwegt Massenversammlungen statt, und normalerweise verfeindete Gruppen von Fußball-Ultras tauschten in einer symbolischen Verbrüderungsgeste Trikots ihrer Lieblingsmannschaften aus. Aber der eigentliche Massencharakter der Gezi-Bewegung zeigte sich in der Partizipation abseits der Protestkundgebungen: Am Nachmittag tauchten Tausende Schulkinder auf dem Platz auf, um dort gemeinsam die Hausaufgaben zu machen. Wohlmeinende Bürger türmten Berge von Lebensmitteln, Wasserflaschen, Medikamenten und Zigaretten auf, und Kinder verteilten die Spenden im Park.

In jenem Sommer in der Türkei sah ich eine neue und komplexe Form der Zensur, die mittlerweile zur Normalität geworden ist: Das Staatsfernsehen weigerte sich, über die Demonstrationen zu berichten, und zeigte stattdessen auf einem Kanal, der eigentlich rund um die Uhr Nachrichten senden sollte, einen zweistündigen Dokumentarfilm über Pinguine. In der Zwischenzeit erzählten die regierungsnahen Boulevardblätter ihren Lesern, die Kundgebungen würden von Terroristen organisiert oder die Demonstranten hätten Bier in eine Moschee gebracht. Es war der übliche Schmutz, den autoritäre Regime verbreiten, der in einem Kaffeehaus in Istanbul lächerlich wirken mag, in den von Imamen gelenkten, patriarchalischen Kleinstädten Anatoliens, wo die herrschende AKP ihre Wählerbasis hat, jedoch plausibel klang. Auf die ausländische Berichterstattung antwortete eine Armee von Twitter-Trollen mit verschleierten Drohungen und Verleumdungen.

Nachdem die Protestbewegung niedergeschlagen war, ging Erdoğans Regierung zu einer aggressiveren Zensur über. Als im Jahr 2014 auf Twitter Informationen über Erdoğans Verwicklung in einen Korruptionsskandal durchsickerten, sperrte er den Mikroblogging-Dienst für zwei Wochen. Es folgten wiederholte willkürliche Sperrungen von Twitter, Facebook und YouTube. Mehr als 40 000 Internetseiten wurden abgeschaltet, und ein neues Gesetz gab der Polizei uneingeschränkte Befugnisse zur Überwachung von Internetnutzern. Die Regierung gab eine Liste mit 318 verbotenen Worten heraus, was zur Folge hatte, dass alle Websites, auf denen sich die Worte »heiß«, »vertraulich« oder »frei« fanden, für illegal erklärt wurden.

Dann ging Erdoğan dazu über, bestimmte Regionen des Landes mittels eines »Notausschaltungsgesetzes«, das es der Regierung erlaubte, das gesamte Internet in Kriegszeiten oder bei Unruhen stillzulegen, gegen missliebige Information abzuschirmen.

Nach einem fehlgeschlagenen Putschversuch im Jahr 2016 ordnete Erdoğan die Verhaftung Hunderter Journalisten an. Wikipedia wurde verboten, Oppositionszeitungen geschlossen oder von der Regierung übernommen. Die Türkei verbot auch Virtual Private Networks, die von Internetaktivisten für die sichere Kommunikation genutzt werden, und im Jahr darauf wurden sechs Menschenrechtsaktivisten verhaftet, die das Verbrechen begangen hatten, an einem Seminar für Verschlüsselung und Informationssicherheit teilzunehmen.[12]

Die Unterdrückung der Freiheit des Internets hat die Proteste und die türkische Opposition nicht gestoppt, aber sie hat anderen nominell demokratischen Ländern ein Muster für eine Eskalation der Zensur geliefert. Im kommenden Jahrzehnt werden wir im Kampf gegen die autoritäre nationalistische Rechte regelmäßig mit den oben beschriebenen Maßnahmen konfrontiert werden.

Die zweite Manipulationsmethode von Eliten und rechten Basisbewegungen besteht in der Erzeugung einer Filterblase, die mit Hassbotschaften und Bösartigkeit gefüllt wird. Ein gutes Beispiel sind die Geschehnisse in Israel während des Gazakriegs im Jahr 2014. Auch in diesem Fall spielten die Massenmedien eine tragende Rolle: Indem sie negative Vorgänge ignorierten und über jene, die sie behandelten, mit unverhohlener Voreingenommenheit berichteten, lieferten die regierungstreuen israelischen Medien das Rohmaterial für das engstirnige Denken der rassistischen Rechten.

Aber die sozialen Medien verstärkten die Wirkung erheblich. Grafische Darstellungen der Informationsflüsse in der Berichterstattung über einzelne Ereignisse – wie den Beschuss einer vom Hilfswerk der Vereinten Nationen für Palästina-Flüchtlinge im Nahen Osten betriebenen Schule im Flüchtlingslager Dschabalija – offenbaren die Existenz fast vollkommen getrennter Sphären der Information. Die Israelis zeichneten füreinander ein Bild von der Realität, während die Palästinenser und große Teile der globalen Medien einen vollkommen anderen Eindruck gewannen. Die einflussreichsten Twitter-Nutzer, die für die Verbreitung der tatsächlichen Wahrheit zuständig waren, waren die BBC, Channel 4 (für diesen Sender berichtete ich aus Gaza), Journalisten wie Glenn Greenwald und die propalästinensischen alternativen Medien.[13]

Wer in die Social-Media-Blase der jungen israelischen Rechten eintauchte, fand sich in einer Welt des plumpen Rassismus und der Genozidfantasien wieder. Hunderte Personen posierten anonym mit rassistischen Slogans, die sie auf Plakate oder ihren Körper geschmiert hatten, und riefen zur Rache an den Arabern auf. Aktive Soldaten posteten Fotos von sich mit Gewehr und stießen rassistische Drohungen gegen Zivilisten aus. Junge Frauen posteten Selfies mit Kommentaren wie »Ich wünsche mir von ganzem Herzen, dass die Araber in Brand gesetzt werden« oder »Tötet die arabischen Kinder, damit es keine nächste Generation gibt«.[14]

Diese Geisteshaltung wurde von Politikern und religiösen Führern unterstützt, aber es war eine Onlinebasisbewegung, die sich für eine ethnische Säuberung einsetzte – und rasch die Straßen eroberte, wo auf Kundgebungen »Tod den Arabern« gerufen wurde, während die Angriffe auf arabische Häuser und auf linke Kriegsgegner einen Höhepunkt erreichten.

Natürlich hat es rechtsextremen Rassismus schon früher gegeben, aber in den sozialen Netzwerken nimmt er einen neuen Charakter an. Erstens entsteht ein separater Raum für eine selbstverstärkende Geisteshaltung, ein Raum, in dem Hass und Bosheit für Millionen Menschen zur Normalität werden. Zweitens isoliert die Blase die irrationalen Gedanken und die Aufrufe zu rechtswidrigem Verhalten von jeglicher Kritik, sei es seitens politischer Gegner oder unabhängiger Medien und Menschenrechtsgruppen.

Der israelische Fall ist ein extremes Beispiel, aber wie in den Vereinigten Staaten fand das Wachstum einer hermetischen rechtsextremen Internetblase auch in diesem Fall in einem nominell demokratischen Land statt. Aber die Blase ist für die Rechte nur von begrenztem Nutzen: Sie mag Menschen davon abhalten, mit den Meinungen Andersdenkender in Kontakt zu kommen, aber sie kann diese Meinungen nicht gänzlich beseitigen. Sie gewinnt alleine keine Wahlen, und sie ist nicht geeignet, das linke und progressive Denken in eine parallele Blase zu zwingen.

Um die Macht zu erringen, brauchte das moderne Bündnis von »Elite und Mob« eine Methode, um die Macht des gesamten Netzwerks zu nutzen. In Trumps Wahlkampf lieferten Facebook, Google und Twitter die Mittel: die Auswertung der Nutzerdaten und die Entwicklung von Algorithmen, die es erlaubten, den Nutzern auf ihre Neigungen abgestimmte Inhalte anzubieten. Die Inhalte wurden teils von der echten alternativen Rechten und teils von falschen Gruppen und Personen geliefert, hinter denen sich der russische Geheimdienst verbarg. Die Auswahlmethode lieferte Cambridge Analytica: »Wir erledigten die ganze Forschung, die Datensammlung, die Analyse, die Auswahl der Zielpersonen – wir waren verantwortlich für die gesamte digitale Kampagne und für die Fernsehkampagne, und die Strategie beruhte zur Gänze auf unseren Daten«, erklärte der damalige Chef des Unternehmens Alexander Nix im Jahr 2018 im Gespräch mit verdeckt recherchierenden Journalisten.[15]

Es bedarf keiner geheimen Absprachen und schon gar keiner Verschwörung, damit die einander überschneidenden rechtsextremen Netzwerke
für Gedankenkontrolle ihre Fähigkeiten miteinander teilen können. Cambridge Analytica erklärt seine Tätigkeit so: »Wir sammeln bis zu 5000 Datenpunkte für mehr als 220 Millionen Amerikaner und erstellen anhand
von mehr als 100 Datenvariablen Modelle der Zielgruppen, um das Verhalten gleichgesinnter Personen vorauszusagen.«[16] Die Marketingagenturen
versuchen das seit Jahrzehnten, das ununterbrochen aktive Netzwerk erleichtert ihnen nun sowohl die Vorhersage als auch die Beeinflussung des Verhaltens erheblich. Zu den 5000 erfassten Datenpunkten können die regel-
mäßigen Aufenthaltsorte einer Person (bestimmt anhand von GPS-Daten
oder Logins in drahtlose Netzwerke), der Inhalt ihres durchschnittlichen
Einkaufswagens, ihre engen Freunde, ihre politischen Ansichten oder ihre
Vorlieben bei Pornografie sein. Als es Cambridge Analytica gelungen war,
diese Merkmale mit den Wählerdaten zu verknüpfen, konnte Trumps Wahlkampforganisation die von Facebook, Twitter und Google entwickelten Algorithmen verwenden, um Wähler mit zielgerichteten Werbebotschaften zu
beeinflussen.

Jedermann kann eine gezielte Werbebotschaft auf Facebook kaufen: Das
ist der freie Markt. Trump investierte 150 Millionen Dollar in Onlinewer-
bung. Im Gegenzug stellte Facebook Mitarbeiter ab, die Trumps Wahlkampfstab beibrachten, die Technologie einzusetzen. Die Kommunika-
tionswissenschaftler Daniel Kreiss und Shannon McGregor stellten in einer
Studie aus dem Jahr 2017 fest, dass Google und Twitter ähnlich parteiliche
Dienste anboten: »Repräsentanten dieser Firmen fungieren als quasidigitale
Wahlkampfberater, gestalten digitale Strategien und Inhalte und helfen bei
der Umsetzung.« Das hat nichts mit dem freien Markt zu tun: Hier haben
wir es mit geheimen Absprachen zwischen Unternehmen und einer Wahlkampforganisation zu tun, die auf der Stigmatisierung von Schwarzen, Migranten, Behinderten und den Medien beruht.[17]

Teilweise bestand das Ziel offenkundig darin, ganze Gruppen vom Wählen abzuhalten: Facebook half Trump, in die Newsfeeds wahrscheinlicher
Clinton-Wähler Inhalte zu stellen, die geeignet waren, sie am Wahltag dazu
zu bewegen, zuhause zu bleiben. Beispielsweise entwarfen Mitarbeiter des
Unternehmens einen Zeichentrickfilm im Stil von *South Park*, in dem Hillary Clinton ihre berüchtigten Worte über schwarze und hispanoamerikani-

sche Bandenmitglieder sagte, die sie im Jahr 1996 als *superpredators*, als kriminelle Superraubtiere, bezeichnet hatte. Clinton hatte sich längst für diese Entgleisung entschuldigt, aber jetzt platzierten Trumps Mitarbeiter den Film als »Dark Post« – der ausschließlich für die schwarzen Wähler sichtbar war, in deren Chronik er auftauchte. Die Schlagzeile lautete: »Hillary hält Afroamerikaner für Raubtiere.« Ein Mitarbeiter des Trump-Wahlkampfteams verriet Journalisten des Medienunternehmens Bloomberg: »Wir haben das mit Modellen durchgespielt und wissen: Es wird sehr schwer für sie [Clinton], diese Leute zum Urnengang zu bewegen.«[18]

Facebook, Cambridge Analytica und andere Social-Media-Riesen sind mittlerweile Gegenstand behördlicher Untersuchungen. Grund für die Empörung über diese Unternehmen ist neben der gezielten Wahlwerbung die Tatsache, dass Russland Facebooks Wahlwerbungsgeschäft heimlich nutzte, um die Präsidentenwahl zu manipulieren. Rund zehn Prozent der 228 Wahlkampfgruppen, die in umkämpften Swing States Facebook-Werbung zu umstrittenen Themen kauften, konnten zu einer verdeckten russischen Propagandabehörde zurückverfolgt werden.[19]

Dieser dritte Eingriff zur Gedankenmanipulation – der Einsatz von Algorithmen zur Vorhersage und Beeinflussung des Wählerverhaltens – vervollständigt das Repertoire an Kontroll- und Repressionsmethoden, welche die politische Rechte in Reaktion auf die vernetzten Erhebungen des Jahres 2011 entwickelte. Nichts von alledem wäre ohne eine Regulierungseingriffen abgeneigte Kultur und jene massive Informationsasymmetrie möglich gewesen, die entsteht, wenn Monopolisten wie Facebook einen ganzen Sektor beherrschen.

Angesichts zunehmender gesellschaftlicher Konflikte muss sich die progressive Mehrheit in den hochentwickelten Ländern folgende Frage stellen: Ist es möglich, dass wir nicht nur durch Zensur, Internetsperren und Verhaftungen, sondern auch durch den Sieg der rechten Logik im Netz selbst besiegt werden?

Die ersten Indizien sind nicht ermutigend. Die drei beschriebenen autoritären Strategien wurden rasch und gezielt entwickelt. Die Reaktion der Protestgruppen ließ sehr viel länger auf sich warten. Die übliche Vorgehensweise einer linken Partei oder Protestgruppe besteht darin, ihre Anhänger mit Hilfe von Netzwerken zu mobilisieren, sich dabei jedoch auf alte, hierarchisch aufgebaute Institutionen wie das Democratic National Committee in den USA, die Labour Party in Großbritannien oder Syriza in Griechenland zu stützen, um auf die herkömmliche, analoge Art politische Macht zu erringen.

Angesichts der digitalen Verhaltensmanipulation genügt das nicht mehr. Wir brauchen darüber hinaus einen Rahmen, der es uns ermöglicht, uns unser vernetztes »Selbst« anzueignen und seiner Manipulation entgegenzuwirken. Und wir müssen für ein allgemeines Informationssystem kämpfen, in dem die konkurrierenden Behauptungen der politischen Kräfte objektiv beurteilt und Lügen öffentlich als Lügen entlarvt werden können.

Kein Ausdruck beschreibt die Furcht der Rechtspopulisten vor der Freiheit treffender als das Wort *snowflake* (Schneeflocke). Es hat eine lange und wechselhafte Geschichte als Beleidigung, aber die gegenwärtige Bedeutung des Worts hat ihren Ursprung in dem Roman *Fight Club* von Chuck Palahniuk aus dem Jahr 1996 bzw. dem gleichnamigen Film, der drei Jahre später in die Kinos kam. Ein Haufen entfremdeter Schlägertypen plant, den Konsumkapitalismus in die Luft zu sprengen. Im Film lässt ihr Anführer Tyler Durden sie wissen: »Hört mir zu, Maden: Ihr seid nichts Besonderes. Ihr seid keine wunderschönen, einzigartigen Schneeflocken. Ihr seid genau so verweste Biomasse wie alles andere. Wir sind der singende, tanzende Abschaum der Welt. Wir sind allesamt Teil desselben Komposthaufens.«[20]

Diese Aussage war als Kritik an toxischer Männlichkeit gedacht, aber in den Jahren, als dieses Phänomen anscheinend auf dem Rückzug war, verwandelte sich *Fight Club* in einen Kultfilm der alternativen Rechten.

So eigneten sich Konservative, die im Jahr 2016 sowohl Trump als auch den Brexit unterstützten, den Begriff *snowflake* an. Er wurde zum Synonym für die Abneigung der Millennials gegen eine rassistische und sexistische Sprache, für die Forderung nach »sicheren Räumen« an den Universitäten und nach »Triggerwarnungen« über potenziell verstörende Inhalte, um Hasstiraden von Rassisten, Homophoben und Frauenfeinden zu unterbinden. Zudem wurde der Subtext – Schneeflocken schmelzen schnell – eingesetzt, um jene, die solche Forderungen erhoben, als Schwächlinge darzustellen.

In Wahrheit sind Schneeflocken schön. Es ist ein Mythos, dass jede Flocke einzigartig und ein vollkommenes Sechseck ist, aber diese Gebilde sind in der Tat sehr vielgestaltig und nehmen unter stabilen Bedingungen eine symmetrische Form mit sechs Spitzen an. Tatsächlich besteht eine der faszinierendsten Eigenschaften der Schneeflocke darin, dass sie den magischen Materialismus und die antiwissenschaftlichen Argumente widerlegt. Ihre Struktur kann zur Gänze mit der inneren Struktur des Wassermoleküls und mit den jahrhundertealten wissenschaftlichen Erkenntnissen über Wärmeströme erklärt werden.

Wenn Sie die Behauptung satthaben, die physische Welt existiere in Wahrheit nicht, könne nicht gedanklich erfasst werden, werde lediglich »vom Bewusstsein erzeugt« oder sei »unterschiedlich, je nachdem, ob sie von einem Frosch oder einem Menschen betrachtet wird«, dann können Sie sich glücklich schätzen, wenn es draußen schneit: Kein Frosch, kein widerspenstiges Bewusstsein und kein idealistischer Philosoph hat jemals eine Schneeflocke betrachtet und sieben Spitzen gesehen. Die Schneeflocke ist mathematisch stabil, weil es die Wirklichkeit gibt und weil die Wissenschaft und das rationale Denken in der Lage sind, ihre Gesetze zu beschreiben und Kants These zu widerlegen, es gebe ein für die Erkenntnis unzugängliches »Ding an sich«.

Wenn wir uns erneut das Zitat aus *Fight Club* ansehen, wird uns noch etwas anderes klar: Die toxischen Männer in diesem Film sind vollkommene Antihumanisten. Der Mensch, erklärt Durden, ist »verweste Biomasse«. Es gibt demnach nichts, was uns als Individuen oder als Spezies von Scheiße unterscheidet. Das bedeutet, dass die Beleidigung *snowflake* von Anfang an mit dem Gedanken verknüpft ist, auf dem der Posthumanismus und der neue magische Materialismus beruhen: Wir unterscheiden uns nicht von Pflanzen, Tieren, Steinen oder Fäkalien.

Ein weiteres bemerkenswertes Merkmal der Schneeflocken ist, dass sie tanzen: Wenn sie in kalter und trockener Luft vom Wind erfasst werden, trudeln sie durch die Luft. Als der Komponist Claude Debussy seine Kindheiterserinnerungen zum Thema einer Klaviersuite machen wollte, stellte er in einem Klangbild tanzende Schneeflocken dar.

Aus all diesen Gründen eigne ich mir die Bezeichnung *snowflake* gerne an, so wie sich die Homosexuellenaktivisten den Begriff *queer* (im Sinn von »wunderlich«, »ausgefallen«) angeeignet haben. Ich freue mich über meine Einzigartigkeit und die Einzigartigkeit anderer Menschen. Ich freue mich über den Unterschied zwischen einem menschlichen Wesen wie Debussy, der »Gang durch den Schnee« komponieren konnte, und einem Haufen organischer Materie, die das nicht kann.

Überlassen wir den Rechtsextremen mit ihrem Konformismus, ihrem Antihumanismus und ihrer Besessenheit von biologischen Hierarchien den Misthaufen. Mit dem Schimpfwort *snowflake* haben sie uns unabsichtlich ein Etikett angeheftet, das sehr viel poetischer ist als das des »vernetzten Individuums« und das die von der technologischen Revolution ermöglichte Revolution der menschlichen Identität beschreibt. Lassen wir ihnen ihre Kekistan-Flaggen, ihre Hakenkreuze, ihre germanischen Runen und den übrigen aus der »Chaosmagie« entliehenen mystischen Unfug.

Müsste ich eine Flagge für die Bewegung gestalten, die sie besiegen wird, so würde sie eine Schneeflocke zeigen – allerdings müsste die Flocke auf jeder einzelnen Flagge zufällig generiert werden und einzigartig sein.

Die Angehörigen der Generation der Millennials werden oft für ihre Identitätspolitik, ihre Empfindlichkeit, ihre Lösung von den großen Narrativen und ihre Fixierung auf die Verteidigung und Pflege ihres kleinen persönlichen Raums kritisiert. Aber diese Eigenschaften können eine Quelle der Stärke sein. Wenn sich die vernetzte Generation für den Kampf entscheidet, wird die Entschlossenheit, von der individuellen Identität auszugehen und diese Identität zu verteidigen, ihrem Widerstand einen harten, granularen, unbezwingbaren Charakter verleihen.

Das vernetzte Individuum mag unterdrückt, bedrängt und von den Umständen niedergedrückt werden. Aber sein von der Technologie zugleich befreites und manipuliertes Leben trägt die Saat eines Projekts der menschlichen Freiheit in sich, das auf der Überwindung der von Marx beschriebenen Entfremdung beruht. Das Proletariat des 19. und 20. Jahrhunderts war trotz seiner heroischen Selbstaufopferung stets dazu bestimmt, ein blinder Akteur der Veränderung zu sein. Die Erhebung der Schneeflocken hingegen wird eine Erhebung von Menschen sein, die sich mit offenen Augen durch die Welt bewegen.

Aber damit sich das vernetzte Individuum erheben kann, muss es zuerst einen ähnlichen Prozess wie die Arbeiterklasse vor zweihundert Jahren durchlaufen: Es muss seine Fixierung auf das atomisierte Überleben überwinden und erkennen, dass wir ähnliche Interessen und eine gemeinsame Mission haben.

Der Arbeiterklasse gelang das, weil sie etwas entwickelte, das nach vier Jahrzehnten des Neoliberalismus schockierend altmodisch wirkt: eine Moral. Die Arbeiter, die sich Mitte der sechziger Jahre in Leigh zur Miners'

Gala versammelten, hatten im Laufe mehrerer Generationen einen klaren und allgemein verstandenen ethischen Kodex entwickelt, der in der Notwendigkeit von Entscheidungen wurzelte, die sich von denen unterschieden, die ihnen Manager, Polizisten und Politiker diktierten.

Wenn die heutige Generation ihr Recht auf ein ganzheitliches menschliches Leben, auf Redefreiheit und Freiheit von Überwachung und politischer Manipulation verteidigen will, muss sie begreifen, dass dies nicht länger in der privaten und persönlichen Welt möglich ist, denn überall auf dem Planeten sind organisierte Kräfte auf dem Vormarsch, die uns diese Freiheiten wegnehmen wollen.

Um den autoritären Nationalismus zu besiegen, müssen wir ihm die Unterstützung der Massen entziehen. Daher müssen wir neue Methoden der Organisation entwickeln. Wir müssen die politische Macht der Elite neutralisieren und ihre Manipulationsversuche mit neuen Formen des Widerstands unterbinden. Wir müssen ein Wirtschaftsmodell entwickeln, das den Neoliberalismus ersetzen kann, wir benötigen eine neue multilaterale Ordnung, welche die Globalisierung stabilisiert, sowie einen durchsetzbaren globalen Vertrag über die Verteidigung der persönlichen Freiheit.

Im letzten Teil dieses Buchs werde ich einige Schritte beschreiben, die wir unternehmen können, um dorthin zu gelangen. Aber zunächst müssen wir uns ansehen, was Marx dazu zu sagen hat. Das Projekt des radikalen Humanismus, das ich vorschlage, beruht auf seiner biologisch universalistischen Theorie der menschlichen Natur, die in Beziehung mit seinen übrigen Ideen gesetzt werden muss.

TEIL IV

MARX

Der Marxismus ist entweder eine Theorie der Befreiung oder er ist wertlos.

Raya Dunayevskaya[1]

DER LÖWENMENSCH

Wer Widerstand gegen die autoritäre Rechte leisten und für die Menschenrechte kämpfen will, der sollte sich daran gewöhnen, als Marxist bezeichnet zu werden. Als die Alt-Right im August 2017 zu ihrem Fackelzug durch Charlottesville aufbrach, stigmatisierte ihr Organisator Jason Kessler die ganze Stadt als marxistisch: »Diese Gemeinde ist in ihrer Gesamtheit linksextrem und hat die kulturmarxistischen Prinzipien übernommen, die in Universitätsstädten im ganzen Land verbreitet werden. Sie geben den Weißen die Schuld an allem.«[1]

Was ist der »Kulturmarxismus«? Wenn Sie einen Blick in die Medien werfen, die Trump unterstützen – von neofaschistischen Websites wie The Daily Stormer bis zu Fox News –, so bekommen Sie eine Verschwörungstheorie zu hören, der zufolge eine Gruppe linker europäischer Gelehrter, die als Frankfurter Schule bezeichnet werden, in den dreißiger Jahren einen »Kulturmarxismus« in die Vereinigten Staaten brachten, um den American Way of Life zu zerstören. Ihre Waffe war angeblich die »politische Korrektheit«. Die neuen Totengräber des Kapitalismus waren nicht die Arbeiter, sondern die Frauen, die Schwarzen und die Homosexuellen, heißt es in dieser Verschwörungstheorie.

Der Begriff erinnert an den Terminus »Kulturbolschewismus«, mit dem die Nationalsozialisten die moderne Kunst stigmatisierten, aber in seiner gegenwärtigen Form wurde er vom konservativen amerikanischen Intellektuellen William Lind eingeführt. Lind bezeichnete die politische Korrektheit als eine Form von totalitärer Ideologie, deren Zweck es sei, weiße Männer den Interessen von Homosexuellen, Schwarzen und Frauen zu unterwerfen. Linds Verwendung des Begriffs – er bezeichnet damit eine Verschwörung zur Untergrabung des Westens mittels linker Ideen – wird mittlerweile von Rechtskonservativen, Populisten und Rechtsextremen in den USA und in Europa verfochten.

Der norwegische Neonazi Anders Breivik kämpfte nach eigener Aussage gegen den Kulturmarxismus, als er im Jahr 2011 69 junge Sozialisten ermordete.[2] Breiviks »Manifest« enthält mehr als hundert Hinweise auf den Kulturmarxismus, und nicht weniger als 27 Seiten kopierte er direkt aus Linds Schriften.[3]

Im August 2017 erreichte die Offensive gegen den »Kulturmarxismus« das Weiße Haus. Der Präsidentenberater Rich Higgins legte dem Nationalen Sicherheitsrat ein offizielles Memo vor, in dem es hieß, Trumps Gegner seien in eine Schlacht gezogen, die »mit kulturmarxistischen Konzepten vorbereitet« worden sei.[4] In seinem verrückten Papier beschuldigte Higgins sogar die Vereinten Nationen und die Europäische Union, den Kulturmarxismus zu fördern. Higgins fiel schließlich gemeinsam mit Steve Bannon und anderen Bürgerkriegstreibern einer Säuberungswelle im Weißen Haus zum Opfer, aber der Kulturmarxismus ist nicht aus dem Diskurs der rassistischen und misogynen Rechten wegzudenken.

Auf einer Ebene ist das nichts weiter als Paranoia. Frauen verlangen keine Freiheit von sexueller Belästigung, weil sie Marx gelesen haben; die schwarze Bevölkerung Fergusons widersetzte sich der Besetzung ihrer Stadt durch Sondereinheiten der Polizei nicht in Marx' Namen; die säkulare Jugend Istanbuls berief sich bei den Kundgebungen im Jahr 2013 nicht auf die Autoren der Frankfurter Schule. Aber in gewisser Weise haben die konservativen Spinner und Nazis begriffen, wer ihr gefährlichster Feind wäre, sollte es ihn geben: eine linke Bewegung, die mit einer kohärenten, tief in der populären Kultur verwurzelten Kritik des Kapitalismus bewaffnet die Kämpfe um Rasse, Klasse, Geschlecht und Sexualität in einem einzigen Projekt zur Befreiung des Menschen verschmelzen würde.

Wäre es möglich, ein solches Projekt ohne Bezugnahme auf Marx zu beschreiben, so würde ich es tun. Niemand, der für soziale Gerechtigkeit kämpft, sollte das Stigma mit sich herumschleppen müssen, das Marx anhaftet, weil autoritäre Regime im 20. Jahrhundert in seinem Namen Verbrechen begingen oder weil die heutige chinesische Führung ihre Mischung von Buchhaltung und Konfuzianismus als Marxismus verkauft.

Aber die Auseinandersetzung mit Marx ist unumgänglich. So wie einige seiner Zeitgenossen – von Charles Darwin bis zu William Tecumseh Sherman – hat er derart großen Einfluss auf die Gegenwart, dass sein Programm nicht im System des westlichen Denkens »deinstalliert« werden kann. Vieles an Marx' Werk ist kritikwürdig. Aber seine zentrale Idee, nämlich die, dass die menschliche Spezies biologisch befähigt ist, sich mit Hilfe der technologischen Innovation zu befreien, muss die Grundlage für einen radikalen Humanismus des 21. Jahrhunderts sein.

Nachdem Marx sein Doktoratsstudium in Berlin abgeschlossen hatte, stürzte er sich Anfang der vierziger Jahre des 19. Jahrhunderts in die politische Auseinandersetzung zwischen den liberalen Republikanern und der konservativen preußischen Monarchie. Wegen seiner Verbindungen zu linken Gelehrten, die Zweifel an der Göttlichkeit Jesu Christi äußerten, blieb ihm eine Lehrtätigkeit verwehrt, weshalb er sich erst dem Journalismus zuwandte und in der Folge in Köln eine kurzlebige liberale Zeitung herausgab.

Er gehörte der gebildeten Mittelschicht an, fand jedoch seinen Platz in der Welt nicht: Er war ein Atheist, der sich einem von der Religion besessenen Staat unterwerfen musste. Er war ein Journalist, der hinnehmen musste, dass jedes seiner Worte von der Zensur einer reaktionären Monarchie geprüft wurde. Es lag nahe, dass sich dieser Mann für die Rebellion entscheiden würde.

Doch Marx passte sich so lange wie nur irgend möglich dem zentralen Dogma der deutschen Aufklärung an, mit der er aufgewachsen war: Die Philosophen leisteten gemeinsam mit den Naturwissenschaftlern die wichtigste Arbeit der Menschheit, indem sie alles hinterfragten und nur der Vernunft vertrauten. Indem er sich derart lange an den Debatten zwischen den philosophischen Aufklärern beteiligte, trug er sie in die Epoche der Streiks, der Fabrikarbeit und der Arbeiterparteien.

Marx trieb die philosophische Logik bis an ihre Grenzen und verschmolz die beiden Traditionen der Aufklärung miteinander: Materialismus und Idealismus. Von den Materialisten lernte er, dass die Welt real war, dass sie außerhalb der menschlichen Sinneserfahrungen existierte und dass der menschliche Verstand nicht von dieser Realität getrennt werden konnte, sondern ein Teil von ihr war. Von Hegel lernte er, den historischen Wandel als Produkt einer Häufung von Widersprüchen in scheinbar stabilen Systemen zu betrachten; diese Widersprüche führen Hegel zufolge irgendwann zwangsläufig zum Ausbruch großer Konflikte.

Von Hegels jüngeren Anhängern übernahm Marx den radikalen Atheismus. Indem man Gottes Existenz leugnet, entfernt man einen überflüssigen

Puzzlestein aus Philosophie und Wissenschaft. Niemand programmierte einen großen Weltencomputer, und niemanden drückte den Startknopf – geschweige denn, dass es eine göttliche Kraft gäbe, die versuchte, seine Ergebnisse in Echtzeit zu optimieren.

Obwohl er von linken Materialisten umgeben war, erkannte Marx, dass die idealistische philosophische Tradition, deren wichtigster Vertreter Hegel war, die einzige war, die ein Veränderungsmodell anzubieten hatte. Die Geschichte, erklärte Marx, sei das Produkt menschlicher Willens- und Vorstellungskraft. Obwohl sich der Mensch die Umstände nicht aussuchen könne, habe er eine Wahl.

Auf die Frage »Woher weiß ich, dass die Welt außerhalb meines Geistes existiert?« antwortete Hegel: Weil ich sie verändere, weil die Veränderung ein Rückkoppelungsmechanismus mit meiner Arbeit und meiner Vorstellungskraft ist, was belegt, dass ich imstande bin, die materielle Realität zu verändern und mir in meinem Geist ein zutreffendes Bild von ihr zu machen.

Marx fand in Hegels Werk vor allem eine Reihe detaillierter Begriffe zur Beschreibung von Veränderungsprozessen: Hegel erklärte, Veränderungen würden durch Konflikte, durch das plötzliche Auftreten innerer Widersprüche ausgelöst. Der äußere Anschein verdecke manchmal die grundlegende Dynamik unter der Oberfläche einer Gesellschaft – und es sei sinnlos, die Teile eines Systems isoliert zu untersuchen: Man müsse sich das System in seiner Gesamtheit ansehen. Diese Art des Denkens, die Hegel als Dialektik bezeichnete, war sehr gut geeignet, komplexe Zusammenhänge zu verstehen, obwohl sie (wie ich behaupten werde) spätere Generationen von Marxisten in einem geistigen Käfig gefangen hielt.

Irgendwann zwischen Mai und September 1843 hatte Marx drei neue Ideen.

Erstens gelangte er zu der Überzeugung, dass der Kampf gegen den religiösen Aberglauben nicht genüge: Man müsse sich darauf konzentrieren, die Gesellschaft zu verändern, die ihn hervorbringe, und verstehen, dass der Mensch dem Bedürfnis zur Erfindung von Göttern und zu ihrer Verehrung nicht widerstehen könne, solange seine wissenschaftlichen Kenntnisse lückenhaft seien.

Zweitens erklärte Marx, der Mensch könne nur befreit werden, indem man das Privateigentum abschaffe. Wenn ein Mensch etwas erzeuge, um es zu verkaufen, oder etwas von anderen Menschen Erzeugtes kaufe, verliere er die Bindung zu seiner menschlichsten Aktivität: der Arbeit.

Drittens bedeute die Beseitigung der Armut für sich genommen lediglich die Auslöschung von etwas: Die Menschen könnten alles Vermögen gemeinsam besitzen, aber weiterhin Gefangene der mit dem Eigentum verbundenen Vorstellungen sein; sie könnten weiterhin vom Erzeugnis getrennt sein, weiterhin – und das ist der entscheidende Punkt – unter Entfremdung leiden.

Mit diesen Gedanken beschäftigte sich Marx, als er in Paris eintraf, das mittlerweile die Heimat Tausender revolutionär gesinnter, autodidaktischer, radikal atheistischer Arbeiter war, von denen viele an der Errichtung kleiner experimenteller kommunistischer Gemeinschaften teilnahmen. Das, was Marx in der Zeit seiner ersten Begegnung mit der organisierten Arbeiterklasse schrieb, setzte die Idee frei, die noch heute den Neonazis, weißen Suprematisten und Katastrophenjunkies in Trumps Umgebung eine Heidenangst einjagt. Marx sagte: Der Kommunismus ist das Projekt der individuellen menschlichen Freiheit.

Auf die Frage nach dem wesentlichen Merkmal eines menschlichen Wesens antwortete Marx: Wir sollten nach einer Eigenschaft Ausschau halten, die Bestandteil sämtlicher vom Homo sapiens errichteten Gesellschaften ist. Und diese konstante Eigenschaft ist die Fähigkeit des Menschen, nach einem bewussten Plan und notwendigerweise sozial zu handeln.

Natürlich, erklärt Marx, arbeiten auch Bienen und Biber sozial und spezialisieren sich auf verschiedene Tätigkeiten. Seit der Veröffentlichung von Marx' Vorstellungen haben wir dank der Erkenntnisse der biologischen Forschung verstanden, dass nicht nur Tiere, sondern auch Pflanzen zur Spezialisierung fähig sind und in komplexen Ökosystemen leben, deren Abläufe Ähnlichkeit mit einer »Arbeitsteilung« haben. Der Mensch unterscheidet sich von Tieren und Pflanzen dadurch, dass er einen Schritt zurücktreten und fragen kann: Sollte ich etwas anderes tun? Marx schreibt: »Das Tier ist unmittelbar eins mit seiner Lebenstätigkeit. [...] Der Mensch macht seine Lebenstätigkeit selbst zum Gegenstand seines Wollens und seines Bewußtseins. Er hat bewußte Lebenstätigkeit.«[5]

Aber da die menschliche Produktion zutiefst sozial ist und, soweit wir wissen, stets gewesen ist, haben diese biologisch angelegten Fähigkeiten zu rationalem, abstraktem Denken und zur Fantasie auch eine intrinsisch soziale Dimension. Anders als alle anderen Denker, die sich mit der menschlichen Natur beschäftigt haben, rückt Marx die Arbeit in den Mittelpunkt des Menschseins.

Die Implikationen dieser Erkenntnis möchte ich anhand des ältesten bisher bekannten Kulturgegenstands veranschaulichen: des Löwenmenschen vom Hohlenstein-Stadel. Diese vor etwa 40000 Jahren angefertigte Figur wurde im Jahr 1939 in einer Höhle in Süddeutschland gefunden. Sie ist aus einem Mammutstoßzahn geschnitten und stellt einen Menschen dar, der den Kopf und die Mähne eines Löwen hat. Im Jahr 2009 wurden neue Fragmente untersucht, die darauf hindeuten, dass es sich um eine weibliche Figur handelt, aber bisher wird sie als männlich eingestuft.[6]

Der Löwenmensch ist offenkundig ein Produkt des abstrakten, rationalen, fantasievollen, sozialen Denkens.[7] Die Figur ist ein Beweis dafür, dass der Mensch von Anfang an für andere Menschen Dinge erzeugte, und zwar nicht nur Dinge des täglichen Bedarfs. Heutige Bildhauer schätzen, dass es etwa vierhundert Stunden dauerte, den Löwenmenschen mit Steinwerkzeugen zu schnitzen – vierhundert Stunden, die der oder die Künstler mit dem Jagen und Sammeln hätte(n) verbringen können. Die abgeschliffenen Stellen, die belegen, dass die Figur durch zahlreiche menschliche Hände ging, deuten darauf hin, dass es sich vermutlich um einen rituellen Gegenstand handelte, der von einer Gruppe verwendet wurde.[8]

Diese dem Menschen angeborene Neigung, Dinge für andere Menschen zu erzeugen – für Menschen, denen er möglicherweise nie begegnet ist oder die vielleicht noch nicht geboren sind –, betrachtet Marx als einzigartige Eigenschaft unserer Spezies. Sie macht uns zum »Gattungswesen«. Aber diese Eigenschaft hat auch einen Nachteil.

Um zu verstehen, worin dieses Manko besteht, müssen wir uns den Löwenmenschen näher ansehen. Es ist eine wunderbare Skulptur: Sie schaut den Betrachter direkt an und strahlt jene Art von elementarer Energie aus, die ein Fußballspieler oder eine Balletttänzerin besitzen sollte. Wir wissen nicht, was der oder die Künstler über den Löwenmenschen dachte(n), aber die Ergebnisse der Forscher, die sich mit den überlebenden Jäger- und Sammlergemeinschaften beschäftigen, deuten auf eine Reihe von wahrscheinlichen Bedeutungen hin. Möglicherweise handelte es sich um einen Versuch, einen Löwen in mythischer Form oder ein übernatürliches Wesen oder den mit dem Geist eines Löwen verschmolzenen Geist eines Künstlers darzustellen. Vielleicht ist es auch ein in ein Löwenfell gehüllter Mensch, das heißt jemand, der stark genug war, einen Löwen zu töten, oder eine Figur, die ähnlich wie eine Puppe zum Geschichtenerzählen verwendet wurde. In all diesen Fällen hätte(n) der oder die Künstler dem Gegenstand eine menschliche Eigenschaft zugesprochen, und dasselbe hätten die Benutzer getan.

Marx erklärt, dass wir mit allem, was wir erzeugen, einen Teil unseres menschlichen Wesens veräußern. Und das gilt insbesondere, wenn wir etwas machen, das kein Werkzeug ist, sondern wie der Löwenmensch einen klaren symbolischen oder sozialen Nutzen hat.

Diesen Prozess bezeichnet Marx als »Entfremdung«. Vermutlich sind Sie daran gewöhnt, dass der Begriff der »Entfremdung« mit einem Zustand der Niedergeschlagenheit, Verstörtheit oder Angst vor Arbeit, Gesellschaft und Welt als solcher verbunden wird – und Marx verwendete ihn ebenfalls in diesem Sinn. Aber er sieht den Grund für all die Angst darin, dass wir Dinge *für andere Menschen* erzeugen, diese Dinge loslassen und mit einem Sinn und einer imaginären Macht ausstatten.

Das nächste wesentliche Merkmal des Menschen ist die Sprache. Tiere können sich ebenfalls mit Zeichen verständigen, aber nur die menschliche Sprache ist das Produkt eines über sich selbst nachdenkenden Gehirns. Marx bezeichnet die Sprache als »praktisches Bewusstsein«; sie ist die Fähigkeit, die eigenen Vorstellungen mit anderen zu teilen und augenblicklich ein gemeinsames Verständnis zu entwickeln.

Wir wissen nicht, welche Sprache die Schöpfer des Löwenmenschen sprachen, aber wir können sicher sein, dass sie komplex genug war, um Geschichten über diese und andere Figuren zu erzählen, die in der Umgebung gefunden wurden. Neurowissenschaftler haben anhand von Gehirnscans von Menschen, die sich auf die Anfertigung von Steinwerkzeugen verstehen, gezeigt, dass wir für Sprache und Anfertigung von Werkzeugen dieselbe Hirnregion nutzen.[9] Eine plausible Vermutung lautet, dass die eine Aktivität im Verlauf unserer Entwicklung zum Homo sapiens die andere anregte. Das zweite wichtige Merkmal der Sprache sieht Marx darin, dass sie ein weiteres Bindeglied zwischen unserer Biologie und unserem sozialen Wesen als Technologen ist.

So wie Darwin konnte sich Marx nur auf die grundlegenden Erkenntnisse aus der Beobachtung von Menschenaffen und aus nicht datierbaren Skelettfunden stützen. Dank C14-Datierung, Kognitionswissenschaft und der neurowissenschaftlichen Erforschung unserer engsten Verwandten, der Menschenaffen, wissen wir mittlerweile sehr viel mehr über die menschliche Evolution.

Viele der neuen Erkenntnisse decken sich mit den spekulativen Voraussagen von Marx: Wir wissen, dass die Menschenaffen einige geistige Fähigkeiten mit uns gemein haben und eine grundlegende Sprache besitzen. Aber sie kooperieren nicht. An irgendeinem Punkt, erklärt Michael Tomasello, einer der führenden Experten für die frühmenschliche Evolution, erleichterten Veränderungen in der Umwelt jenen Gruppen das Überleben, die kooperierten und eine Sprache zu verwenden begannen, die wir als »objektiv« bezeichnen würden, das heißt eine Sprache, die geeignet ist, eine Welt mit vorhersehbaren Ergebnissen zu beschreiben. Als die kooperativen Gruppen später zu interagieren begannen, entwickelten sie die für die Arbeitsteilung in einem Clan von Jägern und Sammlern nötigen Rollen: Anhand von Objekten und Ritualen, welche die Anweisungen verkörperten, schufen sie eine Kultur.

In Tomasellos Augen unterscheiden sich die Menschen dadurch von den Prähominiden, dass sie »andere nicht nur als intentionale Akteure verstehen, sondern ihre Köpfe auch mit anderen in Akten geteilter Intentionalität zusammenstecken, zu denen alles von konkreten Akten gemeinschaftlichen Problemlösens bis zu komplexen kulturellen Institutionen gehört«.[10] In den letzten fünfzehn Jahren haben Forscher durch Beobachtung der Gehirne und des Verhaltens von Primaten herausgefunden, dass die Kultur für die frühen Menschen weniger der Vermittlung von Wissen als vielmehr der Organisation der Zusammenarbeit diente. Tomasellos Darstellung der frühmenschlichen Entwicklung hilft uns zu verstehen, dass Gegenstände wie die Löwenmenschskulptur ungeachtet ihrer spezifischen Bedeutung die soziale Funktion erfüllten, zielgerichtetes menschliches Handeln zu koordinieren.

In seinen »Pariser Manuskripten« erklärte Marx, dieses grundlegende Merkmal – die Erzeugung von Werkzeugen für die soziale Verwendung – bewege den Menschen dazu, einigen Objekten eine mythologische Bedeutung zu verleihen. Marx bezeichnete dies als »Fetischismus«.

Heute hören wir das Wort »Fetisch« am ehesten in Zusammenhang mit

Sex. Zu Marx' Zeit wurde der Begriff des Fetischismus in der Anthropologie verwendet, um die Neigung afrikanischer Religionen zu beschreiben, Objekten ein »Geisterleben« zu verleihen. Marx' atheistische Freunde in Berlin verwiesen mit Genuss darauf, dass das Christentum ebenfalls eine Fetischreligion sei: Es projiziere alle tugendhaften Eigenschaften auf die Skulptur eines Toten, der an einem Kreuz hänge.[11]

Marx wollte sich jedoch nicht auf eine Kritik der Religion beschränken, sondern verstehen, wie diese und andere Formen des Fetischismus der Beziehung des Menschen zu seiner Umwelt entsprangen. Auch hier bestätigen die Erkenntnisse der modernen Evolutionspsychologie die Vorstellung, dass die Erfüllung von Objekten mit Sinn und mit Macht über den Menschen ein grundlegendes biologisches Merkmal unserer Spezies ist und mit der Entwicklung der Sprache zusammenhängt. Tomasello glaubt, diese Objektivierung sei das Produkt einer »akteursneutralen, gruppenorientierten Perspektive [...], die sich die Dinge [...] aus der Sicht jeder rationalen Person, aus der Sicht von nirgendwo vorstellt, im Kontext einer Welt sozialer und institutioneller Wirklichkeiten, die vor unserer eigenen Existenz liegen und mit einer Autorität sprechen, die größer ist als wir«.[12]

Marx sagt: Da Kultur und Sprache Produkte der Evolution sind, kann man die menschliche Natur nur begreifen, wenn man akzeptiert, dass sie eine Geschichte hat. Zugleich müssen wir verstehen, dass die Menschen jener Gemeinschaft, die den Löwenmenschen schuf, biologisch weitgehend identisch mit uns waren, während sie ein ganz anderes soziales, sprachliches und verhaltensbezogenes Wesen besaßen. Als Alasdair MacIntyre noch ein Marxist war, machte er sich auf Kosten der tonangebenden Sozialhistoriker darüber lustig. Er erklärte, die Historiker könnten sich eine Interaktion mit den Schöpfern des Löwenmenschen nur vorstellen, wenn sie selbst ebenfalls mumifiziert und etikettiert hinter Glas in einem Museum säßen.

Die Historiker, schrieb MacIntyre, könnten keinen Zusammenhang zwischen unserem modernen Selbst und dem Selbst der Menschen des Neolithikums erkennen, weil »ein solcher Zusammenhang nur mit dem Begriff einer gemeinsamen menschlichen Natur hergestellt werden konnte«. Und um seinen Zweck zu erfüllen, »müsste ein solcher Begriff historisch sein. Mit ihm müsste sich zeigen lassen, wie sich die Vergangenheit in die Gegenwart entwickelt«.[13] MacIntyre beschrieb den Marxismus als einen Versuch, »das Glas der Vitrinen im Museum zu zerbrechen«: Er erlaube es uns zu verstehen, dass die menschliche Natur sowohl biologisch als auch historisch sei.

Hätte Marx den Löwenmenschen sehen können, so hätte er möglicherweise geantwortet: »So wie wir mussten seine Schöpfer arbeiten, um zu überleben. Sobald sie genug Freizeit hatten, schufen sie etwas, das dazu diente, diese Tatsache zu feiern: einen an sich nutzlosen, aber schönen Gegenstand, den sie möglicherweise verehrten oder, was wahrscheinlicher ist, zur Projektion und Fokussierung spiritueller Überzeugungen oder zum Geschichtenerzählen verwendeten. Vermutlich trug der Löwenmensch mit seinem entschlossenen Blick und seiner von innerer Stärke zeugenden Haltung zur Stabilisierung der sozialen Struktur bei. Ich möchte Folgendes wissen: Was für eine Machtstruktur hatte diese Gesellschaft?«

Die Ergebnisse späterer anthropologischer Studien zu den überlebenden Jäger/Sammler-Gesellschaften erlauben uns, eine klare Antwort auf diese Frage zu geben: Es war eine egalitäre Gesellschaft. Obwohl es noch weitere 30 000 Jahre dauern sollte, bis die Landwirtschaft entstand, trieben die Menschen, die den Löwenmenschen schnitzten, während des sogenannten Jungpaläolithikums eine eigene, gut belegte technologische Revolution voran. Die Formen ihrer Feuersteine, die Kombination von Holz, Stein und Knochen in komplexen Werkzeugen wie Speerschleudern und Bögen, die Fähigkeit, mehr als eine Tierart zu jagen und auf der Wanderschaft eine große Zahl von Tieren zu töten, die neuen Bestattungsbräuche und die Höhlenmalereien: all das deutet auf die Entstehung komplexerer Gesellschaften hin.[14]

Die meisten (wenn auch nicht alle) voragrarischen Gesellschaften waren männlich dominiert, aber die Anthropologen glauben, dass die Gesellschaften des Jungpaläolithikums – sofern sie nomadisch lebten – im Wesentlichen egalitär und altruistisch waren. Überlebende Jäger/Sammler-Gruppen halten unerschütterlich an altruistischem Verhalten fest und verstoßen Mitglieder, die versuchen, eine hierarchische Ordnung zu errichten. Marx warnte davor, die frühen menschlichen Gesellschaften als paradiesisch zu idealisieren, aber in den vergangenen zwei Jahrhunderten sind zahlreiche Belege dafür aufgetaucht, dass diese Gesellschaften tatsächlich egalitär und altruistisch waren. Sie nahmen bereitwillig Personen auf, die nicht ihrer Familie angehörten, und verteilten grundlegende Güter gleichmäßig, um zu überleben.[15]

Das änderte sich, sobald der Mensch die Landwirtschaft entwickelte. Etwa 10 000 Jahre v. Chr. stabilisierten sich die menschlichen Gesellschaften (die immer noch auf Stein- und Knochenwerkzeuge angewiesen waren); sie domestizierten Pflanzen und Tiere und erzeugten Keramik in Öfen. Etwa 3500 v. Chr. tauchten die ersten Schriften auf. Es entstanden Städte und der Mensch lernte, Metalle zu verschmelzen. Wir wissen heute sehr viel mehr über diese frühen Zivilisationen und ihre Komplexität, als Marx wissen konnte. Doch all unsere Erkenntnisse bestätigen, was Marx vermutete: Zunehmende Komplexität und wachsender Wohlstand bringen gesellschaftliche Hierarchien hervor, also Klassen.

Sobald menschliche Gesellschaften in der Lage sind, Überschüsse zu produzieren, beginnt Marx zufolge ein Machtkampf über deren Aufteilung. Jene, die diese Auseinandersetzung für sich entscheiden, sind nicht länger einfach die Stärksten, sondern sie bilden eine spezifische Gruppe, die in der Lage ist, sich die Überschussproduktion der Gemeinschaft anzueignen und ihren Anspruch darauf zu rechtfertigen.

Um uns ein Bild davon zu machen, wie das funktionierte, wollen wir ins Jahr 3000 v. Chr. springen und versuchen, das Glas mit einer weiteren, ganz anderen Löwenskulptur zu durchbrechen: Die Guennol-Löwin entstand in Sumer, der ersten urbanen Kultur der Geschichte. Diese weniger als zehn Zentimeter hohe, aus Kalkstein geschnittene Statuette hat einen muskulösen weiblichen Körper, auf dem der Kopf einer Löwin sitzt. Sie befindet sich heute im Besitz eines unbekannten Sammlers. Sie dürfte Augen aus Lapislazuli und Unterschenkel aus Gold oder Silber gehabt haben (die Beine enden unter den Knien). Da die sumerischen Götter stets eine menschliche Form hatten, nehmen die Archäologen an, dass die Figur einen Dämon darstellt oder sogar für die Unterwelt steht.[16] Wenn es so ist, war sie Teil des Glaubenssystems, das dazu diente, die Stratifizierung der ersten nachweislich in Klassen unterteilten Gesellschaft zu rechtfertigen.

Die Klassenstruktur der mesopotamischen Städte sah so aus: Ein König stand an der Spitze einer adligen Elite, die Grundbesitz im Umland hatte, die Arbeitskräfte kontrollierte und Anspruch auf die Erzeugnisse der Landbevölkerung hatte. Eine untergeordnete Klasse hatte lediglich Anspruch auf eigene Gartenparzellen und musste als Gegenleistung für die Versorgung mit vom Staat bereitgestellten Gütern arbeiten. Am unteren Ende der gesellschaftlichen Hierarchie standen die Sklaven.

Hervorgebracht worden war diese Klassenstruktur durch technologische Innovationen in Landwirtschaft und Metallbearbeitung, welche die Produktivität erheblich erhöht hatten. Die erste Stadt war ein Gesellschaftssystem zur Sammlung und Verteilung von Vermögen. Und zusammengehalten wurde das System von der Religion.

Wenn wir uns die Tausenden Erzeugnisse aus dem alten Mesopotamien ansehen, die mittlerweile ausgegraben wurden, finden wir zahlreiche Belege für das, was Marx als »Entfremdung« bezeichnet: Die Unterschicht wird durch Gesetz und Brauch gezwungen, ihre Erzeugnisse an die Elite abzutreten. Die gesamte Gesellschaft rechtfertigt diese Regelung mit der Religion, das heißt mit der Fiktion, die ganze Konstruktion sei von den Göttern gewollt. Was auch immer die Guennol-Löwin darstellen soll, sie ist offenkundig ein Fetischobjekt, das es einer Gruppe von Menschen ermöglichte, ihre Furcht, ihre Emotionen oder vielleicht einfach eine Loyalitätsbeziehung auf ein Ding zu projizieren.

Marx erklärt, dass der Mensch nicht nur einzigartig ist, weil er Dinge erzeugt, sondern auch, weil er Aspekte seiner selbst auf diese Dinge projiziert, sich seines wahren menschlichen Wesens entfremdet und sich bewusst einer Selbsttäuschung hingibt. Während wir Geschichte machen, verändern wir uns selbst.

Dieser Veränderungsprozess ist jedoch nicht linear: Fortschritte und Rückschritte wechseln einander ab. Die Tatsache, dass Sie dieses Buch wahrscheinlich in einem mit elektrischen Lampen beleuchteten Raum lesen, deutet darauf hin, dass die Fortschritte größer gewesen sind als die Rückschritte.

Heute scheint uns das selbstverständlich, aber zu Marx' Zeiten klang die Behauptung, die menschliche Natur entwickle sich im Lauf der Geschichte, selbst in den Ohren der fortschrittlichsten Intellektuellen skandalös. Hegel betrachtete die Geschichte als Entfaltung von Gottes großem Plan, und die Materialisten waren überzeugt, die gesamte Wirklichkeit sei eine Maschine. Der Liberalismus des 19. Jahrhunderts kreiste um die Vorstellung von einer unveränderlichen, permanenten menschlichen Natur. Das erklärt, warum die Philosophie während der Entwicklung des Kapitalismus jahrhundertelang in einer Debatte über den Gegensatz zwischen »Determinismus« und »Willensfreiheit« gefangen war. Die Philosophen gingen von der Prämisse aus, dass jeder historische Vorgang von einem vorherge-

henden Ereignis bestimmt sei, wobei sich der Mensch jedoch eine angeborene, unveränderliche Fähigkeit zu freien Entscheidungen bewahre.

Die von Marx entwickelte Theorie der menschlichen Natur erlaubte
ihm zu antworten: »*Die Geschichte* tut *nichts*, sie ›besitzt *keinen* ungeheuren
Reichtum‹, sie ›kämpft *keine* Kämpfe‹! Es ist vielmehr *der Mensch*, der wirkliche, lebendige Mensch, der alles tut, besitzt und kämpft; es ist nicht etwa
die ›Geschichte‹, die den Menschen zum Mittel braucht, um *ihre* – als ob sie
eine aparte Person wäre – Zwecke durchzuarbeiten, sondern sie ist *nichts* als
die Tätigkeit des seine Ziele verfolgenden Menschen.«[17]

Folglich ist die Willensfreiheit für Marx weder angeboren noch unveränderlich: In von Knappheit geprägten Klassengesellschaften besitzen wir sie
nur teilweise. Marx betrachtet den freien Willen als etwas, das die Menschheit erreichen kann, indem sie die gesellschaftlichen Umstände ändert.

Sobald wir verstehen, dass die menschliche Natur auf bewusster, fanta-
sievoller Arbeit beruht und dass diese Arbeit nicht nur Gegenstände, sondern auch Ideale und Emotionen hervorbringt, die fälschlich mit diesen Ge-
genständen verknüpft werden, sobald wir uns klarmachen, dass die Struktur
aller Gesellschaften auf spezifischen Systemen der Arbeit und Vermögens-
anhäufung beruht, so erkennen wir, dass alle technologischen Fortschritte,
Produktivitätssteigerungen und Erhöhungen der Komplexität die Entfremdung verstärken.

Worin besteht also die Lösung für das Problem der Entfremdung? Marx
lebte in einer Gesellschaft, in der die Entfremdung ein bis dahin beispielloses Maß erreicht hatte: Im Industriekapitalismus des frühen 19. Jahrhunderts besaßen die Fabrikarbeiter nichts: weder ihre Werkzeuge noch Boden,
Zeit oder auch nur ihren eigenen Körper, der unter einem Regime des
Schweigens gewohnheitsmäßig misshandelt wurde. Die Dinge, die sie erzeugten, mussten ihnen nicht gestohlen werden: Sie gehörten von Anfang
an ihrem Arbeitgeber. So wie heute in den Sweatshops im Globalen Süden
wurden die Arbeiter beim Verlassen der Fabrik durchsucht, um zu verhindern, dass sie die von ihnen produzierten Güter stahlen.

Im Kapitalismus ist das wichtigste Fetischobjekt keine Guennol-Löwin
und kein Christus am Kreuz, sondern das Geld. Alles wird daran gemessen.
Es scheint ein Eigenleben und sogar eigene Macht zu besitzen. Wir sind
besessen von Geld und Gütern, was vor allem daran liegt, dass die meisten
Menschen nicht genug von beidem haben. Deshalb finden wir parallel zum

Aufschwung der Handelsgesellschaft im 17. Jahrhundert erstaunliche dramatische Darstellungen – von Shakespeare bis Molière – der Fähigkeit des Geldes, alle bestehenden Bindungen, Vorrechte und Verpflichtungen zu zerstören.

Marx erklärte, um der Entfremdung ein Ende zu machen, müsse das Privateigentum abgeschafft werden. Um dem Menschen wirtschaftliche Handlungsfreiheit zu geben, müssten die Machtbeziehungen beseitigt werden, die es ermöglichten, dass eine unter Armut stöhnende Arbeiterklasse und eine wohlhabende kommerzielle Elite nebeneinander existierten. Und dazu müsste man auch das Geld und letzten Endes die Arbeit abschaffen.

All das war nur mit einer noch komplexeren gesellschaftlichen Organisationsform als dem Kapitalismus und noch besserer Technologie zu bewerkstelligen, und Marx erkannte, dass das Hin und Her der Geschichte vom antiken Sumer bis zum Manchester des 19. Jahrhunderts der einzige Weg zur Überwindung der menschlichen Selbstentfremdung war.

Das ist es, was Marx unter »Kommunismus« verstand. Aber wer glaubt, der Kommunismus sei Marx' Ziel gewesen, der ist im Irrtum. Marx sah in der Beseitigung der Armut nur den Anfang der menschlichen Befreiung. War die Armut einmal überwunden, so konnte man sich daranmachen, alle Formen der Selbstentfremdung, der Entfremdung von anderen Menschen und von der Natur sowie sämtliche Formen des Fetischismus zu bekämpfen, seien es Religion, die Besessenheit vom Geld oder der Konsumismus. Marx sah im Kommunismus keineswegs das »Ende der Geschichte«, sondern das Ende der »Vorgeschichte der menschlichen Gesellschaft«.[18]

Für Marx war dies weder ein fernes Ideal noch ein abgehobenes Projekt. Es war das logische Ergebnis eines Prozesses, den wir heute sehr viel genauer kennenlernen, nämlich unserer Evolution zu einer Spezies, die ihre gemeinsamen Absichten durch Sprache und Kooperation und unter Nutzung des technologischen Fortschritts ausdrückt. Je mehr Erkenntnisse die Neurowissenschaft liefert und je mehr wir über unsere evolutionäre Lösung von den Primaten herausfinden, desto klarer wird, dass Marx' teleologische Vorstellung von der menschlichen Natur nicht metaphysisch, sondern wissenschaftlich ist.

Weshalb ist das von Karl Marx entwickelte Konzept der menschlichen Natur noch heute relevant? Erstens, weil der Humanismus politischen Angriffen ausgesetzt ist: Der Antihumanismus ist ein zentraler Bestandteil der Ideologie der Alt-Right, und auch unter den Linken erfreuen sich antihumanistische Vorstellungen großer Beliebtheit, was die Fähigkeit der Linken verringert, Widerstand gegen die Angriffe der Rechten zu leisten. Zweitens, weil zur Verteidigung der Vorrechte von Männern, Weißen, Angehörigen der Elite und Heterosexuellen Technologie auf antihumane Art eingesetzt wird. Drittens, weil wir mit einer Offensive gegen die Wahrheit konfrontiert sind.

Wahrheit ist nur möglich, wenn es eine verifizierbare menschliche Erfahrung gibt. Aber wir sind unablässigen Versuchen ausgesetzt, uns einzureden, Wahrheit und Vernunft seien irrelevant, wir seien alle teilweise Automaten, wir sollten uns der Kontrolle der Algorithmen unterwerfen, wir seien bereits Algorithmen (wie Yuval Noah Harari behauptet), das Selbst sei eine Illusion und wir sollten das Denken den Maschinen überlassen.[19]

Marx' Theorie der menschlichen Natur ist die einzige, die uns die Möglichkeit gibt, diese Angriffe philosophisch abzuwehren. Wie wir sehen werden, täuschte sich Marx in vielen Dingen, aber seine entschlossene Verteidigung eines Menschen, der mehr ist als eine Marionette eines Weltgeistes oder als ein Rädchen in der Maschine der Geschichte, ist sein großes Vermächtnis für das Zeitalter der künstlichen Intelligenz, der Quantencomputer und der Gentechnik.

In den 40 000 Jahren, die seit der Entstehung des Löwenmenschen vergangen sind, ist es uns trotz aller Entfremdung, trotz allen Fetischismus und trotz aller Machtprojektion im Lauf der Menschheitsgeschichte gelungen, die Kontrolle über die von uns erzeugten Gegenstände zu bewahren. Zwar wissen die meisten von uns aufgrund des technologischen Fortschritts nicht mehr, wie unsere Werkzeuge funktionieren, und kaum jemand könnte beschreiben, was in einem Smartphone steckt. Aber es gibt immer jemanden, dessen Aufgabe es ist, das zu wissen.

Die Informationstechnologie hat bereits eine neuartige Maschinenkontrolle hervorgebracht, die den Eigentümern dieser Maschinen große Macht gibt. Diese Technologie sorgt dafür, dass Elite und breite Bevölkerung einen asymmetrischen Zugang zu Informationen haben, und ermöglicht es den Mächtigen, unser Leben ohne unser Wissen einer algorithmischen Kontrolle zu unterwerfen – wir haben nicht einmal das Recht, von dieser Kontrolle zu erfahren.

Der Vormarsch der künstlichen Intelligenz hat zur Folge, dass wir kurz davor stehen, eine Grenze zu überschreiten, die 40 000 Jahre lang Bestand hatte: Wir werden bald in der Lage sein, Werkzeuge herzustellen, die mehr wissen als wir und rasch Merkmale entwickeln könnten, die wir nicht mehr kontrollieren, ja nicht einmal beobachten können. Aufgrund unserer Neigung, Dinge zu Fetischen zu machen – Statuen, Markennamen und Filmstars beinahe göttliche Eigenschaften zuzusprechen –, ist es durchaus möglich, dass wir die künstliche Intelligenz bald ebenfalls zu einem Kultobjekt erheben und verehren werden wie die Sumerer einst die Guennol-Löwin. Eine ganze Generation hat den Kult um den Markt als Lenker des menschlichen Schicksals übernommen; nichts deutet darauf hin, dass wir uns nicht genauso bereitwillig der Kontrolle durch die Maschine unterwerfen werden.

Die marxistische Theorie der Entfremdung deckt diesen Prozess auf und ermöglicht uns, gegenzusteuern. Sie zeigt uns auch, dass wir, wenn wir eine egalitäre Gesellschaft und die von Aristoteles beschriebene ganzheitliche Vorstellung vom menschlichen Wesen anstreben, den technologischen Fortschritt nicht bremsen, sondern vorantreiben müssen. In einer Zeit, in der mit einer Gegenreaktion gegen KI und Robotik zu rechnen ist, liefert die marxistische Theorie der menschlichen Natur eine der besten Rechtfertigungen für die Fortsetzung der technologischen Innovation.

An der Schwelle zu einer Ära der umfassenden Automatisierung und Ersetzung der menschlichen Arbeitskraft durch Maschinen und automatische Prozesse können wir von Marx lernen, dass wir uns nicht verängstigt zurückziehen, sondern die Kontrolle übernehmen sollten.

Fast jede andere Theorie der menschlichen Natur scheitert an diesen Herausforderungen. Wenn der Mensch nichts anderes als ein »arbeitendes Tier« ist, werden wir in hundert Jahren nicht mehr viel zu tun haben. Wenn wir lediglich eine Kombination von Körper und Seele sind, wie die meisten Religionen behaupten, müssen wir den technologischen Fortschritt bremsen, um die Menschlichkeit der Seele zu verteidigen.

Der bereits durch die jahrzehntelange Fetischisierung des Markts geschwächte liberale Individualismus ist nicht geeignet, die Frage zu beantworten, auf welcher Grundlage wir eine menschliche Vormachtstellung gegenüber den Maschinen beanspruchen können, wenn diese erst einmal in der Lage sind, ebenfalls eine Persönlichkeit, Emotionen und eine Identität zu entwickeln. Es kann nicht überraschen, dass Bestsellerautoren erklären, wir hätten das Recht auf die Kontrolle über die Computer bereits verloren.

Um Marx' Theorie der menschlichen Natur in ein Projekt der Befreiung durch die Technologie zu integrieren, müssen wir zunächst klären, wo sich Marx irrte. Die Antwort ist, dass er eine Reihe von Irrtümern beging.

WAS IST VOM MARXISMUS ÜBRIG?

So wie die Biologie nicht mit Darwin endete, endete der Marxismus nicht mit Marx. Der Marxismus hat uns in den vergangenen hundert Jahren wertvolle Erkenntnisse über Geschichte und Kultur geliefert, aber er hat auch entsetzliche Rechtfertigungen für politische Unterdrückung, verrückte wirtschaftliche Risiken, Folter, unmenschliche Projekte zum Gesellschaftsumbau und sogar Konterrevolutionen geliefert. Noch schlimmer ist, dass diese Rechtfertigungen von den linken Bewegungen des frühen 21. Jahrhunderts erneut vorgebracht werden: von den Pro-Assad-Trollen, von den Putin-Verstehern und von der älteren Generation der radikalen europäischen Linken, die den Zusammenbruch der Sowjetunion insgeheim stets bedauert hat.

Um das Nützliche vom Nutzlosen zu trennen, müssen wir uns abgesehen von der Theorie der menschlichen Natur einige der zentralen Marx'-schen Thesen ansehen.

Erstens nimmt Marx an, dass die Welt real und materiell ist und auch jenseits unserer Sinneserfahrungen existiert. Die Frage, wie wir wissen können, dass es so ist, beantwortet Marx nicht mit einer passiven, sondern mit einer aktiven Beschreibung der Beziehung zwischen Geist und Materie. Wenn er schreibt: »Die Philosophen haben die Welt nur verschieden *interpretiert*; es kömmt drauf an, sie zu *verändern*«,[1] meint er damit nicht nur, dass die Gelehrten den Campus öfter verlassen sollten, sondern auch, dass wir die Welt nur wirklich verstehen können, indem wir sie verändern.

Marx lehrt uns, dass unser beharrlicher Utopismus, sei es in Form einer Religion oder des sozialen Kampfs, rational ist. Es ist nicht unsere »Bestimmung«, eine klassenlose Gesellschaft zu errichten – es gibt keine Götter, die uns wie Figuren auf einem Schachbrett umherschieben –, aber wenn wir das Wort »Zweck« im Sinne von »Funktion« verwenden, dann besteht der Zweck der Menschheit darin, ihre eigene Befreiung zu erreichen. Aristoteles bezeichnete dies als *télos*, und die marxistische Theorie der menschlichen Natur, die natürlich auf wissenschaftlichen Erkenntnissen beruht, die den antiken Philosophen nicht zur Verfügung standen, ist offen teleologisch.

Marx, der von utopischen Sekten umgeben war, die glaubten, den Kommunismus verwirklichen zu können, indem sie Kommunen errichteten und ihre Güter teilten, bestand darauf, dass der Weg zur Gesellschaft der Zukunft tatsächlich über den Kapitalismus führte. Dieser war das erste Wirtschaftssystem, das die Produktivität zwangsläufig revolutionierte und kontinuierlich die bestehenden hierarchischen Strukturen auflöste. Das schuf in Marx' Augen geeignete Bedingungen, um den Kapitalismus durch etwas Besseres zu ersetzen. Da er im Kapitalismus die Klassengesellschaft in ihrer höchsten Ausprägung sah, nahm Marx an, dass alle Formen von Klassenhierarchie und Ungleichheit verschwinden würden, sobald die Menschheit den Kapitalismus überwinde.

Für Marx ist die Gesellschaft nicht einfach eine Anhäufung von Individuen: Die Geschichte aller vorhergehenden Gesellschaften ist für ihn eine Geschichte von Klassenkämpfen. Manchmal führt der Kampf zum Sieg einer Klasse über eine andere, so dass eine neue Form von Ausbeutung entsteht, zum Beispiel als die französische Bourgeoisie im Jahr 1789 den Adel stürzte. Manchmal führt er einfach zum Ruin wie im Fall des Römischen Reiches, das den Invasionen einwandernder Völker und der Ineffizienz seines auf der Sklaverei beruhenden Wirtschaftssystems zum Opfer fiel.

Aber Marx verstand, dass Klassenkämpfe mit Ideologien wie Religionen oder mythischen Überzeugungen geführt werden, welche die Tatsache verdecken können, dass die historischen Geschehnisse auf wirtschaftlichen Prozessen und Machteinsatz beruhen. Beispielsweise redeten sich die Konquistadoren ein, Ziel der Eroberung Mexikos sei es, dessen Bevölkerung im Auftrag des von Gott eingesetzten spanischen Königs zum Christentum zu bekehren. In Wahrheit töteten sie die Einwohner des unterworfenen Landes, stahlen ihr Gold und beschleunigten im Verlauf des Prozesses den Aufstieg des europäischen Handelskapitalismus.

Marx sah im Kapitalismus die letzte und höchste Form der Klassengesellschaft. Aber die Menschheit, das heißt vor allem die Arbeiterklasse, die den Großteil der Menschen stellt, erreicht in dieser Gesellschaft ein Höchstmaß an Entfremdung. Anders als alle früheren untergeordneten Klassen besitzt die Arbeiterklasse nichts. Wenn das materielle Interesse des Grundbesitzers in der wirtschaftlichen Rente und das des Fabrikbesitzers im Profit besteht, so besteht das materielle Interesse des Arbeiters darin, beide zu Fall zu bringen: Er will das Privateigentum abschaffen und durch ein System des Gemeineigentums ersetzen.

Marx bezeichnete die Frühphase einer sozialistischen Regierung als »Diktatur des Proletariats«. Damit meinte er, dass die Arbeiterklasse, wenn sie die Macht erringt, wie in der römischen *dictatura* vorübergehend das Kriegsrecht verhängen muss, um den Widerstand der Reichen und Mächtigen zu brechen.[2] Diese Annahme beruhte auf der Beobachtung, dass zu seinen Lebzeiten jeder Versuch der Arbeiterschaft, ihre Forderungen demokratisch durchzusetzen oder soziale Reformen durch demokratische Revolten zu erzwingen, nur dazu geführt hatte, dass die Arbeiter von der Bourgeoisie massakriert wurden.

Aber wie kann die Arbeiterklasse revolutionär werden? Von seiner Ankunft in Paris im Jahr 1843 bis zu seinem Tod in London vierzig Jahre später umgab Marx sich mit radikalisierten Arbeitern, untersuchte ihre Lebensbedingungen, hörte sich ihre Gedanken an und beriet sie (bei diesen Gesprächen floss meist Alkohol in großen Mengen). Er wusste, dass die meisten Arbeiter durch ihren Mangel an Bildung an der Entfaltung gehindert wurden, aber einigen von ihnen gelang es, die Ideologien abzuschütteln, die ihnen bewusst – von ihrem Arbeitgeber, von Aristokraten und Priestern – oder unterbewusst – durch die Machtbeziehungen in den Fabriken – aufgezwungen wurden. So wie Menschen im Allgemeinen durch die Auseinandersetzung mit der Welt Wissen erwerben, löste die Arbeiterklasse den ideologischen Nebel in ihrem Kopf auf, indem sie zum kollektiven Kampf schritt. Marx bezeichnete dies als »massenhafte Veränderung der Menschen«, die er nur in einer Revolution für möglich hielt.

Theoretisch glaubte er jedoch, dass die Arbeiterklasse ihre historische Mission unabhängig von ihrem Denken erfüllen kann: »Es handelt sich nicht darum, was dieser oder jener Proletarier oder selbst das ganze Proletariat als Ziel sich einstweilen *vorstellt*. Es handelt sich darum, *was* es ist und was es diesem *Sein* gemäß geschichtlich zu tun gezwungen sein wird.«[3]

Die Pariser Kommune von 1871 bewog Marx dazu, seine Vorstellung vom revolutionären Prozess zu modifizieren. Im Verlauf dieser außergewöhnlichen Erhebung übernahm die Arbeiterklasse nach dem Rückzug der französischen Armee aus der Stadt auf mehreren Ebenen die Kontrolle: von der offiziellen »Kommune«, dem Stadtrat, über die revolutionären Versammlungen bis zu den Klubs, Frauengruppen Gewerkschaften und Kooperativen. Die Kommune war in mancher Hinsicht ein Halbstaat, und nachdem Marx gesehen hatte, wie sie funktionierte (er stand während der Erhebung in ständigem Kontakt zu den Revolutionären), gelangte er zu der Überzeugung, dass die Arbeiterschaft nach ihrer Machtergreifung die über dem Volk stehende staatliche Bürokratie und die parlamentarischen Einrichtungen beseitigen und »von unten« herrschen werde.

In *Das Kapital* beschreibt Marx, wie die Arbeiter von Arbeitgebern ausgebeutet werden, die ihnen über den Wert der von ihnen erzeugten Güter hinaus Arbeitsleistung abnötigen. Diese Ausbeutung ist in seinen Augen die einzige Quelle dessen, was heutige Unternehmen als »Wertschöpfung« bezeichnen. Marx war überzeugt, dass der Kapitalismus lange Zeit überleben und sich immer wieder erneuern kann, weil nicht nur der Kapitalist, sondern auch der Arbeiter von Wachstum und Produktivität profitiert.

Aber der Akkumulationsprozess – Investition, Profit, Sparguthaben oder Reinvestition der Profite in neue Maschinen, Fähigkeiten, Produkte – geht mit spontanen Zusammenbrüchen einher, die verschiedene Formen annehmen können: Es kommt zu Wirtschaftskrisen, wenn das Angebot die Nachfrage übersteigt, wenn der Kredit versiegt, wenn ein Missverhältnis zwischen Konsumgüterproduktion und Schwerindustrie entsteht und schließlich die Wirkung der vorangegangenen Innovationen schwindet, was die Profitrate verringert.

Da das Kapital stets bemüht ist, menschliche Arbeitskraft durch Maschinen zu ersetzen, muss es unablässig neue Nachfrage erzeugen: Es muss neue, höherwertige Produkte hervorbringen und den Arbeitskräften, die sie erzeugen, höhere Löhne zahlen, damit die Kaufkraft der Bevölkerung ausreicht, um die Nachfrage aufrechtzuerhalten.

In den als »Maschinenfragment« bezeichneten Notizen stellt sich Marx vor, wie dieser Zusammenstoß zwischen Technologie und gesellschaftlichen Strukturen im Kapitalismus ablaufen könnte, wenn sich die Menschheit so weit entwickelte, dass jegliche Technologie nicht mehr von der Bedienung einfacher Maschinen, sondern vom »gesellschaftlichen Wissen« abhängen würde, das heißt von allgemein verstandenen Techniken, Definitionen, Anweisungen, Arbeitsabläufen usw. Wenn das Wissen einmal gesellschaftlich sei, so Marx, könne die Produktion nicht mehr privat kontrolliert werden. Sollte es uns je gelingen, das soziale Wissen in einem allgemeinen Informationsspeicher zu lagern – im »general intellect«, dem allgemeinen Verstand –, so werde dies das Ende des Kapitalismus sein.

Für Marx hat die Freiheit also sowohl eine materielle als auch eine Wissensdimension. Den Kommunismus definierte er als Assoziation »freier Menschen, die mit gemeinschaftlichen Produktionsmitteln arbeiten und ihre vielen individuellen Arbeitskräfte selbstbewußt als eine gesellschaftliche Arbeitskraft verausgaben«.[4] Die vom technologischen Fortschritt freigesetzten Kräfte wirken nicht mehr »hinter unserem Rücken«: Wir übernehmen die Kontrolle.

Das ist natürlich nicht alles, was uns Marx zu sagen hat, aber es sind seine wesentlichen Vorstellungen.[5] Jetzt möchte ich diese Ideen auf der Grundlage all dessen untersuchen, was wir mittlerweile wissen. Ich habe kein Interesse an der üblichen Marx-Kritik von Leuten, die glauben, die Abläufe auf dem Markt stellten die höchste Form der Rationalität dar, eine ungleiche Machtverteilung sei ein Naturgesetz oder Marx sei ein Mistkerl gewesen, weil er sein Hausmädchen schwängerte. Mir geht es um eine marxistische Kritik, in der ich das Denken von Marx in Bezug auf die Fragen betrachten möchte, die uns heute beschäftigen: die Unterdrückung der Frau, den Klimawandel, den Umgang mit Komplexität, die Beseitigung der Knappheit und die Möglichkeit einer menschlichen Kontrolle über denkende Maschinen in einem globalen ethischen Rahmen.

Im klassischen Marxismus fehlt eine Auseinandersetzung mit der Unterdrückung der Frau und der Hausarbeit, die zur Erhaltung des kapitalistischen Systems beiträgt. Marx verstand, dass die Unterdrückung und Ausbeutung der Frau ein wesentlicher Bestandteil der Machtstrukturen aller Klassengesellschaften war. Aber er gab eine falsche Antwort auf die Frage, wie die Ausbeutung der Frau das ganze System stützt.

Marx erklärte, dass der Wert des Arbeitslohns sämtliche Inputs enthält, die erforderlich sind, damit sich der/die Arbeiter/in einsatzbereit am Fabriktor einstellen kann, darunter die Arbeit der Bäcker, die das zu seiner Ernährung nötige Brot backen, die Anfertigung der Kleidung und die außer Haus stattfindende Schulbildung. Aber in seiner Rechnung fehlen das Nähen, Stopfen, Kochen, Waschen und die Kinderbetreuung, das heißt die gesamte

Arbeit, die im Haus zumindest zu seiner Zeit noch fast ausschließlich von Frauen geleistet wurde.

Marx betrachtete die patriarchalische Arbeiterfamilie – der Mann geht einer Erwerbsarbeit nach und ernährt mit seinem Lohn seine Frau und Kinder – als zum Untergang verurteilte Institution. Seine folgerichtige Annahme lautete, dass der Kapitalismus alle Frauen und Kinder in den Produktionsprozess einbinden wird, solange genug Zeit für die Hausarbeit bleibt.

Daher beschäftigte sich Marx kaum mit der Frage, inwieweit die unbezahlte Hausarbeit der Frauen und ihre Funktion als Gebärmaschinen und Kindererzieherinnen zu Wohlstand und Macht der Elite beitragen. Er verstand die Reproduktionsarbeit nicht als für den Kapitalismus lebenswichtige spezifische Form von Ausbeutung.

In den sechziger Jahren entschloss sich eine Generation von Frauen, nicht darauf zu warten, dass der Kommunismus ihre Unterdrückung beendete, sondern direkt für ihre Befreiung zu kämpfen. Silvia Federici, eine der Vordenkerinnen des marxistischen Feminismus, bezeichnete die neue Strategie als massenhafte »Arbeitsverweigerung«. Angesichts des Zusammenbruchs der familiären Werte schrieb sie: »Der starke Rückgang der Geburtenrate und die steigende Zahl von Scheidungen können als Ausdruck des Widerstands gegen die kapitalistische Arbeitsdisziplin betrachtet werden. Das Persönliche wurde politisch, und es stellte sich heraus, dass Kapital und Staat unser Leben und unsere Fortpflanzung auf das Schlafzimmer beschränkt hatten.«[6]

Daher, erklärte Federici, musste der Neoliberalismus die Art und Weise ändern, wie die Reproduktionsarbeit zur Profitakkumulation beiträgt.

Nach dem Zweiten Weltkrieg bedienten sich Länder, welche die Frauen zur Erwerbsbeteiligung ermutigen wollten, der öffentlich finanzierten Kinder- und Altenpflege und führten kommunale Wäschereien und Familienbeihilfen ein. Ab Ende der siebziger Jahre privatisierte und kommerzialisierte der Neoliberalismus die Reproduktionsarbeit.

In den ersten Dekaden der Nachkriegszeit war die Arbeiterfamilie eine Maschine gewesen, die mit unbezahlter weiblicher Hausarbeit einen männlichen Broterwerber produzierte. Nun wurde sie zu einem Konsumenten von Diensten, die in großem Maßstab kommerziell bereitgestellt wurden. Die Frauen wurden massenhaft in die Erwerbsbevölkerung einbezogen, waren zusätzlich jedoch durch Kultur und Tradition gezwungen, weiterhin unbezahlte Hausarbeit zu leisten, darunter insbesondere die Kinderaufzucht.

Dies hat die Auseinandersetzung über das männliche »Recht« auf höhere Einkommen, höhere berufliche Posten, freizügige sexuelle Begegnungen mit Frauen, die für dasselbe Verhalten stigmatisiert werden, auf häusliche Gewalt und den Missbrauch des weiblichen Körpers ohne Einwilligung der Frau verschärft.

Zuvor habe ich beschrieben, wie das Leben unter dem Neoliberalismus »performativ« wurde: Wenn man die von den Marktinteraktionen vorgegebenen Rituale befolgt, wird man überleben. Als sich die marktwirtschaftliche Performanz als sinnlos erwies, begannen wir zu begreifen, wie sie das Fortbestehen eines tief verwurzelten Frauenhasses in der privaten Sphäre und im Internet ermöglichte. Sie können darauf wetten, dass viele der Verlierer, die in den »chans« frauenfeindliches Gift spucken, in Büros arbeiten, in denen sie sich regelmäßig zur Gleichstellung der Geschlechter bekennen und den Sexismus verurteilen müssen.

Die Misogynie des 21. Jahrhunderts ist eine neue Abwandlung eines uralten Themas, aber wir dürfen nicht übersehen, dass sie technologisch und situativ neuartig ist. Zum ersten Mal ist ein kapitalistisches Modell zusammengebrochen, ohne dass eine Elite nach einem alternativen Modell greift. Zum ersten Mal ist ein kapitalistisches Modell zusammengebrochen, während Dutzende Millionen Frauen wirtschaftliche, sexuelle und soziale Freiheit gefunden haben. Es ist ein gefährlicher Augenblick: Die marxistische Theorie und die von ihr inspirierten traditionellen Taktiken genügen nicht mehr, um die Verbreitung des Frauenhasses durch die autoritäre Rechte zu verhindern.

Sowohl der Marxismus als auch der Feminismus enthalten biologische Annahmen. Die von Marx entwickelte Theorie der menschlichen Natur ist nicht geschlechtsspezifisch: Sie besagt, dass fantasievolle, zielgerichtete Arbeit charakteristisch für den Menschen ist und dass alle Machthierarchien verschwinden werden, sobald wir die Knappheit überwinden. Der Feminismus besagt, dass sowohl die Macht des Mannes als auch die Unterdrückung der Frau biologisch determiniert sein können: Daher muss es einen parallelen Kampf mit einer eigenen Dynamik geben, der auch nach Erreichen des Zustands, den Marx als Kommunismus bezeichnete, andauern wird.

In Anbetracht der Tatsache, dass der Kapitalismus in jeder Form, jeder

Arbeiterstaat und jede progressive Bewegung die Unterdrückung der Frau reproduziert hat, können wir feststellen, dass die Fakten nicht die Analyse von Marx, sondern jene von Federici belegen.

Der zweite große Widerspruch in Marx' Analyse betrifft die Arbeiterklasse und ihre Rolle in der Geschichte. Einmal soll sie den Kapitalismus bewusst zu Fall bringen, das andere Mal ist sie sein unbewusster Totengräber.

Marx' entscheidender Fehler in der Beurteilung der Arbeiterklasse kann aus dem deutschen Wort abgeleitet werden, das er zur Beschreibung ihrer historischen Rolle verwendete: Er bezeichnete sie als »Träger« der Geschichte. Für Marx war die Arbeiterklasse Träger einer impliziten Notwendigkeit zur Beseitigung des Privateigentums und der beherrschenden Rolle einer Klasse; gleichzeitig galt sie ihm als Träger des Schicksals des Kapitalismus, nämlich als sein Totengräber.

Das hat sich in der gesamten Geschichte der Industriearbeiterschaft ein ums andere Mal als falsch erwiesen. In den vergangenen zwei Jahrhunderten hat die Arbeiterbewegung heroischer und beharrlicher für Demokratie, gesellschaftlichen Fortschritt, Internationalismus und Frauenrechte gekämpft als jede andere Gruppe. Aber zu keinem Zeitpunkt unterstützte die Mehrheit der Arbeiterklasse geschlossen ein Projekt zur Abschaffung des Privateigentums.

Anstatt das Gegenmittel gegen das Privateigentum zu verkörpern (oder zu »tragen«), verkörpern die Arbeiter im Kapitalismus ihre eigenen Interessen als Klasse: Sie verlangen höhere Löhne, gleiche Rechte und umfangreichere Sozialleistungen. Wenn ihr Kampf über solche Forderungen hinausgeht – was er oft tut –, verlangen sie keine Macht, sondern begnügen sich zumeist mit größerer Kontrolle, vor allem mit einer Kontrolle über den Arbeitsplatz und dem Recht auf ein eigenständiges kulturelles Leben.

Nur wenn die Arbeiter – wie in Paris im Jahr 1871, in Russland im Jahr 1917, in Bayern und Ungarn im Jahr 1919 oder in Spanien im Jahr 1936 – von Diktaturen, Chaos, der militärischen Niederlage ihres Landes oder vom Faschismus an die Grenzen ihrer Belastbarkeit getrieben wurden, entschloss sich eine Vielzahl von ihnen zur Revolution. Doch auch in diesen Fällen erwiesen sie sich als Klasse stets als unfähig, sich die politische Macht zu sichern, die stattdessen rasch von privilegierten Gruppen innerhalb der revolutionären Bewegung usurpiert wurde. Sowohl in der russischen als auch in der chinesischen Revolution begnügte sich die Arbeiterklasse, sobald eine Bürokratie die Kontrolle an sich gerissen hatte, mit einer Version dessen, was sie ursprünglich verlangt hatte – mit einem Element der Kontrolle über die Produktion –, sowie mit etwas, das sie nicht gewollt hatte, nämlich mit einer privilegierten Stellung gegenüber der Bauernschaft.

Obwohl noch immer mehr als die Hälfte der erwachsenen Weltbevölkerung von Lohnarbeit lebt, sind Kultur und Solidarität der alten Arbeiterklasse ausgehöhlt worden. Die Hoffnungen all jener, die von einer Renaissance in den neuen industriellen Kernländern in China und Lateinamerika träumten, wurden nur zum Teil erfüllt. Wie ich in meinem Buch *Live Working or Die Fighting* beschrieben habe, sind Klassenkämpfe und Selbstorganisation in dieser neuen Arbeiterklasse allgegenwärtig – aber dasselbe gilt für das neoliberale Selbst und den vernetzten Individualismus, die oft mit den kulturellen Überresten des ländlichen Lebens verknüpft sind, darunter dörfliche Netzwerke, Mafias und nationalistische Illusionen. Die Folge ist, dass die moderne, globale Arbeiterklasse nicht länger wie das klassische Proletariat des 20. Jahrhunderts denkt oder handelt – und daran wird auch eine noch so intensive Verwicklung in den Klassenkampf nichts ändern.

Wir können nachvollziehen, warum sich Marx hier irrte. Er war von Arbeitern umgeben, die nichts besaßen und dem Kapitalismus, der Kirche und sogar den traditionellen Familienstrukturen vollkommen entfremdet waren. Militante Arbeiter sahen ihre einzige Option in der Abschaffung des Privateigentums, um sich von seinen erdrückenden Forderungen zu befreien. In dieser Arbeiterklasse fand Marx eine gesellschaftliche Kraft, die perfekt in Hegels Geschichtstheorie passte: Sie war der lebende Widerspruch zum Kapitalismus, die Fleisch gewordene Negation, der Träger der neuen Gesellschaft. Ihr historischer Zweck war es, die 10 000 Jahre alte gesellschaftliche Hierarchie zu beseitigen.

Als sich im 20. Jahrhundert ein realistisches Weltbild durchsetzte, passten die verschiedenen Fraktionen der Linken ihre Projekte dem unausgesprochenen Eingeständnis an, dass die Geschichte anders verlief als von Marx vorausgesagt. Der Leninismus postulierte, auf sich gestellt, könne die Arbeiterklasse lediglich ein »Gewerkschaftsbewusstsein« entwickeln: Um die Revolution herbeizuführen, musste eine Avantgarde von Intellektuellen und gebildeten Arbeitern die Führung übernehmen und eine hierarchische Partei aufbauen. Mao ging noch einen Schritt weiter und erklärte, die Erfahrung der städtischen Arbeiterklasse – deren große Erhebungen in Schanghai und Guangdong in den zwanziger Jahren gescheitert waren – zeige, dass die Bauernschaft die eigentliche revolutionäre Klasse sei.

Unterdessen gelangte der sozialdemokratische Flügel der Linken zu dem Schluss, aufgrund der Unreife der Arbeiterklasse – aufgrund ihres Mangels an Kultur und Bildung – müsse ihre Machtergreifung durch eine langjährige parlamentarische Aktivität vorbereitet werden, und so wie Lenin von der revolutionären Avantgarde sprach, glaubten die Sozialdemokraten, diese Aktivität müsse Rechtsanwälten, Intellektuellen und Berufspolitikern aus der Mittelschicht übertragen werden.

Die meisten politisch bewussten Arbeiter widersetzten sich sowohl Lenin als auch den gemäßigten Reformsozialisten. Sie kämpften für sehr viel mehr als lebenswürdige Löhne und Gewerkschaften – aber eine sozialistische Revolution strebten sie nicht an. Das in der Geschichte der Arbeiterklasse immer wieder auftauchende Leitmotiv ist die Errichtung von Inseln der Selbstbestimmung und Freiheit innerhalb des Kapitalismus. Doch Leninisten, Maoisten und gemäßigte Sozialdemokraten waren sich darin einig, dass derartige Inseln der Selbstbestimmung die Arbeiterklasse von ihrem eigentlichen Ziel ablenkten.

Eine weitere bemerkenswerte Leistung, mit der sich die Arbeiterklasse vom Marxismus und seinen Führern distanzierte, war die Entwicklung einer alternativen Moral.

Marx bediente sich in seiner Kritik an der kapitalistischen Ausbeutung einer moralisch befrachteten Rhetorik. Aber er lehnte die Vorstellung einer linken Moralphilosophie ab. Es wird berichtet, dass er jedes Mal laut auflachte, wenn er das Wort »Moralphilosophie« hörte. Die meisten Sozialisten des 19. Jahrhunderts verabscheuten den Moralismus, und zwar nicht nur den von der Kirche verfochtenen, sondern auch den der progressiven Gutmenschen, die den Arbeitern predigten, sie sollten sich mit ihrem Los abfinden, anstatt eine bessere Welt anzustreben.

Der Marxismus war eine philosophische Revolte gegen die Postulate der Aufklärung. Kant und andere Vertreter der Aufklärung behaupteten, eine ewige Moral entdeckt zu haben, die unabhängig von der gesellschaftlichen Entwicklung existiere. Wessen Moral, hielt ihnen Marx entgegen, gehorcht eine Frau, die von der Armut gezwungen wird, ihren Körper an den Fabrikbesitzer zu verkaufen? Wessen Moral gehorchen die gläubigen Angehörigen der amerikanischen Sklavenhaltergesellschaft, wenn sie andere Menschen zu Tode peitschen? Marx war überzeugt, dass alle moralischen Systeme der Klassenhierarchie entsprachen, die sie hervorgebracht hatte.[7]

Das Unvermögen des Marxismus, einen moralischen oder ethischen Kodex zu entwickeln, steht in deutlichem Widerspruch zum Handeln der Arbeiterklasse, die sich unentwegt um ein solches Regelwerk bemühte. Tatsächlich war die gesamte Entstehung einer eigenen Klasse – die nach Ansicht von Marx erforderlich war, wenn die Arbeiterklasse den Sozialismus verwirklichen wollte – in der Praxis ein moralisches Projekt, das sich auf die von Aristoteles beschriebene Beziehung zwischen Mittel und Zweck stützte.

Obwohl sie teilweise scheinheilig und stets patriarchalisch war, beruhte die Moral der Arbeiterklasse auf der Erkenntnis, dass es mehr geben musste als »Der Zweck heiligt die Mittel«.

Als ihre Kultur stark war, bemühte sich die Arbeiterbewegung bewusst um die Errichtung einer Gemeinschaft, in der alle Handlungen, die zum guten Leben beitrugen, als tugendhaft betrachtet wurden und in der eine vorbildliche Lebensführung und der Besitz von Tugenden wie Solidarität, Großzügigkeit und der Fähigkeit zur Selbstaufopferung ebenso wichtig waren wie der eigentliche »Zweck« (sei es ein erfolgreicher Streik oder der Sturz einer Regierung).

Richard Llewellyns sentimentaler, zugleich jedoch ausgesprochen realistischer Roman *How Green Was My Valley*, dessen Handlung Anfang des 20. Jahrhunderts in einer walisischen Bergarbeitergemeinde spielt, schildert diese Moral sehr anschaulich. Da sind der feuerspeiende evangelikale Prediger und die Staatsmacht, aber die Bergleute halten sich an einen komplexen ungeschriebenen Moralkodex, der die Gemeinschaft der Arbeiter zusammenschmiedet und verhindert, dass ein Wettbewerb zwischen ihnen ausbricht.

Alasdair MacIntyre beklagte sich einmal, Marxisten verwandelten sich aufgrund ihrer Weigerung, ein eigenes moralisches System zu entwickeln, angesichts eines ethischen Dilemmas stets in Utilitaristen oder Kantianer. Entweder erklärten sie wie Trotzki in seinem Essay »Ihre Moral und unsere«, der Zweck heilige die Mittel,[8] oder sie verkündeten »ewige« moralische Grundsätze, die normalerweise nicht mehr als ein blasser Abklatsch der christlichen Moral waren.

Wenn das zutrifft, war die Arbeiterklasse die wahre Verfechterin der Tugendethik. Es waren die Arbeiter, die ausgehend vom Verständnis ihrer Bestimmung in einer gegebenen Gemeinschaft neue Verhaltensnormen und Kategorien für richtig und falsch entwickelten.

Aber als sich die Marxisten ab den sechziger Jahren mit dem Niedergang der Arbeiterkultur und mit der Atomisierung der Arbeiterklasse konfrontiert sahen, waren sie verzweifelt. Herbert Marcuse, einer der »Kulturmarxisten«, von denen die alternative Rechte heute besessen ist, gelangte zu der Überzeugung, das Industrieproletariat sei eindimensional geworden und habe sich durch Konsumismus und sexuelle Freizügigkeit korrumpieren lassen, weshalb der Kampf für eine bessere Zukunft von nun an von den unterdrückten Gruppen geführt werden müsse, das heißt von Frauen, Minderheiten und den gegen den Imperialismus kämpfenden Völkern der Kolonialreiche.

Der marxistische Sozialphilosoph André Gorz ging in den achtziger Jahren einen Schritt weiter. Da es keinen »Träger« mehr gebe, der die historische Rolle erfüllen könne, die Marx in Hegels Werk gefunden hatte, sei der Kommunismus nun einfach eine weitere Utopie. Doch Gorz forderte, auch ohne die Gewissheit der historischen Unausweichlichkeit weiter dafür zu kämpfen.

Ich sehe es anders. Nachdem der neoliberale Kapitalismus das Industrieproletariat zerschlagen und atomisiert hat, hat sein Totengräber eine neue Gestalt angenommen: die des vernetzten Individuums. Das vernetzte Individuum ist sehr viel eher der »Träger« der Merkmale der zukünftigen befreiten Menschheit als die Bergleute in der Generation meines Großvaters. Wenn das vernetzte Individuum den Kapitalismus zu Fall bringt, wird es das nicht als unbewusste Marionette historischer Kräfte, sondern bewusst und schrittweise tun. Und es hat ein kollektives Interesse daran. Im Folgenden werde ich erklären warum.

Erstens eröffnet uns die Informationstechnologie die Chance, innerhalb des Kapitalismus Inseln des Überflusses und der Selbstbestimmung zu errichten und das Stadium von Knappheit, Planung, Rationierung und zentralisierter Lenkung zu umgehen. Zu Beginn des 21. Jahrhunderts kamen zahlreiche linke Intellektuelle, darunter auch ich, gleichzeitig auf dieselbe Idee: Indem die Informationstechnologie den Preismechanismus ausschaltet und eine rasche Automatisierung erlaubt, eröffnet sie uns die Möglichkeit, direkt das Ziel einer klassenlosen, kooperativen und vollkommen automatisierten Gesellschaft anzustreben. Das vernetzte Individuum hat also ein erreichbares Ziel.

Zweitens hat das vernetzte Individuum einen existenziellen Grund, Widerstand zu leisten. Der Neoliberalismus kann seine Krise nur bewältigen, indem er beginnt, jedermann außerhalb der Elite unter Ausübung von noch größerem Druck die Marktbeziehungen aufzuzwingen: indem er mit Kontrollmechanismen in unsere körperliche Existenz eindringt, unser Leben kommerzialisiert, Daten über jede unserer Bewegungen sammelt, unser Verhalten mit Algorithmen lenkt und kontrolliert und uns in Bereichen, in denen wir gegenwärtig noch kooperieren, den Wettbewerb aufzwingt. Wenn der Kapitalismus im 21. Jahrhundert überleben kann, so nur, indem er die Mehrheit von uns zu einer stärkeren Ausprägung der von Foucault beschriebenen Eigenschaften zwingt, indem er dafür sorgt, dass wir »in eminenter Weise regierbar« bleiben und rücksichtslos als »Unternehmer unserer selbst« miteinander konkurrieren.[9]

Drittens ist das vernetzte Individuum zwar ein Rädchen im Getriebe des Kapitalismus, aber seine Funktion ist sehr viel komplexer als die des Industriearbeiters. Das vernetzte Individuum tauscht seine Arbeitskraft wie gehabt gegen einen Lohn ein, aber ohne seine Kreditaufnahme und seine Spareinlagen wäre das Finanzsystem nicht lebensfähig. Obendrein verwandelt es sich zusehends in einen »Prosumer«: Sein Konsum erzeugt Marken, und seine Entscheidungen, sein Verhalten bei der Partnersuche und seine Praktiken des Wissensaustauschs haben die riesigen Datenbanken geschaffen, auf denen der Marktwert von Google, Amazon, Alibaba und ähnlichen Unternehmen beruht. Der Kapitalismus hat sich in eine »gesellschaftliche Fabrik« verwandelt, wie es der marxistische Philosoph und Politiker Mario Tronti ausgedrückt hat. Unsere Aktivitäten am Arbeitsplatz und im Privatleben erzeugen die Profitströme, welche die Bankkonten der Kapitalisten füllen.[10]

Daher werden wir das System in eine existenzielle Krise stürzen, wenn wir uns den Normen, den Routineabläufen und der performativen Kultur des Neoliberalismus verweigern. Formen des Widerstands, die klassische Marxisten in den sechziger Jahren als lediglich »kulturell« betrachteten – Konsumboykotte, Kampagnen gegen Marken oder die Gründung von Genossenschaften –, können dem Kapitalismus mittlerweile wirtschaftlich, materiell und systemisch schaden.

Schließlich werden alle gegenwärtigen, begrenzten Manifestationen der Freiheit unter Beschuss geraten, da der Neoliberalismus in konkurrierende Machtblöcke zerfällt, was extremere Formen des Autoritarismus und den Aufstieg der alternativen Rechten begünstigt. Wenn wir uns ein Bild von der Zukunft machen wollen, können wir uns in Anlehnung an Orwell eine Armee von Trollen und Bots vorstellen, die im Dienst eines kleptokratischen Präsidenten der Journalistin, deren Adresse sie gerade im Internet veröffentlicht haben, eine Vergewaltigung androhen.

Angesichts der Tatsachen widerspricht es dem Geist des Marxismus, an der marxistischen Theorie des Proletariats festzuhalten. Aber wenn ich recht habe und das vernetzte Individuum der Akteur der nächsten großen historischen Veränderung sein wird, dann müssen wir in der »gesellschaftlichen Fabrik« tun, was unsere Großväter in der industriellen Fabrik taten: Wir müssen einander ausfindig machen und gemeinsam handeln. Dabei zählt die Wiederherstellung einer kollektiven plebejischen Moral zu den wichtigsten Aufgaben der Gegenwart.

Im Jahr 1859 legte Marx in seinem Vorwort zu seiner Schrift *Zur Kritik der politischen Ökonomie* eine allgemeine Theorie des Aufstiegs und Niedergangs von Produktionsweisen vor. Er erklärte: Solange eine Wirtschaftsstruktur den technologischen Fortschritt fördert, überlebt sie. Sobald sie eine »Fessel« für den Fortschritt wird, ist sie zum Untergang verurteilt. Dieser Prozess beinhaltet das Wechselspiel zwischen der Wirtschaftsstruktur und dem kulturellen, rechtlichen, sozialen und ideologischen Überbau.

Doch nirgendwo in den drei dicken Bänden von Marx' spätem Meisterwerk *Das Kapital* findet sich eine konkrete Vorhersage dazu, wie das geschehen könnte. Man findet dort eine Werttheorie, die Bestand gehabt hat und die umwälzenden Wirkungen der Informationstechnologie besser erklärt als die Mainstream-Ökonomie.[11] Man findet eine Krisentheorie, die erklärt, wie die technologische Innovation die menschliche Arbeitskraft durch Maschinen ersetzt und unablässige Mutationen des kapitalistischen Überbaus erzwingt: Es müssen neue Bedürfnisse, höher qualifizierte Tätigkeiten, neue Arbeitsmuster, neue Hierarchien am Arbeitsplatz entwickelt werden, und die reichen Länder werden sogar gezwungen, ärmere Länder zu kolonisieren, um ihren Bevölkerungsüberschuss dorthin exportieren zu können.

Doch die großen Mutationen der wirtschaftlichen Struktur des Kapitalismus, die nach seinem Tod stattfanden, konnte Marx nicht vorwegnehmen. Eine derartige Mutation beschrieb er immerhin skizzenhaft: Der Industriekapitalismus überlebte die Krise des Jahres 1848, indem er einen strategischen Waffenstillstand mit der Arbeiterklasse schloss und das Börsensystem erfand. Aber Marx arbeitete diesen Anpassungsprozess nie theoretisch auf.

Mit Blick auf die Geschehnisse in den vergangenen zweihundert Jahren könnten wir das Marx'sche Vorwort aus dem Jahr 1859 so überarbeiten: »Wenn die Wirtschaftsstruktur eine Fessel für die technologische Entwicklung wird, durchläuft sie normalerweise eine traumatische Mutation, damit der Kapitalismus überleben kann.« Aber damit hätten wir eine Theorie der Überlebensfähigkeit des Kapitalismus, nicht seines zwangsläufigen Untergangs.

Im sogenannten »Maschinenfragment«, einem im Jahr 1858, also kurz vor dem berühmten »Vorwort« verfassten Text, sagte Marx jedoch ausgehend vom selben Gedankengang voraus, wie der Zusammenstoß des Kapitalismus mit dem technologischen Fortschritt die gesamte Grundlage der marktgestützten Wirtschaft zerstören kann.

Die Voraussetzungen dafür sind: (1) Die Maschinen verdrängen die menschliche Arbeitskraft weitgehend aus dem Produktionsprozess. (2) Der technologische Fortschritt findet nicht in der physischen Aktivität, sondern auf der Ebene der Information statt (d. h. im Design der Maschinen, durch Automatisierung, durch die Neugestaltung der Arbeitsströme). (3) Der Fortschritt beruht auf der Vergesellschaftung des Wissens. Wenn erst einmal die Arbeit und das Wissen jedes Menschen zur Produktivität und Effizienz aller anderen beitragen (Marx bezeichnete dies als »allgemeinen Verstand«), tritt ein unüberwindlicher Gegensatz zwischen Technologie und Privateigentum zutage: Dies ist die höchste gesellschaftliche Ausprägung des Kapitalismus.

In diesem Szenario hat das Wirtschaftssystem ein Entwicklungsstadium erreicht, in dem Wissenschaft und Technologie genutzt werden, um die Schaffung von Wohlstand so weit wie möglich von der Arbeit unabhängig zu machen. Wissenschaft und Technologie enthalten implizites gesellschaftliches Wissen, das den wirtschaftlichen Strukturen – basierend auf Privatunternehmertum und geistigem Eigentum – widerspricht. Jede Technologie, die auf vergesellschaftetem Wissen beruht, so Marx, wird die Fundamente des Privateigentums »in die Luft sprengen«.[12]

Die orthodoxen Marxisten haben einen theoretischen Krieg gegen das

»Maschinenfragment« geführt. Der Grund dafür ist, dass dieser Text die Ideologie des Klassenkampfs um eine unwillkommene humanistische Vision von der technologischen Befreiung erweitert.[13] Obwohl das »Fragment« nur eine grobe Skizze ist, enthält es das, was im *Kapital* fehlt: eine spezifisch auf den Informationskapitalismus bezogene Version der Vorhersage zum Untergang von Wirtschaftssystemen, die Marx im Jahr 1859 in seinem Vorwort beschrieb: »Eine Gesellschaftsformation geht nie unter, bevor alle Produktivkräfte entwickelt sind, für die sie weit genug ist [...]. Daher stellt sich die Menschheit immer nur Aufgaben, die sie lösen kann.«[14]

Diese ergebnisoffene, unspezifische Vorhersage ist die beste Anleitung zum Verständnis der Dynamik, die durch den Zusammenstoß zwischen der Informationstechnologie und den Wirtschaftsstrukturen von Märkten, Lohnarbeit, geistigem Eigentum und algorithmischer Kontrolle ausgelöst wird. Eine vollständige materialistische Theorie des Endes des Kapitalismus wird wahrscheinlich erst entwickelt werden, nachdem er verschwunden ist.

Würden wir eine Liste der Behauptungen anfertigen, die seit Beginn der wissenschaftlichen Revolution über die Kausalität aufgestellt worden sind, so erhielten wir eine Chronologie zunehmender Komplexität. Im Jahr 1611 formulierte Kepler, der beobachtet hatte, dass alle Schneeflocken sechseckig waren, die Hypothese, die kleinste natürliche Einheit einer Flüssigkeit wie Wasser könne beim Gefrieren vermutlich am effektivsten in Form eines Sechsecks kristallisieren.[15] Als die Wissenschaft Anfang des 20. Jahrhunderts Atome und Moleküle zu verstehen begann, lieferte sie eine komplexere Erklärung für die Struktur der Schneeflocke. Heute können wir eine Schneeflocke auch als »Fraktal« auffassen. Die Chaostheorie sagt uns, wir sollten einen Schneesturm als komplexes System verstehen, das instabil geworden ist. Wenn sich ein Eisklumpen bildet und die Instabilität des Systems anzieht, formt er die winzigen Segmente, die wir als Schneeflocken bezeichnen.

Kepler betrachtete eine Schneeflocke als Ding. Die moderne Physik versteht sie als linearen, aber reziproken Prozess. Die Chaostheorie betrachtet sie als nichtlinearen Prozess, der unvorhersehbare Rückkoppelungsschleifen zwischen zwei Systemen – dem Wassermolekül und dem Schneesturm – beinhaltet.

Diese Chronologie – von einfachen in einer Richtung verlaufenden Erklärungen zu relationalen zu komplexen zu chaotischen zu ungewissen – ist auch in den Gesellschaftswissenschaften zu beobachten. Das Problem ist, dass die von Marx angewandte Methode zur Beschreibung der Komplexität – die Dialektik – unzureichend ist. Sie ist besser als die einfachen kausalen Erklärungen, die sie ersetzte, und kann noch heute ein nützliches Einordnungswerkzeug sein. Aber ihre Verwendung unter Ausschluss anderer Analyse- und Erklärungsmethoden stürzte den Marxismus in einen theoretischen Abgrund.

Zunächst einmal sollten wir den »dialektischen Materialismus« zu den Akten legen. Marx selbst verwendete den Terminus nicht, aber nach seinem Tod versuchte Friedrich Engels, die Dialektik zu einer Theorie von allem auszubauen. Als vollständige wissenschaftliche Theorie der Realität wurde der dialektische Materialismus (abgekürzt »Diamat«) in der Sowjetunion Millionen Menschen eingeimpft und wird heute von Xi Jinping zur politischen Rechtfertigung seiner Machtusurpation verwendet.

Engels beging den Fehler zu behaupten, das Hegel'sche Gesetz der Entwicklung durch Widerspruch, also die Dialektik, sei ein »äußerst allgemeines und ebendeswegen äußerst weit wirkendes und wichtiges Entwicklungsgesetz«, das »in der Tier- und Pflanzenwelt, in der Geologie, in der Mathematik, in der Geschichte, in der Philosophie zur Geltung kommt«.[16] Es stimmt, dass in der Natur anscheinend dialektische Prozesse zu beobachten sind. Beispielsweise ist es eine dialektische Transformation, wenn sich feuchte Luft in Schnee verwandelt. Aber wenn wir wie Marx darauf beharren, dass unser mentales Modell der Welt aus unserem wissenschaftlichen Verständnis der Realität abgeleitet werden muss, wäre es abwegig zu behaupten, die Dialektik sei die abschließende Form dieses Modells. Das wäre so, als würden wir behaupten, die Geschichte der Musik ende mit Beethoven.

Wir können wie Engels in seiner *Dialektik der Natur* sagen, dass »die gesamte Natur, vom Kleinsten bis zum Größten, von den Sandkörnern bis zu den Sonnen, von den Protisten bis zum Menschen, in ewigem Entstehen und Vergehen, in unaufhörlichem Fluß, in rastloser Bewegung und Veränderung ihr Dasein hat«.[17] Aber das bedeutet nicht, dass im 18. Jahrhundert entwickelte logische Prämissen diesen Prozess richtig beschreiben könnten. Und tatsächlich wirkt Engels nicht zufällige Verwendung des Worts »ewig«, das heißt seine implizite Weigerung, den Hitzetod des Universums anzuerkennen, heute zutiefst unmaterialistisch auf uns.

Der erste große Konflikt zwischen dem Marxismus und der Wissenschaft – Lenins Angriff auf Ernst Mach, den Entdecker der Stoßwellen – war der Anlass für die erste kohärente kritische Auseinandersetzung mit der Dialektik innerhalb des Marxismus. Der bolschewikische Arzt, Philosoph und Ökonom Alexander Bogdanow antwortete Lenin mit der Warnung, indem die Marxisten die Dialektik zum Dogma machten, riskierten sie, dass die logischen Kategorien die Dynamik der Realität verdeckten.[18] Tatsächlich hatte dieser Prozess bereits begonnen: Fast alle Fehler, die Lenin und seine Anhänger begingen, hatten ihren Ursprung in dem Bemühen, eine komplexe Realität in ein einfaches Schema zu pressen, sowie in der Überzeugung, der Kapitalismus sei unfähig, seine Dynamik wiederzuerlangen, da die Dialektik seinen unmittelbar bevorstehenden Untergang vorsah.

In den »Pariser Manuskripten« aus dem Jahr 1844 erklärte Marx, nachdem der Mensch einmal die Beziehung zur Natur wiederhergestellt sowie das Privateigentum und den Staat abgeschafft habe, werde die Naturwissenschaft »später ebensowohl die Wissenschaft von dem Menschen wie die Wissenschaft von dem Menschen die Naturwissenschaft unter sich subsumieren: es wird *eine* Wissenschaft sein«.[19]

Da dies seine Hoffnung war, musste der Marxismus als Sozialwissenschaft von der Naturwissenschaft lernen und ihre mentalen Modelle von Komplexität, Chaos und Ungewissheit übernehmen und anpassen. So wie die Dialektik ein Versuch war, den Rationalismus des 18. Jahrhunderts zu vertiefen und »darüber hinauszudenken«, muss die Linke im 21. Jahrhundert bereit sein, über die Dialektik hinauszudenken und die aus der wissenschaftlichen Beobachtung hervorgehenden logischen Modelle zu verwenden.

Wie können wir das tun? Indem wir die Tatsachen betrachten und nicht aufhören, Fragen zu stellen.

Der letzte und in mancher Hinsicht bedeutsamste Fehler in Marx' Denken betrifft das Ökosystem der Erde. Auf theoretischer Ebene verstand Marx, dass die Menschheit ein – wenn auch einzigartiger Teil – der Natur war: Sie war in der Lage, die natürliche Umwelt zu verwandeln, um die Ziele des Menschen zu erreichen. Marx erklärte, die menschlichen Gesellschaften seien »nicht Eigentümer der Erde. Sie sind nur ihre Besitzer, ihre Nutznießer, und haben sie als boni patres familias den nachfolgenden Generationen verbessert zu hinterlassen«.[20] Sein Mitstreiter Engels warnte: »Schmeicheln wir uns indes nicht zu sehr mit unsern menschlichen Siegen über die Natur. Für jeden solchen Sieg rächt sie sich an uns.«[21]

Obwohl Marx nichts über die Klimaforschung wusste, beschäftigte er sich zumindest theoretisch mit einem unvermeidlichen Konflikt zwischen den beiden Systemen – menschliche Gesellschaft und Natur –, der ausbrechen würde, sobald eine Produktionsweise erreicht war, die auf dem Streben nach unbegrenztem Wachstum und stetig steigender Produktivität beruhte. Die Verstädterung und die Kommerzialisierung der Landwirtschaft, so Marx, zerstörten die beiden Quellen allen Wohlstands: den Boden (durch Erschöpfung der Nährstoffe) und das menschliche Wesen (durch sinkende Lebenserwartung, Armut, Unsicherheit und Epidemien).[22]

In seiner Antwort auf Thomas Malthus, der behauptete, der Kapitalismus werde durch die Bevölkerungsexplosion zerstört werden, sah Marx jedoch keine Anzeichen dafür, dass die Umwelt dem Kapitalismus Grenzen setzte. Obwohl er gelegentlich die Möglichkeit solcher Grenzen einräumte, nahm er an, der technologische Fortschritt könne die natürlichen Beschränkungen überwinden, die der menschlichen Gesellschaft durch begrenzte Rohstoffvorkommen und die schwindende Ergiebigkeit der Böden auferlegt wurden. Die Vorstellung, die auf fossilen Energieträgern beruhende Wirtschaft könne den Planeten zerstören, war ihm ebenso fremd wie all seinen Zeitgenossen.

Aber das ist kein Grund, Marx freizusprechen. Seine Kritik an Malthus beruhte auf der Annahme, es gebe keine natürliche Grenze für die Expansion des Kapitalismus, sondern nur einen unvermeidlichen Zusammenstoß zwischen neuer Produktionstechnologie und alten gesellschaftlichen Strukturen von Klasse und Privateigentum. Er beurteilte die Aussichten des Kapitalismus im Wesentlichen optimistisch und glaubte, der technologische Fortschritt könne die Probleme, die er erzeuge, stets auch lösen. Und diese Vorstellung hatte praktische Auswirkungen: Sie ermutigte etwa die Sowjetunion, die natürlichen Ressourcen rücksichtslos auszubeuten und die Natur bis an die Grenzen der Zerstörung zu verschmutzen. Und bis vor Kurzem erlaubte sie der chinesischen Bürokratie, dasselbe zu tun.

Nach mehr als zwei Jahrhunderten der industriellen Entwicklung können wir das Problem neu einordnen. Der vom Menschen verursachte Klimawandel zieht der kapitalistischen Entwicklung eine klare Grenze. Die Klimaforscher sagen voraus, dass ein Anstieg der Erdtemperatur um zwei

Grad über den langjährigen Durchschnitt chaotische Rückkoppelungs-schleifen in der Natur auslösen wird, die Klimaphänomene mit katastrophalen gesellschaftlichen Auswirkungen heraufbeschwören werden.

Angesichts dieses neuen Problems wählten die modernen Marxisten drei verschiedene Zugänge. Eine Gruppe hielt am technologischen Optimismus des 19. Jahrhunderts fest: Sie suchte nach einer technischen Lösung zur Umkehrung des Klimawandels, bestand jedoch darauf, diese sei nur möglich, wenn der Kapitalismus gestürzt werde.

Eine zweite Gruppe um den linken Ökonomen James O'Connor erklärte, der Marxismus müsse zu einer Darstellung von »zwei Widersprüchen« erweitert werden. Da war zunächst der bekannte Widerspruch zwischen Technologie und wirtschaftlichen Strukturen. Sodann beschrieb O'Connor einen Widerspruch zwischen dem Kapitalismus und der von ihm erzeugten kommerzialisierten natürlichen Umwelt: intensiv ausgebeutete Böden, verschmutzte Luft, das globale System, das Hülsenfrüchte in Kenia anbaut, um sie im Flugzeug nach Großbritannien zu bringen – und schließlich die Fähigkeit der Erdatmosphäre zur Kohlenstoffabsorption.

Die Stärke von O'Connors These ist, dass sie auf einer Erkenntnis über den Kapitalismus beruht, die Marx versagt blieb, während sie späteren Marxisten zugänglich war: Der Kapitalismus ist als System auf die ständige Interaktion mit anderen Systemen und auf deren Übernahme angewiesen. In O'Connors Augen setzt der Klimawandel der Fähigkeit des Kapitalismus zur Transformation der Natur Grenzen.

Die überzeugten Ökomarxisten glauben jedoch, sogar O'Connor habe das Ausmaß des Problems unterschätzt: Er versuche, eine »marxistische« Begründung für eine Verringerung des Verbrauchs an fossiler Energie zu geben, während es in Wahrheit einen ökologischen Grund dafür und für radikale Maßnahmen zur Bewältigung anderer Bedrohungen für die Biosphäre gebe.

Angesichts des vom Menschen verursachten Klimawandels und der Versuche der modernen Marxisten, seine Auswirkungen zu verstehen, wird klar, dass die Analyse von Marx unzureichend ist. Aber wenn wir seinem Rat folgen, »das Ganze zu analysieren«, so stellen wir fest, dass das Ganze die Biosphäre der Erde, ihre menschliche Bevölkerung und deren gegenwärtige Technologien und Gesellschaftsstrukturen sind.

All das wirkt sich offenkundig auf jedes Projekt aus, dessen Ziel es ist, die Technologie zur Überwindung des Kapitalismus einzusetzen: Es bedeutet, dass wir die Interaktion zwischen wirtschaftlicher Entwicklung und Klima steuern müssen. Es bedeutet, dass wir die Nutzung fossiler Energieträger beenden und eine »Kreislaufwirtschaft« errichten müssen, die es uns erlauben wird, die Rohstoffextraktion deutlich zu verringern – etwas, was Marx in seinem einseitigen Optimismus in Bezug auf Produktivität und Wachstum nicht voraussah.

Das Gedankengebäude von Marx weist wesentliche Konstruktionsfehler auf. Er beging Fehler, geriet in Sackgassen und ging in die falsche Richtung. Und zwar nicht nur in untergeordneten Fragen, sondern in Bezug auf einige der größten Probleme, die wir zu lösen haben. Warum fürchten sich die Rechtspopulisten trotzdem so sehr vor dem Marxismus? Die Antwort kann nicht darauf reduziert werden, dass ein paar deutsche Emigranten die politische Korrektheit darauf aufbauten. Vielmehr liegt es daran, dass der Marxismus, wenn er von seinen autoritären Impulsen gereinigt wird, weiterhin eine wichtige Grundlage für eine radikale Strategie des Widerstands sein kann.

In den fünfziger Jahren entwickelte sich parallel zu den entmutigenden gesellschaftlichen Kommentaren jener Intellektueller, die heute das Ziel der alternativen Rechten sind – Marcuse, Adorno und Horkheimer –, eine weitere geistige Strömung, die von größerer Bedeutung für die Gegenwart ist: Sie besteht aus dem marxistischen Humanismus von Leuten wie Raya Dunayevskaya, jener Arbeiteraktivistin, die als Erste die Manuskripte aus dem Jahr 1844 ins Englische übersetzte, und aus dem »radikalen Humanismus« von Theoretikern wie Erich Fromm.

Eine der wichtigsten Figuren des humanistischen Marxismus, der Historiker Edward P. Thompson, erklärte nach dem ungarischen Aufstand im Jahr 1956: »Ich kann nicht länger von einer einzigen, gemeinsamen marxistischen Tradition sprechen. Es gibt zwei Traditionen.« Dies seien eine der Freiheit verpflichtete Tradition des humanistischen Marxismus und eine antihumanistische Tradition, deren Vertreter die Unterdrückung rechtfertigten und die Handlungsfreiheit des Menschen leugneten. Die antihumanistische Tradition, erklärte Thompson, müsse bis zum Tod bekämpft werden: Wenn der Marxismus eine Unterwerfung des Menschen unter die historischen Kräfte und die Beseitigung der Fähigkeit zur Weltveränderung bedeute, erklärte Thompson, dann wolle er lieber zum Christentum oder einfach zum liberalen Moralismus konvertieren.

Den Platz der Pfeife rauchenden Kommunisten aus Althussers Zeit als Vertreter von Antihumanismus und Fatalismus auf der Linken haben mittlerweile die Postmodernisten, die »objektorientierten Ontologen« und Posthumanisten eingenommen, die Marx' Vermächtnis zum Glück nicht mehr für sich in Anspruch nehmen. Daher muss niemand, der Marx' humanistische Prinzipien verteidigen will, nach dem Rosenkranz greifen. Aber wir müssen uns dazu bekennen – und stolz darauf sein –, dass unsere Vorstellungen in der Tradition der um den Menschen kreisenden Religionen der Achsenzeit und der jüdisch-christlichen Aufklärung stehen.

Daher würde ich auf die Frage »Sind Sie ein Marxist?« folgende Antwort geben:

Ich bin ein radikaler Humanist, der glaubt, dass wir kurz davor stehen, etwas zu verwirklichen, das Marx vorschwebte: eine von der Technologie befähigte Gesellschaft, in der die meisten Dinge, die wir konsumieren, kostenlos sein werden, und eine massenhafte Veränderung des menschlichen Wesens, die es uns erlauben wird, die neue Freiheit zu nutzen. Wie Marx glaube ich, dass unser Streben nach Freiheit das Produkt unserer Evolution ist und dass die jüngsten Fortschritte in Genetik, Evolutionsbiologie und Neurowissenschaft diese Überzeugung bestätigen. Wie Marx glaube ich, dass eine auf dem Privateigentum beruhende Gesellschaft die Vergesellschaftung des Wissens durch den technologischen Fortschritt nicht überstehen wird.

Aber anders als Marx glaube ich, dass diese Revolution der Menschheit nicht durch das unbewusste Handeln einer einzelnen Klasse, sondern durch ein vielgestaltiges Netzwerk bewusst handelnder menschlicher Wesen herbeigeführt werden wird. Anders als Marx glaube ich, dass der Planet dem Einsatz der Technologie Grenzen setzt und uns zwingt, bei der Überwindung des Kapitalismus bestimmte Prioritäten zu setzen. Und anders als Marx breche ich nicht in Gelächter aus, wenn ich das Wort »Moralphilosophie« höre, denn um die Technologie beherrschen zu können, die wir nutzen werden, um den Überfluss zu erreichen, brauchen wir einen globalen ethischen Rahmen.

TEIL V

REFLEXE

In einer in Klassen unterteilten Gesellschaft kann der Mensch seine Möglichkeiten nie vollkommen ausschöpfen [...], und deshalb findet die Entwicklung in unvorhersehbaren Sprüngen statt. Wir können möglicherweise nie wissen, wie nahe wir dem nächsten Sprung nach vorn sind.

Alasdair MacIntyre[1]

ZWISCHENSPIEL

Nehmen wir an, es gäbe einen Planeten, auf dem Millionen Spezies lebten, von denen eine Handvoll durch Zufall die Fähigkeit entwickelt hätte, bewusst zu denken, rationale Entscheidungen zu fällen, zu sprechen und Werkzeuge herzustellen.

Die technologische Geschichte dieser Spezies verläuft langsam: Etwa drei Millionen Jahre lang können sie nur grundlegende Steinwerkzeuge bauen. Dann entwickelt eine dieser Spezies eine Kultur, eine komplexere und vielgestaltigere Sozialstruktur und eine reichhaltigere Sprache, was es ihr erlaubt, den gesamten Planeten zu erobern, während die übrigen denkenden Spezies aussterben. Dieser Prozess dauert weitere 300 000 Jahre.

Nun beschleunigt sich die Entwicklung: Vom ersten Kulturgegenstand bis zur Entstehung der ersten sesshaften Agrargesellschaft dauert es etwa 30 000 bis 40 000 Jahre. Von der Keramik zur Bronzeproduktion, von der Bronze zum Eisen, von der Herrschaft von Stammesoberhäuptern zur Entwicklung einer Theorie der Demokratie sowie zur Entstehung mehrerer Religionen, die eine zukünftige Selbstverwirklichung dieser Spezies versprechen, dauert es weitere 10 000 Jahre. Etwa 2000 Jahre später wird die Dampfmaschine erfunden. Nur 100 Jahre nach der Einführung der Maschine beginnt die Produktivität dieser Spezies, die seit der Gründung der ersten Städte und dem Beginn der Landwirtschaft stagnierte, plötzlich rasant zu steigen. Und als die Maschinen mit beweglichen Teilen durch digitale Maschinen ersetzt werden, beginnt die Produktivität in einigen Wirtschaftssektoren exponentiell zu steigen.

Wie ist die Gemütsverfassung der Angehörigen dieser Spezies, die das Glück haben, in dieser faszinierenden Epoche des Aufbruchs zu leben? Gewiss sind sie von Begeisterung, Zuversicht und der Überzeugung erfüllt, dass trotz aller Probleme weitere Fortschritte möglich sind.

Wie wir gesehen haben, ist es nicht so. Die vorherrschende Geisteshaltung auf unserem Planeten ist der Fatalismus. Die beherrschende politische Ideologie ist die Verehrung des Marktes. Nachdem sie das »Ende der Geschichte« genossen haben, beobachten viele progressive und gebildete Menschen bedrückt, wie die Geschichte zurückkehrt: Im gegenwärtigen Chaos können sie nur sehen, dass sich Faschismus und Diktatur wiederholen werden und dass unsere Spezies die Wunden, die sie dem Planeten zugefügt hat, weiter aufreißen wird, so dass die Schäden bald irreparabel sein dürften.

Stellen wir uns nun vor, dass einige Angehörige dieser Spezies dieses fatalistische Denken überwinden wollen. Dazu müssten sie sich zu mehreren Entscheidungen durchringen: Sie müssten ein anderes Wirtschaftsmodell anstreben, vielfältigere und widerstandsfähigere Formen der Demokratie entwickeln, die universellen Menschenrechte hochhalten und kooperative Basisprojekte gründen, um die Solidarität zwischen den Menschen wiederherzustellen.

Stellen wir uns vor, zahlreiche gebildete Angehörige dieser Spezies entschließen sich, dem Beispiel der Arbeiterklasse des 19. Jahrhunderts zu folgen, um diese Projekte umzusetzen: Sie schließen sich zusammen und handeln. Nehmen wir an, sie versuchen, ausgehend von einem Konsens über ihre gemeinsamen Interessen – Marx sprach in diesem Zusammenhang davon, eine »Klasse für sich selbst« zu werden –, »sie selbst« zu werden und für ein positives Ziel zu kämpfen.

In diesem Fall müsste diese Gruppe über eine Liste von politischen Maßnahmen und Forderungen an ihre Regierung hinausgehen und verschiedene kämpferische Reflexe entwickeln. Angesichts ihrer gesamten Geschichte ist anzunehmen, dass sie einander ermutigen werden, indem sie Geschichten über Menschen erzählen, die diese Reflexe in der Vergangenheit gezeigt haben. Obwohl ich einige wichtige Maßnahmen und Prinzipien für den bevorstehenden Widerstandskampf skizzieren werde, geht es mir im letzten Teil dieses Buchs in erster Linie darum, jene Reflexe zu beschreiben, zu denen wir einander gegenseitig ermutigen können.

WIR MÜSSEN DIE ZUKUNFT WIEDERHERSTELLEN

Im Jahr 2017 führte die Modemarke Calvin Klein ein Parfüm namens Obsessed ein; das Gesicht der begleitenden Werbekampagne war das britische Supermodel Kate Moss. Als ich zum ersten Mal die Werbeanzeige für das Parfüm auf der Rückseite einer Zeitschrift sah, war ich überrascht, wie jung Kate Moss wirkte. Eine genauere Recherche ergab, dass die Werbeagentur ein Foto aus dem Jahr 1993 verwendet hatte.

Das war durchaus folgerichtig, denn das neue Parfüm war einfach eine »Neuerfindung« eines berühmten Parfüms namens Obsession, das fünfundzwanzig Jahre früher auf den Markt gekommen war. »Es lebte so viele Jahre in unserer Vorstellung und wurde zum Inbegriff der Sinnlichkeit«, erklärte der Verantwortliche für die Marketingstrategie. »Uns schwebte ein Duft vor, der diese Andeutung von Erinnerung und Begehren in die Gegenwart transportieren würde.«[1]

Wenn ein Unternehmen ein fünfundzwanzig Jahre altes Foto verwendet, um für ein Produkt zu werben, sprechen wir normalerweise von »retro«. Als die Werbung das in den achtziger Jahren mit Fotos von Marilyn Monroe tat, spielte sie bewusst mit dem Rückgriff auf die Vergangenheit. Wenn wir uns einen alten Film Noir ansehen, wenn wir uns eine Platte von Billie Holiday anhören oder Vintage-Mode tragen, wissen wir, dass wir es mit einer vergangenen Ästhetik zu tun haben: Wir frönen einer kontrollierten Nostalgie.

Aber die Obsessed-Werbung konnte man unmöglich als Retro-Bild deuten. Sie wirkte modern, denn in dem Vierteljahrhundert, das seit der ursprünglichen Werbekampagne vergangen war, hatte sich in der Popkultur kaum etwas geändert. In den Bars, Cafés und Friseursalons der Welt wird weiterhin Musik aus den achtziger Jahren gespielt, um eine Atmosphäre zu erzeugen, in der sich jedermann zuhause fühlt. Es ist, als hätte man den Leuten in den siebziger Jahren Glenn Miller vorgespielt, ohne dass sie den Unterschied zwischen Swing und Punk gehört hätten.

Der Philosoph Franco Berardi bezeichnet dieses Phänomen als »langsame Auslöschung der Zukunft«.[2] Als die Menschen einmal die Vorstellung akzeptiert hatten, der Neoliberalismus sei die endgültige Form des Kapitalismus und die Geschichte sei »zu Ende«, trat die Popkultur in eine Wiederholungsschleife ein, in der für die Idee des Fortschritts kein Platz mehr war. Bis 1989 war es normal gewesen, dass neue Musikgruppen die bekannten Stile ablehnten und neue entwickelten. Coole Jugendliche tauchten plötzlich in improvisierter Kleidung auf und ließen ihre Umgebung alt aussehen. Doch jetzt wurde alles zu einer Montage von allem anderen. Der Kulturkritiker Mark Fisher fasste die Stimmung so zusammen: »[D]as Alltagsleben [hat sich] beschleunigt, die Kultur hingegen verlangsamt.«[3]

Das Ausbleiben von Fortschritt greift auch auf die Politik über. Wenn wir uns die Aufnahmen vom Angriff der Polizei auf den von Martin Luther King geführten Bürgerrechtsmarsch in Selma im US-Bundesstaat Alabama ansehen, wird uns klar, dass das Böse etwas Gutes hervorbrachte. Hingegen wirken die Bilder vom Marsch bewaffneter Rechtsradikaler durch Portland oder von syrischen Folteropfern wie endlose, groteske Theaterinszenierungen, denen wir keinen Sinn abgewinnen können.

Der Philosoph Fredric Jameson erklärte, nach dem Sieg des Neoliberalismus könnten sich die Menschen eher das Ende der Welt als das Ende des Kapitalismus vorstellen.[4] Aber wie wäre es, wenn wir uns das Ende des Kapitalismus vorstellen könnten? Schließen Sie einen Augenblick die Augen und versuchen Sie es. Ist es beängstigend? Was sehen Sie?

Das Wahrscheinlichste ist, dass Sie dieselbe Utopie gesehen haben, die das abendländische Denken seit Aristoteles inspiriert: eine menschliche Gemeinschaft, in der es keine Armut gibt und Eigentum und Hierarchie keine Rolle spielen, in der jedermann ein auskömmliches Leben führt und genug Freizeit hat, um sein menschliches Potenzial auszuschöpfen, und in der die Arbeit von Maschinen geleistet wird. Das gute Leben.

Zu Beginn des 21. Jahrhunderts liegen die Werkzeuge bereit, mit denen wir uns von der Arbeit befreien könnten. Wenn Sie Schauergeschichten über Roboter oder automatisierte Prozesse hören, die in den Industrieländern die Hälfte der Arbeitsplätze auslöschen werden, bedeutet das in Wahrheit, dass wir uns innerhalb eines Jahrhunderts weitgehend von der physischen Arbeit befreien können. Es bedeutet, dass die grundlegenden Dinge, die wir zum Leben brauchen – Nahrungsmittel, Energie, Transport, Wohnung, medizinische Versorgung und Bildung –, im Überfluss vorhanden sein werden und durch direkte Kooperation der Menschen außerhalb des Marktes zur Verfügung gestellt werden können. Knappheit wird es abhängig von Sachkenntnis oder Rohstoffvorkommen nur noch in kleinen Nischen geben.

In meinem Buch *Postkapitalismus* erkläre ich, dass die Informationstechnologie einen neuen Weg zur Überwindung des Kapitalismus eröffnet. Seit Erscheinen des Buchs haben einige der darin enthaltenen Vorschläge, darunter ein Grundeinkommen für alle Bürger, universelle grundlegende Dienste oder kooperative Plattformen, die Unternehmen wie Uber ersetzen sollen, Eingang in die gesellschaftliche Debatte gefunden.

Dem gegenüber steht die beängstigende Alternative, die Intellektuelle wie der Technologieexperte Evgeny Morozov beschreiben: der digitale Feudalismus. In diesem Szenario nimmt die von der Digitalisierung genährte Ungleichheit derart zu, dass an die Stelle des Marktes eine neue Beziehung zwischen Technologieunternehmen und Bevölkerungsmehrheit tritt, die an das Verhältnis zwischen Grundherren und Bauern im Mittelalter erinnert.

Die Technologiegiganten extrahieren im Bündnis mit dem Staat Vermögen, indem sie sich von uns erzeugte Daten aneignen und diese manipulieren. Die meisten Menschen können ihre Bedürfnisse nicht länger allein mit Arbeit erfüllen, weil es nicht genug davon gibt; stattdessen binden sie sich in einer auf den Daten beruhenden Knechtschaft an die Technologieanbieter.[5]

Sollte uns tatsächlich ein digitaler Feudalismus bevorstehen, so wird die Religion, die ihn zusammenhält, eine ganz andere sein als das mittelalterliche Christentum. Es wird der Kult um die ewig junge Kate Moss sein, die ein neues Parfüm nach dem anderen bewirbt, wobei jedes Parfüm lediglich eine neue Version des vorhergehenden sein wird. Kultur, Mode, Musik und Kunst der vergangenen zwei Jahrhunderte werden sich in »Muster« verwandeln, in Erinnerungen an eine Zeit, in der sich die Menschheit noch für den Fortschritt und die Möglichkeit der Freiheit interessierte, und diese Muster werden von Menschen verwendet werden, die wenig oder gar nichts über jene Ideale wissen.

Die Hauptstädte des digitalen Feudalismus werden natürlich Peking, Neu-Delhi und Moskau sein, denn dank ihrer immensen Macht werden sich die heutigen autoritären Regime einen Vorsprung in der Entwicklung von künstlicher Intelligenz, Überwachung und algorithmischer Kontrolle verschaffen.

Die raschen Fortschritte auf dem Gebiet der KI, Trumps Offensive gegen die auf Regeln beruhende Weltordnung und Chinas Aufstieg zur Weltmacht unter Xi Jinping machen den digitalen Feudalismus zu einer größeren Gefahr, als ich ursprünglich gedacht hatte. Voraussetzung für seine Entstehung wäre, dass Robotik, künstliche Intelligenz und Social-Media-Unternehmen ihr geistiges Eigentum an neue oligarchische Staaten abtreten. Insofern wäre es eigentlich kein Feudalismus, sondern eine »Neuauflage« des bürokratischen kollektivistischen Albtraums, den Orwell in *1984* beschrieben hat.

Aber wir haben immer noch die Wahl. Wenn wir die Kontrolle über die technologischen Möglichkeiten erlangen wollen, müssen wir den angestrebten Endzustand beschreiben und Schritte unternehmen, um die Hindernisse aus dem Weg zu räumen. Um die Zukunft wiederherzustellen, müssen wir unseren Reflex des utopischen Denkens wieder schulen.

Zunächst einmal müssen wir verstehen, dass der Kapitalismus ein komplexes, anpassungsfähiges System ist, das diese Fähigkeit jedoch einbüßt. Der technologische Fortschritt verbilligt laufend die Herstellung von Produkten und macht bestimmte Fähigkeiten überflüssig, aber mehr als zweihundert Jahre lang konnte sich das System anpassen, indem es in den entwickelten Gesellschaften neue Bedürfnisse und Märkte schuf.

Der Kapitalismus überlebte auch, indem er die Erde als Ressourcenquelle und Abfalldeponie nutzte: Er beruht auf der Annahme, dass der Planet unbegrenzt Rohstoffe und Energie liefern wird und unendlich Abfälle und Kohlenstoffemissionen aufnehmen kann. Aber die Deponie läuft über und die Quelle versiegt. Klimawandel, Umweltverschmutzung, Erschöpfung der Rohstoffvorkommen, Bevölkerungsalterung und Massenmigration wirken wie gefährliche »externe« Schocks, sind in Wahrheit jedoch Nebenprodukte des kapitalistischen Wirtschaftskreislaufs und haben begonnen, einander gegenseitig zu verstärken.

Obendrein beeinträchtigt die Entwicklung der Informationstechnologie die vier Mechanismen, auf die sich der Kapitalismus seit jeher stützt:

Erstens erschwert die spezifische Natur der Informationstechnologie die

Preisbildung auf einem freien Markt, womit es schwierig wird, Gewinne zu erzielen.

Zweitens sind die vorhandenen Technologien geeignet, etwa die Hälfte aller gegenwärtigen Tätigkeiten innerhalb kürzester Zeit zu automatisieren, und weitere Fortschritte in Robotik und KI werden langfristig viele weitere menschliche Arbeitskräfte überflüssig machen. Da der Kapitalismus auf der Ausbildung der menschlichen Arbeitskraft beruht, zerstört eine Welt, in der die Arbeit optional wird, seine Schlüsseldynamik.

Drittens erzeugt die Informationstechnologie Netzwerkeffekte – neue Quellen von Wert, zum Beispiel die Benutzerdaten von Krankenhäusern oder städtischen Verkehrssystemen –, die nicht spontan die Form von Privateigentum annehmen und nicht von vornherein Eigentum des Kapitalisten, Arbeiters oder Konsumenten, sondern zwischen den Akteuren umkämpft sind.

Schließlich ermöglichen die digitalen Technologien die Demokratisierung der Information – sie beseitigen das natürliche Monopol auf die Wissensverteilung, das so lange bestand, wie für die Weitergabe des Wissens Papier oder die knappen Frequenzen der Rundfunknetze und die vom totalitären Staat rationierten Schreibmaschinen benötigt wurden. Dieses Monopol war ein halbes Jahrtausend ein fester Bestandteil des menschlichen Lebens; jetzt hat es sich innerhalb kürzester Zeit aufgelöst.

In Reaktion auf diese vier einzigartigen Effekte der Informationstechnologie – Preise, Automation, Netzwerke und Verfügbarkeit – hat sich das Marktsystem rasch gewandelt und neue Organisationen, Gesetze und Verteidigungsmechanismen hervorgebracht. Dazu zählen riesige Monopole, deren Ziel es ist, die freie, kompetitive Preisbildung zu unterdrücken und den Wettbewerb in ganzen Marktsektoren zu beseitigen. Gleichzeitig haben diese Monopole Strategien entwickelt, um künstliche Formen des Eigentums an Informationen zu etablieren: Ausweitungen der Urheberrechte, komplexe rechtliche Verpflichtungen, Gesetze zum Schutz des geistigen Eigentums und »Wettbewerbsklauseln«, die in der Ära der analogen Fabrik und der Kohlegrube keinen Sinn gehabt hätten.

Weit davon entfernt, die Produktion rasch zu automatisieren, schaffen die hochentwickelten Marktwirtschaften Millionen Arbeitsplätze, die es nicht geben müsste – der Anthropologe David Graeber bezeichnet sie als »Bullshit-Jobs«. In Großbritannien gibt es heute 20 000 Autowaschanlagen, in denen vor allem Migranten arbeiten: Vor zwanzig Jahren gab praktisch keine derartigen Anlagen, und im selben Zeitraum ist der Markt für automatisierte Waschstraßen zusammengebrochen.

Angesichts der Vernetzungseffekte haben die Technologiemonopole geeignete Geschäftsmodelle entwickelt, um diese Übertragungseffekte zu nutzen und wirtschaftliche Renten abzuschöpfen. Wenn wir uns bei Facebook einloggen, werden unsere Aktivitäten Teil einer Maschine, die den Wert unserer alltäglichen Interaktionen im Netz nutzt. Dasselbe geschieht, wenn wir einen Telefonvertrag abschließen, der ein Smartphone beinhaltet. Eine Nebenwirkung dieser Vorgänge ist, dass die nützlichsten Daten überhaupt – von Informationen über Gesundheit und Verkehr bis zu den Verhaltensmodellen, die Facebook an den russischen Geheimdienst verkaufte – ohne staatliche oder öffentliche Kontrolle in private Hände übergehen und nicht für die gesellschaftliche Nutzung bereitstehen.

Um der Demokratisierung des Wissens zu begegnen, verfolgt die Wirtschaft die Strategie eines hochgradig asymmetrischen Schutzes des geistigen Eigentums und einer algorithmischen Kontrolle. Als Facebook-Nutzer darf ich nicht einmal wissen, was Facebook über mich weiß, geschweige denn, was es über alle anderen Leute weiß. Ich erfahre auch nichts über die Algorithmen, anhand deren maßgeschneiderte Inhalte oder Werbung für mich ausgesucht wird, und ich kann nicht herausfinden, wofür meine Daten (die mit denen vieler anderer Menschen zu Informationen über »synthetische Populationen« zusammengefasst werden) verwendet werden. Um Fredric Jamesons Aussage zu entlehnen: Wir können uns eher das Ende der Welt vorstellen, als dass Mark Zuckerberg uns den Zweck seiner Algorithmen verraten wird.

Infolge des Aufstiegs der Informationstechnologie sind wir jetzt in eine Auseinandersetzung zwischen Technologiemonopolen, Bürgern und Staat verwickelt. Diese Auseinandersetzung überschneidet sich mit all den Konflikten, die dem wirtschaftlichen Versagen des neoliberalen Kapitalismus entspringen.

Während die Technologiemonopole ihre Macht vergrößern, beschleunigen sie die Transformation des Kapitalismus, der sich von einem auf der Produktion fußenden System zu einem auf dem Rent-Seeking beruhenden wandelt. Obwohl ein Teil der Innovationen der Automatisierung von Tätigkeiten dient, die es nicht geben müsste, zielt ein großer Teil der kommerziellen Innovationen einfach darauf, neue Monopole zu errichten, neue Mechanismen zur Aushöhlung der Demokratisierung des Wissens zu entwickeln, neue Informationsasymmetrien zu erzeugen, neue Wege zur Zerstörung bestehender sozialer Strukturen wie des Ökosystems der Taxiindustrie oder des Büros zu finden.

Keine ernst zu nehmende Gruppe in der westlichen Wirtschaftselite zweifelt an den Rent-Seeking-Modellen, welche die Wirtschaft ersticken. Die Eliten der Schwellenländer hängen davon ab, und dasselbe gilt für eine Kaste globaler Rechtsanwälte, Bankiers, Politiker und Dienstleistungsbranchen für die Superreichen. Das ist ebenfalls ein Zeichen dafür, dass die kapitalistische Produktionsweise in eine Sackgasse geraten ist.

Teile der libertären Rechten haben jedoch eine Lösung für das Problem: Sie wollen den Staat und sämtliche sozialen Sicherheitsnetze abschaffen, um die digitale Wirtschaft in einen riesigen, atomisierten Markt zu verwandeln, auf dem es keine Zentralbanken, sondern nur noch Bitcoin, keine Staaten, sondern nur noch Blockchain-Verträge gibt – und darum auch keine Menschenrechte mehr. Die utopischen Reflexe der extremen Rechten sind stark und führen zu einer Gesellschaft, die der totalen algorithmischen Kontrolle unterworfen sein wird.

In Kombination mit den langfristigen Auswirkungen des Versagens des Neoliberalismus dürften Monopole, prekäre Arbeitsverhältnisse, künstliche Knappheit und Geheimhaltung von Informationen dazu führen, dass das gegenwärtige kapitalistische System wiederholte Zusammenbrüche erleiden wird. Doch die Freiheit des Menschen ist so nahe wie nie zuvor in der Geschichte, denn die denkenden Maschinen sind einzigartig: Sie erzeugen in großem Maßstab kostenlosen Nutzen.

Die Lösung besteht darin, ein neues globales Gesellschaftssystem zu errichten, um die Möglichkeiten der Automation zu nutzen, den Arbeitsaufwand für die Erhaltung unseres Lebens auf dem Planeten zu verringern und gleichzeitig das globale Ökosystem zu stabilisieren. Dieses Vorhaben kann nur gelingen, wenn wir die künstliche Intelligenz regulieren, den Datenschutz gewährleisten und die Versuche unterbinden, den Menschen mit Algorithmen zu kontrollieren.

Der Endzustand, den wir anstreben sollten, ist der technologische Überfluss: eine Welt, in der die Maschinen den größten Teil der Arbeit leisten und sogar den Großteil der Innovationen bewerkstelligen, in der uns unsere deutlich größere Freizeit ein kulturell erfülltes Leben ermöglicht und in der unsere wirtschaftliche Aktivität in Einklang mit den natürlichen Rhythmen der Erde steht.

Um diese Ziele zu erreichen, schlage ich vier strategische Projekte vor, die jeweils der Bewältigung einer der Auswirkungen der Informationstechnologie auf den Kapitalismus dienen:

1. Kampf gegen Monopole und Preisabsprachen: Die Informationsmonopole müssen zerschlagen und die grundlegende digitale Infrastruktur in Form von Unternehmen ohne Gewinnzweck oder staatlichen Versorgungsunternehmen nach dem Vorbild der Stromnetze vergesellschaftet werden.

2. Kampf gegen prekäre Arbeitsverhältnisse und Lohnstagnation: Die Automatisierung muss durch eine Abkoppelung von den Löhnen vorangetrieben werden. Zu den erforderlichen Maßnahmen zählen ein mit Steuereinnahmen finanziertes Grundeinkommen für alle Bürger sowie die universelle Bereitstellung von vier grundlegenden Diensten – medizinische Versorgung, Verkehr, Bildung und Unterkunft –, die entweder kostenlos oder sehr billig sein müssen. Diese Maßnahmen sollten als vorübergehende Subvention dienen, um die Auswirkungen der raschen Automatisierung auszugleichen.

3. Kampf gegen das Rent-Seeking: Wir müssen die Daten per Gesetz in ein öffentliches Gut verwandeln und die Kontrolle über die Verwendung unserer persönlichen Daten nicht dem Staat, sondern dem einzelnen Bürger übertragen. Alle auf dem Rent-Seeking beruhenden Geschäftsmodelle müssen unterdrückt werden: Es muss gesellschaftlich inakzeptabel werden, wirtschaftliche Renten anzustreben.

4. Kampf gegen das Horten von Information: Alle auf einem asymmetrischen Zugang zu Informationen beruhenden Geschäftsmodelle müssen verboten werden. Jeder Bürger muss das Recht haben zu erfahren, was der Staat, eine Bank oder ein Social-Media-Unternehmen über ihn weiß. Er sollte das Recht haben, die Information zu löschen, zu korrigieren und ihre Nutzung zu beschränken. Er sollte das Recht haben, zu erfahren, wenn ein Algorithmus verwendet wird, um sein Verhalten zu steuern, zu überwachen oder vorherzusagen. Er sollte das Recht haben, zu wissen, ob die andere Seite in einer Transaktion, einem Spiel oder einer Unterhaltung eine künstliche Intelligenz einsetzt.

Diese vier Strategien können die wirtschaftliche Macht der gegenwärtig entwickelten Informationstechnologie, die aufgrund ihrer Auswirkungen auf Medizin, Robotik und städtisches Leben oft als »vierte industrielle Revolution« bezeichnet wird, für alle Menschen erschließen. Diese Strategien dienen ausdrücklich dazu, die Weiterentwicklung des Informationskapitalismus zum digitalen Feudalismus sowie ein Abgleiten in die digitale Anarchie zu verhindern. Sie sollen die Voraussetzungen für den Übergang zu einem vielgestaltigen kollaborativen, kollektiven Wirtschaftsmodell schaffen, das ohne Markt auskommt.

Der Übergang wird nur langsam stattfinden, denn die Kräfte des Postkapitalismus müssen sich in den Überresten des kapitalistischen Systems entfalten. Da kein System verschwindet, bevor es sämtliche in ihm angelegten Technologien, Techniken und sozialen Formen hervorgebracht hat, sollten wir nicht versuchen, einen »Gewaltmarsch« zu Überfluss und Kooperation zu unternehmen, sondern in den gegenwärtig verfügbaren Freiräumen die Entfaltung der Frühformen dieser Phänomene zu fördern: Non-Profit-Unternehmen, kooperative Produktion, Peer-to-Peer-Wirtschaft sowie quelloffene Software und Standards.

Eines der wichtigsten Ziele ist es, Raum zu lassen für echtes Unternehmertum (nicht die Art von Steuervermeidung, Rent-Seeking und ausbeuterischen Aktivitäten, die im Neoliberalismus als Unternehmertum gelten), für vom Markt angetriebene Innovation und für innovative Partnerschaften zwischen öffentlichem und Privatsektor, in denen der Staat der Privatwirtschaft gezielt Möglichkeiten bietet, Wert zu schaffen.

Ausgehend vom selben Prinzip wird die Planung eine ganz andere Form annehmen müssen als im Stalinismus und Staatskapitalismus des 20. Jahrhunderts. Sie wird über die in Marktwirtschaften übliche Infrastrukturgestaltung und »Industriepolitik« hinausgehen müssen. Das wichtigste Instrument des Planers sollte ein komplexes digitales Modell von Wirtschaft, Gesellschaft und Ökosphäre auf lokaler, nationaler und globaler Ebene sein.

Ein solches Modell muss können, was der Plan nie konnte: Es muss die Komplexität, die Rückkoppelungsschleifen, die Auswirkungen von staatlichen Entscheidungen oder Industriestrategien auf Gesellschaft und Umwelt vorwegnehmen und derart klare Planungsergebnisse liefern, dass die Bürger gestützt auf solide Informationen ihre Regierung wählen können. Die Modelle sollten nicht nur Werkzeuge für die Technokraten sein, sondern dem

Wahlvolk die Möglichkeit zu Experimenten geben, damit es neue Möglichkeiten ausloten und testen kann. Auf diese Art wird die demokratische Teilhabe deutlich erhöht und der Zugang zum gesellschaftlichen Wissen verbessert.

Grundeinkommen, Kreislaufwirtschaft, Plattformkooperativen und Umwandlung der Informationen in ein öffentliches Gut: die meisten dieser Vorstellungen sind bereits seit einiger Zeit in Umlauf. Einige werden von Kommunalregierungen oder in Nischenbereichen von Großkonzernen in die Tat umgesetzt. Aber wie ihre Gegner eingestehen, sind die wahrscheinlichsten Träger der postkapitalistischen Lösung für die gegenwärtige Krise die linksradikalen und grünen Parteien oder die linksradikalen Fraktionen innerhalb sozialdemokratischer Parteien.

Der erste konkrete Schritt, den Sie tun könnten, wenn Sie meiner Analyse zustimmen, besteht darin, diesen vierteiligen Zugang zu einem Reflex zu machen – in Parteien, Gewerkschaften, Gemeinden und sozialen Organisationen: Versuchen Sie, Dinge zu verbilligen oder kostenlos zu machen, die Arbeit vom Einkommen abzukoppeln, Daten zu einem öffentlichen Gut zu machen und die Versuche bestimmter Unternehmen zur Monopolisierung von Informationen zu bekämpfen.

Nachdem wir das Ziel beschrieben haben, müssen wir konkrete Schritte tun, um es zu erreichen. Um das Ruder beispielsweise in Großbritannien herumzureißen, müsste man auf Maßnahmen aus dem alten Programm der Linken zurückgreifen.

Möglicherweise müssen wir öffentliche Dienste verstaatlichen, die nicht richtig funktionieren und die Nutzer ausnehmen. Wir müssen die Löhne anheben, indem wir prekäre Arbeitsverhältnisse gesetzlich verbieten und die Gewerkschaften stärken. Wir müssen die Steuern erhöhen, Kredite aufnehmen und die Ausgaben erhöhen, um neue öffentliche Dienste einzuführen, die den Menschen in den Mittelpunkt rücken, um lebensfähige öffentliche Räume zu schaffen und eine moderne Infrastruktur zu errichten.

Wir dürfen jedoch nicht zulassen, dass diese Eingriffe mit einer Rückkehr zum staatskapitalistischen Projekt – oder schlimmer noch: zum stalinistischen Sozialismus – verwechselt werden. Wenn wir Tausende neue Sozialwohnungen errichten, sollten wir uns um eine Kontrolle durch die Gemeinschaft, um klimaneutrale Bauverfahren und Baustoffe, dauerhafte

Mietpreisbindungen und die Errichtung nachhaltiger gemischter Gemeinschaften bemühen, die genug öffentliche Räume für das Gedeihen einer demokratischen Kultur bieten.

Wenn wir glauben, dass nur eine Gemeinschaft mit einem stabilen institutionellen und ethischen Gerüst der Kontrolle durch die neuen Technologien widerstehen kann, muss jede Maßnahme – sei es einer Regierung oder eines progressiven politischen Aktivisten – diese Fähigkeit fördern oder darf sie zumindest nicht beeinträchtigen.

Aber die Kunst der radikalen Politik kann nicht länger nur darin bestehen, eine Zukunftsvision zu entwerfen und einen Weg zu ihrer Verwirklichung zu beschreiben. Sie beinhaltet auch einen politischen Kampf gegen die autoritäre Rechte, und wie der Aufstieg der alternativen Rechten zeigt, brauchen wir auch dafür eine Reihe von Reflexen, die sich von den aus der Vergangenheit übernommenen unterscheiden.

Wir müssen reflexartige Reaktionen auf die Gefahr entwickeln

»Haben Sie nicht den Eindruck«, fragte der Dichter Stephen Spender seinen Kollegen George Orwell, »dass es Ihnen in den vergangenen zehn Jahren besser als zum Beispiel der Regierung gelungen ist, die Entwicklungen vorherzusagen?«

Das Gespräch fand im Juni 1940 statt. Zu diesem Zeitpunkt drängten sich in den Bahnhöfen Londons Tausende Soldaten, die aus Dünkirchen in letzter Sekunde in Sicherheit gebracht worden waren. Die Außenpolitik der britischen Elite war gescheitert, die halbe Regierung neigte einer Vereinbarung mit Hitler zu, und Großbritannien war im Grunde wehrlos. Orwell, der seit 1936 einen Krieg mit Deutschland kommen sah, antwortete Spender: »Ich denke, Menschen wie wir verstehen die Situation besser als die sogenannten Experten. Aber das liegt nicht daran, dass wir in der Lage wären, bestimmte Ereignisse vorherzusagen. Vielmehr verstehen wir, in welcher Art von *Welt* wir leben.«[1]

Die liberale Mitte unserer Zeit besitzt diese Fähigkeit nicht. Angesichts des Scheiterns der freien Marktwirtschaft und des Vormarschs von Figuren wie Trump wirken die Intellektuellen und Politiker des Establishments genauso ahnungslos wie zu Orwells Zeiten. Sie hatten geglaubt, in einem System zu leben, das sich selbst festigte. Stattdessen untergrub es sich selbst.

Aber Orwells Worte lenken unsere Aufmerksamkeit auf einen starken menschlichen Reflex: das Bemühen, zu verstehen, »in welcher Art von Welt« man lebt. Auf die Gegenwart angewandt, bedeutet es zu akzeptieren, dass die wachsende Spannung innerhalb des Systems zu einer Explosion führen wird, selbst wenn wir nicht vorhersagen können, wie diese Explosion aussehen wird. Die Eliten, die in den vergangenen vier Jahrzehnten die Geschicke der Welt gelenkt haben, besitzen kein Rückgrat; sie sind zu jedem Kompromiss mit der autoritären Rechten imstande und werfen ihre demokratischen Prinzipien bereitwillig über Bord. Das ist eine wertvolle Erkenntnis, solange sie uns nicht lähmt.

Die Dynamik, die zum Brexit, zu Trumps Wahlsieg und zum Vormarsch unverhohlen rassistischer Parteien in Italien, Schweden, Ungarn und den Niederlanden geführt hat, wird nicht einfach verschwinden. Der Ruf der Alt-Right nach einem zweiten amerikanischen Bürgerkrieg wird nicht verhallen. Die Bilder gefolterter Häftlinge und verwüsteter Städte werden nicht verblassen.

Der Historiker Hans Mommsen, der Hitlers Aufstieg untersucht hat, beschreibt das Wechselspiel zwischen Nationalsozialisten, deutscher Wirtschaftselite und Staatsdienern als »kumulative Radikalisierung«.[2] Die Ergebnisse sind bekannt. Obwohl sich die gegenwärtige Krise von jener der dreißiger Jahre unterscheidet, müssen wir uns, wenn wir verstehen wollen, »in welcher Art von Welt« wir leben, bewusst machen, wie Eliten, Faschisten und Bürokraten eine kumulative Radikalisierung hin zu Rassismus, Xenophobie und der Einschränkung demokratischer Rechte durchmachen.

Das wiederum bedeutet, dass wir eine Strategie entwickeln müssen, um diese Radikalisierung zu stoppen, selbst wenn das heißt, dass wir unser eigenes Projekt teilweise zurückstellen müssen. Um es unverblümt zu sagen: Wir müssen zwischen dem Dringenden und dem Wichtigen wählen. Für viele Progressive ist das, was in der Vergangenheit wichtig war, nicht dasselbe, was in der Gegenwart dringend ist.

Obwohl die Barbarei der dreißiger Jahre des vergangenen Jahrhunderts schlimmer als die der Gegenwart war, blieb sie für die meisten Menschen verborgen, weil die Eliten ein Monopol auf die Informationen hatten. Selbst im Zweiten Weltkrieg beschäftigten sich die Völker nicht mit den globalen Vorgängen, bis sie selbst getroffen wurden. Auf dem Höhepunkt der Krise von Dünkirchen schrieb Orwell in sein Tagebuch: »Die Leute sprechen jetzt ein wenig mehr über den Krieg, aber immer noch sehr wenig. Wie bisher hört man in Pubs usw. keine Kommentare dazu. Gestern Abend war ich mit Eileen im Pub, um uns die Neun-Uhr-Nachrichten anzuhören. Die Kellnerin hätte das Radio nicht eingeschaltet, wenn wir sie nicht darum gebeten hätten, und allem Anschein nach hörte niemand zu.«[3]

An diesem Tag hielt Churchill seine berühmte Rede im Kabinett und forderte seine Zuhörer auf, zu kämpfen, bis »jeder von euch in seinem

Blut erstickend am Boden liegt«.[4] Die Gäste in Orwells Pub wussten fast nichts über die Geschehnisse, die ihr Leben verändern würden.

Wir hingegen können jeden überflüssigen Gedanken Donald Trumps auf Twitter lesen. Wir verfolgen Luftangriffe und Terroranschläge live im Fernsehen. Wir haben gesehen und können nicht ungesehen machen, was Folterer tun und wie eine Enthauptung aussieht. Daher empfinden wir wahrscheinlich größere Angst als die Generation, die im Vorfeld des Zweiten Weltkriegs lebte, und unsere Kampf-und-Flucht-Instinkte sind geschärft.

Die Autoren aus der Generation, die den Faschismus überlebte, darunter Arendt, Fromm und Orwell, waren fasziniert von der Frage, woher faschistische Einstellungen als psychologisches Massenphänomen kommen. Heute zählt es zu den wichtigsten Aufgaben von Progressiven und Demokraten, zu verhindern, dass die faschistische Geisteshaltung erneut von Millionen Menschen Besitz ergreift. In vielen reichen Ländern sind wir mit etwas Neuartigem konfrontiert, mit Verfechtern eines faschistischen Projekts, die besser informiert und sich ihrer Zielsetzungen bewusster sind und gleichzeitig die Fähigkeit besitzen, in Subtexten, Scherzen, Memen und Concettos wie »Kekistan« zu sprechen.

In den dreißiger Jahren, so Mommsen, schufen die Angriffe der deutschen Elite auf die verfassungsmäßige Regierung die Bedingungen für Hitlers Aufstieg. Heute werden überall in den G-20-Ländern die demokratischen Institutionen und die Rechtsstaatlichkeit untergraben: Trump verbietet Muslimen per Präsidialdekret die Einreise und begnadigt Betrüger, der spanische Staat unterdrückt mit Gewalt den Kampf der Katalanen für ihre Unabhängigkeit, Polen verletzt den in der Verfassung garantierten Schutz der Unabhängigkeit der Justiz, das britische Referendum über den EU-Austritt wurde mit finanzieller Unterstützung Russlands manipuliert, überall verunglimpfen autoritäre nationalistische Politiker und Medien die Justiz als »volksfeindlich«.

Die größte Gefahr ist heute nicht, dass die faschistischen Bewegungen groß genug werden, um Wahlen zu gewinnen oder die Macht zu ergreifen. Die größte Gefahr ist, dass sie eine gemeinsame intellektuelle Basis mit Mainstream-Konservativen finden, was die Bereitschaft der gemäßigten Rechten schwächen könnte, sich den Forderungen der Faschisten zu widersetzen, und als Ausrede für die Aushöhlung der konstitutionellen Demokratie dienen würde.

Ein gutes Beispiel dafür liefert Roy Moores Bewerbung um einen Senatssitz für Alabama im Jahr 2017. Moore, der sich die Kandidatur der Republikaner sicherte, war zweimal vom Posten des obersten Richters jenes Bundesstaates entfernt worden, weil er sich geweigert hatte, die Trennung von Kirche und Staat anzuerkennen und die Legalisierung gleichgeschlechtlicher Ehen durchzusetzen. Als sein Wahlkampf begann, meldeten sich neun Frauen, die ihn beschuldigten, ihnen sexuelle Avancen gemacht zu haben, als sie noch sexuell unmündig waren.

Trump unterstützte Moore. Steve Bannon trat bei seinen Wahlkampfveranstaltungen auf. Aber vor allem genoss er Rückhalt bei den Aktivisten der League of the South, einer nationalistischen Gruppe, welche die Konföderation wiederherstellen will, und extremistischen Abtreibungsgegnern, die sich für die Ermordung von Ärzten aussprechen, die in Abtreibungskliniken arbeiten.[5] Obwohl er dem Ansehen der Republikanischen Partei schadete, gab das National Committee der Partei Moores Kandidatur seinen Segen. Seine knappe Wahlniederlage konnte ein gravierendes Problem nicht verdecken: Die einflussreichste konservative Partei der Welt hatte sich in Rassenkrieg und weiße Suprematie hineinziehen lassen.

Moores Kandidatur in Alabama bedeutet nicht, dass eine gewaltbereite, verfassungsfeindliche Bewegung weißer Suprematisten und Frauenhasser in den Vereinigten Staaten an die Macht kommen wird, aber sie hat gezeigt, dass diese Option existiert, dass es Menschen gibt, die sich damit beschäftigen, dass der konservative Mainstream kaum Verteidigungsmechanismen dagegen hat und dass sich die Vorstellungen von Konservativen und Faschisten einander annähern, was zum politischen Extremismus führt.

Die Parallelen zu den dreißiger Jahren lehren uns einiges darüber, wie wir gegensteuern können. Zunächst einmal sollten die radikale Linke und das liberale Zentrum ihre Zwistigkeiten beenden, soweit dies möglich ist.

Am 6. Februar 1934 nahmen in Paris Hunderttausende Menschen an einer rechtsextremen Kundgebung teil, deren Ziel es war, die Regierung zu stürzen. Aktivisten aus der Arbeiterklasse zwangen die Kommunisten und die gemäßigteren Sozialisten zum Zusammenschluss in einer Basisbewegung.[6] In Spanien verhinderte zwei Jahre später eine geeinte Volksfront die Machtergreifung des faschistischen Generals Franco. Erst ein dreijähriger Bürgerkrieg, in den sowohl das nationalsozialistische Deutschland als auch das faschistische Italien eingriffen, brachte Franco an die Macht.

Heute stellt das liberale Zentrum angesichts einer neuen Bedrohung durch die Rechte dieselben Forderungen an die radikale Linke, die Grünen und die Gewerkschaften wie in den dreißiger Jahren an die antifaschistischen Arbeiter: Vergesst den Kampf für soziale Gerechtigkeit und schließt euch uns an, um zu unseren Bedingungen unsere Werte und unser gescheitertes neoliberales Projekt zu verteidigen.

Das Angebot wurde bisher zumeist abgelehnt. Emmanuel Macron wandte die Strategie erfolgreich an, aber Hillary Clinton scheiterte ebenso damit wie die Befürworter des britischen Verbleibs in der Europäischen Union. Die konservative Österreichische Volkspartei ließ sich nicht daran hindern, mit den Rechtsextremen eine Koalitionsregierung zu bilden. In vielen Ländern mit unterentwickelter demokratischer Kultur, zum Beispiel in Osteuropa, funktioniert die Strategie ohnehin nicht. Gleichzeitig können sich viele Linke nicht mit der Erkenntnis anfreunden, dass der Hauptfeind mittlerweile ein anderer ist.

Um eine stabile Verteidigungsposition zu finden, müssen wir sowohl die Reflexe der Linken als auch jene der politischen Mitte stärken und einen gemeinsamen Nenner finden. Zunächst müssen wir uns eingestehen, dass die Differenzen möglicherweise größer sind als in den dreißiger Jahren. Damals war das Projekt der Linken einfach eine radikalere Version des Projekts der liberalen Mitte: staatliche Kontrolle über die Industrie, Sozialprogramme und Handelsprotektionismus.

Heute bilden die Angehörigen der gebildeten, progressiven und säkularen Hälfte der Bevölkerung eine letzte Verteidigungslinie zur Rettung von Globalismus und Deregulierung, während sich eine radikalere Linke um ein Programm der sozialen Gerechtigkeit, des Klimaschutzes und der Überwindung des Neoliberalismus sammelt. Ein Teil der liberalen Mitte hat es im Wesentlichen aufgegeben, auf die wirtschaftlichen Sorgen der Arbeiter einzugehen, die sich rechtspopulistischen Parteien zuwenden, und neigt zur Geringschätzung gegenüber der Arbeiterklasse.

Aber die neoliberale Mitte will ebenso wie die radikale Linke die Demokratie und den Rechtsstaat verteidigen. Ich würde in jedem Land bei dem Versuch, taktische Bündnisse gegen die Rechte zu schmieden, von dieser Gemeinsamkeit ausgehen.

Zweitens müssen wir Strategien entwickeln, um zu verhindern, dass Konservatismus, Faschismus und Staatsbürokratie in einem autoritären Projekt verschmelzen.

Das bedeutet, dass wir den Faschismus isolieren und unterdrücken müssen, wo immer das möglich ist. Obwohl die faschistischen Gruppen in den meisten Ländern winzig sind, stehen sie für das öffentliche Versprechen eines Genozids. Die Gruppen, die mit Sturmgewehren bewaffnet durch amerikanische Städte marschieren und »Die Juden werden uns nicht ersetzen« skandieren, wollen damit nicht nur eine Geste machen: Sie bereiten mörderische Angriffe auf Minderheiten vor und wollen ein Chaos heraufbeschwören, das ihre Verbündeten in der Elite nutzen werden, um mit Notstandsgesetzen die konstitutionelle Demokratie auszuhebeln.

Um diese Möglichkeit intelligent bekämpfen zu können, brauchen wir mehr als die herkömmlichen »Antifa«-Taktiken, die lediglich geeignet sind, um kleine faschistische Gruppen auf der Straße in Schach zu halten. Wir sind darauf angewiesen, dass die progressive Hälfte der Gesellschaft die Exekutive und die Judikative zwingt, den Rechtsstaat zu verteidigen und das staatliche Gewaltmonopol aufrechtzuerhalten.

Leider ist ausgerechnet die größte der hochentwickelten Demokratien zugleich auch jene, die diesbezüglich die vom System her schwächste ist. Die Justiz der Vereinigten Staaten ist in der neoliberalen Ära hochgradig politisiert worden – nicht nur durch politische Berufungen von Richtern an den Obersten Gerichtshof, sondern auch durch die politisierten Ermittlungen der Bundesbehörden. Das durch den Missbrauch des zweiten Verfassungszusatzes ohnehin ausgehöhlte staatliche Gewaltmonopol wird von den Milizen der alternativen Rechten, die mit Duldung der rechten »Verfassungssheriffs« rasch alternative bewaffnete Einheiten aufbauen, weiter geschwächt.

In seiner Analyse des Aufstiegs des Nationalsozialismus beschreibt Hans Mommsen die Entstehung staatlich tolerierter Milizen mit bis zu einer Million Mitgliedern, die von Großgrundbesitzern und Industriellen finanziert wurden und eine Atmosphäre der Unordnung und informellen Gewalt erzeugten. Hitlers Braunhemden waren nur die zügelloseste von zahlreichen bewaffneten Gruppen, die teilweise mit der Polizei zusammenarbeiteten.

Sieht man von Deutschland ab, wo neonazistische Gruppen mit strengen Verboten bekämpft werden, so weisen die westlichen Demokratien allesamt eine uneingestandene Schwäche auf: Ihre Strafverfolgungssysteme sind bereit, lokale faschistische Gewalt, koordinierte Hassreden und eine Infiltration von Polizei und Militär durch Rechtsextreme zu dulden. Hier muss dringend mit geeigneten Gesetzen und staatlichen Eingriffen Abhilfe geschaffen werden. Die mangelnde Bereitschaft der Regierungen der Mitte, diese Schritte zu unternehmen, ist ein weiterer Hinweis darauf, »in welcher Art von Welt« wir gegenwärtig leben.

Wenn der britische Innenminister Sajid Javid Vertreter des linken Flügels der Labour Party als »Neofaschisten« bezeichnet und kurze Zeit später Tausende Faschisten durch die Londoner Innenstadt ziehen und die Polizei mit Leuchtraketen beschießen, kann man davon ausgehen, dass in einer kritischen Situation große Teile des zentristischen Konservatismus keine Anstalten machen werden, die Gesellschaft gegen die autoritäre Rechte zu verteidigen.

Was die aufstrebenden rechtspopulistischen Parteien anbelangt, darunter die niederländische Freiheitspartei, die italienische Lega und die Alternative für Deutschland, so besteht die wirksamste progressive Taktik darin, sie organisatorisch zu isolieren: Wir müssen dafür sorgen, dass sie zwischen dem offiziellen Konservatismus und der alternativen oder neofaschistischen Rechten gefangen bleiben. Die Unfähigkeit der Republikanischen Partei, genau das zu tun, ermöglichte ihre Übernahme durch die Tea Party.

Obwohl alle soziologischen Erkenntnisse darauf hindeuten, dass die autoritäre Rechte ihre Kraft in erster Linie nicht aus der wirschaftlichen Stagnation, sondern aus der kulturellen Verunsicherung bezieht, zeigt die Geschichte, dass uns die Wirtschaft durchaus helfen kann, dem Rechtspopulismus den Wind aus den Segeln zu nehmen.

Jeder, der schon einmal versucht hat, mit Fremdenfeinden und ethnischen Nationalisten zu debattieren, weiß, dass sie gute und schlechte Tage haben. An einem guten Tag richtet sich ihre Wut vor allem auf den Mangel an Arbeitsplätzen, oder sie regen sich darüber auf, dass die Zuwanderer die Löhne drücken. An einem schlechten Tag bezeichnen sie Angehörige ethnischer Minderheiten als »Kanaken« und verlangen, der Einwanderung einen Riegel vorzuschieben, selbst wenn das »zum Zusammenbruch der Wirtschaft führen würde«. An einem guten Tag zeigen sich nationalistische Parteien wie die polnische Partei Recht und Gerechtigkeit peinlich berührt angesichts der Erkenntnis, dass rund acht Prozent ihrer Stimmen von antisemitischen Faschisten stammen, aber an einem schlechten Tag freuen sie sich darüber.

Um diesen Bewegungen zu begegnen, brauchen wir ein wirtschaftliches Expansionsprogramm, das sich positiv auf Gemeinden auswirkt, in denen der autoritäre Nationalismus großen Zulauf findet. Wenn wir die Offensive der Rechtsextremen stoppen wollen, müssen die Linke und die liberale Mitte demonstrativ mit dem gescheiterten neoliberalen Wirtschaftsmodell brechen. Wie der Erfolg Jeremy Corbyns mit seinem radikalen Labour-Manifest bei der britischen Wahl im Juni 2017 gezeigt hat, kann sogar eine nur rhetorische Neuausrichtung genügen, um die Anhänger rechtspopulistischer Parteien wie der UKIP dazu zu bewegen, zur Linken zurückzukehren.[7]

Ich habe beim Wahlkampf in rauen britischen Arbeiterstädten persönlich die Erfahrung gemacht, dass weiße Arbeiter erklärten: »Wir kommen zurück, wir mussten nur sehen, dass es jemanden gibt, dem wir am Herzen liegen.« Das ist keine Entschuldigung für ihre Anfälligkeit für den Rechtsextremismus. Aber jeder rechtsextreme Politiker, dem ein Parlamentssitz vorenthalten bleibt, jede faschistische Ortsgruppe, die sich auflöst, jeder Rassist, der von der Straße verschwindet und sich wieder in seine Wohnung verkriecht, um Hassbriefe an die Lokalzeitung zu schreiben, ist ein Erfolg.

Die Linke und die liberale Mitte können den Wählern rechtspopulistischer Parteien nicht geben, was sie sich am meisten wünschen: eine Rückkehr zum sozialen Konservatismus, die Wiederherstellung weißer Vorrechte und drakonische Einwanderungsbestimmungen. Aber aus ebendiesem Grund müssen wir uns umso mehr auf die Dinge konzentrieren, die wir anbieten können: Arbeitsplätze, Investitionen, Ausbildung, Infrastruktur und ein Narrativ der Hoffnung.

Es gibt keine Konsensbezeichnung dafür, und es gibt keine Einrichtung, die dafür zuständig wäre, aber ab 2014 tauchte eine klare progressive Alternative zum Neoliberalismus auf. In Griechenland organisierte Syriza einen sechsmonatigen Widerstand gegen das europäische Spardiktat, bevor sich die Partei im Juli 2015 geschlagen gab. In Spanien erhielten Podemos Unidos und die mit ihr verbündeten lokalen Bewegungen wie En Comú in Barcelona in den Meinungsumfragen durchweg zwanzig Prozent der Wählerstimmen. Die portugiesische Koalitionsregierung aus Sozialisten und Linksradikalen, die von Bernie Sanders angeführte linkssozialistische Fraktion in der Demokratischen Partei der Vereinigten Staaten und die linke Bewegung, die unter der Führung von Jeremy Corbyn die Kontrolle über die britische Labour Party übernahm, sind allesamt Belege für die Kristallisierung einer neuen linken Bewegung, welche die politische Macht anstrebt.

Dass es diesen linken Parteien und Bewegungen gelang, aus dem Ghetto des politischen Purismus auszubrechen und die Macht anzustreben, verdankten sie in fast allen Fällen der Tatsache, dass sich Zehntausende vernetzte Aktivisten der Parteipolitik zuwandten. Sie brachten Visionen, Energie, Organisationstalent und die Fähigkeit mit, die alten Parteien für die Generation der Millennials zu öffnen, die sich in vielen Ländern von der Politik abgewandt hatte.

Wenn wir uns die Orte ansehen, an denen solche Bewegungen hätten entstehen können, es jedoch nicht getan haben – zum Beispiel in Irland, Frankreich oder Island –, so stellen wir fest, dass sie folgende Gemeinsamkeiten aufweisen: (a) Die traditionellen sozialdemokratischen Parteien dieser Länder sind nicht mehr lebensfähig, und (b) die örtliche Linke ist gespalten, weshalb ihre Fraktionen nicht in der Lage sind, ein klares gemeinsames Projekt zu verfolgen.

Im Fall der von Corbyn geführten parteiinternen Bewegung waren Hunderte Aktivisten, die ihr Leben spezifischen Anliegen wie Palästina, dem Klimawandel oder auch der kritischen akademischen Theorie gewidmet hatten, bereit, ihr persönliches Engagement hintanzustellen und ihr soziales Kapital über einen längeren Zeitraum hinweg in den Dienst einer Sache zu stellen, nämlich der Umwandlung der Labour Party in ein Werkzeug zur Demontage des Neoliberalismus.

In allen neuen linken Parteien ist aus der Widerstandspraxis und kleinen Projekten zur Verteidigung und Bereicherung der Demokratie eine provisorische Ideologie hervorgegangen. Sie ist so verbreitet, dass sie trotz der Vielgestaltigkeit ihrer Elemente mittlerweile als wesentlicher Bestandteil der Welt betrachtet werden muss, in der wir leben. Wir können sie als Formel ausdrücken:

Vernetzter Aktivismus + Konzentration auf Parteipolitik und Machtübernahme auf nationaler Ebene + unablässige Konzentration auf die Anliegen, die Sprache und die Sorgen der Normalbürger = das neue linke Projekt.

In Bezug auf Orwells Erkenntnis, dass politisch aktive Menschen verstehen müssen, »in welcher Art von Welt« wir leben, können wir festhalten, dass wir in einer Welt leben, in der sich entweder die Linke als soziale Bewegung für radikalen Wandel neu erfinden oder die Demokratie sterben wird.

WIR MÜSSEN UNS WEIGERN, DEN MASCHINEN DIE KONTROLLE ZU ÜBERLASSEN

Stellen Sie sich Folgendes vor: In einer staubigen Ortschaft an der Mittelmeerküste marschiert ein Mann mit der heiligen Schrift einer fanatischen Religionsgemeinschaft in die örtliche Zentrale der Sicherheitsbehörden und beginnt, den verbotenen Inhalt des Buches zu rezitieren. Die Beamten sagen zu ihm: »Gehorchen Sie dem Gesetz, befolgen Sie die Vorschriften der offiziellen Religion und händigen Sie das verbotene Buch aus – dann dürfen Sie Ihren verrückten Glauben im Geheimen praktizieren.« Aber der Mann will keine Geheimhaltung, sein Ziel ist das Märtyrertum. Also wird er ins Gefängnis geworfen, gefoltert und schließlich hingerichtet.

Diese Geschichte handelt nicht von einem Dschihadisten des 21. Jahrhunderts, sondern von dem christlichen Märtyrer Euplus von Catania, der im Jahr 304 gemeinsam mit etwa 3500 Menschen hingerichtet wurde, als Kaiser Diokletian in dem Bemühen, das Christentum zu unterdrücken, sämtliche Einwohner des Römischen Reichs zwang, den heidnischen Göttern ein öffentliches Opfer zu bringen. Diokletian wollte niemandem einen Glauben aufzwingen: Es ging ihm lediglich darum, bestimmte Verhaltensregeln durchzusetzen. Solange sich ein Bürger an die gesellschaftlichen Normen halte, erklärte die römische Staatsmacht, könne er glauben, was er wolle.

Aber die frühen Christen waren nicht bereit, sich anzupassen, sondern forderten die Staatsmacht heraus. Einige von ihnen wurden getötet, aber die meisten überlebten. Die Repressionswelle ebbte ab. Nur zehn Jahre später wurde das Christentum erlaubt, und bis zum Jahr 380 verwandelte es sich in einer bemerkenswerten Wendung der Geschichte in die Staatsreligion des Römischen Reichs.

Es gibt nur zwei mögliche Erklärungen für den raschen Aufstieg des Christentums zur spirituellen Hegemonie: Da ist die von der Kirche gege-

bene wunderbare Begründung, die Märtyrer hätten gottgegebene Zauberkräfte gehabt, und da ist die materialistische Erklärung, die diesen umwälzenden Vorgang in den Kontext der Auseinandersetzungen um Eigentum,
Macht und Land während des Niedergangs des Römischen Reichs einzuordnen versucht. Dem Marxismus ist es stets schwergefallen, eine solche Erklärung zu geben, denn die marxistischen Historiker suchten die Wurzeln
des Christentums in den wirtschaftlichen Konflikten statt in seiner materiellen Kraft als Ausdruck menschlicher Werte.

Warum das Christentum Europa und den Nahen Osten eroberte, als das
Römische Reich zusammenbrach, wird klarer, wenn wir die historische
Phase verstehen, die mit seinem Siegeszug endete. Viele der großen Religionen, die den Menschen in den Mittelpunkt rücken, entstanden zwischen
800 v.Chr. und 200 v.Chr. – der Philosoph Karl Jaspers bezeichnete diese
Ära als »Achsenzeit«. Konfuzius, Buddha, Laozi, die meisten der wichtigsten Propheten des Judaismus und Zarathustra lebten allesamt in dieser
Zeit. Die meisten von ihnen erfüllten die gleiche grundlegende soziale Funktion: Als wandernde, asketische Denker versuchten sie, die mächtigen Herrscher kriegerischer Stadtstaaten zu beeinflussen und sie unter Verweis auf
die menschliche Natur zur Mäßigung zu bewegen. In diesen wenigen Jahrhunderten fand Jaspers zufolge ein Prozess statt, in dem sich der Mensch
»des Seins im Ganzen, seiner selbst und seiner Grenzen bewußt wird«.[1]

Aber die »Achsenzeit« will nicht recht in ein strikt materialistisches Ge-
schichtsbild passen. Sie folgt auf die großen Zivilisationen der Bronzezeit
und geht den großen Handelsimperien der Eisenzeit voraus. Marx unter-
teilte die geschichtlichen Epochen nach ihrer jeweiligen »Produktionsweise«: klassische Antike, asiatische Despotie, Feudalismus, Kapitalismus. Da
das Konzept der Achsenzeit sowohl das klassische Griechenland als auch
das China der Zhou-Dynastie umfasst, haben viele Historiker Jaspers' These als »interessant, aber unbedeutend« eingestuft.

Doch der antikapitalistische Anthropologe David Graeber hat eine plausible materialistische Erklärung für die Achsenzeit geliefert: Sie deckt sich
fast exakt mit dem Aufstieg der Münzprägung. Geld gab es schon seit Tausenden Jahren, aber kleine Metallstücke, auf die das Profil eines Königs
oder das Symbol eines Stadtstaates geprägt war, tauchten ziemlich genau
zur selben Zeit auf wie Konfuzianismus, Buddhismus und die um den Menschen kreisende griechische Philosophie, und zwar an denselben Orten wie

diese Gedankengebäude: am Gelben Fluss, am Ganges und im östlichen Mittelmeerraum.

Graeber bezeichnet das, was nach 800 v. Chr. entstand, als »Militärischen Münzgeld- und Sklaverei-Komplex«, der die gemeinsame Basis für sehr unterschiedliche (und weitgehend unverbundene) Stadtstaaten in China, Indien und dem antiken Griechenland dargestellt habe. Münzen seien gebraucht worden, um gut ausgebildete stehende Heere zu unterhalten; sie hätten die Entstehung marktgestützter Gesellschaften und Staaten erleichtert, deren Dynamik auf Eroberungskriegen und dem Sklavenbesitz beruhte. Und unter diesen Bedingungen habe sich ein neues Weltbild entwickelt, in dem der materielle Wohlstand einer Gemeinschaft das höchste Gut darstellte. Wenn Graeber recht hat, sollten wir das mit der Münzprägung entstandene System als eigenständige Produktionsweise betrachten, wenn es auch kurzlebiger war als die Jahrtausende der Sklaverei, die Marx in einem System zusammenfasste.

Graeber erklärt: »Im Ergebnis entwickelte sich überall der ›Militärische Münzgeld- und Sklaverei-Komplex‹, und zugleich entstanden die materialistischen Philosophien.«[2] Es entstehen alphabetisierte Massen, humanistische Konzepte wie das »gute Leben« des Aristoteles oder das konfuzianische Ideal des *ren*, das am besten als »kultiviertes Menschsein« übersetzt wird, obwohl es oft als Synonym von »Tugend« verwendet wird. Und schließlich formieren sich Massenbewegungen, die gestützt auf den Rationalismus die erbliche Macht der Herrscher infrage stellen.

Wenn es so ist, liefert der Beitrag des Christentums zum Zusammenbruch des römischen Systems wichtige Aufschlüsse über unsere eigene Zeit. Die orthodoxen marxistischen Historiker glaubten, das System der Sklaverei, auf dem die römische Wirtschaft beruhte, sei zusammengebrochen, weil es die Produktivität des Landes nicht verbessern konnte. Die Elite löste sich von einem Wirtschaftsmodell, das auf dem Wohlstand der Bürger beruhte, und errichtete stattdessen einen Staat, der einen wachsenden Teil der Überschüsse aufzehrte und mehr und mehr Sklaven beschäftigte. Schließlich gingen die Grundbesitzer zum Einsatz von Kleinpächtern (den *coloni*) über, die in der Spätantike immer häufiger an den gepachteten Boden gebunden wurden und damit dinglich unfrei waren. Der Sklavenmarkt brach zusammen, weil die Pächter effizienter als die Sklaven arbeiteten. In dieser Situation der Schwäche drangen die germanischen Stämme ein, und in den Ruinen des alten Systems verschmolz ihr eigenes System der Schuldknechtschaft mit dem römischen Pachtsystem zum frühen Feudalismus.

Diese Darstellung ist wirtschaftlich plausibel. Wenn wir annehmen, dass die Achsenzeit auf dem impliziten Versprechen einer um den Menschen kreisenden Wirtschaft beruhte, wird klar, warum die Nichteinlösung dieses Versprechens den Aufstieg einer Ideologie begünstigte, die erklärte, Sklaven und freie Menschen seien gleich geschaffen. Das Christentum rief zur Errichtung einer Gesellschaft auf, die den Menschen in den Mittelpunkt rücken würde, und tat das in einem System, das eine solche Gesellschaft versprochen hatte, jedoch nicht länger bieten konnte. Die neue Religion beinhaltete eine Moral, die stärker war als das Gesetz eines Staates, der sich seinen Bürgern gegenüber zunehmend barbarisch verhielt. Und die Bürger stellten ihrerseits nur eine Minderheit der Bevölkerung, eine Elite, die auf archaische, ineffiziente und inhumane Art Überschüsse extrahierte.

Indem sie die Geschichte des Untergangs von Rom auf einen wirtschaftlichen Zusammenbruch reduzierten, beraubten sich die orthodoxen Marxisten, die diese Geschichte im 20. Jahrhundert studierten, der Erkenntnis, dass eine Idee viel bewirken kann, wenn sie sich in eine materielle Kraft verwandelt. Als Ideologie der Revolte und als Religion kleiner humanistischer, auf dem Gesetz beruhender Gemeinschaften hatte das Christentum Anteil an der Errichtung eines Wirtschaftssystems, das die Produktionsweise der Sklaverei ersetzte. Mit seiner Betonung der Gleichheit aller Menschen vor dem religiösen Gesetz – einem Gesetz, das über dem jedes irdischen Herrschers stand – trug das Christentum zur Entstehung eines Wirtschaftssystems bei, welches das auf der Sklavenhaltung beruhende ersetzte, obwohl es die Sklaverei in der Praxis manchmal duldete.

Heute wissen wir, dass auf die römische Zeit nicht einfach ein von Chaos und Krieg geprägtes »dunkles Mittelalter« folgte, sondern eine Zeit, in der eine blühende dezentralisierte Wirtschaft entstand, die auf der Schollenbindung beruhte. Dieses System brachte eine eigene reichhaltige Kultur hervor, die keine großen Bauten, sondern Kunstgegenstände und Handschriften schuf und sich um eine Wiederbelebung des klassischen Wissens bemühte.

Zwischen 300 und 500 n. Chr. fand gestützt auf die humanistische christliche Religion eine geistige, moralische, ethische und Verhaltensrevolte statt, die zur Beseitigung des parasitären Wirtschaftssystems des antiken Rom beitrug. Ich spreche mich weder für das Märtyrertum noch für eine Rückkehr zur christlichen Theologie aus, aber aus jener Entwicklung können wir eine wertvolle Lehre ziehen. Der Grund für die christliche »Revolution« des 4. Jahrhunderts war, dass zahlreiche Menschen nicht länger bereit waren, leere Rituale zu befolgen.

Die Ereignisse im 4. Jahrhundert zeigen Folgendes: Wenn ein System darauf angewiesen ist, dass sich die Menschen an von der Elite vorgegebene Kontrollroutinen halten, kann die Weigerung zahlreicher Menschen, sich diesen Routinen zu unterwerfen, umwälzende Konsequenzen haben. Daraus folgt, dass sich diese Art der Verweigerung auch in unserem Kampf gegen den Neoliberalismus, den Faschismus und die algorithmische Kontrolle als sehr nützlich erweisen könnte. Der grundlegende Reflex, den wir trainieren müssen, ist die Fähigkeit zur Verweigerung.

Wenn Sie wissen wollen, wie leicht das menschliche Verhalten mit einem Algorithmus gesteuert werden kann, müssen Sie sich nur auf einem Flughafen umsehen. Beim Betreten der Abflughalle legen wir unser normales Verhalten ab: Von nun an gelten strenge Regeln. Am Abflugschalter wird unsere Identität festgestellt, und die Sicherheitskontrolle beruht ebenfalls auf einem Algorithmus: Die Menschen bewegen sich wie befohlen, reißen ihren Laptop aus der Reisetasche, als hinge ihr Leben davon ab, und unterwerfen sich der Subroutine einer Leibesvisitation. Beim Scan des Reisepasses werden alle relevanten Fakten überprüft, die der Staat über uns weiß, während eine Subroutine für Gesichtserkennung sicherstellt, dass wir tatsächlich die Person sind, die vor wenigen Minuten am Schalter eingecheckt hat. Auf dem Flugsteig kommen die Algorithmen der wirtschaftlichen Privilegien zum Einsatz: Die Reichen dürfen als Erste an Bord, die Armen müssen warten.

Die natürliche menschliche Reaktion auf eine derartige Lenkung des Verhaltens ist Verärgerung. Aber wer regelmäßig reist, weiß, dass es keinen Sinn hat, sich aufzuregen. Als Journalist, der aus aller Welt berichtet, habe ich gelernt, mich mit willkürlichen Unterbrechungen sowie aufdringlichen und unpersönlichen Kontrollen abzufinden. Ich habe gelernt, es gleichmütig hinzunehmen, dass mein Gepäck verloren geht, dass mein Flug gestrichen wird oder dass mich wütende Flughafenmitarbeiter anschreien. Wie Millionen andere Menschen, die der algorithmischen Kontrolle ausgesetzt sind, habe ich gelernt, mit dem Strom zu schwimmen.

Das Problem ist, dass die Informationstechnologie einen immer größeren Teil unseres Alltagslebens in eine Abflughalle verwandelt. Wie auf dem Flughafen gehorcht diese Entwicklung auch in anderen Lebensbereichen den Bedürfnissen von Großunternehmen und Staaten. Anders als am Flughafen ist der Großteil der algorithmischen Kontrolle, dem unsere Gehirne und Körper unterworfen werden, in anderen Umgebungen nicht mit freiem Auge zu erkennen: Die Allgemeinheit ist sich dieser Kontrolle nicht bewusst, die Aufsichtsbehörden kümmern sich nicht darum, und die Gesellschaft setzt sich nicht ausreichend mit ihren ethischen Auswirkungen auseinander.

Sehen wir uns an, wie ein Algorithmus funktioniert. Algorithmen dienen dazu, anhand der Logik komplizierte Situationen in einer Reihe von Ja/Nein-Fragen zu erfassen und abhängig von den Antworten Anweisungen zu geben. Die Algorithmen, die auf dem Flughafen zum Einsatz kommen, stellen auf unterschiedliche Art alle dieselbe Frage: »Ist es sicher, diese Person in ein Flugzeug einsteigen zu lassen?« Ein Algorithmus ist Logik plus Kontrolle.

Um sich ein Bild davon zu machen, wie schnell sich die Algorithmen der Überprüfung und Offenlegung entzogen haben, gehen Sie einfach auf YouTube und suchen Sie nach »Finger family«. YouTube bietet Ihnen bis zu 17 Millionen »verschiedene« für Kleinkinder bestimmte Videos an, die alle sehr ähnlich sind. Ein YouTube-Kanal, auf dem man viele Stunden lange Videos von einer Person ansehen kann, die Schokoladeneier oder Spielzeug auspackt, hat 3,7 Millionen Abonnenten und erreichte im Jahr 2017 die Marke von sechs Milliarden Besuchern.[3] Die Titel der Videos sind tatsächlich sinnlos, es handelt sich einfach um aneinandergereihte Schlagworte, die nicht die Aufmerksamkeit von Menschen, sondern die des Algorithmus wecken sollen, der das nächste Video in der Warteschlange bereitstellt.

Die Videos werden von Algorithmen ausgewählt, über Algorithmen beworben und sogar automatisch unter Verwendung von Software erzeugt, die ein ums andere Mal den hypnotisierenden Abfall aus einer Datei in die nächste kopiert.

Sobald Sie Ihr Kind vor einen solchen YouTube-Kanal setzen, treten Sie die Kontrolle über die Inhalte, die es konsumiert, an einen Algorithmus ab. Eine weitere Maschine – ein Bot – durchforstet YouTube und gibt vor, bestimmte Videos aufzurufen; der Zweck dieses Mechanismus ist es, den Platz dieser Videos im Ranking zu verbessern. In der Zwischenzeit hinterlässt ein weiterer Bot computergenerierte Kommentare, die ebenfalls die Position des Videos verbessern.

Die Maschine wählt aus, was sich Ihr Kind ansehen kann, und prägt möglicherweise dauerhaft sein Weltbild. Der Künstler James Bridle, der die Auswirkungen der digitalen Intelligenz studiert hat, bezeichnet dies als »infrastrukturelle Gewalt«. Gemeint ist eine Form des Zwangs, die so vollkommen unsichtbar ist, dass uns die Worte fehlen, um darüber zu sprechen. Nur Google und seine Tochter YouTube besitzen das Wissen, das nötig ist, um uns davor zu schützen.[4]

Wir beginnen gerade, die offenkundigsten Gefahren der Algorithmen zu verstehen. Sie reproduzieren spontan vorhandene menschliche Vorurteile – so wie jene in den USA verwendete Software zur Beurteilung von Stellenbewerbern, die ethnische Diskriminierung hervorbrachte. Die Algorithmen, die zur Bewertung der Leistungen amerikanischer Lehrer eingesetzt wurden, waren derart verzerrt, dass die Lehrer zu dem Schluss gelangten, der einzige Zweck dieser Algorithmen sei die Einschüchterung und Disziplinierung der Beschäftigten. Viele Bundesstaaten und Schulbezirke gaben die Verwendung der Software daraufhin wieder auf.[5]

Diese Fälle zeigen, dass die übliche Reaktion auf einen fehlerhaften Algorithmus darin besteht, ihn einfach als technologischen Ausrutscher zu betrachten, der korrigiert werden kann. Aber hinter dem inhumanen Einsatz von Algorithmen stecken zumeist weder technologischer Opportunismus noch Nachlässigkeit, sondern er gehorcht fast immer wirtschaftlichen Interessen.

Die Verbreitung algorithmischer Steuerungsmechanismen ist eine Folge der großen Wirkungen der Informationstechnologie, die ich zuvor beschrieben habe. Der Einbruch der Produktionskosten von Informationsgütern verbilligt die Automatisierung der Videoproduktion. Die Errichtung riesiger Monopole wie YouTube ermöglicht es den Urhebern von Kindervideos, mit großen Mengen winziger Werbeeinnahmen Geld zu verdienen. Die massenhafte Nutzung der Informationsasymmetrie macht uns blind für das, was mit den Gehirnen unserer Kinder geschieht.

Würden die Marktteilnehmer zum ethischen Einsatz von Algorithmen, zur Offenlegung der Verwendung solcher Werkzeuge und zum Angebot einer Ausstiegsoption gezwungen, so würde das nicht nur die Geschäftsmodelle der Technologieunternehmen, sondern auch die gegenwärtige kapitalistische Dynamik gefährden und Zweifel an den Börsenbewertungen milliardenschwerer Schlüsselunternehmen wecken.

Es gibt bereits Widerstand. Lehrerstreiks, Sammelklagen und die Einführung ethischer Standards durch Einrichtungen wie das britische Institute of Electrical and Electronics Engineers sind die modernen Gegenstücke zu den Vorgängen in den ersten fünfzig Jahren der Fabrikwirtschaft, als die Arbeitgeber durch den Klassenkampf und staatliche Vorschriften gezwungen wurden, die Verschmutzung von Flüssen und die Tötung von Kindern durch Überarbeitung einzustellen. Die Frage ist, wohin dieser Widerstand führen wird.

Beim Widerstand gegen die algorithmische Kontrolle dürfen wir uns nicht darauf beschränken, die Informationssicherheit zu verteidigen oder Voreingenommenheit zu beseitigen: Wir müssen uns im Namen unserer wesentlichen menschlichen Eigenschaft wehren, im Namen unseres Gattungswesens.

Wir müssen Widerstand gegen alles leisten, was unsere bewusste Kontrolle über unser Arbeitsumfeld, unsere rationale Entscheidungsfreiheit oder unsere menschliche Freiheit als solche einschränkt, und zwar nicht aus Technophobie, sondern im Streben nach besseren Maschinen, nach besseren, transparenteren Algorithmen, nach mehr Kontrolle. Aber um uns den Algorithmen widersetzen zu können, müssen wir auch die wirtschaftlichen Kontrollmechanismen verstehen, auf die sich der Kapitalismus heute stützt.

Eines der deprimierendsten Rituale, die das 21. Jahrhundert hervorgebracht hat, ist der TED-Talk. Die Person, die den Vortrag hält, ist dem breiten Publikum oft unbekannt, aber ihr geschliffener Auftritt wirkt glaubwürdig, und da sie oft von unten gefilmt wird, entsteht der Eindruck, dass wir es mit einer Person zu tun haben, die etwas Gewichtiges zu sagen hat. Das immer gleiche Thema der Vorträge ist ebenfalls deprimierend: Wie können wir die menschlichen Schwächen zu unserem Vorteil ausnutzen?

Zu den erfolgreichsten 25 TED-Talks aller Zeiten gehören »Wie großartige Führer andere zum Handeln inspirieren«, »Wie man so spricht, dass die Leute zuhören wollen«, »Die unsichtbaren Kräfte, die jedermanns Handlungen motivieren«, »Wie man einen Lügner erkennt« sowie eine Vorführung eines professionellen Taschendiebs, der zeigt, wie man »eine Brieftasche entwendet und auf die Schulter des Besitzers legt, ohne dass er irgendetwas mitbekommt«.[6] Die TED-Talks werden als eine Sammlung von Ideen angepriesen, die »wert sind, verbreitet zu werden«, aber in Wahrheit dienen sie nur der Verbreitung einer einzigen Vorstellung, nämlich der, dass das menschliche Urteil fehleranfällig ist und dass jene, die diese Fehler auszunutzen verstehen, mit der Verhaltensökonomie viel Geld verdienen können.

Während sie damit beschäftigt waren, den Wohlfahrtsstaat zu zerstören und die auf den Menschen zielende Politik durch Inflationsziele zu ersetzen, ignorierten die Neoliberalen die Verhaltenspsychologie. Ihr Credo lautete: Nur der Markt ist rational. Diejenigen, die versuchten, das tatsächliche Verhalten von Menschen auf dem Markt zu studieren (normalerweise kamen sie aus der Psychologie), wurden an den Rand gedrängt.

Als bahnbrechende Arbeit auf dem Gebiet der Verhaltensökonomie gilt Richard Thalers Artikel »Towards a Positive Theory of Consumer Choice« aus dem Jahr 1980, der auf der Arbeit des späteren Nobelpreisträgers Daniel Kahneman beruhte. Aber in der Praxis fand die neue Disziplin erst sehr viel später Anerkennung: Nach dem Crash von 2000 wurde den Unternehmen und Regierungen klar, dass die Menschen in Widerspruch zur neoliberalen Theorie begannen, die Unterwerfung unter die Marktimperative zu verweigern.

Auf dem Höhepunkt der neoliberalen Ära ließen sich die Menschen auf dem Markt zu einer Vielzahl irrationaler Entscheidungen hinreißen: Wir kauften monopolistischen Herstellern Kühlschränke und Mikrowellenherde mit miserablen Garantien ab, obwohl wir sie als minderwertig hätten ablehnen müssen. Wir ließen uns Versicherungshypotheken aufschwatzen, obwohl die Ausschüttungen unmöglich genügen konnten, um die Schulden zu begleichen. Man bot uns Rentenfonds mit garantierter Ausschüttung an, obwohl das Geld an extrem volatilen Börsen investiert wurde, und wir fragten nur: »Wo muss ich unterschreiben?«

Auf dem idealen Markt, von dem die neoliberalen Puristen träumten, hätte der Wettbewerb diese betrügerischen Gewährleistungen, widersinnigen Hypotheken und übermäßig riskanten Altersvorsorgepläne aussieben müssen. Aber der Kapitalismus hatte sich in ein undurchschaubares System von mit dem Staat verbündeten Monopolen verwandelt, in dem tüchtige Lobbyisten in Brüssel oder Washington die Wirkung des Wettbewerbs mehr als ausgleichen konnten.

Im Jahr 2008 erschien das Buch *Nudge*, das Richard Thaler gemeinsam mit dem Juristen Cass R. Sunstein geschrieben hatte. Es schuf die Grundlage für die Strategie des »libertären Paternalismus«, die angesichts des Versagens der Logik des freien Markts von vielen Regierungen übernommen wurde. *Nudge* inspirierte zahlreiche politische Projekte, darunter einige von Präsident Obama und der britischen Regierung, die versuchten, das Verhalten der Bürger zu lenken, um ihnen die Anpassung an die Marktbedingungen zu erleichtern.

Ein Beispiel: Nachdem sich herausgestellt hatte, dass Studenten aus einkommensschwachen britischen Haushalten dazu neigten, auf eine Bewerbung bei einer der Spitzenuniversitäten aus der Russell-Group zu verzichten, entschloss sich die von der britischen Regierung eingerichtete Organisation Behavioural Insights Team, ein auf *Nudge* beruhendes Experiment durchzuführen. Die Einrichtung schickte an 11 000 Schüler einen Brief, in dem ein Student einer Eliteuniversität erklärte, das Studium an solchen Hochschulen könne billiger sein, weil sie Bewerbern aus armen Familien mehr finanzielle Unterstützung gewährten als andere Universitäten.

Im Jahr 2017 berichteten die Medien über die positiven Ergebnisse der Aktion: Der Anteil der Schüler, die sich um einen Studienplatz an einer Eliteuniversität bewarben, aufgenommen wurden und den Platz annahmen, war in der Gruppe, die den »Nudge-Brief« erhalten hatte, höher als in der übrigen Schülerpopulation (obwohl die Forscher festgestellt hatten, dass der Unterschied nicht statistisch signifikant war). Zu Kosten von 45 Pfund pro Person waren anscheinend 222 Schüler davor bewahrt worden, sich mit einem Studienplatz an einer Universität auf den hinteren Plätzen der Hochschulrankings zu begnügen, und hatten stattdessen ein Studium an einer Spitzenuniversität begonnen. Die Zeitschrift *The Economist* lobte, der Nudge-Zugang sei »weniger umständlich als die von früheren Regierungen ins Auge gefasste Festlegung von Quoten für Schüler aus benachteiligten Familien«.[7]

Macht man sich jedoch die Mühe, den Forschungsbericht zu lesen, so stößt man auf folgende Bemerkung der Autoren: »Erwähnenswert ist, dass wir, obwohl unsere Interventionen bei einer Randgruppe erfolgreich waren, keinerlei Auswirkung auf die Wahrscheinlichkeit beobachten konnten, dass sich Schüler überhaupt für ein Studium entscheiden.«[8]

Der Grund dafür ist, dass die konservativ-liberale Koalitionsregierung im Jahr 2010 die Studiengebühren von 3000 auf 9000 Pfund im Jahr erhöhte und anschließend die für die Vergabe von Studienkrediten zuständige Einrichtung privatisierte; der neue Betreiber darf von den Studenten 6 Prozent Zinsen verlangen, während der Leitzinssatz zeitweise bei 0,25 Prozent lag.

Die Neoliberalen lieben die »Nudge«-Strategie, weil sie – wie von ihren Urhebern beabsichtigt – ein Ersatz für Steuererhöhungen, ordnungspolitische Eingriffe und strengere Gesetze ist. Zudem bürdet diese Strategie aufgrund ihres libertären Charakters die Verantwortung für das Ergebnis dem Einzelnen auf, in diesem Fall dem unter Armut leidenden 16-Jährigen, der in einer winzigen Gemeindewohnung Tiefkühlpizza für seine Geschwister warm macht, während er sich vorzustellen versucht, wie er das Leben an einer Eliteuniversität bewältigen könnte.

Eine sehr viel einfachere Strategie und ein klareres Signal an die Gesellschaft bestünde darin, die Eliteuniversitäten zu zwingen, Quoten für Studenten aus armen Familien festzulegen (was einige Hochschulen freiwillig getan haben). Eine noch bessere Strategie wäre es, die Studiengebühren vollkommen abzuschaffen, wie die Labour Party in ihrem Wahlprogramm im Jahr 2017 versprach. Und die sozial gerechteste Strategie wäre es, die Armut an der Wurzel zu packen und einen großzügigen Wohlfahrtsstaat wiederaufzubauen.

Da keine dieser Lösungen für die neoliberale Elite infrage kommt, bleiben uns nur die freundlichen Stupser (*nudges*). An manchen Tagen kann man das Gefühl haben, als würde unser ganzes Leben von anderen angestoßen. Es passiert im Kaffeeladen, wo unterbezahlte Angestellte genötigt sind, uns anzulächeln und zu einem größeren Donut zu raten. Es passiert im Büro, wo das gesamte Managementteam Motivationskurse absolviert und uns auffordert, »positiv zu denken«, während das Unternehmen den Bach runtergeht.

Nudge-Strategien existieren, weil der Markt unfair ist, aber sie ändern nichts an der Unfairness des Marktes. Stattdessen zwingen sie uns, an der Illusion teilzuhaben, dass der Markt funktioniert. Sie zwingen uns zum stillschweigenden Einverständnis mit der Annahme, strenge Vorschriften seien schlecht und die »Entscheidungsarchitektur« sei gut. Sie zwingen uns, den Neoliberalismus bewusst zu reproduzieren, so als »müsste er eigentlich funktionieren«, weil die Theorie, er funktioniere spontan, widerlegt ist. So ist die Verhaltensökonomie zum modernen Gegenstück der Forderung des römischen Staates geworden, »den Göttern zu opfern«: Persönlich darfst du glauben, was du willst, sagen uns Regierungen und Unternehmen, aber in der öffentlichen, kommerziellen Welt verhalte dich bitte so, wie es unsere Religion vorschreibt.

Eine der wirksamsten Gegenmaßnahmen besteht darin, die alten Systeme der Verhaltenskontrolle auf individueller Ebene zurückzuweisen. Es gibt Menschen, die das bereits tun: Sie kaufen nur Fair-Trade-Kaffee und tragen teure Jeans, die in Wales handgefertigt werden, anstatt aus der Massenproduktion in Bangladesch zu kommen. Sie steigen aus dem Taxi aus, wenn der Fahrer rassistische Schmähungen von sich gibt. Bisher sind diese Leute keine Gefahr für den Neoliberalismus: Seine Reaktion besteht darin, den ethischen Konsum zu kooptieren, so wie das Römische Reich in den Jahrzehnten nach Diokletians Massaker versuchte, das Christentum zu kooptieren.

Um eine massenhafte Verhaltensänderung herbeizuführen, müssen wir unsere Ablehnung aufgezwungener Marktwerte auf eine höhere Ebene heben. Wir brauchen Menschen, die sich weigern, automatische Kassen zu nutzen, und die Supermärkte auf diese Art zwingen, menschliche Arbeitskräfte zu beschäftigen. Wir brauchen Menschen, die ihre Rechte als Konsumenten aggressiv nutzen. Aber vor allem brauchen wir Menschen, die sich lautstark dagegen wehren, »in die richtige Richtung gestupst« zu werden.

Wenn sich dieser Widerstand ausbreitet, werden zwei Dinge geschehen.

Erstens werden wir beginnen, einander zu finden. Wenn Sie in einer langen Schlange stehen und auf den einzigen Kassierer warten, weil Sie den Kassenautomaten ablehnen, werden Sie vielleicht mit einem wütenden Kunden ins Gespräch kommen. Vielleicht machen Sie ihn darauf aufmerksam, dass es nicht die Schuld des Kassierers ist, dass er warten muss: Verantwortlich ist die Supermarktkette, die Milliardenumsätze erzielt. Darauf wird ein dritter Kunde sagen: »So sehe ich das auch.« Und schon haben wir etwas mehr als isolierte Unzufriedenheit.

Zweitens werden wir bei unseren winzigen Akten der Rebellion denken: Dieses Problem könnte durch eine Kombination von Technologie und Gesetzen sehr viel leichter gelöst werden. Unser Widerstand im kleinen Maßstab wird uns zu einem die Gesellschaft umspannenden Projekt führen.

Es ist mir bewusst, dass ich den Leser einlade, das Projekt des radikalen Humanismus als quasireligiöses Anliegen zu betrachten, indem ich die

Parallele zum frühen Christentum ziehe. Ein solches Vorhaben ist nicht meine Absicht. Aber Tatsache ist, dass die neoliberale Form der Ausbeutung am Arbeitsplatz, im Pub, daheim, im Kaffeehaus, auf dem Sportplatz und im Schlafzimmer in unser Leben eindringt. Wir können sie bekämpfen, indem wir uns weigern, das vom System geforderte Verhalten an den Tag zu legen.

Die Angehörigen meiner Generation durften noch Ende der siebziger Jahre davon ausgehen, dass man Widerstand gegen den Kapitalismus leisten konnte, indem man mit einem großen Hebel einen großen Felsbrocken – die Arbeiterklasse – bewegte. Heute können wir wirksameren Widerstand leisten, indem wir viele kleine Steine zu rollen beginnen und eine Lawine auslösen.

18

WIR MÜSSEN UNS DEN IDEEN VON XI JINPING WIDERSETZEN

Von der Wahl Xi Jinpings im November 2012 zum Generalsekretär der Kommunistischen Partei Chinas (KPCh) sind mir vor allem die leeren Sitze in Erinnerung geblieben. In der Großen Halle des Volkes in Peking war das gesamte Parkett für die 3000 Delegierten des 18. Parteitags der KPCh reserviert. Wir Journalisten hatten sehr viel Platz auf dem ersten Oberrang, wo sich die Pressevertreter und die Musiker einer großen Militärkapelle verloren. Der zweite Oberrang, wo 2500 Zuschauer Platz gehabt hätten, war vollkommen leer. Es war wahrlich eine große Halle des Volkes, nur ohne Volk.

Jiang Zemin, der Mann, der die Marktöffnung Chinas und den Aufbau eines Heers billiger Arbeitskräfte in den Fabriken des Landes geleitet hatte, saß mit mürrischem Gesichtsausdruck auf der Tribüne. Der scheidende Staatspräsident Hu Jintao, der noch versucht hatte, die schlimmsten Exzesse der Marktwirtschaft zu verhindern, hielt eine gestelzte Rede. Xi Jinping rutschte während der gesamten Sitzung ungeduldig auf seinem Stuhl hin und her wie jemand beim Friseur, der es eilig hat.

Der wichtigste Beschluss wurde ohne Gegenstimmen gefasst: Hu Jintaos »Wissenschaftliches Entwicklungskonzept« wurde in das Parteistatut aufgenommen, womit sich die offizielle Ideologie der chinesischen Kommunisten – holen Sie tief Luft – in das folgende monströse Gebilde verwandelte: Die Partei würde sich von nun an vom »Marxismus-Leninismus, den Mao-Zedong-Ideen, der Deng-Xiaoping-Theorie, den wichtigsten Ideen des Dreifachen Vertretens sowie dem Wissenschaftlichen Entwicklungskonzept« leiten lassen.

Wir können es uns als Torte mit übereinanderliegenden Schichten der marktorientierten Ideologie vorstellen: Deng öffnete China für den globalen Kapitalismus und zerstörte das Wohlfahrtssystem, auf das sich die traditionelle Arbeiterklasse hatte stützen können. Jiangs Theorie des »Dreifachen Vertretens« verwandelte die Partei in eine Repräsentantin der neuen Bourgeoisie, und Hus Theorie der wissenschaftlichen Entwicklung besagte, dass die Partei die offene Korruption nicht länger tolerieren und die Zahl der Fabriken verringern sollte, in denen Menschen getötet und verstümmelt wurden.

Als sich der Parteitag seinem Ende zuneigte, stimmte die Militärkapelle die schwülstigste Version der »Internationale« an, die ich je gehört hatte. Es war, als sollte die Langeweile und Undurchschaubarkeit der kommenden Jahre angekündigt werden. Ich sang mit, was meinem Aufpasser, einen Journalisten von der Parteizeitung, einen erstaunten Ausruf entlockte: »Sie sind ja ein Marxist!« Er klang nicht erfreut.

Als die letzten Noten der »Internationale« von den leeren Sitzen im Parkett und dem polierten Holz des verlassenen zweiten Oberrangs widerhallten, ahnten wir nicht, dass in China eine Rückkehr des Marxismus bevorstand – obwohl dieser Marxismus nicht sehr marxistisch sein würde.

Es ist eine lächerliche Vorstellung, dass irgendjemand etwas über die »Ideen« eines Mannes lernen sollte, der sich in seinem Leben nie einem kritischen Interview, geschweige denn einer freien Wahl gestellt hat. Dennoch sind Xis »Ideen zum Sozialismus chinesischer Prägung im neuen Zeitalter«, die im Jahr 2017 in das Parteistatut aufgenommen wurden, für jeden Menschen auf dem Planeten wichtig. In den Jahren nach seinem Machtantritt hat Xi das Rätsel gelöst, das die China-Experten Jahrzehnte beschäftigte: In welcher Form und in welchem Zeitraum wird sich China dank seiner wirtschaftlichen Macht in eine geopolitische Supermacht verwandeln und die Welt verändern?

Xis Antwort: In Form eines staatlich gelenkten Kapitalismus, der sich offen zur marxistischen Ideologie bekennt, und das wird sehr viel früher als erwartet passieren.

Xi hielt nicht viel von der »kollektiven Führung«, dem üblichen Feilschen zwischen verschiedenen Fraktionen der KPCh. Er brachte rasch sämtliche Verwaltungsorgane unter seine Kontrolle und leitete eine Kampagne zur Korruptionsbekämpfung ein, der 1,3 Millionen Funktionäre zum Opfer fielen, darunter Dutzende Mitglieder des Zentralkomitees und ein Mitglied des Politbüros. Begleitet von Gerüchten über einen Putschversuch wurden zwei hochrangige Mitglieder des Militärausschusses sowie sechzig Generäle entfernt und die Armee dem direkten Kommando Xis unterstellt.

Um verstehen zu können, was Xi vorhat, müssen wir wissen, was China ist: eine staatskapitalistische Volkswirtschaft, die sich in eine Marktwirtschaft verwandelt, eine ländliche Wirtschaft, die sich in eine städtische verwandelt, und ein auf Billigexporte spezialisiertes Land, das sich nicht mehr allein auf billige Arbeitskräfte stützen kann, wenn es eine technologische Supermacht werden will.

Während des Übergangs zur Marktwirtschaft verwandelte sich die Partei in ein Vehikel für Korruption und persönliche Bereicherung, was wiederholt Protestbewegungen auslöste, die zu einer existenziellen Bedrohung für die Herrschaft des Regimes wurden. Die Welt erfuhr vor allem von der Demokratiebewegung auf dem Platz des Himmlischen Friedens im Jahr 1989, aber auch in den chinesischen Industriezentren kam es in den neunziger Jahren zu großen Arbeiterprotesten, die der Parteiführung bis heute als Mahnung dienen.

Xis größtes Problem ist, wie er sich die Zustimmung der Arbeiterklasse – die mittlerweile um 250 Millionen aus den ländlichen Regionen zugewanderte Arbeiter angeschwollen ist – zum kommunistischen Einparteienregime sichern kann. Jeder einzelne dieser 250 Millionen Menschen erlebt im Alltag, was der China-Experte Minxin Pei als »insgeheim abgesprochene Korruption« bezeichnet: ein allgemein bekanntes System von Bestechung, gerichtlichen Gefälligkeiten, Polizeiwillkür und organisiertem Verbrechen, das viele gewöhnliche Menschen zu Mittätern macht und von mächtigen informellen Netzwerken zusammengehalten wird.[1]

Derartige Netzwerke untergraben die Zustimmung zum System, weil sie im Staatssektor gewaltige Mengen Geld abschöpfen und an den öffentlichen Diensten verdienen. Im Privatsektor führt ihre Existenz zu Ineffizienz und lähmt die Investitionen. Daher konzentriert sich Xis Offensive gegen die Korruption auf zwei Ziele: die Zerstörung dieser massiven Bestechungsnetzwerke und die Abschöpfung von Milliarden Dollar an nicht deklarierten und unversteuerten Einkommen, die aus China in das globale Finanzsystem fließen.

Xis Projekt ist eine Antwort auf die andauernde Krise des Westens. Als Xi im Jahr 2012 die Macht errang, war klar, dass der Westen auf Dauer in wirtschaftlicher Stagnation gefangen war und dass China seinen Binnenmarkt schneller aufbauen musste als ursprünglich angenommen.

Nach Trumps Wahlsieg änderten sich die Dinge erneut. Im Mai 2017 erläuterte Trumps damaliger nationaler Sicherheitsberater H. R. McMaster gemeinsam mit dem damaligen Direktor des Nationalen Wirtschaftsrates Gary Cohn in einem Artikel Trumps außenpolitische Vorhaben: »Die Welt ist keine ›globale Gemeinschaft‹, sondern eine Arena, in der Nationen, regierungsunabhängige Akteure und Unternehmen versuchen, sich im Wettbewerb miteinander Vorteile zu verschaffen.«[2] Niemand verstand den Sinn dieser Aussage besser als Xi, der seit der Lösung Russlands aus der unipolaren Ordnung im Jahr 2008 für eine »Gemeinschaft der gemeinsamen Bestimmung« warb, das heißt für eine neue multilaterale Weltordnung.

Im Januar 2017, als Xi vor dem Weltwirtschaftsforum in Davos sprach, hatten sich die existenziellen Bedingungen für die Strategie der chinesischen Elite geändert. Die Vereinigten Staaten waren keine stabile Demokratie mehr, sondern wurden von einem Spinner regiert, der entschlossen war, einen Handelskrieg mit China vom Zaun zu brechen. Und mittlerweile waren Zweifel an der Bereitschaft der USA angebracht, die auf Regeln beruhende Weltordnung zu garantieren.

Rückblickend wirkt Xis Entscheidung, im Jahr 2013 eine Initiative mit der Bezeichnung »Ein Band, eine Straße« zu starten, geradezu genial. Das »Band« besteht aus einer Reihe von landgebundenen Infrastrukturprojekten, die China über Zentralasien mit Europa verbinden sollen. Als »Straße« wird eine maritime Verkehrsinfrastruktur bezeichnet, welche die Produktionszentren in den chinesischen Küstenregionen mit ihren Klientelstaaten Iran und Pakistan sowie dem Suezkanal verbinden sollen.

»Ein Band, eine Straße« wird oft als geopolitisches Projekt beschrieben, dessen Ziel es ist, die Handelspartner Chinas in eine Abhängigkeitsbeziehung zu zwingen. Aber sie ist auch ein Versuch, die Überreste des »Nachholwachstums« in der nördlichen Hemisphäre für China zu nutzen. Das dünn besiedelte und rohstofffreie Zentralasien ist eine der wichtigsten Regionen, deren technologische Modernisierung noch aussteht. Wenn es gelingt, diese Region in einen funktionierenden Korridor anstatt in eine wirtschaftliche Wüste zu verwandeln, so wäre sie noch lange nach der Sättigung des chinesischen Binnenmarkts ein aufnahmefähiger Markt für die chinesische Schwerindustrie, was auch die Abhängigkeit des Landes von den transpazifischen Handelsrouten verringern würde.

Es ist unmöglich, Prognosen dazu anzustellen, ob Xis Vorhaben gelingen wird. Es würde die Mafianetzwerke, die sich die Partei angeeignet haben, derart destabilisieren, dass viele China-Experten eine Gegenreaktion erwarten. Doch wenn Xi Erfolg hat, wird es den globalen ideologischen Cocktail des 21. Jahrhunderts um einen weiteren sonderbaren Bestandteil erweitern: die bürokratische, antihumanistische Form des Marxismus, die im Jahr 1989 unterging, wird gestärkt zurückkehren.

Daher muss eine radikale humanistische Bewegung ihr Repertoire von Reflexen um geistige Abwehrmechanismen gegen den offiziellen chinesischen Marxismus erweitern.

Sogar im chinesischen Überwachungsstaat hat die Informationstechnologie die Kommunikations- und Organisationsfähigkeiten der Menschen deutlich erhöht. In den neunziger Jahren nahmen Vertreter des westlichen Liberalismus an, in China werde sich einfach eine Mittelschicht entwickeln und die Kommunistische Partei demokratisieren, und tatsächlich gab es unter Hu Jintao Anzeichen für eine solche Entwicklung: Im Namen von »Konstitutionalismus« und »universellen Rechten« wurde mit einer Trennung von Exekutive, Judikative und einer scheinbar unabhängigen Legislative experimentiert.

All diese Vorstöße wurden unter Xi rückgängig gemacht. Aber das Problem besteht weiter. Eine mit moderner Technologie ausgestattete Bevölkerung wird größere Freiheit fordern, und die einzige Möglichkeit, dieses Freiheitsstreben zu unterdrücken, besteht in einer unmenschlichen Überwachung und Kontrolle. Genau das hat Xi vor.

Im Jahr 2013 gab die KPCh eine als »Dokument 9« bezeichnete Richtlinie heraus, mit der die Verbreitung der folgenden sieben Vorstellungen unterbunden werden sollte: konstitutionelle Demokratie nach westlichem Vorbild, »universelle Werte«, Zivilgesellschaft – die nach Ansicht der chinesischen Führung ein westliches Konzept ist, das lediglich dazu dient, der Kommunistischen Partei zu schaden –, marktwirtschaftliche Politik (also Neoliberalismus), Pressefreiheit sowie »historischer Nihilismus« – das heißt die Vorstellung, die Herrschaft der Kommunistischen Partei habe sich insgesamt negativ auf China ausgewirkt.

Das siebte und letzte Verbot betrifft die Verwendung von marxistischer Terminologie zur Kritik an Xis Person innerhalb der Partei. Es ist den Parteimitgliedern verboten zu sagen, China habe mittlerweile ein »staatskapitalistisches« System oder der Staat verbreite eine »neue bürokratische Form des Kapitalismus«. Es ist ihnen auch untersagt, beschleunigte politische Reformen zu fordern.[3]

Wo die eigentliche Gefahr des Verbots dieser »unaussprechlichen« Gedanken liegt, wird uns erst klar, wenn wir verstehen, wie Xi den Marxismus zu verwenden gedenkt: Dieser soll als unanfechtbare antihumanistische Doktrin dienen, die eine Einparteienherrschaft und die algorithmische Kontrolle der Bevölkerung rechtfertigt.

Unter Xis Führung betreibt das chinesische Regime einen rücksichtslosen Kampf gegen den Humanismus. Im Jahr 2012, dem Jahr von Xis Machtantritt, fanden Forscher bei einer Auswertung der Berichterstattung chinesischer Staatsmedien 150 Artikel, in denen »universelle Werte« behandelt wurden; 78 Prozent dieser Artikel bewerteten das Konzept positiv. Im Jahr darauf wurden die »universellen Werte« in 84 Prozent der 500 untersuchten Artikel *negativ* bewertet. Die gleiche Orwell'sche Verkehrung war beim Begriff des »Konstitutionalismus« zu beobachten, der ein Jahr nach Xis Machtübernahme in nicht weniger als tausend Schlagzeilen attackiert wurde.[4]

Wer die Geschichte des Unrechts kennt, das die Kolonialmächte China antaten, kann dem Land kaum vorwerfen, dass es Unabhängigkeit und eine starke geopolitische Position anstrebt. Nach Obamas Kehrtwende und der Wahl Trumps war es unvermeidlich, dass Chinas diplomatisch auf die Entwicklung von Multipolarität und Unordnung reagieren würde. Xi fordert eine chinesische Vormachtstellung in den wichtigen Technologiebereichen Halbleiter, künstliche Intelligenz und Biotechnologie, was bedeutet, dass das Land den direkten Wettbewerb mit den USA und Japan sucht. Nimmt man die Initiative »Ein Band, eine Straße« hinzu, so wird klar, dass China bis 2030 eine Supermacht werden will und eine globale Vormachtstellung in der technologischen Innovation anstrebt.

Das Problem ist, dass das Land gleichzeitig ein wichtiger globaler Lieferant antihumanistischer Vorstellungen werden wird. Xi will den Marxismus, den chinesischen Nationalismus und eine paternalistische Form des Konfuzianismus zu einer Staatsideologie verschmelzen, die das Regime auf dem Weg zur Supermacht stabilisieren soll.

Der Marxismus soll eingesetzt werden, um die fortgesetzte Säuberung der Mafianetzwerke, die Unterdrückung rivalisierender Fraktionen innerhalb der Partei, das völlige Fehlen jeglicher demokratischer Partizipation und die Verweigerung grundlegender Freiheitsrechte zu rechtfertigen. Das meinte Xi, als er der Parteiführung im Jahr 2017 einschärfte: »Wenn wir vom Marxismus abweichen oder ihn aufgeben, wird unsere Partei ihre Seele und die Orientierung verlieren. Wir müssen unerschütterlich und standhaft am Leitprinzip des Marxismus festhalten und dürfen zu keinem Zeitpunkt und unter keinen Umständen zurückweichen.«[5]

Aber der Marxismus, der Chinas aufstrebender Generation eingebläut werden soll, ist das Gegenteil von dem, was Marx im Sinn hatte.

Der wirkliche Marxismus erreichte China in den Schriften von Chen Du-xiu, einem Lehrer, der im Jahr 1915 die Zeitschrift *Neue Jugend* gründete. Die chinesischen Intellektuellen, die ab 1890 mit dem westlichen Denken in Kontakt gekommen waren, hatten versucht, dieses unter dem Motto »Chinesisches Wissen für die Substanz, westliches Wissen für die Praxis« mit dem streng patriarchalischen Konfuzianismus der Qing-Dynastie in Einklang zu bringen.

Chen Duxius Generation gab diese Versuche auf und forderte die Chinesen stattdessen auf, sich vom Konfuzianismus zu lösen, das wissenschaftliche Denken zu übernehmen, den Imperialismus zu bekämpfen, Literatur in der Sprache des Volkes zu schreiben und sich den westlichen Humanismus anzueignen. Von da war es nur noch eine kurze Reise bis zum Marxismus: Nach der Bewegung des 4. Mai, einer Erhebung gegen die imperialistischen Mächte in Schanghai im Jahr 1919, gründete Chen die Partei, die heute China regiert. Von Stalin an den Rand gedrängt und wegen seiner Kritik an Mao zur unerwünschten Person erklärt, verkörpert Chen Duxiu noch heute das humanistische »Gespenst«, das den chinesischen Marxismus verfolgt.

In dem Jahrzehnt, das der Niederschlagung der Demokratiebewegung auf dem Tian'anmen-Platz vorausging, durften sich die chinesischen Intellektuellen verspätet mit der in diesem Buch beschriebenen humanistischen Form des Marxismus beschäftigen. Wang Ruoshui, damals stellvertretender Chefredakteur des Parteiorgans *Renmin Ribao* (dt.: *Volkszeitung*) veröffentlichte einen Artikel mit der Überschrift »Das menschliche Wesen ist der Ausgangspunkt des Marxismus«, in dem er erklärte, sogar in Planwirtschaften wie dem postmaoistischen China gebe es Entfremdung.[6]

Es war jedoch nicht der verbohrte Maoismus, der den erwachenden chinesischen Humanismus zerstörte, sondern die marktwirtschaftlich ausgerichtete Fraktion um Deng Xiaoping. Im Jahr 1983 verurteilte Deng in einer Rede die Bemühungen um eine Humanisierung des Marxismus als »geistige Verschmutzung« und wies die Vermutung zurück, eine Ausweitung der Menschenrechte oder die Förderung universeller Werte sei Teil der von ihm angestoßenen Marktreformen.[7] Wang fiel Mitte der achtziger Jahre einer parteiinternen Säuberung zum Opfer, und andere Humanisten wurden als »Gedankenkriminelle« gebrandmarkt, weil sie die Proteste auf dem Tian'-anmen-Platz unterstützt hatten. Die chinesische Reise zur Marktwirtschaft sollte einen Kapitalismus ohne Respekt für das individuelle menschliche Wesen hervorbringen.

Xi versteht den Marxismus als antihumanistische Doktrin der Prädestination, die besagt, dass die von Millionen Chinesen empfundene Entfremdung, Traurigkeit oder Enttäuschung eine Illusion ist, und die staatliche Kontrolle über das Verhalten und Denken der Menschen rechtfertigt.

Wie seine Vorgänger ist Xi entschlossen, diesen monolithischen Marxismus mit einer vom Staat abgesegneten Version des Konfuzianismus zu verschmelzen. Konfuzius sah wie Aristoteles in einer geordneten Gesellschaft die Voraussetzung für das gute Leben. Und geordnet konnte eine Gesellschaft in seinen Augen nur sein, wenn die Söhne ihren Vätern, die Frauen den Männern und die Sklaven ihren Herren gehorchten. Aber im Laufe von zwei Jahrtausenden verwandelten sich die konfuzianische Ideologie und die darauf beruhende Regierungskunst in eine Rechtfertigung der Unmenschlichkeit. Am Ende legitimierten sie nicht nur die absolute Macht und die Gewaltherrschaft der Kaiser, deren Ausmaß man zu ahnen beginnt, wenn man einen Ort wie die Verbotene Stadt betritt. Sie lieferten auch eine Begründung dafür, Frauen als minderwertige Menschen zu behandeln, und sprachen den Armen das Recht ab, Widerstand gegen ihre Unterdrücker zu leisten.

Die moderne Technologie fördert entweder die menschliche Kreativität und Selbstbestimmung, oder sie wird zu deren Unterdrückung eingesetzt. Nun, da sich zeigt, welche Möglichkeiten die algorithmische Kontrolle und Überwachung sowie die künstliche Intelligenz eröffnen, verfolgt China unter Xis Führung das umfassendste antihumanistische Vorhaben der Welt.

Das Sozialkredit-System, das bis 2020 eingeführt werden soll, ist das logische Resultat. Der chinesische Staat beabsichtigt, alle Bürger und Unternehmen in ein staatliches »Einstufungssystem« zu zwingen, in dem alles von der

Kreditwürdigkeit bis zur Regimetreue beurteilt werden kann – und zwar nicht nur vom Staat, sondern auch von den Mitbürgern. »Wer das Vertrauen in einem Bereich missbraucht, wird überall Beschränkungen unterworfen«, heißt es in einem 2016 veröffentlichten Dokument über die Gestaltung des Systems. Jene Bürger, die als »nicht vertrauenswürdig« eingestuft werden, erhalten nur noch eingeschränkten Zugang zum Internet, dürfen nicht mehr ins Ausland reisen, bekommen keinen Kredit mehr und haben keine Chance mehr auf bestimmte Arbeitsplätze.[8]

Berücksichtigt man zudem die gewaltige Menge an Daten, die der chinesische Staat über seine Bürger sammeln wird, so haben wir die Grundlagen für den ersten technologiegestützten totalitären Staat des 21. Jahrhunderts.

Xi Jinping hat unmissverständlich erklärt, was der chinesische Staat tun muss, um die Modernisierung des Landes ohne Freiheit und Demokratie zu bewerkstelligen: Er muss im Namen von Marx den Humanismus unterdrücken und eine algorithmische Kontrolle in beispiellosem Umfang einführen. Wenn das Vorhaben gelingt, können wir sicher sein, dass diese Art von »Marxismus« im Westen sehr populär werden wird.

Deshalb ist die Ablehnung der »Ideen« von Xi Jinping keine untergeordnete Frage. In China muss so wie in den westlichen Ländern das menschliche Wesen radikal verteidigt werden. Es ist tröstlich zu wissen, dass die Führer der chinesischen KPCh nichts mehr fürchten als das.

19

WIR DÜRFEN UNS NIE GESCHLAGEN GEBEN

Auf der Halbinsel Ducos gibt es keine Schilder, die von der Vergangenheit dieses Ortes zeugen, und man sieht dort keine Gedenktafeln. Man fährt zwischen zerfetzten Palmen durch eine weitläufige Industrieanlage, über der ein schwerer Dieseldunst hängt. Die Nickel-Anlage, die die Bucht beherrscht, spuckt gelbe Wolken in den pazifischen Himmel. Doch die Schlammkrabben kämpfen am Strand noch genauso wie zu der Zeit, als Louise Michel sie in ihren Memoiren beschrieb. Die Sonne steigt hinab zum Horizont, und dieser Auswuchs Neukaledoniens wirkt heute genauso abgelegen und trist wie bei Michels Ankunft im Jahr 1873.

Michel wurde wegen bewaffneter Rebellion in die rund 1500 Kilometer östlich von Australien gelegene französische Kolonie deportiert. Die Landenge zwischen zwei Buchten, wo sie gemeinsam mit einer Handvoll weiterer Revolutionärinnen ihr isoliertes Exil verbrachte, trägt den Namen Baie des Dames. Man kann noch immer erkennen, wo die mit Stroh gedeckten Lehmhütten der Verbannten standen. Geblieben sind nicht mehr als eine Erdterrasse und einige Zierbäume.

Der Ort, an dem einst die gefährlichsten Frauen Europas festgehalten wurden, ist einem Erdöldepot der Firma Total gewichen. Ein Wachmann, der mich auf dem Bildschirm des Überwachungssystems bemerkt hat, nähert sich und fragt mich, warum ich Fotos mache. Ich sage nur »Louise Michel«, und er zeigt auf den eingeebneten Erdflecken: »Sie musste von den anderen getrennt werden. Ihre Ansichten waren extrem.«

Das ist richtig. Louise Michel war eine extreme Verfechterin der menschlichen Freiheit und eine extreme Gegnerin aller Versuche, die menschlichen Möglichkeiten zu kategorisieren, zu kontrollieren und zu beschränken.

Sie hatte als Lehrerin im Pariser Armenviertel Montmartre gearbeitet und war nach Neukaledonien verbannt worden, weil sie die erste urbane Revolution der Neuzeit angezettelt hatte: die Pariser Kommune von 1871. Nur anderthalb Jahre nach ihrer Ankunft auf der Insel transkribierte sie die erste Sammlung der Legenden und Epen der Kanaken, der indigenen melanesischen Einwohner Neukaledoniens, die in den Augen der Franzosen Untermenschen waren. Als sie im Jahr 1878 einen bewaffneten Aufstand gegen die Kolonialherren begannen, zählte Michel zu den wenigen Weißen, die auf der Seite der Kanaken standen. In ihren Memoiren berichtet sie, dass sie zwei Kriegern, die in den Kampf ziehen wollten, ihren roten Schal mitgab, den sie als Erinnerung an die Kommune aufbewahrt hatte: »Sie glitten in den Ozean. Die Wellen waren hoch, und es kann sein, dass sie nie das andere Ufer erreichten. Vielleicht wurden sie auch in den Kämpfen getötet. Ich sah keinen von ihnen wieder, und ich weiß nicht, wie sie starben, aber sie besaßen jene Tapferkeit, die Schwarze wie Weiße besitzen.«[1]

Die meisten Biografen Michels halten diese Darstellung für unglaubwürdig. Der Aufstand der Kanaken fand fünfzig Kilometer von ihrem Wohnort entfernt statt, und die Deportierten waren isoliert und durften keinen Kontakt zu den Einheimischen aufnehmen. Wäre Michel tatsächlich Kanaken begegnet, so hätten diese sie wahrscheinlich getötet, wie ein Mann erklärt, der sein Leben damit verbracht hat, Erinnerungsstücke der Autorin zu sammeln. Aber ich bin hierhergekommen, weil ich das Gefühl habe, dass diese Biografen im Irrtum sind.

Von meinem Standort aus kann ich sehen, dass es durchaus möglich wäre, von hier zur Hauptinsel zu gelangen, indem man von einer kleinen Insel zur anderen schwimmt und sich auf den Felsen ausruht, die auf den damaligen Karten eingezeichnet waren. Eine kleine Recherche in den Archiven der Revolte fördert zutage, dass genau am gegenüberliegenden Strand, der nur etwa zwei Kilometer entfernt ist, am 29. Juni 1878 ein ganzer Kanakenclan massakriert wurde, weil eine Gruppe verängstigter weißer Kolonisten glaubten, diese Menschen würden sich dem Aufstand anschließen.[2]

Die Landschaft sieht noch genauso aus wie von Louise beschrieben. Die Myrtenheiden biegen sich immer noch im Wind, die vulkanischen Felsen ragen wie Grabsteine auf, das Meer schwappt über den Schlamm am Strand, und die Krabben kämpfen miteinander. Warum hätte Louise die Unwahrheit über die Kanaken und den roten Schal sagen sollen? Warum zweifelten vernünftige Forscher im 21. Jahrhundert daran, dass eine weiße Frau, die den Kolonialismus ablehnte, eine Erhebung der schwarzen Bevölkerung gegen die von ihr bekämpfte Regierung unterstützte?

Die Antwort hat viel mit unserer gegenwärtigen Notlage zu tun: Wer nie eine Revolution erlebt hat, weiß nicht, was sie mit Menschen machen kann. Es ist, als wanderte man einen Strand entlang, der mit Wrackteilen, entwurzelten Bäumen und toten Seevögeln übersät ist, ohne den Zyklon erlebt zu haben, der all diese Zerstörung angerichtet hat.

Wenn das 21. Jahrhundert nicht von allen historischen Mustern abweicht, werden wir infolge der Krise der Globalisierung ebenfalls Revolutionen erleben. Die mittlerweile verfügbaren Technologien passen nicht mehr in das Korsett der überkommenen Wirtschaftsformen. Es wird platzen. Eine Erhebung ist unvermeidlich geworden. Wenn Sie eine Revolution für unwahrscheinlich halten, müssen Sie annehmen, ein Politiker wie Xi Jinping werde eines Tages eine Mehrparteiendemokratie in China errichten, in Russland werde Putins Partei der Gauner und Diebe die Macht nach einer freien Wahl an eine liberale Partei der Mittelschicht abtreten, oder Bannon, Breitbart und The Daily Stormer würden ihre Aktivitäten einfach wegen mangelnden Interesses einstellen, sobald Trump durch ein Amtsenthebungsverfahren gestürzt worden sei.

Wenn wir nicht annehmen, dass diese Dinge geschehen werden, sollten wir uns bewusst machen, was eine Revolution bedeutet. An einem Ort wie Baie des Dames wird uns klar, dass die Geschichten vergangener Revolutionen vollkommen unzugänglich für uns sind und so dargestellt werden, als hätten sie nichts mit unserem Leben zu tun. Mittlerweile ist die Halbinsel die Heimat von Zuwanderern von anderen Pazifikinseln, die geringbezahlten Arbeiten nachgehen und in ähnlichen Hütten wie damals Michel wohnen, vermutlich jedoch nie von der französischen Revolutionärin oder dem bedeutsamen Ereignis gehört haben, an dem sie teilhatte.

Anders als die meisten politischen Häftlinge beging Louise Michel tatsächlich das Verbrechen, für das sie verurteilt wurde. Sie zettelte eine Revolution an. Am 18. März 1871 lief sie im Morgengrauen mit einem Karabiner bewaffnet durch die Straßen von Montmartre und sammelte eine Schar von Frauen um sich. Bei Sonnenaufgang hatten sie eine Meuterei im französischen Heer ausgelöst, bis zum Mittag war die Situation gänzlich außer Kontrolle geraten, zwei Generäle waren getötet worden, wobei die Aufrührer (nach Pariser Art) deren Pferde verspeist hatten. Als die Nacht hereinbrach, hatte das erste Experiment mit einer Arbeiterselbstverwaltung begonnen.

Die Pariser Kommune war das Produkt mehrerer Unfälle und Irrtümer. Im Jahr 1870 hatte der französische Kaiser ungewollt einen Krieg mit Deutschland begonnen. Er war durch einen unglücklichen Zufall in Gefangenschaft geraten und hatte bei seiner Heimkehr eine zufällig entstandene Republik vorgefunden. Als die Regierung Paris aufgab und von den Deutschen vor die Wahl gestellt wurde, den Großteil der Armee oder der Nationalgarde aufzulösen, beging sie den Fehler, die Garde zu retten, die aus 100 000 bewaffneten Arbeitern bestand, die unter dem Befehl eines inoffiziellen Zentralkomitees stand, das sich aus Republikanern, Kommunisten, Anarchisten und Sozialisten zusammensetzte. Als die Bevölkerung gegen die Entwaffnung der Nationalgarde protestierte, begingen die militärischen Befehlshaber den Fehler, aus Paris zu fliehen, womit die Stadt in die Hände der Nationalgarde fiel, die rasch Wahlen zu einem demokratischen Stadtrat – der Kommune – ansetzte.

Als die Aktivisten am zweiten Tag dieser Kette von Fehlern und Unfällen im besetzten Rathaus von Paris über das weitere Vorgehen debattierten, fiel dem Maler Daniel Urrabieta Vierge eine geheimnisvolle Frau auf, die in einer Männeruniform mit Gewehr und aufgepflanztem Bajonett Wache stand. Vierge war so fasziniert von ihrem Anblick, dass er diese Frau in einer Skizze verewigte. Ihr Name war Louise Michel.

Vom 18. März bis zum 28. Mai 1871 wurde Paris vom Volk regiert. Die tonangebenden politischen Kräfte in der Kommune waren linksextreme Republikaner, gemäßigte Anarchisten und die Anhänger von Karl Marx. Louise Michel gehörte der ersten Gruppe an. Diese Lehrerin hatte sich auf Jahrmärkten selbst das Schießen beigebracht und bildete in der Kommune Frauen für die Ambulanzbrigaden aus, kämpfte in den Straßen von Paris und hielt abends in besetzten Kirchen Reden vor den Versammlungen der revolutionären Klubs.

Als die französische Armee Paris einnahm, wurden 30 000 Menschen, die im Verdacht standen, die Kommune unterstützt zu haben, massakriert. Die meisten von ihnen hatten sich nicht an Kampfhandlungen beteiligt. In der Schule hört man selten davon, aber die Geister dieser 30 000 Toten spuken durch einige der berühmtesten Bilder, die die Kunst hervorgebracht hat.

Sieht man sich ein beliebiges impressionistisches Gemälde an, das in den siebziger Jahren des 19. Jahrhunderts in Paris entstand, so sollte man sich immer folgende Frage stellen: Wo sind die fehlenden Menschen? Will uns der Künstler zeigen, dass es nicht lange her war, dass diese Kopfsteinpflaster aufgerissen wurden, um Barrikaden zu errichten? Dass die Bars und Kabaretts vor nicht allzu langer Zeit Schauplätze der Versammlungen einer Arbeiterregierung waren? Beim Betrachten eines Bildes wie Gustave Caillebottes *Straße in Paris an einem regnerischen Tag* von 1877, das eine Straße zeigt, auf der wohlsituierte Paare unter Regenschirmen zu sehen sind, drängt sich die Frage auf, warum die Gesichter so bedrückt wirken und warum nirgendwo Angehörige der Arbeiterklasse zu sehen sind. Als das Bild zum ersten Mal ausgestellt wurde, waren die Kritiker begeistert von den schimmernden nassen Pflastersteinen, die der Regen »reingewaschen« hatte.[3] Reingewaschen wovon?

Nach der Zerschlagung der Kommune wollten die europäischen Eliten vergessen, was in Paris geschehen war. Das war der Grund dafür, dass 8000 politische Häftlinge aus der zivilisiertesten Stadt der Welt auf eine von 45 000 Jägern und Sammlern bewohnte Insel verschleppt wurden. Aber die Arbeiterklasse konnte nicht vergessen, denn dies war die erste Revolution in der Geschichte gewesen, in der nicht eine Form der Unterdrückung durch eine andere ersetzt worden war.

Die Nationalgarde – de facto eine Arbeitermiliz, deren Bataillone von der Bevölkerung der einzelnen Stadtviertel gestellt wurden – befehligte sich selbst. Die Versammlungen der revolutionären Klubs, in denen Michel sprach, verliefen chaotisch, aber sie fassten Beschlüsse, entsandten Delegationen, organisierten die Lebensmittelverteilung, terrorisierten potenzielle Verräter. In Michels Schule und Dutzenden anderen wurde beschlossen, den Kindern nur noch Ideen zu vermitteln, die »wissenschaftlich bewiesen« waren, das heißt all die Ideen, die in den katholischen Schulen des französischen Kaiserreichs nicht unterrichtet worden waren. Das Arbeitsministerium der Kommune schaffte die Geldstrafen am Arbeitsplatz ab, beschloss rudimentäre Arbeitsschutzbestimmungen und ordnete an, alle von ihren Eigentümern aufgegebenen Fabriken in Kooperativen umzuwandeln, die von den Arbeitern geleitet werden sollten.

Die Pariser Kommune war der erste Halbstaat der Geschichte. Marx, der eine zwanzigjährige Russin namens Elisabeth Dmitrieff nach Paris geschickt hatte, die als seine Abgesandte die Radikalisierung der Kommune vorantreiben sollte, hieß dieses Ergebnis nicht gut. Aber er verstand es. Zwei Tage nach der Niederlage der Kommune verfasste Marx eine Beschreibung der Merkmale, die diese Revolution von anderen unterschieden.

Die Kommune, erklärte Marx, habe gezeigt, dass die Arbeiter nicht einfach den kapitalistischen Staat unter ihre Kontrolle bringen konnten, sondern eine neuartige Macht errichten mussten. Die Delegierten der Kommune erhielten denselben Lohn wie Arbeiter, konnten von den Volksversammlungen, die sie gewählt hatten, augenblicklich wieder abberufen werden, und gehörten mehrheitlich der Arbeiterklasse an. Es gab keine stehende Armee und keine politischen Parteien, und die Richter wurden ebenfalls gewählt und konnten rasch wieder ihres Amtes enthoben werden. Anders als alle anderen Revolutionsregierungen war die Kommune »die endlich entdeckte politische Form, unter der die ökonomische Befreiung der Arbeit sich vollziehen konnte«.[4]

Die Kommune wurde zerschlagen, weil sie – zur Enttäuschung der Befürworter revolutionärer Gewalt – nicht gewalttätig genug war. Ihre militärischen Offensiven gegen die französische Armee verpufften, und als die Armee einmal in die Hauptstadt eingedrungen war, stieß sie nur dort auf nennenswerten Widerstand, wo die Wachen auf den Barrikaden von ihren Frauen, Geliebten, Kindern, Eltern und Nachbarn umgeben waren. Die Kommune schöpfte ihre Kraft aus dem Geist eines Volkes, das plötzlich vom Bullshit seiner Zeit befreit worden war: von Hierarchie, Ergebenheit, dem Stigma der Uniformen der Dienerschaft und den militärischen Rängen, von der Schande, in der die Prostituierten leben mussten, und der Heiligkeit, die den Priestern zugesprochen wurde.

Doch Marx – und die späteren Marxisten – verstanden nie, dass sich die eigentliche Revolution im Leben der Menschen abspielte. Anstatt den wahren Charakter des Staates aufzudecken, deckte die Kommune den wahren Charakter der Gesellschaft auf. Und deshalb hat sie größere Ähnlichkeit mit den kurzlebigen und zufälligen Erhebungen unseres Jahrhunderts als mit den großen Revolutionen des 20. Jahrhunderts. In Griechenland spürte ich in den Zeltlagern unter dem Tränengasbeschuss den Geist der Kommune (was nicht zuletzt daran lag, dass ich dort eine Demonstrantin traf, die sich Louises Gesicht auf den Arm hatte tätowieren lassen).

Wie werden unsere kommenden Revolutionen also aussehen? Ist es unsere Bestimmung, wie Michel traumtänzerisch in eine revolutionäre Situation zu geraten und einmal mehr besiegt aus dem Kampf hervorzugehen – mit einer traumatisierten, poetischen, aber beschädigten Persönlichkeit wie jener, an die sich Louise Michel auf einer abgelegenen Insel im Pazifik klammerte?

Um diese Frage beantworten zu können, müssen wir den Unfall verstehen, vor dem sich die neoliberale Elite am meisten fürchtet: die Wahl demokratischer linker Regierungen und die Errichtung wirklich demokratischer und transparenter Staaten.

Der Neoliberalismus hat dem Staat eine zentrale Rolle bei der Erzeugung und Verteilung der Profite zugewiesen. Er erfüllt seine Funktion durch fortgesetzte Privatisierung, Auslagerung und die erzwungene Integration der Werte und Maßstäbe des Marktes in unser Alltagsleben. Wenn man die Reaktion der Eliten auf Jeremy Corbyn, Bernie Sanders und Jean-Luc Mélenchon, auf Podemos in Spanien und Syriza in Griechenland betrachtet, stellt man fest, dass die Furcht immer dann besonders groß und die Sabotage immer dann besonders unverfroren wird, wenn die Gefahr besteht, dass die Linke die Privatisierungsmaschine abschalten und beginnen wird, Vermögen und Unternehmensgewinne zu besteuern. Das ist der Grund dafür, dass die EU und der IWF Griechenland zur Strafe dafür, dass es sich der Logik der Finanzmärkte widersetzte, zur Privatisierung von öffentlichem Eigentum im Wert von fünfzig Milliarden Euro zwangen.

Gleichermaßen beängstigend für Superreiche und Bankiers ist die Vorstellung von einem Staat, der plötzlich auf umfassende Überwachung, Atomwaffen und militarisierte Polizeikräfte verzichtet und die Regelung des gesellschaftlichen Lebens den normalen demokratischen Institutionen und einer nicht korrumpierten Justiz überlässt. Genau dieses Ziel, das keineswegs eine utopische Fantasievorstellung ist, strebten die progressiven nationalen Unabhängigkeitsbewegungen in Schottland und Katalonien an.

Am 1. Oktober 2017 wurde ich Zeuge des Beginns einer friedlichen Erhebung in einer westlichen Großstadt. An diesem Tag entschied sich das Volk in Barcelona für die Unabhängigkeit von Spanien. Auf unseren Smartphones konnten wir verfolgen, wie Sondereinheiten der Polizei, die aus Regionen herbeigeschafft worden waren, die der katalanischen Unabhängigkeit feindlich gegenüberstanden, Rentner an den Haaren hinter sich herschleiften, jungen Frauen auf die Finger trampelten, die reglosen Körper alter Männer mit Schlagstöcken malträtierten und mit beiden Füßen voraus friedliche Wähler ansprangen, um ihnen die Rippen zu brechen.

Die Bilder wurden bereits seit Sonnenaufgang im Netz verbreitet, als wir uns den etwa fünfhundert Menschen anschlossen, die ein Wahllokal im Arbeitervorort Sant Andreu schützen wollten. Jedermann rechnete damit, in den folgenden Stunden zum Ziel extremer Polizeigewalt zu werden. Die Katalanen begegneten der Furcht mit alltäglicher Effizienz. Sie ließen die Leute vor den Wahllokalen Schlange stehen. Sie stoppten die Stimmabgabe auf Papier, als das 4G-Netz zusammenbrach, da so nicht verifiziert werden konnte, ob alles mit rechten Dingen zuging. Sie ließen die Alten als Erste hinein, während die Jungen im Regen warteten. Beim Verlassen der Wahllokale riefen die älteren Wähler, von denen viele den Faschismus überlebt hatten, unter dem höflichen Beifall der Umstehenden: »Wir haben bereits abgestimmt.«

Tausende junge Leute drängten sich um ein weiteres Wahllokal im alten Universitätsgebäude der Escola Industrial, um es zu verteidigen. Ich sah zu, wie die Jugendlichen versuchten, eine Barrikade zu bauen. Wie alle Menschen, die sich der neoliberalen Ordnung in Europa widersetzen, wussten sie, mit welchen Gegnern sie es zu tun hatten. Die Drohung mit wirtschaftlicher Gewalt ist stets die erste Verteidigungstaktik: Unternehmen drohen, Investitionen zu stoppen, Zentralbanken ziehen die Unterstützung für die Währung zurück. Genau diese Drohungen waren eingesetzt worden, um Griechenland in die Knie zu zwingen und das schottische Unabhängigkeitsstreben zu ersticken, und nun sollten sie die Katalanen davon abhalten, sich für die Sezession zu entscheiden. Und wenn die Drohung mit wirtschaftlicher Gewalt nicht wirkt, gibt es immer noch die physische Gewalt, egal, was in der Europäischen Menschenrechtskonvention steht. Die meisten Besitzer eines Smartphones haben das selbst herausgefunden.

Die spanische Polizei störte den ganzen Tag die Mobilfunknetze und beschlagnahmte willkürlich Wahlurnen. Das Referendum fand trotzdem statt. Obwohl sie mit Schlagstöcken und Gummigeschossen malträtiert wurden, schafften es zwei Millionen Katalanen, eine zählbare Stimme abzugeben, und neunzig Prozent sagten Ja zur Unabhängigkeit.

Im Arbeitervorort El Clot, dessen eng geknüpftes Straßennetz seine mittelalterlichen Ursprünge verrät, war der Andrang so groß, dass sich in ein und derselben Straße zwei Warteschlangen für unterschiedliche Wahllokale trafen. Aber die Demokratie fand nicht nur in den Wahlzellen statt, sondern auch auf den wenigen Metern, die zwischen den beiden Schlangen lagen.

Die Leute standen in kleinen Gruppen im Regen und diskutierten – ruhig, zivilisiert – über das weitere Vorgehen. In diesem Raum, durch den Schwaden von Zigaretten- und hier und da Marihuanarauch zogen, in dem nasse Hunde und gereizte Rentner Schutz vor dem Regen suchten, fand eine rege demokratische Debatte statt. Hektische Wahlhelfer liefen umher und forderten die Wähler auf, ihre Handys auf Flugmodus zu schalten, um Bandbreite zu sparen, und die meisten Leute befolgten die Anweisung.

Während zwei Millionen Katalanen mit »Ja« stimmten, blieben die meisten Gegner der Unabhängigkeit einfach zuhause, um dem Abstimmungsergebnis die Legitimität zu entziehen. Aber man muss zwischen der Quantität und der Qualität der Demokratie abwägen.

Alex, ein achtzehnjähriger Jurastudent, dem ich beim Bau der Barrikade vor der Escola Industrial begegnete, erzählte mir, ihm gehe es nicht um Flaggen und nicht einmal um die Sprache. Er sah in einem katalanischen Staat, der nicht von der spanischen Finanzelite kontrolliert sein würde, die beste Möglichkeit, seine Menschenrechte zu schützen und auszuweiten. Die Phrase »Drets humans, drets humans« (Menschenrechte, Menschenrechte) hörte ich an jenem Tag sehr oft. Indem sie stundenlang auf der Straße ausharrten und in ihren eigenen Vierteln friedlich eine reale, von Koexistenz, Toleranz und Pazifismus geprägte Demokratie praktizierten, zeigten die Katalanen, dass ihre demokratische Kultur von sehr viel größerer Qualität ist als die der verkappten Faschisten und katholischen Reaktionäre, die in Madrid das Sagen haben.

Die katalanische Revolte und die schottische Unabhängigkeitsbewegung von 2014 weckten die Hoffnung auf etwas sehr viel Radikaleres als eine Sezession. In beiden Ländern begriffen die Befürworter der Unabhängigkeit, dass man, wenn man aus dem Nichts einen neuen Staat aufbaut – selbst wenn man das kapitalistische Wirtschaftssystem beibehält –, plötzlich in einer Situation ist, in der die Elite die Fähigkeit eingebüßt hat, das Volk zu belügen, Korruption zu vertuschen und die Bürger einem Überwachungsstaat und willkürlicher Repression zu unterwerfen.

Hier stoßen wir auf ein interessantes Merkmal des modernen Staates. Müsste er entsprechend den modernen Vorstellungen von Menschenrechten und Rechenschaftspflicht neu gegründet werden, so würde er große Teile seines Repressionsapparats verlieren. Daher flößen Revolten in Form einer Sezession einer Stadt oder Region den autoritären Eliten größere Angst ein als direkte Versuche, den gesamten Staat zu übernehmen.

Die Kontrolle der Elite ruht stets auf maroden Säulen. Im Fall Spaniens sind dies die Monarchie, der tiefe Staat, die wirtschaftlichen Korruptionsnetze und die militarisierten Polizeieinheiten für die Aufstandsbekämpfung. Daher entlarven alle Revolten den Neoliberalismus einfach als Bluff. Da der Markt und die freie Wahl des Einzelnen im Neoliberalismus angeblich an erster Stelle stehen, fragen jene, die sich gegen ihn erheben: Warum brauchen wir einen repräsentativen Staat, der unsere Entscheidungen diktiert, beschränkt und kontrolliert? Grundsätzlich stützen sich alle neoliberalen Konterrevolutionen auf militarisierte Polizeimacht, Justizwillkür und Medienkontrolle.

Deshalb setzte der spanische Staat als Strafe für die Organisation eines von der Verfassung nicht gedeckten Referendums sein Verfassungsgericht ein, um die politische Führung der katalanischen Unabhängigkeitsbewegung anzuklagen und in Einzelhaft zu nehmen, und mobilisierte faschistische Gruppen, um unter den Augen der aus Madrid entsandten Bereitschaftspolizisten die Anhänger der Unabhängigkeit einzuschüchtern.

Es gibt keine ideale Form der revolutionären Regierung, aber die, vor der sich die Eliten am meisten fürchten, besteht in der Demokratie der Straße – persönliche Diskussionen und Debatten im öffentlichen Raum – sowie in einer nichthierarchischen Entscheidungsfindung in »ständiger Sitzung«. Genau diese Regierungsform entwickelte die Pariser Kommune. Und sie kann überall dort verwirklicht werden, wo sich die Bevölkerung einer Großstadt nicht länger der Kontrolle durch die Elite unterwerfen will.

Mittlerweile sollte klar sein, was eine Revolution ist: die zeitweilige Verwirklichung der wahren Menschlichkeit, das heißt dessen, was Marx als »Gattungswesen« bezeichnete. Indem wir Jahre des Wandels zu wenigen Tagen oder Wochen verdichten, können wir beschleunigen, was Marx als »massenhafte Veränderung der Menschen« bezeichnete. Wir können beginnen, für einander zu leben.

Dieser Gedankengang ermöglicht es uns auch, zu verstehen, was eine Konterrevolution ist. Sie ist die Rückkehr zu Selbstsucht und menschenfeindlicher Routine. Das Ziel von Konterrevolutionen ist es, die Erinnerung an unsere Erfahrung der menschlichen Selbsttransformation im Augenblick der Revolte auszulöschen. Deshalb tun die Mainstream-Historiker alles, um zu beweisen, dass die von Louise Michel organisierten weiblichen Kampfeinheiten ein Mythos sind.[5]

Wenn Sie wissen wollen, wie weit die Konterrevolutionäre gehen werden, sollten Sie einmal La Foa besuchen, jene Ortschaft in Neukaledonien, wo im Jahr 1878 der Aufstand der einheimischen Kanaken gegen die französischen Kolonialherren begann. An den Wänden der Rezeption des verschlafenen Hotels Banu hängen Jagdtrophäen und alte Fotos von den weißen Siedlern, die diesen Ort zu ihrer Heimat machten. Es ist eine berührende Gedenkstätte voller Geschichte und Tradition – aber etwas fehlt: Man findet dort kein einziges Foto von einem Kanaken. Auch sieht man anders als in den meisten Entwicklungsländern heute nicht viele indigene Personen am Straßenrand oder auf den Feldern. Tatsächlich sieht man in Neukaledonien sehr wenige Menschen: Diese Insel hat lediglich 280 000 Einwohner.

Yvan Kona, ein kanakischer Historiker, erzählte mir, wie die Geschichte seines Volkes ausgelöscht wurde. Nach dem Aufstand von 1878 schritten die Franzosen zur systematischen Entvölkerung der Insel. Bis Ende des 19. Jahrhunderts verringerten sie die Bevölkerung von ursprünglich 45 000 auf 16 000 Menschen. Heute leben in Neukaledonien nur etwa 100 000 Kanaken. Die Nachfahren der weißen Kolonisten, französische Beamte und Zuwanderer von anderen Inseln, stellen also die Bevölkerungsmehrheit. Aber nach einer großen Revolte der Kanaken Mitte der achtziger Jahre des vergangenen Jahrhunderts begann der französische Staat endlich, sie mit Respekt zu behandeln. Er stellte Geld für Bildung und die Schaffung von Arbeitsplätzen bereit und richtete eine kanakische Parallelregierung ein.

Aber obwohl die Kanakenfrage ein drängendes Problem ist – die Unabhängigkeit von Frankreich ist ein ständiges Thema –, kümmert sich niemand um die Erhaltung ihrer Geschichte, wie Kona erklärt: »Wenn du den Blick über das Land schweifen lässt, über die Hügel und Täler, dann fallen dir einzelne Koniferen und Kokospalmen auf. Diese Bäume waren Symbole, die zeigten, dass dort ein Stamm lebte. Dies sind uralte Stammesgebiete. Die Kolonisten zerstörten als Erstes diese Zeichen. Sie zerstörten uns.«

Obwohl es zu seiner Arbeit gehört, mündliche Berichte von Angehörigen der überlebenden Clans zu sammeln und zu bestimmen, wo sich ihre

Gärten und Dörfer befanden, verweigern weiße Grundbesitzer Kona regelmäßig den Zugang zu ihren Ländereien. So wird die Geschichte der Kanaken weiterhin unterdrückt.

Bei all ihrer Naivität, ihrem Eurozentrismus und ihren Irrtümern verstand Louise Michel, was es bedeutet, sich nie geschlagen zu geben. Nachdem man sie aus ihrer urbanen Heimat in den Dschungel verbannt hatte, fragte sie, welcher Machtkampf in diesem Dschungel ausgetragen wurde, und stürzte sich in diese Auseinandersetzung. Sie verstand, wie wichtig es für die Revolution war, die Geschichte aus dem Blickwinkel der Besiegten zu erzählen. Dasselbe sollten wir tun.

WIR MÜSSEN DAS ANTIFASCHISTISCHE LEBEN FÜHREN

Im Jahr 1977 unternahm Michel Foucault einen nicht ganz ernst gemeinten Versuch, einen ethischen Kodex für die postmoderne Ära zu entwerfen. In einer satirischen Anspielung auf einen berühmten katholischen Moralkodex gab er seinem Versuch den Namen *Einführung in das nicht-faschistische Leben*. Der Faschismus, dem wir uns widersetzen müssten, erklärte Foucault, sei nicht nur der Faschismus der extremen Rechten, »sondern ebenso auch der Faschismus, der in uns allen ist, der unsere Gesinnungen und unsere alltäglichen Verhaltensweisen heimsucht, der Faschismus, der uns die Macht lieben und genau das begehren lässt, was uns beherrscht und uns ausbeutet«.[1]

Die sieben christlichen Tugenden ersetzte Foucault durch sieben Regeln: Strebe nicht nach Macht. Verfolge kein übergeordnetes politisches Ziel. Lehne Hierarchien ab. Weise die Vorstellung zurück, die »Kategorien des Negativen« seien politisch wirksam. Du musst nicht traurig sein, um ein politischer Aktivist zu sein. Versuche nicht, dich in deinem politischen Handeln an Behauptungen über die Wahrheit zu orientieren. Und mache individuelle Rechte nicht zur Grundlage der Politik. »Die Gruppe«, schrieb er, »darf nicht das organische Band sein, das die hierarchisierten Individuen vereint, sondern muss ein beständiger Erzeuger von ›Entindividualisierung‹ sein.«[2]

Obwohl nur wenige Leute tatsächlich diesen Text gelesen haben, dürfen wir festhalten, dass die Menschen, die gestützt auf die Methoden des Horizontalismus Widerstand gegen die Globalisierung, den Klimawandel und repressive Staaten leisten, Foucaults Gebote übernommen haben. Eine ganze Generation von Aktivisten hat versucht, mit vernetztem Aktivismus Machtstrukturen aufzulösen. Dabei gingen sie von einer Art des Widerstands zur nächsten über und wandten die Strategie des »Ein Nein, viele Jas« an.

Foucault stand vor einem logischen Problem: Warum sollte man ein ethisches System für Individuen entwickeln, wenn man überzeugt ist, dass sich das Individuum auflösen und seine von anderen getrennte Identität ablegen sollte? Wenn »der Mensch« eine neuere Erfindung ist und bald wieder verschwinden wird, warum sollte man sich dann die Mühe machen, Regeln für sein Leben aufzustellen?

Aber dieses Problem hielt Foucault nicht davon ab, sich in seinen letzten Lebensjahren einer Form von Tugendethik zuzuwenden. Im Jahr 1984 erklärte er in einem Interview, die ethische Praxis der Sklavenhalter im alten Griechenland und Rom habe sich derart auf die »Sorge um sich« konzentriert, dass sie ihr Leben in ein Kunstwerk verwandelt und ihre Begierden gezügelt hätten, um aufzuhören, andere (freie) Menschen zu unterdrücken.[3] Auf die Frage, ob sich diese Praxis der Sorge um sich als Grundlage einer Philosophie für die Gegenwart oder einer politischen Alternative eigne, erwiderte Foucault, in dieser Frage sei er »noch nicht weit vorangekommen«.[4]

Rückblickend ist jedoch klar, dass die »Sorge um sich« und die »Verwandlung des eigenen Lebens in ein Kunstwerk« mittlerweile feste Bestandteile einer neuen Religion der Mittelschicht in den entwickelten Ländern sind. Rund um die »Sorge um sich« sind ganze Industrien entstanden, vom Fitnessstudio über die Yogaschule bis zur Schönheitschirurgie.

Das Problem ist, dass diese Lösung heute genauso wenig wie im alten Griechenland geeignet ist, Ungleichheit und Ungerechtigkeit zu beseitigen. Wenn wir die modernen Gegenstücke zu den griechischen Aristokraten studieren wollen, die sich auf die »Sorge um sich« verstanden, so bieten sich der Millionär und Alt-Right-Ideologe Milo Yiannopoulos oder Marine Le Pen als Beispiele an. Oder die schicken »identitären« Hipster, die an den Grenzen Österreichs patrouillieren und Flaggen schwenken, die signalisieren, dass sie wie einst die Spartaner dunkelhäutige Invasoren zurückschlagen werden. Oder wir schauen uns Trump an.

Foucault wies zu Recht darauf hin, dass mit der 68er-Bewegung auch eine auf der Machtausübung beruhende hierarchische Politik gescheitert war: die Politik der männlich dominierten Gewerkschaften, des Stalinismus, der hoffnungslosen Stadtguerilla der Black Panthers und der Brigate Rosse. Und er deutete zu Recht an, dass der linke Totalitarismus des 20. Jahrhunderts einen Großteil seiner Kraft aus dem alten christlichen Gebot der »Selbstlosigkeit« bezog.

Aber seine Grundsätze des »nicht-faschistischen Lebens« sind keine Lösung für die Probleme, mit denen wir heute konfrontiert sind. Aus Gründen, die ich in diesem Buch untersucht habe, müssen wir riskieren, herkömmliche politische Macht anzustreben. Wir müssen uns auf den Staat – so militarisiert und unterdrückerisch er auch sein mag – und das Wahlsystem einlassen, denn wenn wir es nicht tun, werden die Kräfte der progressiven Mitte zusammenbrechen und durch einen autoritären Nationalismus ersetzt werden.

Die Generation, die sich Foucaults ethische Prinzipien aneignete, muss über diese Prinzipien hinausgehen. Natürlich ist es möglich, ein »nicht-faschistisches Leben« zu führen, sogar an einem Ort wie Arizona, wo die Polizei Zuwanderer auf der Straße einfängt, wo unmenschliche Haftbedingungen als geeignetes Abschreckungsmittel gelten und weiße Suprematisten den Ton in der Republikanischen Partei angeben. Wir können von einer Blase in die nächste wechseln, vom Pilateskurs zum Psychotherapeuten, von Anti-Trump-Protesten in Washington zu Spendensammlungen der Demokraten. Aber durch ein solches Verhalten erlangen wir keine Macht.

Stattdessen werden wir wieder lernen müssen, was es bedeutet, ein *antifaschistisches* Leben zu führen.

Im spanischen Bürgerkrieg begegnete George Orwell einem italienischen Anarchisten, der sich der Miliz der linksradikalen POUM angeschlossen hatte. Orwell verarbeitete diese Begegnung mehrfach: in seinem Buch *Mein Katalonien*, in einem Gedicht mit dem Titel »Der italienische Soldat« und in einem bitteren Essay, den er in den dunkelsten Tagen des Zweiten Weltkriegs verfasste.

Er beschrieb den italienischen Soldaten als Bauern, der nur eine rudimentäre Schulbildung erhalten hatte und unfähig war, eine Karte zu lesen, aber ganz genau wusste, auf welcher Seite der Geschichte er stand. Die beiden mochten einander auf Anhieb. Orwell sah einen Mann, der imstande war, einen Mord zu begehen, aber auch »sein Leben für einen Freund wegwerfen würde«.[5] Mitte des Zweiten Weltkriegs war dieser Soldat als linker Gegner sowohl des Faschismus als auch des Stalinismus in Orwells Augen zum Tod verurteilt: Sein Gesicht, schrieb Orwell, »ist mir ein Symbol für die Blüte der europäischen Arbeiterklasse, alle diejenigen, die von der Polizei aller Länder gejagt« werden, die »die Massengräber der spanischen Schlachtfelder« füllen »und heute zu Millionen in Zwangsarbeitslagern verfaul[en]«.[6]

Aber die Geschichte wird von realen Menschen gemacht. Wenn es sich nicht um eine von Orwell erfundene und romantisch verklärte Figur handelt, was können wir dann über diesen italienischen Soldaten in Erfahrung bringen?

Orwell trat im Dezember 1936 in Barcelona in die POUM ein. Zu diesem Zeitpunkt war die Mehrheit der italienischen Anarchisten und linken Kommunisten, die sich im Sommer den Verteidigern der Republik angeschlossen hatten, bereits wieder aus der Miliz ausgeschieden, weil diese ihren Kämpfern eine militärische Disziplin auferlegte. Unter den höchstens fünfundzwanzig verbliebenen Italienern war ein Mann namens Cristofano Salvini der einzige, der wie der von Orwell in *Mein Katalonien* beschriebene italienische Soldat rotblondes Haar und kräftige Schultern hatte. Salvini ist also er beste Kandidat für den italienischen Soldaten.[7] Ich möchte Ihnen seine Geschichte erzählen.

Cristofano Salvini wurde im Jahr 1895 in Casole d'Elsa geboren, einem alten Städtchen in den Hügeln südwestlich von Florenz. Als junger Mann arbeitete er als Maurer, und im Jahr 1920 wurde er zum Stadtrat der Sozialistischen Partei gewählt, die im Jahr davor zur größten Partei im italienischen Parlament aufgestiegen war. Ein Jahr später gehörte er zu jener Gruppe von Sozialisten, die sich abspalteten und die Kommunistische Partei gründeten. Im Jahr 1923 floh er vor Mussolinis faschistischer Regierung nach Frankreich, wo er sich einer der zahlreichen trotzkistischen Gruppen anschloss. Im August 1936 zählte Salvini zu den ersten Freiwilligen, die dem Hilferuf der spanischen Republik folgten. Er wurde mit einer als Internationale Lenin-Kolonne bezeichneten Gruppe von fünfzig Kämpfern sofort in Huesca an die Front geschickt.

Wie sich herausstellte, beherrschte Salvini, obwohl er Mühe hatte, Karten zu lesen, das geschriebene Wort. In den folgenden anderthalb Jahren veröffentlichte er in französischen Zeitungen zwei ausführliche Pamphlete, in denen er die Übernahme der republikanischen Seite durch die Stalinisten anprangerte. Die interne politische Debatte in seiner Einheit ist in der Wochenzeitung der POUM gut dokumentiert. Als die von Stalin gesteuerten spanischen Kommunisten im Mai 1937 dazu übergingen, die anarchistischen und linksradikalen Gruppen in Barcelona auszuschalten, verschwand Salvini. Es wurde angenommen, er sei getötet worden, aber in Wahrheit hatte er sich einer anarchistischen Miliz angeschlossen, die an einer anderen Front kämpfte.

Nach dem Bürgerkrieg entkam er nach Frankreich, wo er in einem Arbeitslager interniert wurde. Im Jahr 1940 geriet er in Dünkirchen in deutsche Gefangenschaft und wurde nach Italien zurückgeschickt, wo er zu einer fünfjährigen Gefängnisstrafe verurteilt wurde. Nach der Befreiung der Toskana kehrte er in seinen Geburtsort Casole d'Elsa zurück, wo er seine Tätigkeit als Maurer wieder aufnahm und im Jahr 1953 starb.[8]

Salvini hatte all das getan, was wir nach Ansicht Foucaults vermeiden sollten. Er hatte an die Wahrheit geglaubt, für ein totalisierendes Projekt gekämpft und sich kaum um das »Selbst« gekümmert. Er hatte ein antifaschistisches Leben geführt.

»Aber was ich in deinem Gesicht gesehen habe, kann keine Gewalt mir nehmen«, schrieb Orwell im Gedenken an Menschen wie Salvini. »[K]eine jemals gezündete Bombe zerreißt den kristallenen Geist.«[9] Aber wie kann man einen solchen kristallenen Geist entwickeln? Was machte aus einem Maurer, der in einem Provinznest groß geworden war, einen Mann, der sein ganzes Leben der organisierten Politik und der marxistischen Theorie widmete, um den Kapitalismus zu überwinden?

Die Antwort: Dafür waren zwei Generationen nötig. Im Jahr 1892 schlossen sich die unterschiedlichen Strömungen der italienischen Arbeiterbewegung zur Sozialistischen Partei zusammen. Diese überlebte die anfänglichen Repressionsversuche des Staates und erhöhte ihren Stimmenanteil in den ersten 15 Jahren des 20. Jahrhunderts auf 34 Prozent. Im Verlauf der rasanten Industrialisierung Italiens nach dem Ersten Weltkrieg besetzten die italienischen Arbeiter ihre Fabriken und experimentierten mit der Arbeiterselbstverwaltung. Im Jahr 1921 gab die herrschende Klasse den Liberalismus auf und wandte sich der von dem früheren Sozialisten Benito Mussolini geführten faschistischen Bewegung zu. In einer Schilderung des Vorgehens der Faschisten in Orten wie Casole d'Elsa heißt es:

In den kleinen Ortschaften, wo jeder jeden kannte, fügten die Faschisten ihren Feinden rituelle Demütigungen zu. Diese wirksame Strategie des Terrors verstand jedermann. Die Schwarzhemden zwangen ihre Gegner, Rizinusöl und andere Abführmittel zu trinken, und schickten sie mit von Exkrementen durchtränkten Hosen nach Hause [...]. Sie bedrängten ihre Gegner auch in der Öffentlichkeit, zwangen sie, sich auszuziehen, schlugen sie und ketteten sie auf der Piazza oder der Hauptstraße mit Handschellen an Masten.[10]

Die Opfer dieser Gewalt waren keine Angehörigen illegaler Gruppen oder Terroristen, sondern einfache Stadträte wie Salvini, die im Mittelpunkt eines Netzes von linken Vereinen, Parteien, Gewerkschaften und Kulturzentren standen. Diese Einrichtungen wurden geschlossen, um die italienische Arbeiterbewegung zu entwurzeln. Das ist die Realität des Faschismus.

Warum sah sich eine modernistische, technologisch fortschrittliche und ursprünglich liberale Elite wie die herrschende Klasse Italiens plötzlich zu einem solchen Vorgehen gezwungen? Weil die Arbeiterklasse innerhalb von drei Jahrzehnten gelernt hatte, sich als gesellschaftliche Kraft zu begreifen, sich zu verteidigen und schließlich herauszufinden, was sie erreichen wollte: Sie wollte den Kapitalismus durch den Sozialismus ersetzen. Die Arbeiter fanden einander, handelten und definierten ein Ziel für ihre Aktionen.

Menschen wie Salvini machten diese Entwicklung in einem einzigen Leben durch – aus Maurern wurden Lokalpolitiker, die begannen, an der nationalen politischen Debatte teilzunehmen, ins Exil gingen und schließlich in einer nach Lenin benannten Miliz an einem bewaffneten Konflikt teilnahmen. In unterschiedlicher Form machten Hunderttausende Menschen diese Erfahrung. Marx hatte diesen Prozess vorausgesagt und beschrieben, wie die Arbeiter eine »Klasse für sich selbst« werden würden.

Trotz der heute zu erwartenden gesellschaftlichen Auseinandersetzungen in Ländern wie China, Bangladesch und Brasilien ist es unwahrscheinlich, dass die industrielle Arbeiterklasse jemals wieder jene soziale Dichte erlangen wird, die sie zwischen 1900 und 1980 hatte. Die gesellschaftliche Kraft, die dem Faschismus diesmal widerstehen muss, ist die atomisierte Masse der modernen Menschen.

Dieser Masse gehört jeder an, der ein Interesse daran hat, die Kommerzialisierung des Alltagslebens rückgängig zu machen, jeder, der es satthat, zu künstlich kompetitivem Verhalten genötigt und »gestupst« zu werden, jeder, der den Planeten vor der Klimakatastrophe bewahren will, jede Frau, die nicht Ziel gewalttätiger Misogynie werden will, jeder Angehörige einer ethnischen Minderheit, der nicht von der Boulevardpresse als fremdländische Bedrohung dargestellt werden will.

Wir haben gesehen, dass das Proletariat nach Ansicht von Marx über die üblichen Auseinandersetzungen hinausgehen musste, um eine »Klasse für sich selbst« zu werden. Analog dazu muss die amorphere, weniger klar abgegrenzte demografische Gruppe der vernetzten, freiheitsliebenden Menschen herausfinden, was es bedeutet, sich kollektiv in eine Gruppe »für sich selbst« zu verwandeln, so wie es Cristofano Salvinis Generation tat.

Ich behaupte nicht, dass die vernetzten Individuen in ihrer Gesamtheit eine »neue Klasse« im marxistischen Sinn darstellen. Aber das ist auch nicht nötig. Wie Edward P. Thompson in seiner Studie über das England des 18. Jahrhunderts gezeigt hat, kann der Klassenkampf sogar ohne klar abgegrenzte gesellschaftliche Klassen stattfinden. Thompson erklärt, dass Klassen *im Kampf* entstehen: Die Menschen leben in einer Gesellschaft, deren Struktur auf Macht und Ungleichheit beruht, erleben Ausbeutung und Unterdrückung, finden ein gemeinsames Interesse und beginnen zu kämpfen. Die klar von anderen Gesellschaftsschichten abgegrenzte Arbeiterklasse des 19. und 20. Jahrhunderts war nach Einschätzung von Thompson vermutlich ein Sonderfall.[11]

Auf einer Ebene ist der Schritt vom horizontalen Aktivismus in kleinem Maßstab zu nationalen Parteien wie der britischen Labour Party oder der amerikanischen Demokratischen Partei Teil der Evolution des vernetzten Individualismus hin zu einem gemeinsamen Emanzipationsprojekt. Aber auf einer höheren Ebene müssen wir über die bloße Entwicklung der Organisationsformen hinausgehen: vom Protest zur Übernahme von Parteien. Wir müssen unsere individuelle Ablehnung und Trotzhaltung mit einem politischen Projekt verknüpfen. Dieses Projekt besteht darin, das marktbezogene Denken zu überwinden und durch ein auf den Menschen und die Umwelt gerichtetes Denken zu ersetzen.

Wenn Arbeiter in den zwanziger Jahren des vergangenen Jahrhunderts ihre Lage verbessern wollten, traten sie in eine Gewerkschaft ein, warteten geduldig, bis die gesamte Arbeiterbewegung bereit war zu handeln, und schritten zur zielgerichteten Aktion – zu einem Streik oder einem Wahlkampf. Deshalb konzentrierten sich Menschen wie Salvini darauf, große Organisationen zu einer Änderung ihrer Taktik zu bewegen – und vermutlich ist es auch der Grund dafür, dass Salvini nicht aus der POUM-Miliz ausschied, als diese nach einigen Wochen den Versuch aufgab, ohne Hierarchie zu kämpfen, und ein paar Offiziere ernannte, die Erlaubnis erhielten, Befehle zu erteilen.

Der Kapitalismus des 21. Jahrhunderts ist so komplex, dass wir sogar mit individuellen oder kleinen Aktionen sehr viel bewirken können. Der linke Politikwissenschaftler John Holloway erklärt, dass wir »Löcher in das Fundament der kapitalistischen Herrschaft schlagen« und Räume oder Momente schaffen müssen, »in denen wir unseren Traum von der Menschlichkeit ausleben können«. Räume, in denen wir so handeln können, als zählten nicht die Werte des Marktes, sondern menschliche Werte.[12]

Diese Strategie war Cristofano Salvinis Generation nicht fremd, aber sie entwuchs ihr, denn sie verstand, dass nur sehr gut organisierte Arbeiter einen gut organisierten Kapitalismus wie jenen besiegen konnten, dem sie ab 1922 in Italien und ab 1936 in Spanien gegenüberstanden. Nur in einer organisierten Formation konnten sie erreichen, was Orwell als »anständiges, volles menschliches Leben« bezeichnete.[13]

Aber mittlerweile sind wir in eine Sackgasse geraten. In den vergangenen dreißig Jahren haben wir den ideologischen Triumph des Individualismus und anschließend sein Scheitern erlebt. Wir haben noch nicht den Mut aufgebracht, die rituellen Opfer für die modernen Gegenstücke der römischen Gottheiten zu verweigern, obwohl wir nicht mehr an diese Götter glauben. Und wir fürchten uns mit Recht vor der Wiederholung von Grausamkeit und Unrecht, die aus den ideologischen Bekenntnissen des 20. Jahrhunderts hervorgingen.

Am Bondi Beach in Australien, wo ich diese Worte schreibe, liegen Tausende junge Leute in der Sonne. Am Strand werden die Wettbewerbsrituale, die sie in der Stadt befolgen, unterdrückt. Du hast tolle Muskeln? Dasselbe gilt für fünfzig andere Personen im Umkreis von hundert Metern. Du kannst surfen? Der Junge auf dem nächsten Handtuch beherrscht einen perfekten Handstand auf seinem Board. Du hast das neueste iPhone? Fast alle Leute an diesem Strand haben eines. Du bist besonders und einzigartig, aber dasselbe gilt auch für die meisten Leute – und die moderne Popkultur erkennt das implizit an.

An Stränden, auf nächtlichen Plätzen in der Stadt und bei Tanzfestivals im Sommer zeigt die vernetzte Generation eine Humanität und Empathie, die durchaus die Grundlage für ein neues soziales Ethos werden könnte. Aber wenn wir den Sandstrand hinter uns lassen, landen wir rasch wieder in der Welt, in der die »Sorge um sich« wichtiger ist als Solidarität. Auf der Straße hinter dem Bondi Beach findet eine ständige Parade von Lamborghinis und Models mit perfekten Körpern statt, und in den Restaurants kann man einen Tisch nur für die Dauer von zwei Stunden reservieren. Hier verläuft eigentlich keine Grenze zwischen Klassen (obwohl es immer noch Klassen gibt), sondern eine Grenze zwischen dem performativen Kapitalismus und dem authentischen menschlichen Leben. Oder, wenn wir Glück haben, eine Grenze zwischen Vergangenheit und Zukunft.

Als er noch Marxist war, schrieb der Philosoph Alasdair MacIntyre, da die Klassengesellschaft das menschliche Potenzial so umfassend unterdrücke, finde die menschliche Entwicklung »in unvorhersehbaren Sprüngen statt. Wir können möglicherweise nie wissen, wie nahe wir dem nächsten Sprung nach vorn sind.«[14] In meinen Augen ist all die Angst, die von Frauenfeinden, ethnischen Nationalisten und Anhängern des Autoritarismus verbreitet wird, ein Beleg dafür, dass sie spüren können, wie nahe wir dem »nächsten Sprung nach vorn« sind.

Um das antifaschistische Leben zu leben, müssen Sie Ihren Körper dorthin bewegen, wo er tatsächlich den Faschismus stoppen kann, und wenn Sie das getan haben, müssen Sie sich lange genug an das kleine Stück befreiten Raums klammern, damit andere Menschen es finden, sich zu Ihnen gesellen und ebenfalls in diesem Raum leben können. Die radikale Verteidigung des menschlichen Wesens beginnt bei Ihnen.

Danksagung

Beim Schreiben dieses Buches haben mir die folgenden Personen geholfen. Joana Ramiro verdient höchste Anerkennung für ihre Recherchearbeit. Mein Lektor Tom Penn investierte viel Zeit und Glauben in das Projekt, und mein Agent Matthew Hamilton sowie das Team von Aitken Alexander hielten mich auf Trab. Das Kolleg Postwachstumsgesellschaften der Universität Jena veranstaltete im Oktober 2017 ein Seminar über die Kritik an meiner These vom Postkapitalismus. Dr. Emma Dowling, eine Forscherin am dortigen Institut für Soziologie, machte mich mit wichtigen Texten vertraut. Im Februar 2017 fand in der Politikwissenschaftlichen Abteilung der Universität Sydney ein von Professor Adam Morton organisiertes Seminar über eine »Allgemeine Theorie von Trump« statt. Jamie Dobson, CEO von Container Solutions, half mir, die technischen Herausforderungen der KI besser zu verstehen, und die Mitarbeiter von DeepMind erklärten mir, wie Künstliche Neuronale Netze funktionieren. Elena Massa stand mir während der Erhebung der katalanischen Unabhängigkeitsbewegung zur Seite, und Eoin Ó Broin, ein Abgeordneter der Sinn Fein, half mir, die Vorgänge in Katalonien zu verstehen. Die Darstellung im fünften Kapitel wurde durch meine Teilnahme an dem Theaterstück »Why It's Kicking Off Everywhere« inspiriert, das von David Lan, dem künstlerischen Leiter des Young Vic Theatre, dem Produzenten Ben Cooper und den Schauspielern Khaled Abdallah, Sirine Saba und Lara Sawalha im April 2017 produziert wurde. Hall Greenland und Sue Burrows ermöglichten meine Forschungsreise nach Sydney. Calum Walton und Jane Bruton gaben mir Feedback zum ersten Entwurf des Buchs. Dr. Karin Speedy dolmetschte bei meiner Reise nach Neukaledonien und half mir bei den Recherchen. Die Dramaturgin Samantha Jayne Williams arbeitete mit mir an einem interaktiven Spiel, das ich verwendet habe, um das Scheitern der Globalisierung besser zu verstehen. Meine

377

Nachforschungen führten mich in zahlreiche europäische Länder; dabei unterstützten mich die Biennale Warschau, die Berliner Volksbühne, die Rosa-Luxemburg-Stiftung, die Friedrich-Ebert-Stiftung, Das Progressive Zentrum, das Ferdinand-Lassalle-Institut, das Centro Cultural Belem und das Karl-Renner-Institut. Das südkoreanische Magazin *Sisain* ermöglichte meine Reise nach Seoul, wo ich mit Fachleuten auf dem Gebiet über die ethischen Herausforderungen der KI diskutieren konnte. Die Gespräche mit Evgeny Morozov, Francesca Bria, Srećko Horvat, Nadia Idle, Paul Greengrass und Terry Eagleton waren sehr erhellend. Für sämtliche Fehler bin ich verantwortlich.

ANMERKUNGEN

1 *The Case of Leon Trotsky: Report of Hearings on the Charges Made Against Him in the Moscow Trials* (New York: Merit, 1968), S. 585.

Teil I
Die Geschehnisse

1 Hannah Arendt, *Elemente und Ursprünge totaler Herrschaft* (Frankfurt a. M.: Europäische Verlagsanstalt, 1955), S. 532.

1 Der Tag null

1 Joe Twyman, »Trump, Brexit, Front National, AfD: Branches of the Same Tree«, auf: yougov.co.uk (16. November 2016), online verfügbar unter: {https://yougov.co.uk/news/2016/11/16/trump-brexit-front-national-afd-branches-same-tree/} (Stand Dezember 2018).
2 Human Rights Watch, »Syria. Events of 2016«, online verfügbar unter: {https://www.hrw.org/world-report/2017/country-chapters/syria} (Stand Dezember 2018).
3 Celia Hatton, »China ›Social Credit‹: Beijing Sets Up Huge System«, BBC News (26. Oktober 2015), online verfügbar unter: {http://www.bbc.co.uk/news/world-asia-china-34592186} (Stand Dezember 2018).
4 Peter Dendle, *The Zombie Movie Encyclopaedia* (Jefferson: McFarland, 2001).
5 Hermann Weyl, *Philosophy of Mathematics and Natural Science* (Princeton University Press, 1950), S. 65f.
6 Jean Baudrillard, *Die Illusion des Endes oder der Streik der Ereignisse* (Berlin: Merve, 1994), S. 157.
7 »1979 – ›On m'a souvent reproché d'être antihumaniste‹«, Interview mit Claude Lévi-Strauss, in: *Le Monde* (21./22. Januar 1979), online verfügbar unter: {http://

www.lemonde.fr/disparitions/article/2009/11/04/1979-on-m-a-souvent-reproche-d-etre-antihumaniste_1262644_3382.html} (Stand Dezember 2018).

8 Siehe die Website des Voluntary Human Extinction Movement: {http://vhemt.org} (Stand Dezember 2018).

2 Eine allgemeine Theorie von Trump

1 Paul Mason, »Globalisation is Dead, and White Supremacy Has Triumphed«, in: *The Guardian* (9. November 2016), online verfügbar unter: {https://www.theguar dian.com/commentisfree/2016/nov/09/globalisation-dead-white-supremacy-trump-neoliberal} (Stand Dezember 2018).

2 Gillian Tett, »›PostCapitalism: A Guide to Our Future‹, by Paul Mason«, in: *Financial Times* (7. August 2015), online verfügbar unter: {https://www.ft.com/content/adfaf156-39cb-11e5-8613-07d16aad2152?mhq5j=e1} (Stand Dezember 2018).

3 Trumps Rede ist online verfügbar unter: {http://time.com/3923128/donald-trump-announcement-speech/} (Stand Dezember 2018).

4 Siehe die Umfrageergebnisse unter: {https://poll.qu.edu/national/release-detail?Re leaseID=2264} (Stand Dezember 2018).

5 Stan Greenberg, »A New Formula for a Real Democratic Majority«, in: *The American Prospect* (Frühling 2015), online verfügbar unter: {http://www.democracycorps.com/In-the-News/a-new-formula-for-a-real-democratic-majority/} (Stand Dezember 2018).

6 Jonathan Martin und Alan Rappeport, »Donald Trump Says John McCain Is No War Hero, Setting Off Another Storm«, in: *The New York Times* (18. Juli 2015), online verfügbar unter: {https://www.nytimes.com/2015/07/19/us/politics/trump-be littles-mccains-war-record.html} (Stand Dezember 2018).

7 Erich Fromm, *Die Furcht vor der Freiheit* (Frankfurt a. M.: Europäische Verlagsanstalt, 1968), S. 205.

8 Peter Thiel, »The Education of a Libertarian«, in: *Cato Unbound. A Journal of Debate* (13. April 2009), online verfügbar unter: {https://www.cato-unbound.org/2009/04/13/peter-thiel/education-libertarian} (Stand Dezember 2018).

9 Naomi Klein, »Now Let's Fight Back Against the Politics of Fear«, in: *The Guardian* (10. Juni 2017), online verfügbar unter: {https://www.theguardian.com/books/2017/jun/10/naomi-klein-now-fight-back-against-politics-fear-shock-doc trine-trump} (Stand Dezember 2018).

10 Karl Marx, »Brief an Engels in Manchester« [30. April 1868], in: ders. und Friedrich Engels, *Werke* (= MEW), herausgegeben vom Institut für Marxismus-Leninismus beim ZK der SED, Bd. 32 (Ost-Berlin: Dietz, 1974), S. 70-75, hier S. 73.

11 John Bellamy Foster, »The Financialization of Capital and the Crisis«, in: *Monthly Review* 59/11 (2008), online verfügbar unter: {https://monthlyreview.org/2008/04/01/the-financialization-of-capital-and-the-crisis} (Stand Dezember 2018).

12 Center on Budget and Policy Priorities, »Chart Book: The Legacy of the Great Recession«, online verfügbar unter: {http://www.cbpp.org/research/economy/chart-book-the-legacy-of-the-great-recession} (Stand Dezember 2018).

13 Jane Mayer, »The Reclusive Hedge-Fund Tycoon Behind the Trump Presidency: How Robert Mercer Exploited America's Populist Insurgency«, in: *The New Yorker* (27. März 2017), online verfügbar unter {https://www.newyorker.com/magazine/2017/03/27/the-reclusive-hedge-fund-tycoon-behind-the-trump-presidency} (Stand Dezember 2018).

14 Katherine Burton, »Inside a Moneymaking Machine Like No Other«, Bloomberg (21. November 2016), online verfügbar unter: {https://www.bloomberg.com/news/articles/2016-11-21/how-renaissance-s-medallion-fund-became-finance-s-blackest-box} (Stand Dezember 2018).

15 Nick Gillespie, »Libertarianism 3.0: Koch And A Smile«, in: *The Daily Beast* (30. Mai 2014), online verfügbar unter: {http://www.thedailybeast.com/libertarianism-30-koch-and-a-smile} (Stand Dezember 2018).

16 Neil Howe, »Where Did Steve Bannon Get His Worldview? From My Book«, in: *The Washington Post* (24. Februar 2017), online verfügbar unter: {https://www.washingtonpost.com/entertainment/books/where-did-steve-bannon-get-his-worldview-from-my-book/2017/02/24/16937f38-f84a-11e6-9845-576c69081518_story.html?utm_term=.ee6927428deb} (Stand Dezember 2018).

17 Issie Lapowsky, »What Did Cambridge Analytica Really Do for Trump's Campaign?«, in: *Wired* (26. Oktober 2017), online verfügbar unter: {https://www.wired.com/story/what-did-cambridge-analytica-really-do-for-trumps-campaign} (Stand Dezember 2018).

18 Paul Mason, »Globalisation is Dead, and White Supremacy Has Triumphed«.

19 Daniel Cox, Rachel Lienesch und Robert P. Jones, »Beyond Economics: Fears of Cultural Displacement Pushed the White Working Class to Trump«, PRRI/The Atlantic Report (9. Mai 2017), online verfügbar unter: {https://www.prri.org/research/white-working-class-attitudes-economy-trade-immigration-election-donald-trump} (Stand Dezember 2018).

20 Jonathan Rothwell und Pablo Diego-Rosell, »Explaining Nationalist Political Views: The Case of Donald Trump«, Social Science Research Network (2. November 2016), online verfügbar unter: {https://dx.doi.org/10.2139/ssrn.2822059} (Stand Dezember 2018).

21 Brian F. Schaffner, Matthew MacWilliams und Tatishe Nteta, »Explaining White

Polarization in the 2016 Vote for President: The Sobering Role of Racism and Sexism«, Paper für die Konferenz »On the U.S. Elections of 2016: Domestic and International Aspects«, Interdisciplinary Center der Universität in Herzliya, Israel, 8.-9. Januar 2017, online verfügbar unter: {http://people.umass.edu/schaffne/schaffner_et_al_IDC_conference.pdf} (Stand Dezember 2018).

22 Matthew Fowler, Vladimir E. Medenica und Cathy J. Cohen, »Why 41 Percent of White Millennials Voted for Trump«, in: *The Washington Post* (15. Dezember 2017), online verfügbar unter: {https://www.washingtonpost.com/news/monkey-cage/wp/2017/12/15/racial-resentment-is-why-41-percent-of-white-millennials-voted-for-trump-in-2016/?utm_term=.860ab7e418ba} (Stand Dezember 2018).

23 Janet Yellen und George Akerlof, »An Analysis of Out-of-wedlock Births in the United States«, Brookings Policy Brief Series (1. August 1996), online verfügbar unter: {https://www.brookings.edu/research/an-analysis-of-out-of-wedlock-births-in-the-united-states/} (Stand Dezember 2018).

24 Kaitlyn Schallhorn, »How Paul Manafort is Connected to Trump, Russia Investigation«, Fox News (14. September 2016), online verfügbar unter: {http://www.foxnews.com/politics/2017/10/31/how-paul-manafort-is-connected-to-trump-russia-investigation.html} (Stand Dezember 2018).

25 Ken Dilanian und Courtney Kube, »Flynn Never Told DIA That Russians Paid Him, Say Officials«, NBC News (8. Mai 2017), online verfügbar unter: {https://www.nbcnews.com/news/us-news/flynn-never-told-dia-russians-paid-him-say-officials-n75642} (Stand Dezember 2018).

26 David Corn, »Who's Telling the Truth About the Russia Meeting: Kushner or Trump Jr.?«, in: *Mother Jones* (14. September 2017), online verfügbar unter: {http://www.motherjones.com/politics/2017/09/whos-telling-the-truth-about-the-russia-meeting-kushner-or-trump-jr} (Stand Dezember 2018).

27 Frank Hoffman, *Conflict in the 21st Century: The Rise of Hybrid War* (Arlington: Potomac Institute for Policy Studies, 2007).

28 Scott Shane und Mark Mazzetti, »The Plot to Subvert an Election«, in: *The New York Times* (20. September 2018), online verfügbar unter: {https://www.nytimes.com/interactive/2018/09/20/us/politics/russia-interference-election-trump-clinton.html} (Stand Dezember 2018).

29 Michael Pizzi, »The Syrian Opposition Is Disappearing From Facebook«, in: *The Atlantic* (4. Februar 2014), online verfügbar unter: {https://www.theatlantic.com/international/archive/2014/02/the-syrian-opposition-is-disappearing-from-facebook/283562} (Stand Dezember 2018).

Teil II
Das Selbst

1 Ulrich Beck, »Kooperieren oder scheitern. Die Existenzkrise der Europäischen Union«, in: *Blätter für deutsche und internationale Politik* 2 (Februar 2011), S. 41-53.

3 Das neoliberale Selbst

1 Vgl. William Davies, *The Limits of Neoliberalism: Authority, Sovereignty and the Logic of Competition* (Thousand Oaks: SAGE Publications, 2016), S. xiv.

2 John M. Keynes, *Allgemeine Theorie der Beschäftigung, des Zinses und des Geldes*, 8. Aufl. (Berlin: Duncker & Humblot, 2000), S. 317.

3 Für eine eingehende Darstellung vgl. Paul Mason, *Postkapitalismus: Grundrisse einer kommenden Ökonomie* (Berlin: Suhrkamp, 2016).

4 David Broder, »The Strike Against Fear«, in: *Jacobin* (3. Mai 208), online verfügbar unter: {https://www.jacobinmag.com/2018/03/italy-fascism-fiat-strike-pci} (Stand Dezember 2018).

5 Jeffrey Sachs und Charles Wsyplosz, »The Economic Consequences of President Mitterrand«, in: *Economic Policy* 1/2 (April 1986), S. 261-306, online verfügbar unter: {https://doi.org/10.2307/1344559} (Stand: Dezember 2018).

6 Ebd., S. 290.

7 W. Rand Smith, *The Left's Dirty Job: The Politics of Industrial Restructuring in France and Spain* (Pittsburgh: University of Pittsburgh Press, 1998), S. 200.

8 Pablo Arocena, »The Privatisation of the Public Enterprise Sector in Spain: Stuck Between Liberalisation and the Protection of National Interest«, vorgelegt bei der CESifo-Konferenz »Privatisation Experiences in the EU«, (12. November 2003), online verfügbar unter: {http://www.cesifo-group.de/DocDL/cesifo1_wp1187.pdf} (Stand Dezember 2018).

9 James M. Boughton, *Silent Revolution: The International Monetary Fund 1979-1989*, (Washington: International Monetary Fund, 2001), S. 320, online verfügbar unter: {https://www.imf.org/external/pubs/ft/history/2001} (Stand Dezember 2018).

10 Ebd., S. 327.

11 Gopal Ganesh, *Privatisation Experience Around the World* (Neu-Delhi: Mittal Publications, 1998), S. 203.

12 Kwan S. Kim: »Mexico. The Debt Crisis and Options for Development Strategy«, Kellogg Institute Working Paper Nr. 82 (September 1986), online verfügbar unter:

{https://kellogg.nd.edu/publications/workingpapers/WPS/082.pdf} (Stand Dezember 2018), S. 10.

13 François Mitterrand am 19. Februar 1983, zitiert nach Jacques Attali, *Verbatim*, Bd. 1 (Paris: Fayard, 1994), S. 399.

14 Janice Perlman, *Favela: Four Decades of Living on the Edge in Rio de Janiero* (Oxford University Press, 2010), S. xxi.

15 Vgl. Z. B. Mike Davis, *Planet der Slums* (Berlin: Assoziation A, 2007).

16 Perlman, *Favela*, S. 107.

17 Carl J. Dahlman, »The Rise of China: Implications for Global Growth and Sustainability«, in: Xiaolan Fu (Hg.), *China's Role in the Global Economic Recovery* (New York: Routledge, 2012), S. 107-126, hier S. 108.

18 Richard Freeman, »The Great Doubling: The Challenge of the New Global Labour Market«, Harvard (2006), online verfügbar unter: {https://eml.berkeley.edu/~webfac/eichengreen/e183_sp07/great_doub.pdf} (Stand Dezember 2018).

19 »Key Facts About the '90s Price Liberalization in Russia«, TASS (2. Dezember 2014), online verfügbar unter: {http://tass.com/economy/916534http://tass.com/economy/916534} (Stand Dezember 2018).

20 »The Rise and Fall of the Russian Oligarchs«, StratFor Global Intelligence (Mai 2009), online verfügbar unter: {https://wikileaks.org/gifiles/attach/144/144 365_RussianoligarchPDF.pdf} (Stand Dezember 2018), S. 3.

21 Tanya Frisby, »The Rise of Organised Crime in Russia: Its Roots and Social Significance«, in: *Europe-Asia Studies* 50/1 (Januar 1998), S. 27-49, hier S. 31.

22 Ebd.

23 Viktor Pelewin, *Generation P* (Berlin: Volk und Welt, 2000), S. 21.

24 Luc Boltanski und Ève Chiapello, *Der neue Geist des Kapitalismus* (Konstanz: UVK, 2003).

25 Richard Sennett, *Der flexible Mensch: Die Kultur des neuen Kapitalismus* (Berlin: Berlin-Verlag, 1998).

26 OECD, »Broad money (M3)«, OECD Data (2018), online verfügbar unter: {https://data.oecd.org/money/broad-money-m3.htm#indicator-chart} (Stand Dezember 2018).

27 Mark O'Byrne, »Global Debt Now $200 Trillion!«, GoldCore (14. Mai 2018), online verfügbar unter: {http://www.goldcore.com/us/gold-blog/global-debt-now-200-trillion} (Stand Dezember 2018).

28 Eli M. Remolona, »The Recent Growth of Financial Derivative Markets«, in: *FRBNY Quarterly Review* (Winter 1992-93), S. 28-43, online verfügbar unter: {https://fraser.stlouisfed.org/files/docs/publications/frbnyreview/pages/1990-1994/67192_1990-1994.pdf} (Stand Dezember 2018).

29 Daten und Grafiken dazu können etwa auf der Website des Analysten Barry Ritholtz abgerufen werden: {http://ritholtz.com/wp-content/uploads/2011/03/ni pa0328111_big.gif} (Stand Dezember 2018).

30 Gerard Caprio (Hg.), *The Evidence and Impact of Financial Globalization* (London u. a.: Elsevier, 2013), S. 697.

31 Per Walter und Pär Krause, »Hedge Funds – Trouble Makers?«, in: Sveriges Riksbank, »Quarterly Review« (1999/1), online verfügbar unter: {http://archive.riks bank.se/Upload/Dokument_riksbank/Kat_publicerat/PoV_sve/eng/1999/qr99_1. pdf} (Stand Dezember 2018), S. 30.

32 Mark Ravenhill, *Shoppen und Ficken* (Reinbek: Rowohlt Theater Verlag, 1998), S. 56.

33 Iona Bain, »If You Used a Store Card in the 1990s or 2000s You Could be Owed £1,000s – You just Need to Know Exactly Who to Write to«, in: *Mirror* (6. Januar 2016), online verfügbar unter: {http://www.mirror.co.uk/money/you-used-store-card-1990s-7114139} (Stand Dezember 2018).

34 Office for National Statistics, »Quarterly Sector Accounts, UK: October to December 2017« (29. März 2018), online verfügbar unter: {https://www.ons.gov.uk/eco nomy/nationalaccounts/uksectoraccounts/bulletins/quarterlysectoraccounts/octo bertodecember2017#households-saving-ratio-fell-to-a-record-low-of-49-in-2017} (Stand Dezember 2018).

35 Costas Lapavitsas, »Financialised Capitalism: Crisis and Financial Expropriation«, RMF Paper Nr. 1, Februar 2009.

36 Ravenhill, *Shoppen und Ficken*, S. 76.

37 So Alan Greenspan auf dem Treffen des Federal Open Market Committee am 22. August 1995. Das Protokoll der Sitzung ist online verfügbar unter:{https://fra ser.stlouisfed.org/files/docs/historical/FOMC/meetingdocuments/FOMC 19950822meeting.pdf} (Stand Dezember 2018), S. 6.

38 David Teather, »Analyst Scandal Costs Wall St $1.4bn«, in: *The Guardian* (29. April 2003), online verfügbar unter: {https://www.theguardian.com/business/2003/apr/ 29/8} (Stand Dezember 2018).

4 Die Illusion der Handlungsmacht

1 G.W. F. Hegel, »Konzept der Rede beim Antritt des philosophischen Lehramtes an der Universität Berlin«, in: ders., *Werke*, herausgegeben von Eva Moldenhauer und Karl Markus Michel, Bd. 10 (Frankfurt a. M.: Suhrkamp, 1970 [1818]), S. 399-417.

2 G.W.F. Hegel, *Grundlinien der Philosophie des Rechts*, in: ders., *Werke* (Frankfurt a.M.: Suhrkamp, 1970 [1820]), Bd. 7, S. 510.

3 G.W.F. Hegel, »Brief an F.J. Niethammer« [13. Oktober 1806], in: Johannes Hoffmeister (Hg.), *Briefe Hegels*, Bd. 1 (Hamburg: Felix Meiner, 1952), S. 119-121, hier S. 119.

4 Hegel, *Grundlinien der Philosophie des Rechts*, S. 403.

5 G.W.F. Hegel, *Vorlesungen über die Philosophie der Geschichte*, in: ders., *Werke*, Bd. 12 (Frankfurt a.M.: Suhrkamp, 1970 [1822/23]), S. 134.

6 T.C. Hansard (Hg.), *The Parliamentary Debates from the Year 1803 to the Present Time*, Bd. 32: *Comprising the Period from the First Day of February to the Sixth Day of March, 1816* (London: T.C. Hansard, 1816), S. 71 und 113.

7 Francis Fukuyama, »The End of History?« in: *The National Interest* 16 (Sommer 1989), S. 3-18, online verfügbar unter: {https://www.embl.de/aboutus/science_society/discussion/discussion_2006/ref1-22june06.pdf} (Stand Dezember 2018).

8 Ebd.

9 Ebd.

10 Charles Krauthammer, »The Unipolar Moment«, in: *Foreign Affairs* 70/1 (1990), online verfügbar unter: {https://www.foreignaffairs.com/articles/1991-02-01/unipolar-moment} (Stand Dezember 2018).

11 Alan Greenspan, *Mein Leben für die Wirtschaft* (Frankfurt a.M. und New York: Campus, 2007), S. 24.

12 Die Äußerung wird Karl Rove zugeschrieben, der allerdings bestreitet, dass sie von ihm stammt. Das Zitat ist überliefert in Ron Suskind, »Faith, Certainty and the Presidency of George W. Bush«, in: *The New York Times* (17. Oktober 2004), online verfügbar unter: {http://www.nytimes.com/2004/10/17/magazine/faith-certainty-and-the-presidency-of-george-w-bush.html} (Stand Dezember 2018).

13 Thomas L. Friedman, »Because We Could«, in: *The New York Times* (4. Juni 2003), online verfügbar unter: {http://www.nytimes.com/2003/06/04/opinion/because-we-could.html?mcubz=0} (Stand Dezember 2018).

14 Ebd.

15 Zu China siehe »China's Defense Budget«, auf: globalsecurity.org (März 2013), online verfügbar unter: {https://www.globalsecurity.org/military/world/china/budget-table.htm}; zu Russland siehe Statista, »Militärausgaben von Russland in den Jahren 2001 bis 2017 (in Milliarden US-Dollar)«, online verfügbar unter: {https://de.statista.com/statistik/daten/studie/150888/umfrage/militaerausgaben-von-russland-seit-2000/} (beide Stand Dezember 2018).

16 Bruce Little und Robert Lafrance, »Global Imbalances – Just How Dangerous?«, in: *Bank of Canada Review* (Frühjahr 2006), S. 3-13, hier S. 3, online verfügbar unter:

{http://www.bankofcanada.ca/wp-content/uploads/2010/06/little.pdf} (Stand Dezember 2018).

17 Anton Brender und Florence Pisani, *Global Imbalances and the Collapse of Globalised Finance* (Brüssel: Center for European Studies, 2010), S. 2.

18 Gary S. Becker, »Crime and Punishment. An Economic Approach«, in: ders./William M. Landes (Hg.), *Essays in the Economics of Crime and Punishment* (Cambridge: NBER, 1974), S. 1-54, online verfügbar unter: {http://www.nber.org/chapters/c3625.pdf} (Stand Dezember 2018).

19 Michel Foucault, *Geschichte der Gouvernementalität II: Die Geburt der Biopolitik, Vorlesungen am Collège de France 1978-1979*, herausgegeben von Michel Sennelart (Frankfurt a. M.: Suhrkamp, 2004), S. 372.

20 Wendy Brown, *Die schleichende Revolution. Wie der Neoliberalismus die Demokratie zerstört* (Berlin: Suhrkamp 2015), S. 32.

5 Der Zusammenbruch

1 Piergiorgio Alessandri und Andrew Haldane, »Banking on the State«, Bank of England (November 2009), online verfügbar unter: {http://citeseerx.ist.psu.edu/viewdoc/download?doi=10.1.1.178.9620&rep=rep1&type=pdf} (Stand Dezember 2018), S. 2.

2 Andrew G. Haldane, »Banking on the State«, in: *BIS Review* 139 (November 2009), S. 1-20, online verfügbar unter: {https://www.bis.org/review/r091111e.pdf} (Stand Dezember 2018).

3 Thomas J. Doleys, »Fifty Years of Molding Article 87: The European Commission and the Development of EU State Aid Policy (1958-2008)«, online verfügbar unter: {http://aei.pitt.edu/33052/1/doleys._thomas.pdf} (Stand Dezember 2018).

4 »Picking Winners, Saving Losers. The Global Revival of Industrial Policy«, in: *The Economist* (5. August 2010), online verfügbar unter: {http://www.economist.com/node/16741043} (Stand Dezember 2018).

5 Ebd.

6 Valentina Romei, »How Wages Fell in the UK While the Economy Grew«, in: *Financial Times* (2. März 2017), online verfügbar unter: {https://www.ft.com/content/83e7e87e-fe64-11e6-96f8-3700c5664d30} (Stand Dezember 2018).

7 William Davies, *The Limits of Neoliberalism: Authority, Sovereignty and the Logic of Competition* (Thousand Oaks: SAGE Publications, 2016), S. 188 f.

8 Lukasz Rachel und Thomas D. Smith, »Secular Drivers of the Global Real Interest Rate«, Bank of England Working Paper Nr. 571 (11. Dezember 2015), online verfüg-

bar unter: {https://www.bankofengland.co.uk/working-paper/2015/secular-dri
vers-of-the-global-real-interest-rate} (Stand Dezember 2018).

9 E. M. Foster, *Wiedersehen in Howards End* (München: Nymphenburger Verlagshandlung, 1987), Kap. 12.

10 Siehe dazu Paul Mason, *Why It's Kicking off Everywhere: The New Global Revolutions*
(London: Verso, 2012).

11 Manuel Castells, »Materials for an Exploratory Theory of the Network Society«, in:
British Journal of Sociology 51/1 (Januar/März 2000), S. 5-24.

12 Manuel Castells, *Networks of Outrage and Hope: Social Movements in the Internet
Age* (London: Polity, 2015).

13 Laurie Penny, *Discordia: Six Nights in Crisis Athens* (London: Vintage Digital,
2012).

6 Auf dem Weg nach Kekistan

1 John Early, »3 Militia Groups Connected to Unite the Right Rally Settle Lawsuits«,
auf: nbc29.com (16. Mai 2018), online verfügbar unter: {http://www.nbc29.com/
story/38204693/settlements-from-unite-the-right-05-16-2018} (Stand Dezember
2018).

2 Jonathan Swan, »What Steve Bannon Thinks About Charlottesville«, Axios (16. August 2017), online verfügbar unter: {https://www.axios.com/what-steve-bannon-
thinks-about-charlottesville-1513304895-7ee2c933-e6d5-4692-bc20-c1db88afe970.
html} (Stand Dezember 2018).

3 Georgiadoua Vasiliki, Rorib Lamprini und Costas Roumaniasc, »Mapping the European Far Right in the 21st Century: A Meso-Level Analysis«, in: *Electoral Studies*
54 (August 2018), S. 103-115.

4 Peter Thiel, »Education of a Libertarian«, in: *Cato Unbound. A Journal of Debate*
(13. April 2009), online verfügbar unter: {https://www.cato-unbound.org/2009/
04/13/peter-thiel/education-libertarian} (Stand Dezember 2018).

5 Mencius Moldbug (Curtis Yarvin), *How Dawkins Got Pwned* (San Francisco: Un-
qualified Reservations, 2007), online verfügbar unter: {https://www.unqualified-
reservations.org/2007/10/how-dawkins-got-pwned-part-4} (Stand Dezember 2018),
Kap. 4.

6 Paul Mason, »G20: America's Struggle to Adapt as the World Turns«, BBC News
(22. September 2009), online verfügbar unter: {http://www.bbc.co.uk/blogs/news
night/paulmason/2009/09/g20_americas_struggle_to_adapt.html} (Stand Dezember 2018).

7 David Neiwert, »Beck Goes Nuts Over HCR, Concludes Evil Progressives Are Trying To Provoke An Armed Revolution«, auf: crooksandliars.com (24. März 2010), online verfügbar unter: {http://crooksandliars.com/david-neiwert/beck-goes-nuts-over-hcr-concludes-ev} (Stand Dezember 2018).

8 Casey Johnston, »Chat Logs Show How 4chan Users Created #GamerGate Controversy«, auf: arstechnica.com (10. September 2004), online verfügbar unter: {https://arstechnica.com/gaming/2014/09/new-chat-logs-show-how-4chan-users-pushed-gamergate-into-the-national-spotlight} (Stand Dezember 2018).

9 Craig Smith, »Interesting 4chan Statistics and Facts«, DMR Business Statistics (Oktober 2018), online verfügbar unter: {https://expandedramblings.com/index.php/4chan-statistics-facts} (Stand Dezember 2018).

10 Curtis Silver, »Pornhub 2017 Year In Review Insights Report Reveals Statistical Proof We Love Porn«, in: *Forbes* (9. Januar 2018), online verfügbar unter: {https://www.forbes.com/sites/curtissilver/2018/01/09/pornhub-2017-year-in-review-insights-report-reveals-statistical-proof-we-love-porn/#345e1ae224f5} (Stand Dezember 2018).

11 Siehe dazu den Eintrag »red pill« auf der Seite knowyourmeme.com, online verfügbar unter: {http://knowyourmeme.com/memes/red-pill} (Stand Dezember 2018).

12 Nick Land, »The Dark Enlightenment«, online verfügbar unter: {http://www.thedarkenlightenment.com/the-dark-enlightenment-by-nick-land} (Stand Dezember 2018).

13 Ben Judah, »A Day in the Life of Vladimir Putin: The Dictator in his Labyrinth«, in: *The Independent* (25. Juli 2014), online verfügbar unter: {https://www.independent.co.uk/news/world/europe/a-day-in-the-life-of-vladimir-putin-the-dictator-in-his-labyrinth-9629796.html} (Stand Dezember 2018).

14 Owen Matthews, »Dmitry Medvedev's Grand Strategic Ambitions«, in: *Newsweek* (21. November 2008), online verfügbar unter: {http://www.newsweek.com/dmitry-medvedevs-grand-strategic-ambitions-84943} (Stand Dezember 2018).

15 Hillary Clinton, »America's Pacific Century«, in: *Foreign Policy* (11. Oktober 2011), online verfügbar unter: {https://foreignpolicy.com/2011/10/11/americas-pacific-century} (Stand Dezember 2018).

16 Reporters Sans Frontières, »Enemies of the Internet 2014 – Russia: Control From the Top Down«, auf: ecoi.net (12. März 2014), online verfügbar unter: {https://www.ecoi.net/en/document/1052891.html} (Stand Dezember 2018).

17 Amnesty International, »Russia: Four years of Putin's ›Foreign Agents‹ Law to Shackle and Silence NGOs«, auf: amnesty.org (18. November 2016), online verfügbar unter: {https://www.amnesty.org/en/latest/news/2016/11/russia-four-years-of-putins-foreign-agents-law-to-shackle-and-silence-ngos} (Stand Dezember 2018).

18 Frank Hoffman, »On Not-So-New Warfare: Political Warfare vs. Hybrid Threats«, in: *War on the Rocks* (28. Juli 2014), online verfügbar unter: {https://warontherocks. com/2014/07/on-not-so-new-warfare-political-warfare-vs-hybrid-threats} (Stand Dezember 2018).

19 Rod Thornton, »The Changing Nature of Modern Warfare«, in: *The RUSI Journal* 160/4 (2015), S. 40-48, online verfügbar unter: {DOI: 10.1080/03071847.2015. 1079047} (Stand Dezember 2018).

20 Olga Khazan, »Russia's Online-Comment Propaganda Army«, in: *The Atlantic* (9. Oktober 2013), online verfügbar unter: {https://www.theatlantic.com/international/archive/2013/10/russias-online-comment-propaganda-army/280432} (Stand Dezember 2018).

21 Lawrence Alexander, »Social Network Analysis Reveals Full Scale of Kremlin's Twitter Bot Campaign«, in: *Global Voices* (2. April 2015), online verfügbar unter: {https://globalvoices.org/2015/04/02/analyzing-kremlin-twitter-bots} (Stand Dezember 2018).

22 Patrisse Khan-Cullors, »We Didn't Start a Movement. We Started a Network«, auf: medium.com (23. Februar 2016), online verfügbar unter: {https://medium.com/pa trissemariecullorsbrignac/we-didn-t-start-a-movement-we-started-a-network-90f9b5717668} (Stand Dezember 2018).

23 Joel Olson, »Whiteness and the Polarization of American Politics«, in: *Political Research Quarterly* 61/4 (2009), S. 704-718, hier S. 709, online verfügbar unter: {https://www.jstor.org/stable/20299771?read-now=1&loggedin=true&seq=1#pa ge_scan_tab_contents} (Stand Dezember 2018).

24 Amir R. Shaw, »Ranking the Most Racist Acts of White People Calling the Police on Black Folks«, in: *Rolling Out* (4. Juli 2018), online verfügbar unter: {https://rol lingout.com/2018/07/04/ranking-the-most-racist-acts-of-white-people-calling-the-police-on-black-folks} (Stand Dezember 2018).

25 Die Informationen entstammen dem Eintrag »Leigh (UK Parliament constituency)« in der englischsprachigen Wikipedia: {https://en.wikipedia.org/wiki/Leigh_(UK_ Parliament_constituency)#Elections_in_the_2010s} (Stand Dezember 2018).

26 Erich Fromm, *Arbeiter und Angestellte am Vorabend des Dritten Reiches* (München: dtv, 1983), S. 53.

27 Patrick S. Forscher und Nour S. Kteily, *A Psychological Profile of the Alt-Right* (Ithaca: PsyArXiv Preprints, 2018), online verfügbar unter: {https://psyarxiv. com/c9uvw} (Stand Dezember 2018).

7 Es genügt nicht, Arendt zu lesen

1 Hannah Arendt, *Elemente und Ursprünge totaler Herrschaft* (Frankfurt a. M.: Europäische Verlagsanstalt, 1955), S. 611, 442 und 441.

2 Ebd., S. 751.

3 Ebd., S. 581.

4 Hannah Arendt, *Eichmann in Jerusalem: Ein Bericht von der Banalität des Bösen* (München: Piper, 1965), S. 78.

5 Hier zitiert nach der englischen Übersetzung, Tzvetan Todorov, *Hope and Memory: Lessons from the Twentieth Century* (Princeton: Princeton University Press, 2003), S. 6 und 314.

6 »Die Mitnahme von Schreibmaschinen muß bei Reisen nach der U.d.S.S.R. im Reisepaß vermerkt werden, da sonst Wiederausfuhr unmöglich«, heißt es in einem Flugplan der Deutschen Lufthansa von 1940, der auf der Website von Airline Timetable Images eingesehen werden kann: {http://www.timetableimages.com/ttimages/dlh4001i.htm} (Stand Dezember 2018).

7 George Orwell, »Rückblick auf den Spanischen Krieg« [1942], in: ders., *Rache ist sauer* (Zürich: Diogenes, 2003), S. 10-38, hier S. 38.

8 Hannah Arendt, »Rand School Lecture«, in: dies., *Essays in Understanding: 1930-1954. Formation, Exile, and Totalitarianism* (New York: Harcourt, Brace & Co., 1994), S. 217-228, hier S. 223.

9 Marcel van der Linden, *Von der Oktoberrevolution zur Perestroika. Der westliche Marxismus und die Sowjetunion* (Frankfurt a. M.: Dipa Verlag, 1992), S. 67.

10 Michael Ellman, »Soviet Repression Statistics. Some Comments«, in: *Europe-Asia Studies* 54/7 (2002), S. 1151-1172, online verfügbar unter: {http://sovietinfo.tripod.com/ELM-Repression_Statistics.pdf} (Stand Dezember 2018).

11 Bruno Rizzi, »The Bureaucratisation of the World« [1939], auf: marxists.org, online verfügbar unter: {https://www.marxists.org/archive/rizzi/bureaucratisation/index.htm} (Stand Dezember 2018).

12 Arendt, *Elemente und Ursprünge totaler Herrschaft*, S. 302 f.

13 Ebd., S. 532.

14 Hannah Arendt, »Einige Fragen der Ethik« [1965], in: dies., *Über das Böse. Eine Vorlesung zu Fragen der Ethik* (München: Piper, 2007), S. 7-176, hier S. 11 und 13.

15 Friedrich Nietzsche, »Fünf Vorreden zu ungeschriebenen Büchern«, in: *Werke. Kritische Gesamtausgabe*, herausgegeben von Giorgio Colli und Mazzino Montinari, 3. Abteilung, 2. Band (Berlin: Walter de Gruyter, 1973 [1872]), S. 249-286, hier S. 261.

16 Friedrich Nietzsche, *Götzen-Dämmerung*, in: ders., *Werke. Kritische Gesamtausgabe*,

6. Abteilung, 3. Band (Berlin: Walter de Gruyter, 1969 [1889]), S. 51-158, hier S. 140.

17 Friedrich Nietzsche, »Nachgelassene Fragmente: Herbst 1887 bis März 1888«, in: ders., *Werke. Kritische Gesamtausgabe*, 8. Abteilung, 2. Band (Berlin: De Gruyter, 1970), S. 70.

18 Friedrich Nietzsche, »Aus dem Nachlaß der Achtzigerjahre«, in: ders., *Werke in drei Bänden*, herausgegeben von Karl Schlechta, Bd. 3 (München: Hanser, 1954), S. 846.

19 Friedrich Nietzsche, *Zur Genealogie der Moral*, in: ders., *Werke. Kritische Gesamtausgabe*, 6. Abteilung, 2. Band (Berlin: Walter de Gruyter, 1968 [1887]), S. 259-430, hier S. 289.

20 Alasdair MacIntyre, *Der Verlust der Tugend. Zur moralischen Krise der Gegenwart* (Frankfurt a. M.: Suhrkamp, 1995), S. 156.

Teil III
Die Maschinen

1 Søren Kierkegaard, *Abschließende unwissenschaftliche Nachschrift zu den Philosophischen Brocken*, Zweiter Teil, in: ders., *Gesammelte Werke*, Bd. 16/2 (Düsseldorf und Köln: Eugen Diederichs, 1958 [1846]), S. 59 f.

8 Die Entmystifizierung der Maschinen

1 Galileo Galilei, *Le mecaniche* [ca. 1600], die italienische Fassung ist online verfügbar unter: {https://it.wikisource.org/wiki/Le_mecaniche} (Stand Dezember 2018), S. 3 der PDF-Fassung.

2 Drake Stillman und Israel E. Drabkin (Hg.), *Mechanics in Sixteenth-century Italy: Selections from Tartaglia, Benedetti, Guido Ubaldo, and Galileo* (Madison: University of Wisconsin Press, 1969), S. 241.

3 Adam Smith, *Der Wohlstand der Nationen*, 13. Aufl. (München: dtv, 2013 [1776]), S. 28.

4 »The Cost of Sequencing a Human Genome«, National Human Genome Research Institute (6. Juli 2016), online verfügbar unter: {https://www.genome.gov/27565109/the-cost-of-sequencing-a-human-genome} (Stand Dezember 2018).

5 Siehe etwa die Website der Firma Kuka, »Automation in the Metal Industry«, auf: kuka.com (ohne Datum), online verfügbar unter: {https://www.kuka.com/en-gb/industries/metal-industry} (Stand Dezember 2018).

6 Jane Croft, »Artificial Intelligence Closes in on the Work of Junior Lawyers«, in: *Financial Times* (4. Mai 2018), online verfügbar unter: {https://www.ft.com/con tent/f809870c-26a1-11e7-8691-d5f7e0cd0a16} (Stand Dezember 2018).

7 OECD, »Measuring the Internet Economy: A Contribution to the Research Agenda«, OECD Digital Economy Papers, Nr. 226 (2013), online verfügbar unter: {http://dx.doi.org/10.1787/5k43gjg6r8jf-en} (Stand Dezember 2018).

8 Alana Semuels, »The Internet Is Enabling a New Kind of Poorly Paid Hell«, in: *The Atlantic* (23. Januar 2018), online verfügbar unter: {https://www.theatlantic.com/ business/archive/2018/01/amazon-mechanical-turk/551192} (Stand Dezember 2018).

9 Alan M. Turing, »On Computable Numbers, With an Application to the Entschei-dungsproblem« (1936), online verfügbar unter: {http://www.cs.virginia.edu/~ro bins/Turing_Paper_1936.pdf} (Stand Dezember 2018).

10 Butler Lampson, »The Alto and Ethernet System – Xerox PARC in the 1970's«, Vor-trag an der Paul G. Allen School of Computer Science and Engineering, Audiomit-schnitt online verfügbar unter: {https://www.cs.washington.edu/events/colloquia/ search/details?id=560} (Stand Dezember 2018).

11 Alan M. Turing, »Computing Machinery and Intelligence«, in: *Mind* 49/236 (Ok-tober 1950), S. 433-460, online verfügbar unter: {https://www.csee.umbc.edu/cour ses/471/papers/turing.pdf} (Stand Dezember 2018).

12 Matthew Cobb, *Life's Greatest Secret: The Race to Crack the Genetic Code* (London: Profile Books, 2015), S. 23.

13 James Gleick, *Die Information: Geschichte, Theorie, Flut* (München: Redline, 2011), S. 255-292.

14 René Descartes, *Prinzipien der Philosophie*, herausgegeben von Karl-Maria Guth (Berlin: Hofenberg, 2016 [1644]), S. 205.

15 David Hume, *Dialoge über die natürliche Religion* (Hamburg: Meiner, 1993 [1779]), S. 19.

16 Pierre-Simon Laplace, *Philosophischer Versuch über die Wahrscheinlichkeit* (Leipzig: Akademische Verlagsgesellschaft, 1932 [1814]), S. 2.

17 Sir James Jeans, *The Mysterious Universe* (Cambridge University Press, 1930), S. 157f.

18 Zitiert nach Luciano Floridi, *The Philosophy of Information* (Oxford: Oxford Uni-versity Press, 2011), S. 319.

19 John A. Wheeler, »Information, Physics, Quantum«, in: Hiroshi Ezawa, Shun Ichi Kobayashi und Yoshimasa Murayama (Hg.), *3rd International Symposium on the Foundations of Quantum Mechanics* (Tokyo: Physical Society of Japan, 1989), S. 354-368, online verfügbar unter {http://cqi.inf.usi.ch/qic/wheeler.pdf} (Stand Dezember 2018).

20 Gregory Chaitin, *Proving Darwin: Making Biology Mathematical* (New York: Pantheon, 2012), S. 17.

21 Vgl. z. B. Cobb, *Life's Greatest Secret,* sowie Gleick, *Die Information.*

22 Steven Weinberg, »Is the Universe a Computer?«, in: *New York Review of Books* (24. Oktober 2002).

23 Gleick, *Die Information,* S. 17 und 19.

24 Euan J. Squires, *The Mystery of the Quantum World* (Abingdon: Taylor and Francis, 1991).

25 Paul Forman, »Weimar Culture, Causality, and Quantum Theory: Adaptation by German Physicists and Mathematicians to a Hostile Environment«, in: *Historical Studies in the Physical Sciences* 3 (1971), S. 1-115, online verfügbar unter: {http://hsns.ucpress.edu/content/3/1.full.pdf+html} (Stand Dezember 2018).

26 Norbert Wiener, *Kybernetik: Regelung und Nachrichtenübertragung im Lebewesen und in der Maschine,* 2. Aufl. (Düsseldorf/Wien: Econ, 1963 [1948]), S. 166.

27 Rolf Landauer, »Irreversibility and Heat Generation in the Computing Process« (1961), in: *IBM Journal of Research and Development* 5/3 (1961), S. 183-191, online verfügbar unter: {http://www.pitt.edu/~jdnorton/lectures/Rotman_Summer_School_2013/thermo_computing_docs/Landauer_1961.pdf} (Stand Dezember 2018).

28 Rolf Landauer, »The Physical Nature of Information«, in: *Physics Letters* A 217 (1996), S. 188-193.

29 Samuel K. Moore, »Landauer Limit Demonstrated«, in: *IEEE Spectrum* (7. März 2012), online verfügbar unter: {http://spectrum.ieee.org/computing/hardware/landauer-limit-demonstrated} (Stand Dezember 2018).

30 João Marques Lima, »Data Centres of the World Will Consume 1/5 of Earth's Power by 2025«, DataEconomy (12. Dezember 2017), online verfügbar unter {https://data-economy.com/data-centres-world-will-consume-1-5-earths-power-2025} (Stand Dezember 2018).

31 Luciano Floridi, *Die 4. Revolution: Wie die Infosphäre unser Leben verändert* (Berlin: Suhrkamp, 2015), S. 132.

9 Warum brauchen wir eine Theorie des Menschen?

1 Aristoteles, *Politik,* 2. Aufl. (Reinbek bei Hamburg: Rowohlt, 2003), S. 47.

2 Ebd.

3 Ebd., S. 50.

4 Chris D. Thomas et al., »Extinction Risk From Climate Change«, in: *Nature* 427

(8. Januar 2004), S. 145-148, online verfügbar unter: {http://www.rivm.nl/biblio theek/digitaaldepot/20040108nature.pdf} (Stand Dezember 2018).

5 Damian Carrington, »The Anthropocene Epoch: Scientists Declare Dawn of Human-influenced Age«, in: *The Guardian* (29. August 2016), online verfügbar unter: {https://www.theguardian.com/environment/2016/aug/29/declare-anthropocene-epoch-experts-urge-geological-congress-human-impact-earth} (Stand Dezember 2018).

6 Benjamin Libet et al., »Time of Conscious Intention to Act in Relation to Onset of Cerebral Activities (Readiness-potential): The Unconscious Initiation of a Freely Voluntary Act«, in: *Brain* 106/3 (1983), S. 623-642, online verfügbar unter: {https://doi.org/10.1093/brain/106.3.623} (Stand Dezember 2018).

7 Yuval Noah Harari, *Homo Deus: Eine kurze Geschichte von Morgen* (München: C. H. Beck, 2018), S. 381.

8 Pew Research Center, »Emerging and Developing Economies Much More Optimistic than Rich Countries about the Future« (9. Oktober 2014), online verfügbar unter: {http://www.pewglobal.org/2014/10/09/emerging-and-developing-econo mies-much-more-optimistic-than-rich-countries-about-the-future/} (Stand Dezember 2018).

9 Andrea Lavazza, »Free Will and Neuroscience: From Explaining Freedom Away to New Ways of Operationalizing and Measuring it«, in: *Frontiers in Human Neuroscience* 10 (2016), S. 262, online verfügbar unter: {https://www.ncbi.nlm.nih.gov/pmc/articles/PMC4887467} (Stand Dezember 2018).

10 Aaron Schurger, Myrto Mylopoulous und David Rosenthal, »Neural Antecedents of Spontaneous Voluntary Movement: A New Perspective«, in: *Trends in Cognitive Science* 20/2 (2016), S. 77-79.

11 Philippe Rochat, »Five Levels of Self-Awareness as They Unfold Early in Life«, in: *Consciousness and Cognition* 12 (2003), S. 717-731, online verfügbar unter: {http://www.psychology.emory.edu/cognition/rochat/Rochat5levels.pdf} (Stand Dezember 2018).

12 Jean Piaget und Bärbel Inhelder, *The Growth Of Logical Thinking: From Childhood To Adolescence* (London: Routledge, 1958).

13 Richard G. Klein, »Archeology and the Evolution of Human Behaviour«, in: *Evolutionary Anthropology* 9/1 (2000), S. 17-36.

14 Karl Marx, *Ökonomisch-philosophische Manuskripte*, in: MEW, Bd. 40 (Ost-Berlin: Dietz, 1968 [1844]), S. 465-588, hier S. 515 und 516.

15 Ebd., S. 535 und 533.

16 Raya Dunayevskaya, *Marxism and Freedom. From 1776 Until Today* (London: Pluto, 1971).

10 Die denkende Maschine

1 Marty Goldberg, »A Complete History of Breakout«, auf: classicgaming.com (o. D.), online verfügbar unter: {https://web.archive.org/web/20140623034804/ http://classicgaming.gamespy.com/View.php?view=Articles.Detail&id=395} (Stand Dezember 2018).

2 Volodymyr Mnih, Koray Kavukcuoglu, David Silver, Alex Graves, Ioannis Antonoglou, Daan Wierstra und Martin Riedmiller, »Playing Atari with Deep Reinforcement Learning«, auf: deepmind.com (19. Dezember 2013), online verfügbar unter: {https://arxiv.org/pdf/1312.5602v1.pdf} (Stand Dezember 2018).

3 Andrey Kurenkov, »A ›Brief‹ History of Neural Nets and Deep Learning«, auf: andreykurenkov.com (24. Dezember 2015), online verfügbar unter: {http://www.an dreykurenkov.com/writing/ai/a-brief-history-of-neural-nets-and-deep-learning} (Stand Dezember 2018).

4 Dan Benyamin, »A Gentle Introduction to Random Forests, Ensembles, and Performance Metrics in a Commercial System«, auf: CitizenNet Blog (9. November 2012), online verfügbar unter: {http://blog.citizennet.com/blog/2012/11/10/ran dom-forests-ensembles-and-performance-metrics} (Stand Dezember 2018).

5 Cade Metz, »In Two Moves, AlphaGo and Lee Sedol Redefined the Future«, in: *Wired* (16. März 2016), online verfügbar unter: {https://www.wired.com/2016/ 03/two-moves-alphago-lee-sedol-redefined-future/} (Stand Dezember 2018).

6 Mark Zastrow, »How Victory for Google's Go AI is Stoking Fear in South Korea«, in: *New Scientist* (15. März 2016), online verfügbar unter: {https://www.newscien tist.com/article/2080927-how-victory-for-googles-go-ai-is-stoking-fear-in-south-korea} (Stand Dezember 2018).

7 Philip K. Dick, *Träumen Roboter von elektrischen Schafen?* (München: Heyne, 1971). Nach der Verfilmung erschienen deutsche Übersetzungen unter dem Titel *Blade Runner*; Anm. d. Übers.

8 Philip K. Dick, *Blade Runner: Träumen Androiden von elektrischen Schafen?*, 2. Aufl. (Frankfurt a. M.: Fischer Tor, 2017), S. 40.

9 Demis Hassabis und David Silver, »AlphaGo Zero: Learning From Scratch«, auf: deepmind.com (18. Oktober 2017), online verfügbar unter: {https://deepmind. com/blog/alphago-zero-learning-scratch} (Stand Dezember 2018).

10 Engineering Methodologies for Ethical Life-Cycle Concerns Working Group, »P7000 – Model Process for Addressing Ethical Concerns During System Design. Project Details«, auf: ieee.org (30. Juni 2006), online verfügbar unter: {https://stan dards.ieee.org/develop/project/7000.html} (Stand Dezember 2018).

11 Nach Informationen der Ernährungs- und Landwirtschaftsorganisation der Verein-

ten Nationen, online verfügbar unter: {http://www.fao.org/faostat/en/#data/QC} (Stand Dezember 2018).

12 Friedrich Nietzsche, »Aus dem Nachlaß der Achtzigerjahre«, in: ders., *Werke in drei Bänden*, herausgegeben von Karl Schlechta, Bd. 3 (München: Hanser, 1954), S. 846.

13 Karl Marx, *Ökonomisch-philosophische Manuskripte*, in: MEW, Bd. 40 (Ost-Berlin: Dietz, 1968 [1844]), S. 465-588, S. 567.

14 So Musk in einem Gespräch mit dem Gouverneur des US-Bundesstaates Nevada, Brian Sandoval, am 15. Juli 2017. Auszüge aus diesem Gespräch finden sich auf dem Videoportal YouTube unter dem Titel »Artificial Intelligence Could Start A War. Elon Musk on AI«, online verfügbar unter: {https://www.youtube.com/watch?v=fJ2T5FsUI6c} (Stand Dezember 2018).

15 Olivia Solon, »Killer Robots? Musk and Zuckerberg Escalate Row over Dangers of AI«, in: *The Guardian* (25. Juli 2017), online verfügbar unter: {https://www.the guardian.com/technology/2017/jul/25/elon-musk-mark-zuckerberg-artificial-intel ligence-facebook-tesla} (Stand Dezember 2018).

16 Rogier Creemers, »A Next Generation Artificial Intelligence Development Plan«, auf: chinacopyrightandmedia.wordpress.com (20. Juli 2017), online verfügbar un-ter: {https://chinacopyrightandmedia.wordpress.com/2017/07/20/a-next-genera tion-artificial-intelligence-development-plan} (Stand Dezember 2018).

17 Tom Simonite, »For Superpowers, Artificial Intelligence Fuels New Global Arms Race«, in: *Wired* (8. September 2017), online verfügbar unter: {https://www.wi red.com/story/for-superpowers-artificial-intelligence-fuels-new-global-arms-race} (Stand Dezember 2018).

18 Louise Lucas, »China Seeks Dominance of Global AI Industry«, in: *Financial Times* (16. Oktober 2017), online verfügbar unter: {https://www.ft.com/content/856753d6-8d31-11e7-a352-e46f43c5825d} (Stand Dezember 2018).

19 Oren Etzioni, »How to Regulate Artificial Intelligence«, in: *The New York Times* (1. September 2017), online verfügbar unter: {https://www.nytimes.com/2017/09/01/opinion/artificial-intelligence-regulations-rules.html} (Stand Dezember 2018).

20 Deep Mind Ethics and Society, »AI Morality and Values«, auf: deepmind.com (o. D.), online verfügbar unter: {https://deepmind.com/applied/deepmind-ethics-society/research/AI-morality-values} (Stand Dezember 2018).

21 Steve Omohundro, »Autonomous Technology and the Greater Human Good«, in: *Journal of Experimental & Theoretical Artificial Intelligence* 26/3 (2014), S. 303-315.

22 Eliezer Yudkowsky, »Artificial Intelligence as a Positive and Negative Factor in Glo-bal Risk«, in: Nick Bostrom und Circovic Milan (Hg.), *Global Catastrophic Risks* (Oxford University Press, 2008), S. 308-345, hier S. 308.

23 Nicole Gaouette und Richard A. Serrano, »Despite Warnings, Washington Failed to Fund Levee Projects«, in: *LA Times* (4. September 2005).

24 National Hurricane Center, »Costliest U.S. Tropical Cyclones Tables Updated« (26. Januar 2018), online verfügbar unter: {https://www.nhc.noaa.gov/news/Upda tedCostliest.pdf} (Stand Dezember 2018), S. 2.

25 Adolph Reed Jr., »Undone By Neoliberalism«, in: *The Nation* (31. August 2006), online verfügbar unter: {https://www.thenation.com/article/undone-neolibera lism} (Stand Dezember 2018).

26 Mark Harris, »Exclusive: Arizona Governor and Uber Kept Self-Driving Program Secret, Emails Reveal«, in: *The Guardian* (28. März 2018), online verfügbar unter: {https://www.theguardian.com/technology/2018/mar/28/uber-arizona-secret-self-driving-program-governor-doug-ducey} (Stand Dezember 2018).

11 Die Offensive gegen den Humanismus

1 Olaf Stapledon, *Die letzten und die ersten Menschen* (München: Piper, 2015), S. 283.

2 Norbert Wiener, *The Human Use of Human Beings* (Boston: Houghton Mifflin, 1954), S. 46.

3 Julian Huxley, »Transhumanism«, in: ders., *New Bottles for New Wine* (London: Chatto & Windus, 1957), S. 13-17.

4 Nick Bostrom, »A History of Transhumanist Thought«, in: *Journal of Evolution and Technology* 14/1 (April 2005), S. 1-25, online verfügbar unter: {https://nickbo strom.com/papers/history.pdf} (Stand Dezember 2018).

5 Die Erklärung ist online verfügbar unter. {https://hpluspedia.org/wiki/Transhuma nist_Declaration} (Stand Dezember 2018).

6 Zoltan Istvan, »Transhumanism is Under Siege from Socialism«, auf: mavenround-table.io (18. Juli 2018), online verfügbar unter: {https://www.themaven.net/trans humanistwager/transhumanism/transhumanism-is-under-siege-from-socialism-UzA2xHZiFUaGOiUFpcon5g} (Stand Dezember 2018).

7 George J. Annas, Lori B. Andrews und Rosario M. Isasi, »Protecting the En-dangered Human: Toward an International Treaty Prohibiting Cloning and Inheri-table Alterations«, in: *American Journal of Law and Medicine* 28/2-3 (2002), S. 151-178.

8 Francis Fukuyama, *Das Ende des Menschen* (München: Deutsche Verlags-Anstalt, 2002), S. 185.

9 Michel Foucault, *Die Ordnung der Dinge: Eine Archäologie der Humanwissenschaf-ten* (Frankfurt a. M.: Suhrkamp, 1978), S. 461.

10 Ebd.

11 Louis Althusser, »Marxismus und Humanismus«, in: ders., *Für Marx* (Berlin: Suhrkamp, 2011 [1965]), S. 289.

12 Louis Althusser, »Über die Beziehung von Marx zu Hegel«, in: ders., *Lenin und die Philosophie* (Reinbek bei Hamburg: Rowohlt, 1974), S. 64.

13 Simon Clarke et al., *One-Dimensional Marxism: Althusser and the Politics of Culture* (London: Schocken Books, 1980), S. 5-102.

14 Jean Baudrillard, *Das Andere selbst* (Wien: Passagen Verlag, 1987), S. 16.

15 Rosi Braidotti, *Posthumanismus: Leben jenseits des Menschen* (Frankfurt a. M. und New York: Campus, 2014), S. 11.

16 N. Katherine Hayles, »The Posthuman Body: Inscription and Incorporation in Galatea 2.2 and Snow Crash«, in: *Configurations* 5/2 (1997), S. 241-266, hier 242.

17 Donna Haraway, »Ein Manifest für Cyborgs«, in: dies., *Die Neuerfindung der Natur. Primaten, Cyborgs und Frauen* (Frankfurt a. M. und New York: Campus, 1995 [1985]), S. 33-72, hier S. 34.

18 Ebd., S. 72.

19 Dieser Satz ist nicht in der deutschen Übersetzung des Manifests enthalten. Die englische Originalfassung ist online verfügbar unter: {https://web.archive.org/web/20120214194015/http://www.stanford.edu/dept/HPS/Haraway/CyborgManifesto.html} (Stand Dezember 2018); Anm. d. Übers.

20 Jerome Y. Lettvin, Humberto R. Maturana, Warren S. McCulloch und Walter H. Pitts, »What the Frog's Eye Tells the Frog's Brain«, in: *Proceedings of the IRE* 47:11 (November 1959), S. 1940-1951, online verfügbar unter: {http://ieeexplore.ieee.org/document/4065609} (Stand Dezember 2018).

21 Humberto R. Maturana, »Repräsentation und Kommunikation«, in: ders., *Erkennen: Die Organisation und Verkörperung von Wirklichkeit*, 2. Aufl. (Braunschweig und Wiesbaden: Vieweg, 1985), S. 276.

22 Humberto R. Maturana, »Introduction«, in: ders. und Francisco J. Varela, *Autopoiesis and Cognition. The Realization of the Living* (Dordrecht: Reidel, 1980), S. xi-xxx, hier S. xviii.

23 Humberto R. Maturana, »Autopoiesis: Reproduction, Heredity, and Evolution«, in: Milan Zeleny (Hg.), *Autopoiesis, Dissipative Structures, and Spontaneous Social Order* (Boulder: Westview Press, 1980), S. 45-79.

24 Graham Harman, »Vicarious Causation«, in: *Collapse* 2 (2007), S. 187-221, online verfügbar unter: {http://www.faculty.virginia.edu/theorygroup/docs/harman=vicarious-causation.pdf} (Stand Dezember 2018).

25 Diana Coole und Samantha Frost (Hg.), *New Materialisms: Ontology, Agency, and Politics* (Durham: Duke University Press, 2010), S. 7.

26 Graham Harman, *Object Oriented Ontology: A New Theory of Everything* (London: Pelican, 2018), S. 144.

27 Siehe den Eintrag im Online-Vorlesungsverzeichnis (Studienjahr 2014/15) des Edinburgh College of Art an der University of Edinburgh, »Things: New Materialisms«, online verfügbar unter: {http://www.drps.ed.ac.uk/14-15/dpt/cxartx11039. htm} (Stand: Dezember 2018).

28 Einen Überblick über die von Iris van der Tuin und Rosi Braidotti herausgegebene Serie bietet die Seite der Edinburgh University Press: {https://edinburghuniversity press.com/series-new-materialisms.html} (Stand Dezember 2018).

29 Coole/Frost (Hg.), *New Materialisms*, S. 7.

30 Bruno Latour und Steve Woolgar, *Laboratory Life: The Social Construction of Scientific Facts*, 2. Aufl. (Princeton: Princeton University Press 1986), S. 273.

31 Jane Flax, »Psychoanalysis as Deconstruction and Myth: On Gender, Narcissism and Modernity's Discontents«, in: Gunter H. Lenz und Kurt L. Shell (Hg.), *The Crisis of Modernity: Recent Critical Theories of Culture and Society in the United States and West Germany* (Boulder: Westview Press, 1986), S. 322.

32 Sandra Harding, *Feministische Wissenschaftstheorie: Zum Verhältnis von Wissenschaft und sozialem Geschlecht* (Hamburg: Argument Verlag, 1990), S. 18, 265 und 273.

33 Latour/Woolgar, *Laboratory Life*, S. 280.

34 Bruno Latour, »Haben auch Objekte eine Geschichte? Ein Zusammentreffen von Pasteur und Whitehead mit einem Milchsäurebad«, in: ders., *Der Berliner Schlüssel. Erkundungen eines Liebhabers der Wissenschaften* (Berlin: Oldenbourg, 1996), S. 87-112, hier S. 97.

35 Noretta Koertge, »Scrutinising Science Studies«, in: dies. (Hg.), *A House Built on Sand: Exposing Postmodernist Myths About Science* (New York: Oxford University Press, 1998), S. 3-8.

36 Bruno Latour, *Elend der Kritik. Vom Krieg um Fakten zu Dingen von Belang* (Zürich: Diaphanes, 2007), S. 21.

37 Ebd.

38 N. Katherine Hayles, *How We Became Posthuman: Virtual Bodies in Cybernetics, Literature, and Informatics* (Chicago: University of Chicago Press, 1999), S. 2.

39 Georg Lukács, *Die Zerstörung der Vernunft* (Ost-Berlin: Aufbau-Verlag, 1954), S. 69f.

40 Erich Fromm, *Anatomie der menschlichen Destruktivität*, in: *Erich Fromm Gesamtausgabe*, herausgegeben von Rainer Funk, Bd. 7 (München: Deutsche Verlags-Anstalt und dtv, 1999), S. 408.

41 Patricia MacCormack, *Posthuman Ethics: Embodiment and Cultural Theory* (Farnham: Ashgate, 2012), S. 144.

42 Rena D. Dossett, »The Historical Influence of Classical Islam on Western Humanistic Education«, in: *International Journal of Social Science and Humanity* 4/2 (März 2014), S. 88-91, online verfügbar unter: {http://www.ijssh.org/papers/324-A00004.pdf} (Stand Dezember 2018).

43 Publius Terentius Afer, »Der Selbstquäler«, in: *Die Lustspiele des Publius Terentius*, Bd. 1 (Leipzig/Heidelberg: C. F. Winter'sche Verlagshandlung, 1864), S. 226.

44 Frantz Fanon, *Schwarze Haut, weiße Masken* (Frankfurt a. M.: Suhrkamp, 1985 [1952]).

12 Der Aufstand der Schneeflocken

1 Virginia Woolf, »Mr. Bennett und Mrs. Brown« [1924], in: dies., *Das Totenbett des Kapitäns: Essays* (Frankfurt a. M.: S. Fischer, 2014), S. 115-140, hier S. 116.

2 Ebd., S. 117.

3 Virginia Woolf, *Orlando – eine Biographie* (Frankfurt a. M.: Fischer, 1990 [1928]), S. 226.

4 Sherry Turkle, *Leben im Netz. Identität in Zeiten des Internet* (Reinbek bei Hamburg: Rowohlt, 1998), S. 289.

5 Barry Wellman, Anabel Quan-Haase, Jeffrey Boase, Wenhong Chen, »The Social Affordances of the Internet for Networked Individualism«, in: *Journal of Computer-Meditated Communication* 8/3 (April 2003).

6 Roy F. Baumeister, »The Self«, in: Daniel T. Gilbert, Susan T. Fiske und Lindzey Gardner (Hg.), *Handbook of Social Psychology*, Bd. 1 (Boston: McGraw-Hill, 1998), S. 680-740.

7 Margaret Wertheim, *Die Himmelstür zum Cyberspace. Eine Geschichte des Raumes von Dante bis zum Internet* (Zürich: Ammann, 2000), S. 275.

8 Ebd.

9 Allen R. McConnell, Tonya M. Shoda und Hayley M. Skulborstad, »The Self as a Collection of Multiple Self-Aspects: Structure, Development, Operation and Implications«, in: *Social Cognition* 30/4 (2012), S. 380-395.

10 Katelyn Y. A McKenna, Amie S. Green und Marci J. Gleason, »Relationship Formation on the Internet: What's the Big Attraction?«, in: *Journal of Social Issues* 58 (2002), S. 9-32.

11 Siehe das *Bosworth-Toller Anglo-Saxon Dictionary*, online verfügbar unter: {http://bosworth.ff.cuni.cz/finder/3/false?page=1} (Stand Januar 2019).

12 Danny O'Brien, »Global Condemnation for Turkey's Detention of Innocent Digital Security Trainers«, Electronic Frontier Foundation (24. Juli 2017), online ver-

fügbar unter: {https://www.eff.org/deeplinks/2017/07/global-condemnation-tur keys-detention-innocent-digital-security-trainers} (Stand Dezember 2018).

13 Gilad Lotan, »Israel, Gaza, War & Data. Social Networks and the Art of Personalizing Propaganda«, auf: medium.com (4. August 2014), online verfügbar unter: {https://medium.com/i-data/israel-gaza-war-data-a54969aeb23e} (Stand Dezember 2018).

14 David Sheen, »Terrifying Tweets of Pre-Army Jewish Israeli Teens«, auf: cintayati. wordpress.com (10. Juli 2014), online verfügbar unter: {https://cintayati.wordpress. com/2014/07/10/terrifying-tweets-of-pre-army-jewish-israeli-teens}, und Philip Kleinfeld, »Racists Are Rampaging Through Israel«, in: *Vice* (1. August 2014) (beide Stand Dezember 2018).

15 Emma Graham-Harrison und Carole Caldwalladr, »Cambridge Analytica Execs Boast of Role in Getting Donald Trump Elected«, in: *The Guardian* (21. März 2018), online verfügbar unter: {https://www.theguardian.com/uk-news/2018/ mar/20/cambridge-analytica-execs-boast-of-role-in-getting-trump-elected} (Stand Dezember 2018).

16 Jamie Doward und Alice Gibbs, »Did Cambridge Analytica Influence the Brexit Vote and the US Election?«, in: *The Guardian* (4. März 2017), online verfügbar unter: {https://www.theguardian.com/politics/2017/mar/04/nigel-oakes-cambridge-analytica-what-role-brexit-trump} (Stand Dezember 2018).

17 Daniel Kreiss und Shannon C. McGregor, »Technology Firms Shape Political Communication: The Work of Microsoft, Facebook, Twitter and Google with Campaigns During the 2016 U.S. Presidential Cycle«, in: *Political Communication* 35/2 (2018), S. 155-177.

18 Joshua Green und Sasha Issenberg, »Inside the Trump Bunker, With Days to Go«, Bloomberg (27. Oktober 2016), online verfügbar unter: {https://www.bloomberg. com/news/articles/2016-10-27/inside-the-trump-bunker-with-12-days-to-go} (Stand Dezember 2018).

19 Issie Lapowsky, »How Russian Facebook Ads Divided and Targeted U.S. Voters Before the 2016 Election«, in: *Wired* (16. April 2018), online verfügbar unter: {https:// www.wired.com/story/russian-facebook-ads-targeted-us-voters-before-2016-elec tion} (Stand Dezember 2018).

20 Jim Uhls, Drehbuch zum Film *Fight Club* (1999), online verfügbar unter: {https:// www.thescriptsource.net/Scripts/FightClub.pdf} (Stand Dezember 2018).

Teil IV
Marx

1 Raya Dunayevskaya, *Marxism and Freedom. From 1776 Until Today* (London: Pluto, 1971), S. 22.

13 Der Löwenmensch

1 Madison Park, »Why White Nationalists Are Drawn To Charlottesville«, auf: CNN (12. August 2017), online verfügbar unter: {http://edition.cnn.com/2017/08/11/us/charlottesville-white-nationalists-rally-why/index.html} (Stand Dezember 2018).

2 Anders Breivik, »Breivik Manifesto 2083«, online verfügbar unter: {https://sites.google.com/site/breivikmanifesto/2083/introduction/05} (Stand Dezember 2018).

3 Jerome Jamin, »Cultural Marxism: A Survey«, in: *Religion Compass* 12/1-2 (2018), online verfügbar unter: {https://onlinelibrary.wiley.com/doi/epdf/10.1111/rec3.12258} (Stand Dezember 2018).

4 Jana Winter und Elias Groll, »Here's the Memo That Blew Up the NSC«, in: *Foreign Policy* (10. August 2017), online verfügbar unter: {http://foreignpolicy.com/2017/08/10/heres-the-memo-that-blew-up-the-nsc} (Stand Dezember 2018).

5 Karl Marx, *Ökonomisch-philosophische Manuskripte*, in: MEW, Bd. 40 (Ost-Berlin: Dietz, 1968 [1844]), S. 465-588, hier S. 516.

6 Matthias Schulz, »Is the Lion Man a Woman? Solving the Mystery of a 35,000-Year-Old Statue«, in: *Spiegel Online* (9. Dezember 2011), online verfügbar unter: {http://www.spiegel.de/international/zeitgeist/is-the-lion-man-a-woman-solving-the-mystery-of-a-35-000-year-old-statue-a-802415.html} (Stand Dezember 2018).

7 Museum Ulm, »Der Löwenmensch. Geschichte, Magie, Mythos« (o. D.), online verfügbar unter {http://www.loewenmensch.de/index.html} (Stand Dezember 2018).

8 Jill Cook, »The Lion Man. An Ice-Age Masterpiece«, auf: blog.britishmuseum.org (10. Oktober 2017), online verfügbar unter: {https://blog.britishmuseum.org/the-lion-man-an-ice-age-masterpiece} (Stand Dezember 2018).

9 Natalie Thaïs Uomini und Georg Friedrich Meyer, »Shared Brain Lateralization Patterns in Language and Acheulean Stone Tool Production: A Functional Transcranial Doppler Ultrasound Study«, in: *Plos One* (30. August 2013), online verfügbar unter: {https://doi.org/10.1371/journal.pone.0072693} (Stand Dezember 2018).

10 Michael Tomasello, *Eine Naturgeschichte des menschlichen Denkens* (Berlin: Suhrkamp, 2014), S. 9.

11 Vgl. z. B. Ludwig Feuerbach, *Das Wesen des Christentums* (Berlin: Holzinger, 2013), Kap. 15.

12 Tomasello, *Eine Naturgeschichte des menschlichen Denkens*, S. 225.

13 Alasdair Macintyre, »Breaking the Chains of Reason«, in: *Alasdair MacIntyre's Engagement with Marxism. Selected Writings 1953-1974*, herausgegeben von Paul Backledge und Neil Davidson (Leiden und Bosten: Brill, 2008), S. 135-167, hier S. 143.

14 Antonio Gilman, »Explaining the Upper Paleolithic Revolution«, in: Matthew Spriggs (Hg.), *Marxist Perspectives in Anthropology* (Cambridge University Press, 1984), S. 115-126.

15 Christopher Boehm, *Hierarchy in the Forest: The Evolution of Egalitarian Behavior* (Cambridge/Mass.: Harvard University Press, 2001).

16 Edith Porada, »A Leonine Figure of the Protoliterate Period of Mesopotamia«, in: *Journal of the American Oriental Society* 70/4 (Oktober-Dezember 1950), S. 223-226.

17 Karl Marx und Friedrich Engels, *Die heilige Familie oder Kritik der kritischen Kritik*, in: MEW, Bd. 2 (Ost-Berlin: Dietz, 1968 [1845]), S. 3-223, hier S. 98.

18 Karl Marx, *Zur Kritik der politischen Ökonomie*, in: MEW, Bd. 13 (Ost-Berlin: Dietz, 1961 [1859]), S. 3-160, hier S. 9.

19 Yuval Noah Harari, *Homo Deus. Eine Geschichte von morgen* (München: C. H. Beck, 2017), S. 516.

14 Was ist vom Marxismus übrig?

1 Karl Marx, »Thesen über Feuerbach«, in: MEW, Bd. 3, (Ost-Berlin: Dietz, 1978 [1888]), S. 7.

2 Hal Draper, *The »Dictatorship of the Proletariat« from Marx to Lenin* (New York: Monthly Review Press, 1987), Kap. 1, online verfügbar unter: {https://www.marxists.org/subject/marxmyths/hal-draper/article2.htm} (Stand Dezember 2018).

3 Karl Marx und Friedrich Engels, *Die heilige Familie oder Kritik der kritischen Kritik*, in: MEW, Bd. 2 (Ost-Berlin: Dietz, 1968 [1845]), S. 3-223, hier S. 38.

4 Karl Marx, *Das Kapital. Erster Band*, in: MEW, Bd. 23 (Ost-Berlin: Dietz, 1962 [1867]), S. 92.

5 Und wir sprechen hier nicht von »Marx und Engels«: Friedrich Engels war Marx' Mitarbeiter, wählte anfangs jedoch einen anderen Weg zum Kommunismus und baute nach Marx' Tod – zumindest glauben das mittlerweile verschiedene Forscher – einige seiner frühen Ideen in das System ein, das zur offiziellen Version des Marxismus wurde.

6 Silvia Federici, »The Reproduction of Labor Power in the Global Economy and the Unfinished Feminist Revolution« (29. Mai 2013), online verfügbar unter: {https://endofcapitalism.com/2013/05/29/a-feminist-critique-of-marx-by-silvia-federici/} (Stand Dezember 2018).

7 Karl Vorländer, *Marx und Kant* (Wien: Verlag der Deutschen Worte, 1904), online verfügbar unter: {https://archive.org/details/marxundkantvortroovorl} (Stand Dezember 2018).

8 Leo Trotzki, »Ihre Moral und unsere« [Februar 1938], online verfügbar unter: {https://www.marxists.org/deutsch/archiv/trotzki/1938/moral/moral.htm} (Stand Dezember 2018).

9 Michel Foucault, *Geschichte der Gouvernementalität II: Die Geburt der Biopolitik, Vorlesungen am Collège de France 1978-1979*, herausgegeben von Michel Sennelart (Frankfurt a.M.: Suhrkamp, 2004), S. 372.

10 Mario Tronti, »Factory and Society« [1962], online verfügbar unter: {https://operaismoinenglish.files.wordpress.com/2013/06/factory-and-society.pdf} (Stand Dezember 2018).

11 Vgl. Paul Mason, *Postkapitalismus: Grundrisse einer kommenden Ökonomie* (Berlin: Suhrkamp, 2016), S. 83-118.

12 Karl Marx, *Grundrisse der Kritik der politischen Ökonomie*, in: MEW, Bd. 42 (Ost-Berlin: Dietz, 1983 [1857-1858]), S. 15-768, hier S. 602.

13 Vgl. z.B. Frederick Harry Pitts, *Critiquing Capitalism Today: New Ways to Read Marx* (London: Palgrave Macmillan, 2017).

14 Karl Marx, *Zur Kritik der politischen Ökonomie*, in: MEW, Bd. 13 (Ost-Berlin: Dietz, 1961 [1859]), S. 3-160, hier S. 9.

15 Johannes Kepler, *Vom sechseckigen Schnee* (Dresden: Hellerau-Verlag, 2005 [1611]).

16 Friedrich Engels, *Herrn Eugen Dührings Umwälzung der Wissenschaft (»Anti-Dühring«)*, in: MEW, Bd. 20 (Ost-Berlin: Dietz, 1975 [1878]), S. 3-303, hier S. 131.

17 Friedrich Engels, »Dialektik der Natur«, in: MEW, Bd. 20 (Ost-Berlin: Dietz, 1962 [1873-1883]), S. 305-570, hier S. 320.

18 Arran Gare, »Aleksandr Bogdanov and Systems Theory«, in: *Democracy and Nature* 6/3 (2000), S. 341-359.

19 Karl Marx, *Ökonomisch-philosophische Manuskripte*, in: MEW, Bd. 40 (Ost-Berlin: Dietz, 1968 [1844]), S. 465-588, hier S. 544.

20 Karl Marx, *Das Kapital, Dritter Band*, in: MEW, Bd. 23 (Ost-Berlin: Dietz, 1964 [1894]), S. 784.

21 Engels, »Dialektik der Natur«, S. 452.

22 Marx, *Das Kapital. Erster Band*.

Teil V
Reflexe

1 Alasdair Macintyre, »The Algebra of the Revolution«, in: Paul Blackledge und Neil Davidson (Hg.) *Alasdair Macintyre's Engagement with Marxism* (Leiden und Bosten: Brill, 2008), S. 41-44, hier S. 44.

15 Wir müssen die Zukunft wiederherstellen

1 Zitiert nach Therese Jamora-Garceau, »The Scent of Another on Your Skin«, in: *The Philippine Star* (6. Dezember 2017), online verfügbar unter: {https://www.pressreader.com/philippines/the-philippine-star/20171206/282647507850429} (Stand Dezember 2018).
2 Franco Berardi, *After the Future* (Chico: AK Press, 2011), S. 18.
3 Mark Fisher, *Gespenster meines Lebens: Depression, Hauntology und die verlorene Zukunft* (Berlin: Tiamat, 2015), S. 27.
4 Fredric Jameson, *The Seeds of Time* (New York: Columbia University Press, 1994), S. xii; siehe auch ders., »Future City«, in: *New Left Review* 21 (2003), S. 65-79, online verfügbar unter: {https://newleftreview.org/II/21/fredric-jameson-future-city} (Stand Dezember 2018).
5 Evgeny Morozov, »Tech Titans Are Busy Privatising Our Data«, in: *The Guardian* (24. April 2016), online verfügbar unter: {https://www.theguardian.com/commentisfree/2016/apr/24/the-new-feudalism-silicon-valley-overlords-advertising-necessary-evil} (Stand Dezember 2018).

*16 Wir müssen reflexartige Reaktionen
auf die Gefahr entwickeln*

1 George Orwell, »Diaries 1938-1942«, Eintrag vom 8. Juni 1940, online verfügbar unter: {https://orwelldiaries.wordpress.com/2010/06/08/8-6-40/} (Stand Dezember 2018).
2 Siehe Hans Mommsen, »Der Nationalsozialismus. Kumulative Radikalisierung und Selbstzerstörung des Regimes«, in: *Meyers Enzyklopädisches Lexikon*, Bd. 16 (München: Bibliographisches Institut, 1976), S. 785-790.
3 George Orwell, »Diaries 1938-1942«, Eintrag vom 28. Mai 1940. {https://orwelldiaries.wordpress.com/2010/05/28/28-5-40/} (Stand Dezember 2018).

4 *The Second World War Diary of Hugh Dalton, 1940-45*, herausgegeben von Ben Pimlott (London: Cape, 1986), Eintrag vom 28. Mai 1940.

5 Miranda Blue, »Roy Moore Boasts Of Endorsements From Neo-Confederate Secessionist, Activist Who Says It's OK To Murder Abortion Providers«, auf: rightwingwatch.org (21. September 2017), online verfügbar unter: {http://www.rightwingwatch.org/post/roy-moore-boasts-of-endorsements-from-neo-confederate-secessionist-activist-who-says-its-ok-to-murder-abortion-providers/} (Stand Dezember 2018).

6 Dominique Albertini, »Le 6 février 1934, ›un mythe fondateur‹ de l'extrême droite«, in: *Libération* (6. Februar 2014), online verfügbar unter: {http://www.liberation.fr/france/2014/02/06/le-6-fevrier-1934-un-mythe-fondateur-de-l-extreme-droite_978118} (Stand Dezember 2018).

7 Das Manifest ist online verfügbar unter: {labour.org.uk/manifesto} (Stand Dezember 2018).

17 Wir müssen uns weigern, den Maschinen die Kontrolle zu überlassen

1 Karl Jaspers, *Vom Ursprung und Ziel der Geschichte* (München: Piper, 1949), S. 20.

2 David Graeber, *Schulden: Die ersten 5000 Jahre* (Stuttgart: Klett-Cotta, 2012). S. 261.

3 Leigh Alexander, »Inside the Strange and Slightly Creepy World of ›Surprise Egg‹ Videos«, in: *New York Magazine* (29. April 2016), online verfügbar unter: {http://nymag.com/intelligencer/2016/04/inside-the-world-of-the-surprise-egg-videos-that-kids-love-more-than-cartoons.html} (Stand Dezember 2018).

4 James Bridle, »Something Is Wrong on the Internet«, in: *Medium* (6. November 2017), online verfügbar unter: {https://medium.com/@jamesbridle/something-is-wrong-on-the-internet-c39c471271d2} (Stand Dezember 2018).

5 Texas Classroom Teachers Association, »Issues with Test-based, Value-added Models of Teacher Assessment« (8. Januar 2016), online verfügbar unter: {https://tcta.org/node/13251-issues_with_test_based_value_added_models_of_teacher_assessment} (Stand Dezember 2018).

6 Vgl. »The Most Popular Talks of all Time«, online verfügbar unter: {https://www.ted.com/playlists/171/the_most_popular_talks_of_all} (Stand Dezember 2018).

7 »Policymakers around the World Are Embracing Behavioural Science«, in: *The Economist* (18. März 2017).

8 Michael Sanders, Raj Chande und Eliza Selley, »Encouraging People into Univer-

sity« (März 2017), S. 18, online verfügbar unter: {http://38r80m2xjhhl25mw24492 dir.wpengine.netdna-cdn.com/wp-content/uploads/2017/03/Encouraging_peo ple_into_university.pdf} (Stand Dezember 2018).

18 Wir müssen uns den Ideen von
Xi Jinping widersetzen

1 Minxin Pei, *China's Crony Capitalism. The Dynamics of Regime Decay* (Cambridge/ Mass.: Harvard University Press, 2016).

2 Herbert R. McMaster und Gary D. Cohn, »America First Doesn't Mean America Alone«, in: *The Wall Street Journal* (30. Mai 2017), online verfügbar unter: {https:// www.wsj.com/articles/america-first-doesnt-mean-america-alone-1496187426} (Stand Dezember 2018).

3 Passgen aus dem »Dokument 9« sind online verfügbar unter: {http://rukor.org/se ven-deadly-sins-in-todays-china/} (Stand Dezember 2018).

4 Suisheng Zhao, »The Ideological Campaign in Xi's China Rebuilding Regime Legitimacy«, in: *Asian Survey* 56/6 (November/Dezember 2016), S. 1168-1193, hier S. 1076, online verfügbar unter: {https://www.du.edu/korbel/media/korbel-inter nal-newsletter/zhao-asian-survey-xi-china-dec2016.pdf} (Stand Dezember 2018).

5 Ben Blanchard, »China's Xi Says Study Capitalism, but Marxism Remains Top«, Reuters (30. September 2017), online verfügbar unter: {https://uk.reuters.com/ar ticle/uk-china-politics/chinas-xi-says-study-capitalism-but-marxism-remains-top idUKKCN1C5034} (Stand Dezember 2018).

6 Vgl. Jing Wang, *High Culture Fever. Politics, Aesthetics, and Ideology in Deng's China* (Berkeley, Los Angeles und Oxford: University of California Press, 1996), S. 26, online verfügbar unter: {https://publishing.cdlib.org/ucpressebooks/view?do cId=ft0489n683&chunk.id=d0e177&toc.depth=1&toc.id=d0e177&brand=uc press} (Stand Dezember 2018).

7 Deng Xiaoping, »The Party's Urgent Tasks on the Organizational and Ideological Fronts«, englische Übersetzung der Rede während der zweiten Plenarsitzung des zwölften Zentralkomitees der Kommunistischen Partei Chinas am 12. Oktober 1983, online verfügbar unter: {http://cpcchina.chinadaily.com.cn/2010-10/20/con tent_13918219.htm} (Stand Dezember 2018).

8 Rachel Botsman, »Big Data Meets Big Brother as China Moves to Rate its Citizens«, in: *Wired* (21. Oktober 2017), online verfügbar unter: {http://www.wired. co.uk/article/chinese-government-social-credit-score-privacy-invasion} (Stand Dezember 2018).

19 Wir dürfen uns nie geschlagen geben

1 Louise Michel, *Red Virgin: Memoirs of Louise Michel* (Tuscaloosa: University of Alabama Press, 1981), S. 112.
2 Alain Saussol, *L'héritage: Essai sur le problème foncier mélanésien en Nouvelle-Calédonie* (Paris: Société des Océanistes, 1979), Kap. 7.
3 Albert Boime, *Art in an Age of Civil Struggle, 1848-1871* (Chicago: University of Chicago Press, 2008), S. 765.
4 Karl Marx, »Der Bürgerkrieg in Frankreich: Adresse des Generalrats der Internationalen Arbeiterassoziation III«, in: MEW, Bd. 17 (Ost-Berlin: Dietz, 1962 [1871]), S. 319-365 S. 342.
5 Vgl. z. B. Robert Tombs, »Warriors and Killers: Women and Violence During the Paris Commune 1871«, in: Robert Aldrich und Marty Lyons (Hg.), *The Sphinx in the Tuileries and Other Essays in Modern French History* (Sydney: University of Sidney, 1999), S. 169-182.

20 Wir müssen das antifaschistische Leben führen

1 Michel Foucault, »Vorwort« [zu: Gilles Deleuze und Félix Guattari, *Anti-Oedipus: Capitalism and Schizophrenia* (New York: Viking, 1977), S. xi-xiv], in: ders., *Dits et Ecrits. Schriften in vier Bänden*, herausgegeben von Daniel Defert und François Ewald unter Mitarbeit von Jacques Lagrange, Bd. 3: *1976-1979* (Frankfurt a. M.: Suhrkamp, 2003) S. 176-180, hier S. 178.
2 Ebd., S. 180.
3 Michel Foucault, »Die Ethik der Sorge um sich als Praxis der Freiheit«, Gespräch mit Helmut Becker, Raúl Fornet-Betancourt und Alfred Gomez-Müller, 20. Januar 1984, in: ders., *Dits et Ecrits*, Bd. 4: *1980-1988* (Frankfurt a. M.: Suhrkamp, 2005), S. 875-902.
4 Ebd., S. 893.
5 George Orwell, *Mein Katalonien* (Zürich: Diogenes: 1975), S. 7.
6 George Orwell, »Rückblick auf den Spanischen Krieg« [1942], in: ders., *Rache ist sauer* (Zürich: Diogenes, 2003), S. 10-38, hier S. 34.
7 Andy Durgan, »Voluntarios internacionales en el POUM Milicias« (25. Oktober 2017), online verfügbar unter: {http://eljanoandaluz.blogspot.com/2017/10/voluntarios-internacionales-en-las.html} (Stand Dezember 2018).
8 Paolo Casciola, »Blasco's People«, in: *Revolutionary History* 5/4, online verfügbar unter: {https://www.marxists.org/history/etol/revhist/backiss/vol5/no4/casciola4.html} (Stand Dezember 2018).

9 Orwell, »Rückblick auf den Spanischen Krieg«, S. 38.

10 Michael R. Ebner, »›This Is the Violence of Which I Approve‹. A Short History of the Political Violence that Helped Mussolini Attain Power«, in: *Slate* (30. Januar 2017), online verfügbar unter: {http://www.slate.com/articles/news_and_poli tics/fascism/2017/01/how_italian_fascists_succeeded_in_taking_over_italy.html} (Stand Dezember 2018).

11 E. P. Thompson, »Eighteenth-Century English Society: Class Struggle without Class?«, in: *Social History* 3/2 (Mai 1978), S. 133-165.

12 John Holloway, »We Are the Crisis of Capital«, in: *Red Pepper* (16. Juni 2010), on-line verfügbar unter: {https://www.redpepper.org.uk/we-are-the-crisis-of-capital/} (Stand Dezember 2018).

13 Orwell, »Rückblick auf den Spanischen Krieg«, S. 36.

14 Alasdair MacIntyre, »The Algebra of the Revolution«, in: Paul Blackledge und Neil Davidson (Hg.) *Alasdair Macintyre's Engagement with Marxism* (Leiden und Boston: Brill, 2008), S. 41-44, hier S. 44.

Personenregister

Adelson, Sheldon 39f.

Adorno, Theodor W. 134f., 303

al-Assad, Baschar 20, 283

Althusser, Louis 227f., 304

Arendt, Hannah 13, 28, 35, 49f., 122, 139-151, 323

Aristoteles 149, 175-179, 185, 197, 203f., 207, 223, 244, 280, 293, 310, 333, 352

Asimov, Isaac 210

Bannon, Steve 39, 43, 45-49, 114, 266, 324, 357

Baudrillard, Jean 27, 228

Beck, Glenn 117f.

Beck, Ulrich 57

Becker, Gary 92

Ben Ali, Zine el-Abidine 105, 109

Berardi, Franco 310

Bergson, Henri 233f., 240

Beyoncé 42

Bogdanow, Alexander 300

Bohr, Niels 166

Bolsonaro, Jair 18

Boltanski, Luc 74

Bostrom, Nick 218

Braidotti, Rosi 229, 239, 400 (Anm. 28)

Breivik, Anders 266

Brender, Anton 91

Bridle, James 337

Brighouse, Harold 245

Brown, Michael 129

Brown, Wendy 94

Burnham, James 146

Bush, George H.W. 85, 98

Bush, George W. 36, 89f., 214

Bush, Jeb 34

Caillebotte, Gustave 359

Castells, Manuel 108

Cervantes, Miguel de 195

Chaitin, Gregory 165

Chen Duxiu 351

Chiapello, Ève 74

Churchill, Winston 322

Clarke, Arthur C. 223f.

Clarke, Simon 228

Clinton, Hillary 31, 34f., 38, 40, 47f., 50-52, 126, 206, 257, 258, 325

Cobb, Matthew 161

Conway, Kellyanne 39

Corbyn, Jeremy 328f., 361

Cruz, Ted 39, 42

Darwin, Charles 163, 266, 271, 283